무용·동작

심리치료의

이론과 실제

무용·동작 심리치료의 이론과 실제

김인숙 지음

이담 Books

▌ 서 문

무용·동작치료에 대한 개념 정립이 아직도 진행 중인 것처럼, 교과목으로서의 무용·동작치료 또한 여러 학자와 학회, 대학에서 그 내용과 범위에 있어서 다양한 논란이 계속되고 있다. 국내에서도 기초적인 이론서나 개론서, 번역서가 대부분이었으며 각 영역에 대한 각론서나 실용서가 절실히 요구되어 왔다. 본서의 집필 동기도 이러한 사유와 고민으로부터 시작된 것이었다.

춤은 어린이, 노인, 청소년, 성인들을 막론하고 누구나 춘다. 우리가 어디에 살든, 어떤 사람이든 상관없이 춤은 여러 문화를 아우르는 보편적인 언어와도 같다. 동작과 움직임 활동에 참여하는 사람들은 춤을 추면서 인간적인 관계는 물론이고 창의력, 신체능력, 사회적인 관계 또한 넓히고 향상할 수 있다. 따라서 이 책은 예술치료사, 무용·동작치료사, 심리치료사, 사회복지사, 교사, 부모, 아동 관련 종사자, 가족 등 동작활동을 하고자 하는 사람들을 위해 집필되었다.

본서에서 제시하고 있는 무용·동작치료 실제 부분의 동작활동들은 정신적·심리적·신체적으로 힘든 이들뿐 아니라 일반 학생들의 체육 시간 또는 음악 시간에 사용될 수 있을 것이다. 일반적인 활동을 비롯해 가족끼리도 재미있게 해볼 수 있고 의미 있는 활동을 계획하고자 하는 경우에도 유용할 것이다.

이 책은 크게 세 부분으로 구성되어 있다. 첫 번째 장은 "무용·동작치료에 대한 전반적인 이론적 배경"을 다루었는데, 무용·동작치료의 정의와 역사적 배경과 세계적으로 활동했던 선구자들, 무용·동작치료의 원리와 기법, 치료절차와 그 과정들, 심리치료이론들로 구성되어 있다.

두 번째 장은 "무용·동작치료의 실제 치료적용 프로그램"을 제시하여 다양한 댄스 활동들을 소개하였는데, 총 131개의 작은 내용으로 나누어져 있다. 각 장은 독특한 주제와 특징을 가진 여러 치료활동 세션들을 포함하고 있는데, 각각의 세션은 4단계, 즉 Introduction (도입: 3~10분)-Exploration(탐색: 25~30분)-Learning(학습·치료)-Processing(정리: 10분)으로 단계화하여 소개했으며, 이러한 세션은 총 40~50분 정도 소요된다. 각 세션 도입 부분을 위한 Warm-up 단계에서는 본격적인 활동을 위해 신체를 깨우는 작업으로 '브레인댄스(BrainDance)' 8단계인 ① 깊게 호흡하기, ② 촉감-강하게 쥐기, 두드리기, 긁기, 쓸어주기, ③ 중심-말단, ④ 머리-꼬리, ⑤ 상체-하체, ⑥ 몸의 좌우, ⑦ 측면 교차, ⑧ 평행 감각-흔들기, 돌기, 기울기 등의 요소들을 Rudolph Laban에 의해 개발된 Effort요소와 Shape요소인 무게·시간·공간·흐름을 적용하여 131가지 세션에 활용하였다. 또한 이러한 내용들은 독자들이 구상하는 댄스 활동에 흥미와 즐거움을 더해 줄 것이다.

끝으로 저자가 제시한 대상별 KIS D/MT(김인숙 무용·동작치료) 구성표에 진행과정은 131가지 실제 적용 프로그램을 바탕으로 구성되었으며, 브레인댄스와 함께 대상별로 신체적, 정서적, 심리적 활동 능력에 따라 프로그램의 난이도를 조절하여 사용한다면 다양한 프로그램에 적용할 수 있을 것이다.

이 책을 집필하는 과정에서 기대와 현실 산의 괴리가 매우 컸다. 무용·동삭치료를 가르쳐 오면서 고민했던 부분들을 깊이 있게 다루고 싶었으나 마음먹었던 것만큼 충분하게 반영하지 못한 것 같아 아쉬움이 남는다. 부족하고 보완돼야 할 부분에 대한 독자들의 충고를 기대한다. 이 책에 대한 전반적인 내용정리를 마치면서 그동안 저자가 무용·동작치료 전문가이며 임상가로서 치료와 연구를 거듭해 오면서 느꼈던 두 가지 주안점을 독자들과 함께 나누고자 한다.

첫째는 무용·동작 심리치료사로서 자신에 대한 내면탐구와 내담자들에 대한 끊임없는 이해를 강조하고자 한다. 무용·동작 심리치료사는 긍정적 행복감을 누리고 사는 사람보다는 경제적, 정신적, 사회적, 신체적으로 삶에 부정적인 마음과 스트레스로 지쳐 있는 내담자들과 소통하게 된다. 남을 돕는 전문직이라는 피상적이고 낭만적인 생각만으로 감당하기에는 매우 고되고 어려운 작업의 연속이다. 내담자에게 진정으로 도움이 되는 유능한 임상가가 되기 위해서는 자신의 감정과 내담자의 감정에 대처할 수 있도록 잘 훈련돼야 하며 움직임은 신체의 언어이므로 내담자와 진실된 움직임으로 소통할 수 있도록 그에 대한 깊이 있는 이해가 기반이 되어야 할 것이다.

두 번째는 프로그램에 대한 충분한 사전 연구와 임상적 경험이다. 대상에 대한 충분한 사전연구와 관찰도 중요하지만 프로그램에 대한 임상적 경험이 큰 비중을 차지한다고 말하고 싶다. 무용·동작 치료에서 내담자는 움직임을 통해 자신의 감정과 상황들을 말로 하지 못하는 것들을 몸으로 표현하고 있다. 따라서 치료사는 관찰자 혹은 치료보조자로 많은 임상적 경험을 하기를 바란다.

이 책이 발간되기까지 수고를 아끼지 않고 도와준 대전대학교 무용·동작치료 석사 선생님들과 원광대학교 석·박사 선생님들, 그리고 초고를 읽고 많은 피드백과 교정까지 도와준 박사 동기인 김종인 교수에게 고마운 마음을 전하고 싶다. 또한 수년간에 걸쳐 이러한 댄스 활동들을 수집하고 개발해 왔지만 나와 함께했던 다양한 연령대의 수많은 활동 참가자들의 헌신적인 참여와 열정이 없이는 불가능했을 것이라고 확신한다. 나는 이 책을 춤을 사랑하는 이 세상의 모든 어린이는 물론이고, 이 시간에도 춤의 움직임을 통해 활동하고 있을 모든 사람들에게 바친다.

2012. 4.
김인숙

CONTENTS

CHAPTER 02. 무용 · 동작 심리치료의 실제적용 -치료목적에 따른 분류-

CHAPTER 03. 무용·동작 심리치료 프로그램 및 활동자료

CHAPTER 01

무용·동작치료의
이론적 배경

#1. 무용·동작치료의 정의

가. 무용과 치료

무용(舞踊)과 치료(治療)는 고대부터 종교양식의 한 형태로 함께 사용되어 왔다. 무용은 예술의 영역이고, 치료는 과학의 영역이다. 따라서 서로 연관성을 합리적으로 설명한다는 것이 쉬운 일은 아니다. 그러나 무용·동작이 인간의 신체와 정신에 미치는 영향력과 내면정서를 표현하는 강력한 매체로서의 기능은 아무도 부인할 수 없을 것이다. 이러한 무용·동작의 치료적 효과를 과학적으로 증명하고 수량화하고자 하는 노력들이 많은 무용가, 교육가, 연구가들을 통해 이어져 오고 있다.

현대적 의미의 무용·동작치료는 1930년대 초부터 의학계에 도입되어 전문적인 무용·동작요법으로서 발전하였다. 그리하여 1940년대 Marian Chace가 최초로 현재 우리가 사용하는 무용·동작치료의 개념의 기반을 다지게 되었다. 또한, 무용·동작치료란 현대 기관에서 환자의 재활을 위한 도구로서 도입되는 리듬 있는 신체적 운동의 특별한 활동을 말하는 것으로 직접적인 의사전달을 위한 잠정적 수단이며, 표현적인 활동을 통해 치료하려는 움직임의 의도적 사용이라고 이시은(2003)이 정의한 바 있다. 이와 같이 무용·동작치료는 움직임이나 동작을 통해서 인간 내면의 진정한 모습과 자세, 동작에서의 억제, 그리고 전체적인 부조화를 통해 정신병 상태를 진단할 수가 있다. 나아가 무용치료는 다음과 같은 치료적 효과와 의의를 갖고 있다(류분순, 2000).

첫째, 사회성 복귀를 위한 신체와 정신의 통합

둘째, 감성적 표현을 위한 창조적 표현

셋째, 신체에 대한 인식과 자신감 향상

넷째, 다양한 신체부위와 근육의 긴장·이완의 조절

다섯째, 신경의 기능향상과 순환기 회복

위와 같이 인간은 움직임을 통해 내적 자기를 표현할 수 있고, 부정적 개념을 감소시키며 심신의 통합에 긍정적 효과를 가져올 수 있다. 어떤 사람이 만들어 내는 움직임의 형태와 모양은 그 자신의 자아정체성(Self Identity)을 보여 준다. Daria Halprin(2003)은 인간의 몸과 삶의 경험과의 관계에 대해 다음과 같이 설명한 바 있다.

> 삶의 경험들의 전체적인 이야기들은 움직이고 있는 몸을 통하여 접근될 수 있고 활성화될 수 있다. 동작이 몸의 원초적 언어이므로 움직이는 것은 우리를 깊은 느낌과 기억으로 이끌며, 움직이는 방식 또한 우리의 무의미하고 반복적인 패턴들을 드러나게 한다. 우리 몸에 존재하는 절망, 혼란, 불안, 화, 즐거움 등은 동작을 통해 우리 자신을 표현할 때 나타나며, 동작이 온전한 표현으로 지각되고 이해될 때, 통찰과 변화를 위한 매개체가 될 수 있다.

공연예술가이며 심리치료자인 P. J. Knill(1999)은 예술치료는 심리치료를 더 효과적으로 잘하기 위해 탁월한 방법론으로 예술을 치료의 영역 속으로 도입한 것이라고 알면 안 된다고 강조하였다. 그는 치료와 관련하여 예술이 가지고 있는 인간의 문제와 인간의 고통을 보는 관점은 전통 학문 및 전통 이론적 관점과 다르므로 예술치료는 인간 고통 및 인간 문제를 보살피고 해결하는 방법론에 대한 이론의 차이를 극복할 수 있는 새로운 대안적 학파로 이해하기를 요구하고 있다.

무용·동작치료는 개인과 집단의 정신치료법으로부터 그 이론과 방법을 도입하고 있으며, 무언의 상호 작용에 대한 연구와 발달 심리학, 동작에 관한 연구를 함께 하고 있다. 그뿐만 아니라, 무용치료법은 안무와 동작 시스템들을 사용하여 동작의 특성들을 분석한다. 또한 무용치료에서 동작은 개개인들에 따른 개인차와 타인들과 어울릴 수 있는 개인들의 능력에 따른 차이를 용이하게 하는 데 이용된다. 환자는 어떻게 해서 감정적인 경험과 신체적인 경험이 연결되며, 말과 자유롭게 연결됨으로써 동작이 어떻게 이미지들을 창출해 낼 수 있는지를 자각할 수 있게 되는데, 그것은 나중에 심리학적인 이해로까지 확장된다(류분순, 2000).

무용·동작치료는 창작적이고 즉흥적인 움직임을 기초로 하고 그것이 가지고 있는 자유로운 의사표현과 상호 소통이란 면을 사용하여 정신적, 신체적 결함이 있는 환자들을 치료하는 정신치료라 할 수 있다.

나. 무용·동작치료의 일반적인 정의

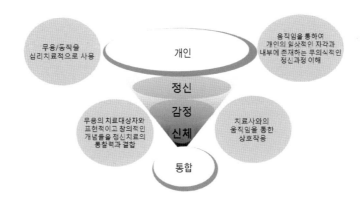

　무용·동작치료는 언어적인 도구로만으로는 표현하기 어려운 개인의 감정과 정서를 신체를 사용해서 자유롭고 즉흥적인 동작 또는 움직임을 통해 표현함으로써 신체와 정신을 통합시키는 것을 목적으로 하는 심리치료의 한 분야이다. 인간의 기본지식은 신체의 움직임을 통해서 얻어지며, 그 움직임을 통하여 자신을 둘러싸고 있는 환경과 주변 사람들을 먼저 경험하게 된다. 무용치료에서의 무용은 미적인 관점에서의 아름다움을 추구하는 무용 또는 정해진 형식과 틀에 얽매이는 무용이 아닌 일반적인 움직임의 요소들을 사용하며, 신체 움직임은 자의식을 가능케 하고 자신의 일체감 혹은 통일성을 이루게 하는 도구이며, 억압된 개인의 정서를 파악하게 한다. 비언어적인 무용에서의 표현과 감정이입은 동작이 내포하고 있는 느낌, 감정, 사상 등 신체적 언어에 의한 것이며, 또한 인간의 신체는 개인의 성격을 상징적으로 표현하는데 신체 움직임과 신체적 접촉을 통한 개인, 그룹 간에 생겨나는 상호 작용은 새로운 경험과 자기 자신에 대한 재발견을 하게 한다. 무용·동작치료는 자유로운 움직임을 통해 인간의 감정을 완화시키거나 자극을 줌으로써 자기발달과 자기표현, 내적 갈등 등을 승화시키고 잠재능력을 무한히 개발시켜 줌으로써 정신적, 신체적 건강을 유지 또는 증진시키는 심리 치료적 가치를 가진다. 다음은 무용·동작치료와 인접분야인 표현예술치료의 정의를 기술한 것이다.

　　표현예술치료란 개인의 신체, 정서, 인지를 통합하기 위하여 복합 모형의 예술 과정들을 사용함으로써 표현예술과 심리치료를 통합한 것이다(임용자, 2004).

　　미국무용치료협회(ADTA)는 무용요법이란 "한 개인이 정신과 신체의 통합을 위하여 움직

임을 정신 치료적으로 사용하는 것"으로 정의했으며, "무용·동작치료는 예술치료의 한 분야로 동작을 심리 치료적으로 사용하여 개인의 감정(정서)과 정신, 신체를 통합시키는 것을 목적으로 한다"라고 정의하였다(Govine & Smallwood, 1973).

다. 동작(움직임)과 무용의 치료적 의의

움직임, 동작, 춤, 무용 등 이 모든 것들은 인간의 다양한 반응이나 생활 장면들을 사회적으로 허용된 안전한 환경 속에서 재현할 수 있는 놀이의 장이 될 수 있다. 인간의 느낌과 경험들은 춤을 통한 창의성을 역동적으로 이용할 때 변화된다. 또한 즉흥적인 동작표현을 하면서 우리는 사물을 경험할 수 있고, 발견하며, 위험을 느끼고, 만일 그것이 옳지 않다고 느끼거나 어리석고, 용감하고, 불쾌하거나 혹은 화가 나는 것처럼 느껴진다면 그 느낌에 대해서는 다시 반복해서 표현함으로써 해소(release)의 감정을 경험할 수 있게 되고, 과거나 현재의 정신적 상처와 마주할 수 있으며, 지식과 표현에 대한 새로운 방법을 창조할 수 있게 되는 것이다.

이처럼 춤은 신체의 움직임을 통하여 인간의 감정을 완화시키거나 자극을 줌으로써 직·간접적으로 인간의 정서적인 면을 순화시키는 역할을 담당해 왔다. 정신분석학적으로 예술은 내적으로 묶여 있는 어떤 틀을 해방시키는 기능이 있다. 즉, 무의식적 상황에서 생긴 예술사의 창조성은 이것을 감상하는 사람들로 하여금 그들의 내적 갈등을 간접적으로 표출시켜 주고, 또 그러한 역할을 하는 사람 역시 직접적인 경험을 통하여 자신의 콤플렉스를 극복할 수 있다고 본다. 신체 또한 같은 기능을 가지고 있다고 논증되고 있고, 스포츠나 유희 활동이 이에 적격이라고 믿고 있다(황규자, 1994). 다음은 동작과 움직임이 가진 효과와 영향력을 정리한 것이다.

첫째, 동작은 감정을 불러낸다.
둘째, 동작 속에서 우리 삶 전체의 신화를 가지고 있는 우리의 몸을 탐구한다.
셋째, 동작은 이미지를 불러일으킨다.
넷째, 동작은 감정과 이미지에 영향을 준다.
다섯째, 이미지는 감정 및 변화를 행동하는 동작을 형성해 준다.
여섯째, 신체는 운동 감각적 경험을 통해 감정과 이미지의 터전을 세운다.

또한, 무용·동작치료는 창조적 무용을 통해 긴장을 풀고 억눌린 감정이나 문제를 표현하도록 하여 결국 문제들을 떨쳐 버릴 수 있도록 격려한다. 또한 자기 의지를 표현할 기회를 갖게 하고 신체 자아의 통합과 수용을 통하여 적극적인 자아상과 자아 개념을 촉진한다. 그뿐만 아니라 무용·동작치료는 동작, 리듬 그리고 반복을 사용함으로써 심신의 상호 작용을 증진시키고 긴장이나 심신의 상처, 정서적 장애와 스트레스 등을 창조적인 방향으로 표현하도록 고무시킨다.

무용·동작치료는 아동 및 여성, 노인, 정신과 환자, 정신지체 및 신체장애, 뇌손상장애 환자들에게 넓게 이용되고 있다. 치료적 효과로는 첫째, 무용·동작치료는 내담자에게 카타르시스를 제공한다. 둘째, 표현적인 동작을 포함한 근육의 움직임과 정서 사이의 상호 반응은 밀접하기 때문에 근육의 긴장과 이완은 새로운 감정을 불러일으키기도 한다. 셋째, 신체기능이 정상적으로 제 기능을 발휘할 때 신체는 외부세계와 정신세계의 조화를 이루게 된다. 넷째, 무용이나 동작은 효과적인 의사소통 도구이다. 다섯째, 치료사와 내담자 또는 집단으로 행해지는 무용과 동작은 서로 자연스러운 접촉을 할 수 있게 도와준다. 그러한 접촉은 타인과의 심리적 접촉을 증진시킨다. 마지막으로 예술심리치료에서 중점은 창조적 활동이다. 무용·동작치료는 무용이나 동작을 개인이 할 수 있는 창조적 활동으로 간주하며, 창조성은 문제 찾기와도 관련이 있으며 결국 모든 치료는 내담자의 문제가 어디에 있는지 또는 자신의 감정이나 무의식적인 욕구들을 스스로 인식하는 것부터 시작되어야 하는데, 이때에 무용과 동작이라는 창조적 활동을 통해 내면세계의 갈등이 표현되고 승화되며 새로운 모습으로 변화하게 된다.

1) 아동과 청소년 무용·동작치료

아동들은 무용·동작치료에 있어서 가장 유용한 대상들이다. 모든 아이들은 어떤 방향으로든 움직이고 있고 그 행동은 대화의 전체적 수단이므로 몸, 정신, 마음의 통합방법으로 다른 사람과 같이 움직이고 이런 동작을 통한 대화는 그들을 알게 하는 데 중요한 것이다. 아이들의 창조적 무용은 표현의 한 형태로서 몸과 표현의 매개체로서의 몸의 움직임에 중점을 둔다. 또한 무용치료 후에 비정상적인 아이들의 근육조절, 균형감각, 공간인식이 향상되었다.

갓 태어난 신생아는 자신의 배고픔, 고통, 등의 욕구를 온몸을 통하여 우는 움직임으로 표현한다. 또한, 언어발달 이전의 유아기에는 자신의 모든 욕구를 움직임으로 표현하게 된다. 즉, 움직임을 통하여 자신의 의사를 표현하고, 다른 사람들과 관계를 맺는 방법을 스스로 습득하게 된다. 언어가 발달된 이후의 유아들도 언어적 표현보다 신체적 움직임을 더 많이 사용하는 것을 놀이나 대인관계 형성에서 관찰할 수 있다. 그러므로 움직임을 치료의 수단으로 사용하는 무용·동작치료는 유아나 어린이들에게 있어서 가장 편안하고 자연스러운 치료적 접근이다. 또한, 감정과 이성의 균형이 잘 이루어지지 않아 반항심과 공격성 또는 냉담성으로 자신들의 감정을 표현하려 하는 사춘기 청소년들에게 무용·동작치료는 신체의 움직임을 통하여 감정적 욕구를 분출할 수 있음은 물론이고 가족이나 친구들과의 관계 형성을 돕는 적절한 자기 조절성을, 집단 무용·동작치료들을 통하여 향상시킬 수 있다. 어린이 및 청소년들을 위한 무용·동작치료는 다음과 같은 효과를 기대할 수 있다.

① 다양한 신체적 움직임을 경험할 수 있다: 공간성, 시간성, 무게성, 움직임의 흐름성, 신체의 자각
② 독창적인 자기표현을 할 수 있다: 연상적 움직임, 응용적 사고, 창의적 사고
③ 감정과 생각을 통합하여 행동을 조절할 수 있게 된다: 사회성 발달, 집중력 향상, 자아감 증가

위와 같이 어린이 및 청소년들은 무용·동작치료를 통하여 올바른 신체상, 자신의 감정 조절능력, 표현능력, 그리고 사회성을 개발 발전시킬 수 있다. 현재 우리나라의 많은 어린이들과 청소년들은 거대학급, 시험, 그리고 핵가족 중심 부모들의 지나친 기대 속에 인지적 경쟁능력만을 발달시키는 학습에만 치중하고 있는 실정이다. 교육정책 개선을 위한 많은 노력에도 불구하고, 창의적 사고 개발이나 자신의 솔직한 표현 방법을 함양하는 전인적 교육보다는 주입식 또는 단순 모방교육이 주류를 이루고 있다고 해도 과언이 아닐 것이다. 또한, 과중한 과외 학습으로 인하여 최소의 신체활동도 이루어지지 못하고 있다. 그로 인해 많은 어린이들과 청소년들이 신체의 이상증상과 정서적 질환이 유발되어, 정신과 치료까지 요구되고 있다. 무용·동작치료는 어린이와 청소년들이 다양한 움직임을 통하여 억제된 욕구나 분노 등을 표출할 수 있는 기회를 경험할 수 있으며, 아울러 자신의 생각과 감정을 조절할 수 있는 능력을 개발할 수 있게 한다. 이러한 이유로 미국이

나 유럽의 많은 아동정신과 의사들과 심리학자들은 자신의 어린이 환자들과 내담자들에게 집단 또는 개인적인 무용·동작치료를 권유하고 있다.

무용·동작치료는 일반 어린이들과 청소년들의 정서적 문제점을 개선시킬 뿐 아니라, 정서 및 정신지체, 혹은 지체장애를 가진 어린이들과 청소년들의 재활치료 수단이 될 수 있다. 즉, 언어적 불편, 정신적 충격, 혹은 신체적인 장애 등으로 자신의 감정을 자유롭게 표현하지 못하는 장애어린이들에게 단순한 움직임 또는 활동적인 춤의 경험하게 함으로써 창작적, 감각적 경험을 가질 수 있게 한다. 최근의 많은 연구들에서 무용·동작치료가 정신지체의 신체능력을 향상시킬 수 있을 뿐만 아니라 정신적 능력을 향상시켜 사회에서 요구되는 활동능력을 향상시킬 수 있다고 하였다. 또한, 움직임에 관한 운동기능이나 체력육성과 같은 신체능력 향상은 체육활동이나 물리치료를 통해서도 가능하지만, 신체를 통한 자기표현력, 공간성, 창의력, 그리고 리듬감(시간성)을 이용하여 대인관계를 향상시킬 수 있는 대표적인 프로그램이 무용·동작치료라고 밝히고 있다.

그러므로 무용·동작치료는 어린이들과 청소년들 스스로 자아의 통합에 대한 인식을 갖게 도와주며 개인적, 사회적 측면에서 개인의 기능을 촉진시켜 줄 수 있다.

2) 정신지체 및 신체장애 무용·동작치료

발달 장애를 비롯한 특수교육아동을 대상으로 치료활동을 하는 무용치료사는 개인적으로 상당히 제한되어 있는 환자들과 상당히 제한이 없는 집단 환자들을 치료하는 경향이 있다. 일반적으로 신체 이미지, 조정, 운동신경 기술, 사회화, 커뮤니케이션 증진과 자신감과 자기표현을 통한 인식 발전에 초점이 맞춰져 있다. 이 모든 것들은 지적 능력과 성장을 이끈다.

동작을 반복적으로 사용하는 것은 특히 발달장애 집단에 유용하다. 무용치료의 선구자인 Liljan Espenak은 리드미컬한 운동과 음악의 사용을 통한 반복에 대해 강조했다. 리듬이 있는 박자는 생각과 행동을 체계화시키고, 기능적, 오락적 기술을 통달할 수 있도록 도와준다. 이것은 자아 개발을 위해 중요한데 Espenak은 자아 개발이 개인의 발달장애를 방해할 수 있기 때문이라고 하였고, 그 이유는 부정적인 반응은 바로 다른 발달장애를 가진 사람들에게 부정적인 영향을 끼치기 때문이라고 설명하였다.

발달 장애를 가진 환자들은 언어발달이 부족하기 때문에, 어떤 무용 치료사들은 언어

발달에 집중한다. 언어 발달을 강조하려는 결정은 환자의 지능 정도에 근거할 것이다. 훈련이나 교육이 가능한 환자들은 주로 그룹 세션을 통한 치료를 받게 되는데 종종 개념화와 언어적 표현을 촉진시키는 언어 개발이 강조된다. 이것은 환자들이 그들의 생각을 정리하는 것과 다른 사람들과 의사소통하는 것을 도와준다.

특수교육 대상 아동들은 언어적으로 다양한 어려움을 호소한다. 언어적 표현을 촉진시키는 것은 무용동작치료의 한 영역이 될 수 있다. 이를 위해 Weiner, Jungels와 Jungels(1973)는 묘사적 무용치료 프로그램을 개발하였다. 이 무용 치료법은 예술, 음악, 드라마 치료와 같은 독창적인 예술 치료 프로그램의 한 부분이다. 이 치료는 뉴욕 공립학교에서 1970년에서 71년 동안 발달 장애를 가진, 교육 가능한 한 작은 집단을 대상으로 이루어졌다. 이것의 복적은 독창적인 예술의 편안함과 제어권이 아동들의 전반적인 언어와 신체이미지, 조화를 향상시키는지에 대한 여부를 결정하기 위함이었다.

이처럼 묘사적 무용치료는 신체이미지장애의 극복, 방향감각 및 좌우 차 감각의 인식능력향상, 그리고 균형조절능력향상을 위한 광범위한 훈련을 포함하고 있지만 어떤 특정 기술, 스타일 혹은 스텝은 치료에 포함되지는 않는다. 또한 치료는 격식 없이, 즉석대응으로, 단체 및 개인의 격의 없는 즉흥적 행동으로 진행되었다. 언어강화기법, 음악 및 다양한 소도구도 동원되었다. 작가에 의하면, 본 프로그램이 끝날 때가 되자, 아동들은 자신감과 신체통제능력이 향상된 모습을 보여 주었고 그들의 행동은 보다 공격적, 자발적으로 발전했다고 한다. 따라서 대화의 방법으로 춤을 이용하는 것은 언어로 그 자신늘을 표현하는 것이 어려운 사람들에게는 아주 중요한 출구가 된다. 많은 연구에서 무용치료의 약식 덕분에 장애인들에게 있어서 신체적 능력과 근육 조정 능력에 있어서 긍정적인 인식을 하게 하며, 사회적 능력도 증진시킬 수 있다.

심각한 지진아 증상과 그에 따른 정서적 행동적 문제점이 있는 아홉 살짜리 아동을 지도한 Maureen Costonis(1994)는 그 무용교습 작업을 실시하는 데 있어서 그 소년의 언어능력개발에 집중했고 또한 소년의 자멸적 행동을 표현적 동작으로 형상화하는 데 집중했다. 그녀는, 그 소년의 기이한 매너리즘을 투영시키는 기술 및 즉흥 무용 기법을 동원하여, 소년이 자신의 신체 이미지를 인식하고 신체와 환경 간의 조율능력을 확보하도록 하는 데 집중했다. Costonis는 "똑같은 동작들만 되풀이하는 환자가 단기간 내에 그 동작들을 무용동작으로 변화시킬 수 있고 또한 그 동작 유형도 실지로 다양화할 수 있다"고 믿는다고 했다. Costonis는 댄스요법교습 기간 동안 그 소년이 보여 주는 미묘한 동작변화를 묘사하기 위하여 MRS(동작 범위추출기법)라는 그녀만의 기록시스템을 활용했다.

무용치료의 결과로서, 특수교육 대상 아동의 의식적인 반복행동을 감소시킬 수 있고, 걷기나 달리기 등의 일상적인 행동이 더욱 정상화될 수 있다. 또한, 무용치료를 하는 동안 언어표현능력이나 수용능력이 더 발달되기도 한다. 대화의 빈도가 높아지는 이유는 치료사와 아동 간의 신체접촉이 활동 중에 풍부하게 일어나기 때문이다. 발달 장애를 가진 아동의 의식적으로 꾸미는 기괴한 행동이나 버릇, 즉 '기벽'을 "더 적절한 사회적 행동"으로 바꾸는 데에도 무용동작활동이 유용하게 활용된다. 뿐만 아니라 특수아동들에게 많이 나타나는 공상이나 망상으로부터 이들이 벗어나 자유로운 의사표현과 억압되지 않은 몸짓 행동을 하도록 자극함으로써 그들의 지적, 정서적 발달을 촉진할 수도 있다.

3) 노인 무용 · 동작치료

노인을 위한 치료에서 가장 주된 목적과 목표는 기능의 향상이나 습득보다는 현재 기능의 유지가 주된 영역이 된다. 따라서 무용 · 동작치료는 노인들에 있어서 노화를 방지하고 젊게 사는 방법으로 제안되었다. 노인들로 하여금 신체적, 정신적 잠재능력을 이끌어낼 수 있고 즐거운 일상 탈출구와 개인 상호 간의 접촉의 기회를 제공해 줄 수 있다.

노인들에 대한 무용치료는 1942년에 시작되었으며, 당시 무용이론가 Marian Chace는 노년층 환자들을 대상으로 무용치료 기법들을 사용하였다(S. Sandel et al., 1993). 그러나 무용치료사들이 노년층의 특유한 욕구에 대하여 특화된 접근법을 본격적으로 개발하기 시작한 것은 1970년대 이후이다.

공동체 속에서 생활을 하든 아니면 공공시설에 수용되어 있던 노인들에게 공통된 문제들은 신체적 한계, 타인에 대한 의존성, 사회적 고립, 고독, 자부심의 상실, 동년배들의 사망, 죽음에 대한 공포이다. Stark가 지적하듯이(Samuels, 1973), 무용치료는 긴장을 해소하고 노년의 스트레스 요인들을 해결할 수 있는 지원시스템들을 구축하는 출구를 제공할 수 있다.

노인들을 대상으로 하는 대부분의 무용치료사들은 집단 환경 속에서 작업을 한다. 집단은 의사소통과 나눔을 촉진하는 안전하고 북돋워 주는 분위기를 제공한다. 집단 환경에서는 특히 만지기와 같은 신체접촉의 효과가 매우 크다. 샌들(Sandel, 1980)이 지적하듯이 "서로 만진다는 것"은 참가자들의 각성도와 타인에 대한 반응성을 증가시키는 회춘효과

(rejuvenating effect)를 가지는 것으로 보인다. 특히나 신체접촉은 흔히 노인들에게 찾아오는 고독과 고립에 대한 두려움과 감각상실을 완화시켜 주는 데 도움이 된다. 특히 샌들은 무용 동작과 기타 창조적 형식들을 공동체 내의 노인들을 대상으로 한 자신의 심리치료 작업 속에 통합시켰다. 그녀의 접근법, "의미 속으로 들어가기(Moving Into Meaning[TM])"는 자기표현, 자기위로(self-soothing), 노년의 삶에서 의미 찾기를 촉진시키고 있다. 장난스러운 상호 작용은 저항감을 극복하고 노화가 초래하는 스트레스를 해결할 수 있는 대처 기제로서 유머의 사용을 증진시킨다고 하였다(personal communication, 2002).

몇몇 무용치료사들은 노년층을 대상으로 한 무용치료의 신체적 측면을 강조하면서 이 측면에서의 효과가 사회적 및 심리적 측면에서의 효과도 불러일으킨다고 믿고 있다. 이러한 신체적 접근법의 예는 어윈과 가넷(Irwin & Garnet, 1974)의 작업에서 찾아볼 수 있다. 이들은 근육의 긴장상태, 자세, 유연성, 관절 가동성 및 동작 범위(movement range)를 유지하거나 개선하기 위하여 신체운동을 사용하고 있다. 또한 심리적 긴장을 해소하기 위하여 이완 기법들(relaxation techniques)도 강조되고 있으며, 미용체조, Jacobson의 점진적 이완(progressive relaxation), 요가 기법 등이 사용되고 있다. 기타 신체적 측면의 목표들은 조정력, 공간적 정위력(spatial orientation), 운동감각(kinesthetic)의 각성 및 통제력의 복구이다.

이러한 접근법이 신체적 목표들에 중점을 두고 있지만 사회적 및 심리적 영역에도 관심을 기울이고 있다. 노인들은 종종 동작 범위가 한정되어 있기 때문에 단순한 동작을 해내는 것만으로도 성취감과 활력 및 자긍심을 얻을 수 있다(Fisher, 1995). 안전하고 강압적이 아닌 환경 속에서 이루어진 즐겁고 오락적인 동작 경험은 사회적 및 심리적 이익을 더해 준다. 그뿐만 아니라 동작은 종종 젊은 시절의 감정들과 즐거웠던 경험들에 대한 기억들을 불러일으킨다.

기억과 과거의 경험들, 즉 추억을 사용하는 것은 노인들을 대상으로 하는 작업에 있어서 강력한 도구가 될 수 있다. 회상하는 것(reminiscing)에는 젊은 시절의 경험들을 서로 나누고 쇼핑, 외출, 직장이나 가정에서 일하는 것과 같은 활동들을 실연해 보는 것이 포함될 수 있다. 이러한 기억들과 활동들에 의해서 유발된 친밀한 관계는 그 사람에게 현재와 더 강한 관계를 가지게 하는 효과를 내는 경우가 많다.

카플로-린드너, 하르파즈, 샘버그(Caplow-Lindner, Harpaz & Samberg)의 저서(1979)는 전적으로 노인 대상 무용치료를 다루고 있다. 이 책은 노화의 사회학적 측면들(특히 미국에서)과 노인들의 특성과 특수한 관심사들에 관하여 포괄적인 논의를 제시하고 있다. 이 책은 어떻게 노인의 무용·동작 프로그램을 구축해야 하는지를 설명하고 있으며 신체적, 표현적, 창조적 활동들을 포함하여 무용치료수업에 대한 완벽한 개관을 제공하고 있다. 또한 음악 반주와 시설재원들의 목록을 제공하고 있으며 프로그램 평가에 대한 섹션도 담고 있다. 이 책은 다음과 같이 노인 대상 무용치료의 목표를 요약하고 있다.

> *치료법적 동작 수업들은 이상적으로는 노화의 파괴적 효과를 발견하여 예방하며 억제 (arrest)하고 역전시킬 목적으로 제공되어야 한다. 긍정적 및 부정적 정서들을 표현하고 동 작 경험들을 통하여 긴장을 해소할 수 있는 기회들은 치료법적 수업의 가장 중요한 부분 이다. 동작 치료사도 건설적 회상, 현실 접촉들(reality contacts), 사회적 상호 작용을 위한 자극을 제공한다. 우리는 긍정적이고 의미 있는 몸짓들과 동작을 시킴으로써 신체와 정신 사이의 보다 자유로운 관계를 촉진시키기 위하여 작업을 하고 있는 것이다(Caplow-Lindner, Harpaz & Samberg, 1979, p.38).*

무용·동작치료는 노인들이 노년의 특유한 문제들과 스트레스들에 대처하는 법을 배울 수 있는 이상적인 매체이다. 이 치료법은 노인들로 하여금 "동년배들 집단 속에서 다른 사람들과 조화를 이루어 자신의 신체가 동작하는 것을 느끼는 것으로부터 나오는 회복 (renewal)과 이완(relaxation) 및 목적(purpose)을 경험할 수 있게 해 준다(ADTA, n.d., p.4)."

라. 무용·동작치료의 치료적 요인

동작과 움직임을 통해 인간의 신체 및 정신의 변화를 가져오기까지는 다양한 요인들이 서로 유기적으로 작용할 때 가능할 것이다. 가장 근원적인 치료의 근원적 변화요인으로서 치료사요인, 내담자요인, 무용·동작치료요인, 환경요인 등이 있을 수 있다. 여기서는 무용·동작활동 속에서 활용되는 동작 관련 치료요소들을 살펴보기로 한다. 여기에는 "동시성(Synchrony), 표현(Expression), 리듬(Rhythm), 통합(Integration), 단결력(Cohesion), 상징화(Symbolism)" 등이 있다(김옥희, 2006). 간략하게 요약하면 다음과 같다.

① **동시성**: 동시성은 리듬적, 공간적, 에포트 동시성으로 같은 리듬으로 같은 공간에서 같은 힘의 양으로 움직일 때 집단 속에서 일치된 감정을 획득한다.
② **표현**: 표현은 내적인 상태가 외적인 표현이 될 때 치료효과가 있으며 생리적 변화를

촉진하는 움직임을 증대시킨다. 이 개념은 Jung의 분석심리학에서 주장하는 무의식의 의식화 또는 감정의 투사과정과도 일맥상통한다.

③ **리듬:** 리듬은 무용동작의 가장 깊은 매체이며 인간 본래의 네 가지 리듬은 내부기능, 호흡, 추진력, 감정에 대한 리듬이 있는데, 리듬과 인간 사이의 관계는 자궁 내 태아의 소리접촉에서 찾아보게 되며 엄마를 생각나게 한다.

④ **통합:** 통합은 무용치료의 가장 큰 목적이 되며 환자들의 부조화된 언어, 호흡과 신체활동, 자아상과 자아표현 등을 통합하는, 즉 내적·외적 본체를 통합하게 한다.

⑤ **단결력:** 단결력은 소속감과 친화력을 의미하며 청각적, 시각적 피드백을 통해 강조하는데 함께 소리내기나 원형 만들기, 신체접촉을 통해 경험하게 되어 고립에서 사회화로 갈 수 있다.

⑥ **상징화:** 상징화는 가장 가치 있는 과정이며 한 영역에서 다른 영역으로 에너지를 전달함으로써 자아의 내적 세계와 외적 세계 사이의 관계를 형성하여 사람과 사회를 연결해 주며, 창조적인 과정을 통해 전이적 단계와 감정의 억제를 경험하면서 상징적 움직임을 형성하게 된다.

#2. 무용·동작치료의 역사적 배경

가. 무용·동작치료의 태동

기원전 5세기에 그리스의 순회 신앙 치료자 집단은 대체로 Ring dance의 형태로 환자 주위에서 춤을 추었다. 14세기 문헌에 따르면, 중세에 나타난 Ring dance는 악의 영혼으로부터 신생아를 보호하기 위해 추었다(Backman, 1978). 아직까지 스칸디나비아에서 행해지고 있는 midsumme dance는 10세기 이전에는 이교도의 춤으로 시작되었는데, 이는 춤추는 사람이 시냇물로 가서, 불 주위를 돌면서 춤을 추고, 불꽃에서 나오는 연기와 불로 자신을 깨끗이 하는 것이었다. 이 춤은 질병을 치료할 뿐 아니라 건강, 질병으로부터의 면역을 가져오는 예방약이기도 했다(Serlin, 1956).

인간이 세상에 존재하면서부터 동작과 춤은 제사를 비롯한 각종 의식 속에 종교와 함께 존재해 왔다. 특히 원시적인 부족사회에서는 다양한 이유로 인해 춤을 주술적으로 사용하기도 하였다. 이들은 말로는 표현할 수 없는 감정들, 즉 공포감, 경외심, 신에 대한 숭배의 느낌을 집단적인 춤으로 표현하였다. 종교의식 관련된 춤에서 나타나는 치료적 요소는 춤추는 사람이 느끼게 되는 엑스터시라고 할 수 있다(Harplin, 2006). 즉, 원시 부족사회에서는 신의 진노를 잠재우거나 경배하기 위한 의식들 가운데 춤이나 동작이 포함되었던 것이다. 어떤 의미에서 고대에는 치료와 예술이 서로 결합된 형태였다. 수세기 동안 대부분의 나라와 문화에서 제사나 종교의식은 예술의 형태를 갖추고 있었고 이것을 통해 인생의 다양한 문제들을 그 속에 포함시켰다. 이와 같은 춤이라는 종교적 예술형태는 인간의 다양한 문화와 전통이 되어 지금까지도 이어져 오고 있다.

18세기 미학자들은 무용이 천상의 섭리에 대한 개념들을 비춰 주는 거울들이며, 군주의 권리에 대한 아름다움과 진실, 그리고 천상과 우주 사이의 연관성을 지지해 주는 하나의 증거라고 보았다. 20세기 초반기에 무용에 있어서 나타난 급진적인 변화들은 광범위한 산업화와 여성들의 해방, 그리고 표현주의, 입체파, 다다이즘 같은 문화운동을 포함하는 그 밖의 주요한 사회적, 지적 운동들과 나란히 일어났다.

나. 무용·동작치료의 현황과 발전

무용·동작치료와 정신치료의 접근은 1920년대와 1930년대에 유럽과 미국의 정신의학 영역에서 끊임없는 신체적 표현과 감정에 대한 연구가 진행되었고 무용·동작치료 영역에서는 무용의 움직임을 통한 표현과 비언어적 의사소통을 정신치료의 통찰력과 결합시키는 데 있어서 개인과 집단의 정신 치료법으로부터 그 이론과 방법을 도입하기에 이르렀다(류분순, 2000).

1940년대에 이르러 무용·동작치료는 초기 선구자들의 개인적으로 시작된 활동에 힘입어 차츰 이론과 실제들이 체계화되면서 발전되었다. 정신분열증 치료에서 프로이트식과 아들러식의 이론들을 통합하고자 시도했던 심리학자로 Sulivan은 정신 역학적 정신의학 움직임을 창시했다. Sulivan의 이론들은 무용치료의 초기 선구자인 Marian Chace에게 지대한 영향을 미쳤다. Sulivan은 정신분석학의 Reichmann의 영향을 받아 무용치료의 이론적 기초와 실제를 마련하였고, Marian Chace는 Jung의 분석 심리학에 이론적인 영향을 받았다. Mary Wigman에게 창작무용 수업을 익혀 무용치료 학계에 또 다른 계파를 형성한 Mary Whitehouse는 무용치료 초기 선구자의 양대 산맥으로 현재까지 후기 치료사들에게 많은 영향을 미치고 있다(류분순과 김유선, 2003). 또한, Laban의 신체에 대한 연구와 그의 이론은 무용치료학에 있어 '동작 해석법'과 '진단법'의 발달에 핵심 역할을 하였다. 실제적으로 그는 그 당시에 무용을 심리 치료적 측면에서 사용하였다(원상화, 2001).

1920년대에 독일의 Mary Wigman(1986~1973)과 미국의 무용가 Bird Larson은 즉흥적인 무용 기법의 유사성으로 그들 각각 중요한 무용치료법의 개척자들에게 상당한 영향을 미쳤다. 그들이 학생들에게 부여한 표현적인 기법들은 20세기 무용치료법의 형태로 간주될 수 있다(Levy, 1998). 또한, 1940년대 무용치료법이 시작되었을 때 이에 대한 실습은 주로 병원에 입원한 정신 분열증환자를 대상으로 정신병원에서 이루어졌다(김유선, 2003). 1950년대에는 무용을 사용하여 무의식과 의식을 상호 작용을 통한 억제된 내면과의 통합을 목적으로 하는 무용치료의 또 다른 계파가 형성되었는데 이들 전직 무용가와 교육자들은 신경증 환자들을 대상으로 그들의 개인 스튜디오에서 무용치료법을 시행하고 있었다. 무용치료 선구자들은 인간의 표현 양식에 대한 개발과 즉흥성을 통한 개인의 표현을 강조했다. 근대 무용의 이러한 유산은 각 선구자들의 무용·동작치료의 토대가 되었다.

1966년에 Marian Chace를 초대 회장으로 하는 미국무용치료협회가 설립되었고 현재는

공인으로 등록되어 활동하는 무용·치료전문가(ADTR)와 무용·치료사(DTR)가 1,203명에 이르렀으며 이들은 미국 전역 46개주와 세계 29개국에서 활동하고 있다(ADTA, 2003).

#3. 세계무용 · 동작치료의 선구자

가. 마리안 체이스(Marian Chace, 1896~1970)

1) 이론

Marian Chace(1896~1970)는 무용치료분야에서 선구자로 알려져 있으며 현재 활동하고 있는 수많은 무용치료사들의 스승이다. 그녀는 프로이트의 정신분석에 기초를 둔 무용치료이론을 정립하였다. 또한 1966년에 미국무용치료협회(American Dance Therapy Association)를 설립하여 이 치료법의 대중화에 크게 기여하였다. 앞서 그녀는 1940년대 성 엘리자베스 병원에서 일하면서 무용치료를 이용하여 자신의 이론들을 시험해 보았으며 정신의학에 관한 한 설리번의 사고에 크게 영향을 받았다. Chace는 치료적 관계에 대해서 무용치료사와 환자 사이를 발전시키는 움직임 구조들의 의미의 핵심이라고 설명하면서, 그것은 변화를 가능케 하는 상호 간에 작용하는 과정이라는 것을 이론화시켰다. 또한 그녀는 환자들에게 분명한 의사소통과 감정의 표출, 인간 상호 관계를 재생시켜주는 수단으로서의 무용 움직임을 사용하는 기술을 남겼으며, 그녀 자신의 그룹 정신치료와 창조적으로 언어와 비언어적인 방법들을 통합하는 결합력 있고 완전한 치료소재를 남겼다. 다음과 같은 네 가지 요소를 통해 자신의 이론과 기법을 설명하고자 했다.

가) 신체활동(Body Action)

운동성, 무용과 감정표현 사이에 본래적 관계를 이해함으로써 치료사는 환자들을 움직이거나 움직여지도록 도와주는 것이다.

감정을 표현하는 근육활동이 무용의 실체(substratum, 기층, 근저)이며, 무용은 그런 활동(즉, 감정 표현)을 구성하고 조직하는 수단이므로 심각한 정신질환자들의 재통합(reintegration)을 위한 강력한 소통수단이 될 수 있다고 생각된다(Chaiklin, 1975, p.71).

Chace가 Wilhelm Reich의 이론적 사상들을 인용한 적도 거의 없고 실제로도 라이히의 기법과 연결되어 있지 않지만, 그녀의 작업 속에 내재된 이론들은 그 당시 라이히도 임상적 작업에서 실험하고 있던 가정들을 전제로 하고 있다. 이들은 경직이라는 형태로 근육조직 속에 담겨 있다고 믿었던 생각과 사상 및 감정들을 풀어내는 방법으로서 정신운동 치료요법적인 개입(psychomotor therapeutic intervention)을 가지고 실험하였다. 무용행위를 통하여 환자는 골격의 근육조직의 운동성을 획득한다. 신체 각 부위나 호흡 패턴 또는 감정표현을 가로막고 있는 긴장도를 인식하는 것은, 치료사에게 정서적 반응 태세를 개발할 수 있는 신체적 행위들의 시퀀스(sequence, 순서, 계기, 장면)에 대한 단서들을 제공해 준다. 그러나 그것은 단지 변화를 이끌어 내는 동작들을 배우는 것만은 아니다. 환자가 자신의 신체 내에서의 행위를 경험할 마음의 준비가 되어 있을 때 그 변화는 일어난다고 보았다(Chaiklin & Schmais 1979).

나) 상징주의(Symbolism)

환자는 말로는 할 수 없는 복잡하고 깊은 감정들을 한순간에 전달하는 주관적인 감정들을 표현한다. 무용치료에서 상징주의는 환자들이 회상하거나 재연, 재경험할 수 있는 매체를 제공하는 것으로 무용치료사는 환자의 상징적 표현들을 재연할 뿐만 아니라 그 의미를 끄집어냄으로써 함께 새로운 상징적 상호 작용을 하게 된다. Chace는 순수하게 상징적 수준을 통하여 문제들이 처리될 수 있으며 항상 해석이나 분석이 필요한 것은 아니라고 믿었다. 동작의 힘을 통하여 억압되고 두려움을 야기하는 감정들이 다양한 형태로 해소될 수 있다. 예컨대, 환자들이 동물들의 이미지들을 다양한 생각과 감정 및 갈등의 상징으로 해석하는 것이 그것이다. 무용치료사들은 환자의 무의식적 및 상징적 소통을 인정하고 강조하기 때문에 환자는 자신의 표현과정에 대한 신뢰와 인정을 경험한다. 그래서 이것은 지속된 동작 탐구를 뒷받침하고 촉진한다(Levy, 1988). 이러한 해소(release)과정은 다양한 수준에서 다양한 형태로 일어날 수 있다. 해소가 이루어진 후, 무용치료사의 인정과 신뢰감이 정립되어서 상징적 형태들과 이미지들 뒤에 숨어 있는 내용이 안전하게 의식(consciousness)으로 나타나게 된다.

다) 치료적인 움직임 관계(Therapeutic Movement Relationship)

환자와의 치료적인 움직임 관계란 바로 뜻깊은 제스처를 재현함으로써 또한 환자들이 그것을 받아들일 때에 치료사와 환자 간의 믿음의 관계가 형성되고 환자들이 억압된 생각과 감정들을 전달하게 하고 새로운 경험과 관계들을 시도하게 한다. 즉, 정서적 수용과 소통을 심층적으로 반영하는 방법으로서 동작관계 내지 환자와의 상호 작용에 치료사가 직접 참여한다는 이러한 개념은 무용치료요법에 있어서 Chace의 혁신적인 기여이다. "비춰 보기(mirroring)" 내지 "반영하기(reflecting)"라는 이러한 과정에 있어서의 이론적 가정은 단순하며 그러기에 효과가 큰 것인지도 모른다. 환자의 비언어적 및 상징적 소통을 진지하게 받아들임으로써, 그리고 그 소통의 폭을 넓히고 확대하며 명확하게 하는 것을 도와줌으로써 Chace는 환자가 정서적으로 "진정한 자기 자신(where he/she is)"을 만나도록 돕고 그럼으로써 심층적이고 진정한 의미에서 환자를 이해하고 수용하고자 하는 그녀의 절실한 소망과 능력을 보여 주었다. 본질적으로, 그녀는 동작을 통하여 환자들에게 "나는 당신을 이해해요. 나는 당신의 말을 경청해요. 괜찮아요"라고 말했던 것이다. 이런 의미에서, 그녀는 환자가 자신에 대한 즉시적인 경험을 정당화하도록 도와주었다.

라) 율동적인 그룹 활동(Group Rhythmic Movement Relationship)

개인의 행동을 구성하고 사람들 간의 단결과 영향력을 창조하는 것으로서의 리듬을 인식하였으며 대화와 신체인식을 위한 치료도구로서 리듬을 보았다. 즉, 집단적인 율동 행위의 역동성은 생각과 감정을 더 조직적으로 표현하기 위해 사용되었다. 리듬의 힘은 심하게 위축된 환자들조차도 동작을 할 수 있게 하였으며, 안전하고 반복적인 리듬의 연결은 혼란스럽고 혼동을 야기할 수도 있었던 무의식 또는 의식적인 감정들을 밖으로 외면화시킬 수 있는 좋은 매체라고 여겼다. 그녀는 집단 율동관계는 반복과 훈련이 포함된 율동행위와 집단적 구조라는 안전한 환경에서 생각과 감정들이 형상화되고 체계화되며 해소되는 구조를 제공한다고 주장하였다.

2) 치료요소 및 방법론

가) 원형그룹상의 의사소통 요소

Marian Chace는 무용·동작치료 세션을 진행할 때 원형으로 된 그룹형태를 선호하였다. 그 이유는 원형의 그룹조직은 서로 마주 볼 수 있는 구조이므로 그룹의 역동성이 보다 강하게 일어날 수 있기 때문이다. 서로 마주 보며, 치료사의 지시가 원활하고 심리적 또는 실제 공간적인 거리가 모두 동일한 구조가 바로 원형구조인 것이다. 예로서, 내담자들은 작은 '무언어 공감반응그룹'에 참가하여 하나의 원을 만든다. 말을 사용하지 않는 그룹에서 서로가 서로를 마주 보고 앉을 수 있도록 하는 원형배치는 다양한 치료적 역동성을 부여해 준다.

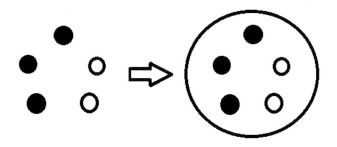

치료사는 내담자들에게 즉흥적인 동작을 만들어 보라고 지시한 다음 그 동작을 되풀이하거나 타인으로 하여금 따라 하도록 할 수 있다. 이것은 집단이 상호 작용하는 데 매우 효과적인 방법이다. 좀 더 발전된 형태로서 치료사가 내담자들에게 특정한 주제를 제시하고 그 주제에 맞는 상상을 하도록 한 다음 그것을 동작으로 표현하도록 하는 것도 유용하다. 수업의 형태는 리듬운동 및 공동 토론 방식이 있다.

나) 원형적 리듬을 통한 구조

원형적 리듬이란 시대와 공간을 초월하여 가장 근원적인 형태의 리듬을 의미하는 것이다. 즉, 원시인들의 음악이나 리듬과 같이 고대의 사람들로부터 현재까지 이어져 내려오는 무수한 형태의 리듬과 춤 등이 이에 속한다고 할 수 있다. 이에 대해 류분순(2000)은 다음과 같이 설명하였다. 즉, 함께 움직이는 사람들로 이루어진 그룹이 어떤 한 개인이 혼자서 느낄 수 있는 것보다 훨씬 큰 힘과 안정된 느낌을 가지게 된다. 따라서 그룹 심리치료에서는 음악의 리듬을 사용해서 개인의 행동을 조직화하고 그룹과 연결되어 있다는 느낌을 강화하게 된다. 특히 리듬의 구조 안에서 에너지를 전달하거나 개인적 활력을 얻을 수 있다.

다) 운동을 통한 감정 표출

"인간의 감정과 정서를 표현하는 근육운동은 무용의 초석이 된다. 또한 무용은 이와 같은 감정표현작업을 수행하고 체계화시키 수단이 되기 때문에, 중증 정신질환자들의 의사소통의 재활을 위한 효과적인 수단이 될 수 있다(Chaiklin, 1975)" 감정표현 근육운동의 효과는 현실적인 신체상 창조를 돕고, 에너지를 활용할 수 있도록 도와주며, 감정에 대한 표현 범위를 확장시키고, 환자 자신들이 직접 만들어 낸 동작이 최대한의 치료효과를 올리면서 작용할 수 있도록 리듬과 원 만들기 등과 같은 무용의 고유한 조직원리를 이용한다는 점이다.

라) 모방 및 반영기법

Chace는 내담자의 행동을 그대로 시간차를 두고 따라 하거나 동시에 모방하는 기법을 많이 사용하였다. 다른 사람의 동작을 모방(imitation)하거나 반영(reflection)하는 활동은 심리적 지지와 치료적 측면에서 의미가 있다. 반대로 타인이 자신의 행동을 따라 모방하거나 반영하는 활동도 전자와 같은 효과를 거둘 수 있다. 이처럼 동작반영기법을 통해 치료사는 환자들의 동작을 똑같이 모방하여 그들 자신의 상을 이해할 수 있도록 돕게 된다. 또한 어떤 공감을 반영해 주기도 하고, 상호 반응이 생겨날 수 있는 어떤 구조를 만들어 가기도 한다. 직접적인 효과로는 다음과 같다.

· 감정이입을 실행할 수 있는 관계를 형성
· 상호 작용 확대 → 동작 변화, 동작 표현 잠재력의 확장
· 무의식적인 주제를 확장시켜 준다.
· 동작만 가지고 진행하는 대화가 늘어나도록 만든다.
· 수용감과 신뢰감을 길러 준다. → 유아의 발달과정과 상응한다.

마) 동작의 상징화

인간은 자신의 모든 감정을 언어를 통해 표현하기 어렵다. 그래서 언어 이외의 의사소통 수단을 활용하여 자신의 감정과 생각을 표현하게 된다. 즉, 동작을 마치 언어와 같이 상징화하여 사용함으로써 내담자들의 핵심욕구나 감정, 갈망들을 더욱 쉽게 표현할 수 있다는 것이다. 대부분 내담자들의 문제점은 지극히 단순하다는 측면과 혼자서 하는 유아적 동작 수준에서 그친다는 점이다. 또한 내담자들은 타의에 의해 마지못해서 동작을 하는 경우가 많은데 이 또한 치료의 역동성과 효과를 만드는 데 장애가 될 수 있다. 만약 치료사가 환자에게 떠올려지는 상상이나 상징들이 있는지 물을 때 환자들이 아무런 상상도 할 수 없다면 동작을 함께 활용하여 상상을 강화할 수 있다. 이렇게 상징들을 이해하고 그 의미를 의식에 다시 통합시키는 것은 치료적 변화에 다가설 수 있는 도움이 된다.

3) 치료과정

가) 준비운동(warm-up)

(1) 초기접촉

준비운동의 첫 단계로 직관적이고 자연스럽게 이루어졌으며, 초기접촉단계의 목적은 환자들과 직접 대화하며 접촉을 갖도록 하는 것이었다. 다음의 3가지 종류의 중재 스타일을 사용하였다.

① 비추기(mirroring) 또는 동작을 통한 감정이입의 반영: 환자의 신체나 신체활동에서 시각적으로 인지한 것을 자신의 근육활동, 즉 무용과 언어로 표현하였다. 단순히 모방으로 보일 수 있으나 운동감각의 감정이입이나 감정의 반응으로 설명되는 활동과 의미의 모방은 무용치료를 가능케 하는 중요한 요소이다.

② 표현적인 동작을 명확히 하며 확장시키고 넓히기: 동작의 초점이나 목적을 명확히 해 주는 점차적이고 세부적인 동작으로 발전시켜 나가는 것으로, 환자들이 완전한

동작으로 표현할 수 있도록 도와주어 환자의 동일시나 표현하고자 하는 내용을 증가시켰다. 또 환자들을 고정된 상태로 두지 않고 동작을 선택하게 하면서 중재의 효과를 주시하고 관찰하였다.

③ 동작을 끌어내어 대화하기: 감정표현을 동작으로 할 수 있는 가능성을 높이게 하는 것, 동작을 배우고 최종에 가서는 동작으로 대화할 수 있게 하는 것

(2) 그룹 전개 – 원의 형태로 실시

초기접촉이 이루어진 후 그룹을 형성할 준비를 한다. 그룹 안에서 믿고 마음을 터놓을 수 있는 개인과 그룹의 관계로 발전시키는 데 이 단계의 중요성이 있다. 이 단계에서는 신뢰감을 높이고 신체가 긴장이 되면 감정이 더 진행되지 않으므로 신체의 이완과 긴장을 풀어 주는 동작을 진행함으로써 신체활동의 준비단계가 될 수 있다.

나) 주제 전개

이 단계는 '주제 개발'이라고도 부른다. 그룹의 응집력을 보다 강화시키는 단계이다. 환자들의 비언어적 의사소통을 통해 그녀는 자신이 받은 느낌을 반영하는 말이나 소리를 내면서 하는 리드미컬한 무용동작으로 그룹을 자극해 가며 보다 의미를 분명히 하기 위해 몇 가지 질문을 던지기도 한다. 이야기 형태의 언어를 사용하며 소리를 내면서 하는 무용동작의 대화를 통해 그룹이 일체가 되게 하며 방향과 의도를 명료하게 한다.

A. 비언어적 단서들 잡아내기

B. 행동들(그리고 의도들)의 폭을 넓히고 확대하며 명확화하기

C. 언어 표현(verbalization)과 심상(imagery) 사용하기

D. 기타 다양한 주제 지향적 가능성들(예컨대, 역할연기, 상징적 행동, 집단 주제들)

다) 정리

마지막으로 정리하는 단계이다. Chace는 환자들에게 만족과 해결감을 줄 수 있는 결론 및 정리단계를 구조 안에 포함시킴으로써 그 의미를 강조하였다. 그 속에는 활동 중에 느꼈던 감정과 생각을 함께 나누는 것이 포함된다. 그룹 상호 작용과 치료적 역동성은 원(서클)을 이루었을 때 가장 극대화된다고 결론을 내렸다.

A. 서클(circle): 원형배치

B. 단체 동작(communal movement)

C. 가능한 토론/감정공유(sharing of feelings)(H. Chaiklin, 1975)

4) 요약

환자들에게 만족과 해결감을 줄 수 있는 결론구조를 강조하였다. 그룹 상호 작용이 서클을 이루었을 때 가장 원활하였다는 결론을 내렸으며, 그룹 안에서 각 개인관계를 밀접하게 하기 위해 반복적으로 '공동의' 움직임을 실시하기도 하였다. 또 환자들이 자발적으로 감정, 기억, 경험을 말로 나누면서 감정을 의미 있는 대화로 나타내게 된다.

가) 의의

표현적이고, 상징적이며, 통합적인 동시에 상호 반응을 불러일으키는 무용의 요소를 창출했으며 그것들은 치료법의 어떤 독특한 형태로 이끌었다. 정신의학에서의 무용·동작치료법에 관한 거의 모든 후속작업에 없어서는 안 될 필수적인 토대를 제공해 주고 있다.

나) 공헌 및 의의

① 치료의 움직임 관계 규명

② 집단과 개인 진행 과정을 반영한 형태로서 언어적 이야기의 사용

③ 힘을 구성하고 명확하게 하는 데 음률 동작을 사용

④ 춤을 연대 집단 진행 과정으로 사용(집단정신, 심리요법의 형태로)

다) Marian Chace의 무용·동작치료이론의 요약

① 정신분석학의 Sullivan, Freud 등의 영향을 받아 이론을 정립하였다.

② 치료사와 환자가 움직임의 상호 작용을 통하여 치료적 관계를 가진다.

③ 주로 정신증 환자들을 대상으로 하였다.

④ 집단에서 원형을 이루어 동작함으로써 상호 작용을 중요시하였고 자아를 강화시키는

데 초점을 둔다.

⑤ 치료방법은 단계로 구분이 되어 그 자체적으로 완전하고 통합된 방법을 가지면서 상호 역동적인 관계를 맺으며 진행되었다.

⑥ 치료요소로서의 이론적 근거로는 첫째, Body Action은 치료사가 환자들이 움직이도록 도와 감정표현의 행동화를 경험하게 하였다. 둘째, Symbolism은 환자의 복잡하고 주관적인 내면세계를 동작으로 표현해 내는 상징적 표현을 의미한다. 셋째, Therapeutic movement relationship은 환자의 감정적 행위(상징표현)와 치료사의 똑같은 동작반응으로 상호 교감(공감)에 이르는 것으로 치료사와 환자의 믿음관계가 형성되고 환자의 억압된 생각과 감정을 전달하여 새로운 경험과 관계를 시도한다.

마지막으로, Rhythmic Group Activity는 호흡, 맥박, 감정을 표현하는 가장 기초적인 동작들을 공유된 상징적 표현을 통해 환자들의 인식을 자극하며 리듬은 개인의 행동을 조직화하고 단결된 감정과 안정감을 경험하게 한다. 따라서 신체언어와 상징의미를 인식하게 되고 점차 극단적 행동을 고쳐 내면적인 갈등을 말로 표현하는 것이 가능하다고 주장하였다.

나. 마리 화이트하우스(Mary Whitehouse, 1911~1975)

1) 이론

Mary Whitehouse는 Carl G. Jung의 분석심리학에 강한 영향을 받았다. 융학파의 분석심리학을 만나게 된 후에 그녀는 상징성과 의미에 더 많은 주의를 기울이면서 그녀 자신만의 무용 동작을 보여 주게 되었다. 이것이 그녀로 하여금 자기-표현, 의사소통, 그리고 드러내기의 형식으로서의 춤에 대한 관심에 생기를 불어넣어 주었다. 동시에, Whitehouse는 그녀의 수업에서 "무용"이라는 단어를 재정리하였다. Whitehouse는 기능적으로 문제가 없는 사람들과 일대일 그리고 그룹으로 작업을 했다. 그녀의 스튜디오에서 무용을 배우는 제자들과 자주 작업을 했다. 그는 제자들과 함께 작업을 할 때는 무의식적인 것들을 드러내는 것에 가장 큰 주안점을 둔 반면, 병원의 환자들과의 작업에서는—좀 더 허약한 에고구조 때문에—감정적 지지와 좀 더 구조화된 형태의 표현적 움직임을 강조하였다.

2) 방법론 및 주요 논점

앞서 언급했듯이, Whitehouse는 Jung의 분석심리학에 영향을 받았으며, 그중에서도 '적극적 상상(Active Imagination)'에 근거를 두고 개발되고 발전되었다. 그녀는 움직임을 하는 내담자를 관찰하면서 언어적인 개입으로 그들의 움직임을 촉진하는 관찰자의 역할을 하였다. 주로 신경증 환자를 대상으로 하였는데, 집단 내에서도 개인의 내면 성장을 위한 움직임 탐색에 초점을 두었고 치료방법은 '적극적 상상을 통한 진정한 움직임'이 표현되도록 진행하였다. 아래는 류분순(2000)이 설명한 Whitehouse의 무용동작기법의 핵심개념인 심층동작과 자아표현을 위한 심리동작을 정리한 것이다.

심층동작	심층동작이란 Whitehouse의 접근법(심층철학을 연상)을 말한다. 그녀의 이론들은 무의식 과정에 대한 반영으로서의 자발적인 동작표현에 대한 사용을 뒷받침해 주고 있는데, 그것은 정신의학에서의 무용·동작치료법을 구성하는 중요한 요소가 되고 있다.
심리적 동작	자기의 표출을 위해 심리적 동작을 이용한다. 여기서 자기란 완전한 잠재력의 원형적 이미지 또는 전체로서의 인격을 통합시키는 존재를 의미하는 것이다. 이것은 Jung의 분석심리학에서 설명한 자기의 개념과 일치한다. Whitehouse가 설명한 심리적 동작이란 전체성이나 개인성에 도달하기 위한 수단으로 사용되는 것이며 자기 자신과 타인들, 그리고 인류의 총체적인 역사에 대한 자기 자신과의 진정한 관계 인식을 위해 활용되는 핵심개념이다.

가) 치료요소의 이론적 근거

Wigman의 무용동작의 즉흥양식과 Jung의 분석심리학에 의해 영향을 받았으며 이러한 견해들을 통합하여 자신만의 독특한 이론적 및 실제적 접근법을 개발하였다. 그녀의 접근전략과 관련된 주요 논점을 요약하면 다음과 같다.

(1) 신체적 자각(Kinesthetic Awareness)

Whitehouse는 '신체적 자각'은 개인의 신체적 자아에 대한 내적인 의식이라고 정의했다. 즉, 그녀는 개인의 신체의 자아에 대한 내부에 존재하고 있는 감각이라고 믿었다. 신체자각은 단순한 근육이완과는 대조되는 운동감각인식으로서 개인의 신체적 자아에 대한 내적인 의식이며 스스로 반응하는 주체로서의 신체를 강조하였다. 그녀는 어떤 방식으로 움직이기 위해 어떻게 느껴야 하는 주관적인 연상을 만드는 개인의 능력으로서의 운동감각의 인식을 논하면서 신체를 기계적으로 마치 그것이 아무런 주관적인 반응 없이 일이 일어나는 사물로 여겨서 신체의 이완을 촉진하는 움직임은 충분하지 않다고 믿었다. 모든 것에 자기 스스로 반응하는 주체 또는 기관으로서 신체를 강조했다.

> 만약 우리 몸의 운동감각을 결코 키우지 않거나 거의 사용하지 않으면, 그 감각은 무의식의 세계로 빠지게 되고, 머릿속에 살아 있을 때 내가 불러내야만 하는 상태에 놓이게 된다. 이런 이유로 정신세계의 추상적인 이미지, 즉 '선택', '필요', '가치', '적합성'에 동화가 돼서 오랫동안 축적되어진 자세의 비틀어짐, 유연하지 않은 움직임, 뻣뻣함, 그리고 단순한 움직임에 우리의 몸이 반응을 보이게 된다(Whitehouse, 1963, p.6).

(2) 양극성(Polarity)

'양극성'은 근육의 움직임인 수축과 이완이라는 양극의 작용으로 일어나므로 환자들의 양극성에 의한 충돌을 잘 관찰하여 정신과 신체에 미치는 영향을 보아야 한다고 믿었다. Jung의 양극성을 사람의 육체에 적용해 보면, 움직임의 형태에 존재하는 양극성의 모습이란 두 개의 근육 움직임과 수축과 확장 없이는 어떤 행동도 이루어질 수 없다는 것이다. 인생에 있어서 모든 것이 결코 흑과 백으로 결정되는 것이 아니라 삶에 있어서 한 가지 길을 택하도록 강요되고 하나의 형태를 위해 어떤 것을 포기하고 선택해야 하지만 의식적인 이유 때문에 선택되지 못한 것은 사라지는 것이 아니고 단순히 인식되지 않는 것이며 무의식적인 상태에서 그것은 계속적으로 압력을 가하여 갈등을 만들어 낸다. 무용은 본질적으로 서로 반대되는 것 두 개를 연결해 줌으로써, 춤의 양식은 대립되는 충동들의 자연스러운 이완을 숙달시킨다.

이와 같이 그녀는 Jung학파의 분석경험의 영향으로 양극성이 몸과 마음의 기능에 어떤 영향을 주는지, 그리고 무용치료 과정에서 어떻게 양극적인 특성을 관찰할 수 있는가에 대해 강조했다. 그리고 인생에는 흑백논리는 결코 존재하지 않다고 말했다. 즉 삶에 있어서 한 가지 길을 선택하도록 강요되고, 하나의 형태를 위해 어떤 것을 포기하고 선택해야 하지만, 의식적인 이유 때문에 선택되지 못한 것은 사라지는 것이 아니고, 단순히 인식되지 않는 것이다. 무의식적인 상태에서 그것은 계속적으로 압력을 가하여 갈등을 만들어 내는 것이다. 무용은 본질적으로 반대적인 요소와 맞물려 있기 때문에, 무용수는 곡선/직선, 닫힘/열림, 좁음/넓음, 위/아래, 무거움/가벼움 등등 무수히 많은 양극의 쌍을 가지고 있다. 그래서 무용수는 자신도 모르는 사이에 자연스럽게 양극성을 모두 표현하고 있는 것이다(Levy, 1988).

(3) Active Imagination(적극적 명상)

'적극적 명상' 또는 '적극적 상상'은 Jung학파의 자유연상법인 활동적인 상상을 신체적으로 적용한 것으로 환상과 이미지, 꿈을 가지고 동작에 참여하여 '무의식의 자아'를 활동적인 상상을 통하여 의식적으로 만드는 데 목표를 둔다. 이 기법은 앞서 언급했던 신체적 자각과 양극성에 대한 관심으로부터 시작되었다. 그녀는 충분한 환경과 움직임의 요소만 주어진다면 무의식을 움직임 요소를 통해 밖으로 끄집어낼 수 있다고 믿고 있었다.

> *의식이 참여하지만 통제하지 않고, 협조하지만 선택하지 않고 계속적으로 앞으로 나아감*
> *에 따라 무의식은 그가 말하고자 하는 것을 그가 표현하고자 하는 방식으로 나타내도록*
> *허용되어진다. 이것의 언어는 그림이나 말의 이미지나 시, 조각, 춤의 형식으로 나타내어*
> *지는데, 일관성의 제한이나 책임은 없다. 이미지 내면의 소리들은 갑자기 다른 것으로 움*
> *직이게 되는데, 개인의 자아보다는 훨씬 더 깊은 그 무엇과 인간의 일반적인 관계가 표현*
> *된다(Whitehouse, 1979, p58).*

위의 인용문에서 Whitehouse는 억압된 무의식의 일부가 자연스럽게 표현되는 것을 방해하고 있는 자아(ego)의 방어를 이완시키고 풀어 주는 과정을 정신분석학적 방법으로 묘사하고 있다. 게다가, 그녀는 개인적인 '자아'를 초월해서 범우주적인, 즉 '포괄적'인 무의식의 세계와 하나가 되는 Jung의 이론을 지지했다. 결론적으로 그녀는 개인의 신체적 표현들을 조절하거나 감지하지는 못하지만, 참여하고 바라보는 관찰자로서의 의식적 자아, ego의 중요성을 이야기했다. 어떤 의미에서 그녀는 신체의 움직임을 이용한 보다 자유로운 결합의 메커니즘을 통해서 관찰되는 자아의 형성과정을 묘사했다. 또한 그녀는 보편적인 형태의 정신적인 표현과정을 보여 주었다. 하지만 그것은 대개는 개인의 의식적인 움직임의 범주에 들어가지는 못했다. 움직임에 있어서 '적극적 명상'의 진행 과정을 통해서,

Whitehouse는 Jung의 'Self(자기)'를 경험할 수 있다고 믿었다. 상위 개념 'S'로서 'Self'는 즉흥적이고 개인적인 ego(자아)의 개념들을 초월하는 무의식을 의미한다. 이것의 하위 개념은 's'인 'self'이다(Levy, 1988).

(4) 진정한 움직임(Authentic Movement)

'진정한 움직임'은 다만 무의식적 움직임, 즉 의식적으로 지시되지 않은 동작수준에서 표현되어야만 움직임을 통한 체험이 가능하다고 주장하면서 '적극적 명상'을 신체적 움직임으로 표현하면 '진정한 움직임'이 된다고 하였다. Whitehouse의 제자들이면서 이 분야에서 선두적인 입지에 있는 사람들은 심도 있게 Jung 심리학을 연구해 오고 있으며, 표현적인 움직임의 과정과 관련된 수많은 개념들의 정의를 확장시키고 명확하게 하는 노력을 시도하고 있다. 분명한 것은 '적극적 명상'이 의식적으로 인도된 상태에서 표현이 된다면 이것도 움직임의 경험이 될 수가 있다. 이런 움직임을 Whitehouse는 '진정한 움직임(Authentic Movement)'이라고 불렀다. 1933년에 Jone Martin은 Mary Wigman이 제작한 공연을 보면서, 그가 경험했던 것을 표현할 때 '진정한 움직임(Authentic Movement)'이란 용어를 최초로 사용했다(Levy, 1988).

(5) 치료적 관계 및 직관력(Therapeutic Relationship/Intuition)

치료적 관계/직관은 치료자 자신의 직관을 신뢰하고 환자들이 믿도록 도와주고 환자의 수준에 따라 시작하는 치료사의 능력을 의미한다. Whitehouse는 치료 방법론의 구조에서 치료적 관계에 대한 치료사의 직관력을 강조했다. 치료사는 상황에 따라서 교육자, 중재자, 안내자로서의 역할을 한다고 말했다. 그녀의 치료적 접근방식은 첫째, 무엇보다 그녀 자신의 직관력을 믿는 것이고, 둘째, 고객이 그녀 자신의 직관력을 믿도록 돕는 것이고, 셋째, 현재 고객의 준비된 수준에서 시작할 수 있는 치료사의 능력을 강조하였다.

Whitehouse는 이렇게 겉으로 보기에 단순한 과정들이 때때로 이루어지기 어렵다고 강조했다. 이것이 이루어지기 위해서는 무용치료사는 고객이 무엇을 해야 한다는 선입견을 버리고, 고객으로 하여금 자신의 해결책을 찾도록 도와주는 것이 필요하다(Levy, 1988).

그녀의 접근방식에는 다음 두 가지 개념을 강조했다. 첫 번째는 내담자가 자신의 동작이나 생각들을 실행에 옮기는 동안에 자제력을 발휘할 수 있는 치료사의 기술이다. 치료사의 고객에 대한 이러한 노력은 고객이 치료사로부터 지시를 받거나, 부담을 갖지 않으면서 자신만의 무용 동작과 구성을 진행할 때까지 기다려 주는 것을 의미한다. 내담자의 무지향적(無指向性)인 동작의 연속성은 그의 내면에 자극받는 움직임에 대한 공간이 있다고 해석할 수 있다. 두 번째는 치료사는 내담자를 치료하는 데 있어서 자신의 직관력을 신뢰하고, 지시적인 사항들이 내담자들에게 도움이 되는지 판단하게 하여 그것을 받아들일 준비를 하게 하는 것이다.

3) 요약(공헌도)

Whitehouse는 무용에서 심층 정신운동 치료로 들어가는 Wigmanian 즉흥적 접근을 발전시킬 수 있는 능력이 있었다. 또한 그녀는 융학파의 사상에 깊은 경의를 가졌고, 움직임에 대한 능력을 이해하고 이러한 체계를 만들 수 있었다. 두 개의 강력한 도구인 무용과 적극적 상상의 융합은 Dance therapy에 있어서의 Whitehouse의 주요한 공헌의 기초를 형성한다.

가) 동작경험

동작을 통한 경험을 무의식까지 접근시키는 데 공헌했다. 특히 무용동작활동에 참여한 내담자들의 행동과 정서의 변화를 위한 요소들 중 하나로서 원형적 배치를 포함시켰다.

나) 활동적인 상상력

① 자발적인 동작 사용 → 치료적 목적들에 영향
② 창의적 과정, 의식과 무의식의 요소들이 조화
③ 극적인 심리/신체의 연관성들이 의식에 이용될 수 있게 해 준다.

다) Whitehouse 무용·동작치료이론의 요약

① Jung의 분석심리학과 '능동적 상상법(Active Imagination)'에 근거를 두었다.
② Mary Whitehouse는 움직임을 하는 내담자를 관찰하면서 주로 언어적인 개입으로 움직임을 촉진하는 관찰자의 역할을 하였다.

③ 주로 신경증 환자를 대상으로 하였다.

④ 집단 내에서도 개인의 내면 성장을 위한 움직임 탐색에 초점을 두었다.

⑤ 치료방법은 '적극적 상상(Active Imagination)'을 통한 '진정한 움직임(Authentic Movement)'이 표현되도록 진행하였다.

⑥ 치료요소의 이론적 근거는 첫째, 신체 자각(Kinesthetic)은 단순한 근육이완과는 대조되는 운동감각인식으로써 개인의 신체적 자아에 대한 내적인 의식이며 스스로 반응하는 주체로서의 신체를 강조하였다. 둘째, 양극성(Polarity)은 근육의 움직임인 수축과 이완이라는 양극의 작용으로 일어난다고 보아 환자들의 양극성에 의한 충돌을 잘 관찰하여 정신과 신체에 미치는 영향을 본다. 셋째, '적극적 명상 또는 적극적 상상(Active Imagination)'은 융의 자유연상법인 활동적인 상상을 신체적으로 적용한 것으로 환상과 이미지, 꿈을 가지고 동작에 참여하여 무의식의 자아를 활동적인 상상을 통하여 의식적으로 만드는 데 목표를 두었으며, 실제 보이는 이미지에서 극적 환상으로 가는 것, 여기서 정신－신체 관계는 의식에 대한 유용한 관계가 만들어진다. 넷째, 진정한 움직임(Authentic Movement)은 오직 의식적으로 지시되지 않은 동작수준에서 표현되어야만 움직임 경험이 될 수 있다고 주장하면서 '적극적 명상'을 신체적 움직임으로 표현하면 '진정한 움직임'이 된다고 하였다. 다섯째, 치료적 관계 및 직관은 치료자 자신의 직관을 신뢰하고 환자들이 믿도록 도와주고 마지막으로 환자의 수준에 따라 시삭하는 치료사의 능력을 강조하였다.

마리안 체이스와 마리 화이트하우스 비교

	Marian Chace	Mary Whitehouse
이론적 배경	정신분석학의 라이히만, 설리반의 이론에 영향을 받음. 1. 근육운동: 감정표현의 근육 움직임을 통한 행동화를 경험 2. 상징주의: 상징적인 신체언어를 의미. 내적 감정의 외적인 표현 3. 치료적 움직임 관계: 환자의 감정적 행위와 치료사의 동작반응과의 공감을 말하는 것 4. 리듬 있는 그룹 활동: 리듬이 있는 집단 움직임과 관계된 것으로 원시적 공동체 의식에서 착안을 함. 리듬은 개인의 행동을 조직화하고 단결된 감정과 안정감을 경험하게 함.	융의 분석심리학에 이론적 근거를 두고 있음. 1. 신체적 자각: 신체적 자아에 대한 개인적인 내부감각. 단순한 근육이완 운동과는 다름. 2. 양극성: 양극성은 인생의 모든 면에 현존하는 데 신체적으로 적용하면 근육의 움직임은 수축과 이완이라는 양극의 작용으로 움직임이 일어남. 3. 적극적 명상: 환상과 이미지, 꿈을 가지고 동작에 참여. '적극적 명상'을 통한 움직임으로 융이 '자기'를 경험할 수 있음. 4. 진정한 움직임: 분석심리학의 '적극적 명상'을 신체적 움직임으로 표현하면 '진정한 움직임'이 됨.

구조	1. 신체준비단계 　① 초기접촉(반영, 동작의 확장 및 명백화, 동 　　작을 이끌어 내어 움직임 대화) 　② 원의 집단형태를 갖추게 됨 　③ 집단 리듬의 표현과 신체적 준비 2. 주제전개단계 　① 비언어적 단서 찾기, ② 행위의 확대, 연장, 　명백화 하기, ③ 이미지와 언어적 개입, ④ 역 　할극, 상징적 연기, 집단의 주제 3. 나눔과 정리단계 　① 원의 형성, ② 공동의 동작, ③ 느낌토론	1. 심층작업을 위한 준비단계 　① 간단한 움직임을 통한 신체자각 　② 이미지를 통한 즉흥 움직임 2. 비구조적 치료환경의 제공 3. 적극적 명상과 치료사 개입단계 4. 진정한 움직임 단계 　움직임을 통한 적극적 명상으로 '움직여지는 　것'을 말한다. 의도한 대로 움직이는 것은 '보 　이지 않는 움직임'이라고 한다. 5. 전체성으로의 통합단계
치료적 관계	무용치료사와 환자 사이의 발전시키는 움직임구 조의 핵심이며, 변화를 가능케 하는 상호 작용의 과정. 환자가 마음, 감정을 표현할 수 있고 새로운 경험과 관계를 하기 위한 신뢰형성. 환자의 감정 적 행위와 치료사의 동작반응과의 공감을 말하는 것으로 치료사는 환자의 동작표현을 시각적, 감각 적으로 인식하여 치료적인 연관성을 얻는다.	무용치료에서 치료적 관계와 직관을 강조 1. 자신의 직관을 믿는다. 2. 내담자가 치료사의 직관을 믿도록 돕는다. 3. 내담자의 준비된 수준을 이해하는 치료사의 능 　력을 강조한다. 　치료사는 내담자가 스스로 해결책을 찾도록 하 　고 자신의 선입관은 배제하여 앞으로 일어날 　일에 대해 내담자가 자유롭게 반응하도록 비판 　과 판단 없는 관계형성을 하고 무용·동작치료 　사는 상황에 따라서 교육자, 안내자, 중재자로 　의 역할을 한다.
공통점	1. 신체와 정신의 조화를 목표로 한 신체의 움직임을 통하여 감정이 표현되도록 하였다. 2. 신체 움직임을 통한 대화로 체이스는 비언어적인 방법의 대화를 했고 화이트하우스는 움직임을 통 　한 적극적 명상으로 의식과 무의식의 상호 소통을 하였다. 3. 내담자 중심의 치료적 관계를 중요시하였고 치료사와 환자 간의 신뢰관계 성립을 강조하였으며 환 　자의 움직임을 반영, 인식하여 그들의 변화과정에 동참하였다.	
차이점	1. 치료사와 환자가 움직임의 상호 작용을 통하여 　치료적 관계를 가졌다. 2. 정신병원에 입원한 정신증 환자들을 대상으로 하 　였다. 3. 집단세션을 선호하여 집단 안에서의 상호 작용 　을 중요시하면서 그들의 자아를 강화시키는 것 　에 초점을 두었다. 4. 무용·동작치료 방법은 단계로 구분이 되어 있 　으며 각 단계는 그 자체적으로 완전하고 통합 　된 방법을 가지면서 상호 역동적인 관계를 맺 　고 있다.	1. 움직임을 하는 내담자를 관찰하면서 주로 언어적 　인 개입으로 움직임을 촉진하는 관찰자의 역할을 　하였다. 2. 주로 신경증환자인 일반인들과 작업을 하였다. 3. 집단세션 안에서도 개인의 내면 성장을 위한 움 　직임 탐색에 초점을 두었다. 4. 치료방법에서 '적극적 명상'을 통한 '진정한 움직 　임'이 표현되도록 치료과정이 진행되었다.

다. 알마 호킨스(Alma Hawkins, 1904~1998)

1) 이론

Alma Hawkins는 춤 예술가이자 춤 치료자이다. 그녀는 인본주의 심리학의 영향을 받아 심상(imagery)에 근거한 환자 중심의 춤 치료 방법론을 내 온 선구자이기도 하다. 1930년대에는 도리스 험프리 등과 현대무용을 공부하며 춤 교육에 관심을 가졌다. 1953년부터는 로스앤젤레스 캘리포니아 대학(U.C.L.A)의 무용과에 있으면서 1963년 U.C.L.A.에 무용치료학을 도입하였으며, 그곳에서 그녀의 연구는 광범위한 무용치료학 교육과정으로 발전하였고, 신경정신과 의사나 동료인 Whitehouse와 함께 작업하며 무용치료를 소개하고 무용치료 프로그램을 만들기도 했다. 또한 현대 무용가들과 함께 광범위한 연구를 마친 후, 캘리포니아대학에서 무용·동작치료프로그램을 만들기도 했다. Hawkins의 관심사는 창의적인 경험의 본질을 이해하고 인식과 연관된 동작경험을 개발해 나가는 데 있었다. Hawkins는 움직임의 구성요소는 힘과 공간과 시간으로 보았다. 다른 많은 선구자들처럼 양극성─세 가지 구성요소에 최고치와 한계라고 하는 양극성과 관련된 것, 큰 것/작은 것·강한 것/약한 것─의 그림자와 관련된 것을 연구하였다.

사람들은 정신과 육신을 통합하기 위한 방법을 찾으려 하는데, 우리 문화에서 그 정신과 육신은 너무 오랫동안 분리되어 있었음을 Hawkins는 깨달았다. 우리가 우리 자신을 파악하고 더 큰 개념으로 논하기 위해서는 육신 그 자체가 강해야만 한다. "우리는 고정 장치로써의 자아에 대한 확고한 인식이 없이는 환경에 제대로 대처할 수 없다(Wallock, 1977)." 동작 과정을 통하여 개인은 자신 고유의 감정들과 접촉할 수 있고, 그로 인해 환경과 보다 의미 있는 상호 작용을 할 수 있다.

Laventhal과의 면담(1977)에서 Hawkins는 예술 형태로서의 무용과 치료 도구로서의 무용 사이의 관계에 대한 자신의 생각을 들려주었다. 그녀는 말하였다.

······치료 목적을 위해 지도할 수 있는 기초적인 동작 과정이 있다. 바로 이러한 과정이 변

화를 일으킨다. 이러한 기초적인 동작 과정은 사실 미학적 목표를 위한 것만큼 쉽게 지도할 수 있는 창조적 과정이며, 예술의 목적을 달성하는 것이다. 내가 보기에 예술 탐구와 무용 동작 치료의 두 경우 모두에서 그 기초 과정은 동일한 것 같다(Leventhal, 1984, p.9).

Hawkins는 그 창조적 과정이 "내면적 감각, 감정, 심상을 기초로 한다면, 치유효과가 나타날 것"이라고 믿었다. 인류는 창조적이고 심미적인 경험을 추구하는데, 그것은 그러한 것들이 인간을 풍요롭게 하고 …… 인간이 완전한 개체가 될 수 있도록 도와주며, 자신이 속한 세상과 화합하고 있다고 느끼도록 해 주기 때문이다"라고 하였다(Hawkins, 1972, Levy, 1988 재인용).

2) 방법론

Hawkins는 진정한 움직임은 구체화된 움직임의 패턴이 내면의 감각과 일치한다는 것을 의미한다고 생각했다. 특히 이완을 통하여 사람은 내면의 감정읽기의 출발점에 도달한다고 여겼고 이전의 체험과 기억의 흔적과의 새로운 연결을 가능하게 한다고 보았다. 이런 상태에서 발전된 움직임은 의미와 통찰력으로 채워질 수 있는 것이다. Hawkins는 우뇌의 작용에 의한 인지의 내부 방식은 직선적이고 순차적인 방법보다는 직관적이고 전체적인 감각이라는 사실을 발견하게 된다. 이것으로부터 신체의 이미지, 신체의 ego, 신체의 경계에 대한 기본적 구조라고 하는 'Body self' 이론이 도출된다.

Hawkins는 치료과정에서 환자가 어떤 경험을 가지고 있든 간에 움직임의 방법을 말하거나 해석하지 않고 언어적 또는 비언어적인 것을 지지했다. 그녀는 '당신이 움직이고 있던 방식에 있어서 오늘 다른 느낌이 있었습니까?'와 같은 개인적 질문을 함으로써 움직임 경험을 언어적 토론을 촉진시킬 수 있었다. 그녀는 그들의 움직임에 대해 그녀가 무엇을 보았는지 말하지 않았다. 마찬가지로 내담자의 움직임 반응을 해석하지 않고 발생하는 뜻밖의 사실을 옹호했다. 성장은 때때로 내담자 자신의 통찰력과 맞출 때 일어난다고 믿었기 때문이다. Hawkins는 치료사로서 매력적 역할은 자아실현을 향한 자신의 여행 중에 있는 개인이 어떤 경험을 발견하려는 노력을 중시한다. Hawkins는 대개 치료과정을 시작할 때 주의 집중이 가능한 움직임을 함께하며 경험을 확장하도록 도와준다. 그리고 나서 긴장을 해소하는 호흡에 집중하게 한다. 나머지 기간 동안 개인들은 심상읽기에 의해서 동기 유발된 움직임 과제에 참여한다. 그 이미지들은 항상 결론이 없고 스스로 의도한 반응을 허락한다. 다음 인용문에서 그녀는 자신의 방법론의 발전에 대하여 설명한다.

> ……무용 기법과 관련된 것들을 사용하지 않도록 노력하는 경험을 통하여 …… 나는 기초
> 적인 동작 현상에 대하여 보다 명백한 이해를 하게 되었다. 결국, 나는 동작의 구성요소
> 들, 즉 시간, 공간, 에너지 흐름을 이용하여 동작 발생을 촉진하기 시작하였다. 나는 항상
> 환자들이 제공하고 있는 것에서부터 경험에 대한 지시가 이루어지도록 하였다. 나는 무용
> 을 가르치거나 또는 미리 정해진 운동을 실시하지 않을 정도의 지식을 가지고 있었음에도
> 불구하고, 기초적인 동작의 진정한 본질을 발견하는 데 상당한 시간이 걸렸다(Leventhal,
> 1984, p.8).

Hawkins는 대개 주의를 집중시키고 체험을 넓혀 주는 데 도움이 되는 동작 경험 소개
와 함께 교육과정을 시작하였다. 그리고 그녀는 이완에 착수하였는데, 그것은 호흡법 수
행을 수반하였다. 교육과정의 나머지 기간 동안, 개인은 심상에 의해 동기화된 동작 과제
를 수행하도록 하였다. 이미지는 항상 정해진 답이 없는 것이었고, 자발적인 반응을 감안
하였다. 교육과정에는 주로 두 개인 또는 한 집단이 이미지에 반응하여 상호 작용하고 동
작 아이디어를 함께 탐구할 수 있도록 하는 경험들이 수반되었다. Hawkins는 구체적인 것
에서부터 추상적인 것에 이르는 심상을 발달상의 경험으로 보았다(Levi, 1988).

치료과정은 두 명의 개인 또는 하나의 그룹이 자주 어떠한 이미지에 대한 반응에 상호
작용하고 움직임의 의도를 조사할 수 있도록 하는 경험을 함께 공유한다. 다음은 Hawkins
의 목표와 과정을 요약한 것이다.

가) 목표

내담자 자신의 사고와 느낌을 풍요롭게 표현하도록 창조적 경험을 촉진한다.

① 춤 기술을 사용하지 않는다.
② 시간, 공간, 에너지 요소를 사용한다.
③ 가르치지 않고 환자중심으로 행한다.
④ 움직임의 방법을 말하거나 해석하지 않고 지지한다.
⑤ 내담자 개인이 어떤 경험을 발견하려는 노력을 중시한다.

나) 과정

① 시작: 주의집중이 가능한 움직임
② 긴장을 해소하는 호흡법
③ 심상에 의해 움직이기: 내부감각을 쉽게 내오는 수단이자 창의적 과정으로 사용
④ 경험을 함께 공유하기

3) 요약

무용치료사, 예술가, 교육자로서 Hawkins가 공헌한 것은 무용치료사, 안무가, 무용수, 배우, 동작 교육 전문가들에게 영향을 주었다는 점이다. 특히 그녀의 중대한 공헌은 인본주의 심리학의 신조에 기초하여 심상과 무용의 구성요소들과 창조성을 공식적인 치료 경험으로 통합한 부분에서 이루어졌다. 그녀는 치료사의 역할은 자아실현을 하려는 개인의 욕구를 뒷받침해 주거나 더욱 쉽게 이루어지도록 만들어 준다고 주장하였다(Levi, 1988 재인용). Hawkins의 치료적 접근법은 인간의 심리에 기초하고 있는데, 그것은 심리적 성장과 발전을 꾀하고 있다. 그녀의 중요한 기여도는 심상읽기와 춤과 창조성의 요소를 통합하여 인본주의 심리학을 기초로 한 공식적 치료 경험으로 만들어 냈다는 것이다.

라. 트루디 스쿠프(Trudi Schoop, 1904~1999)

1) 이론

스위스 출신 Trudi Schoop(1904~1999)는 무용치료를 정신질환자들에게 적용시킨 사람으로서 California의 정신병원에서 무용 치료를 시작하였다. Trudi Schoop는 1903년 스위스 취리히에서 태어났으며, 우체국 편집인이며 심미주의자인 아버지와 자유분방한 사고의 어머니, 두 명의 남자형제와 한 명의 여자형제가 있었다. 그녀는 어릴 때부터 연극과 무용에 매혹되었으나 정식으로 무용교육을 받지는 않았으며, 스스로 훈련하고 의상을 만들고 춤을 만들었다. 그는 '우리가 누구인가'라는 사실이 우리의 몸을 반영하고 결정짓는다고

믿었으며 그리고 '몸에서 일어나 일이 동시에 마음에 영향을 끼친다'라고 보았다. 또한 정신과 신체의 자유로운 조화가 환자들에게는 현저하게 부족하다고 보았으며 표현적인 움직임을 통해 환자의 억압된 부분을 의식의 세계로 끌어내려 하였다. 그녀는 무용을 삶에 대한 유한함(근육의 수준)과 무한함(에너지수준)을 이끌어 내는 하나의 방법으로서 이해했다. 다음 내용은 그녀의 무용치료에 대한 태도와 접근방식을 잘 보여 준다.

> *내가 집중을 하여 다면적(multifaceted) 완전성(totality, 전체성) 속에 존재할 때, 나는 내가 마음의 평정(balance, 균형)을 이루고 있다고 느낀다. 그래서 내 작업에 대한 나의 접근법은 "치료"라기보다는 "태도(attitude)"가 되었다. 어느 한 치료형식의 적용은 불가해한 것들을 이해하고자 하는 나의 노력을 방해할 것이다. 내가 나의 본래의 능력들을 자유롭게 발휘하면서 환자를 대면한다면, 나는 환자 속에서 본래의 것으로 보이는 부분들과 그렇지 않은 부분들을 보다 더 쉽게 탐지해 낼 수 있을 것이다. …… 환자들은 우리 모두가 가지고 있는 것과 동일한 요소들 내지 가능성들을 가지고 있으며, 그것들은 단지 기간(duration), 강도(intensity), 배열(arrangement)이 다를 뿐이라고 나는 확신한다(Schoop, 1978).*

스쿠프는 2개의 주요 관심사를 가지고 있었는데, 그것들은 상호 대립되는 것과 맞물려 돌아간다. 첫째는 개인으로 하여금 조화로운 방법으로 상충되는 정서들을 경험할 수 있도록 도와주는 것이다. 둘째는 첫 번째 것의 산물이며 개인으로 하여금 첫 번째 것을 자신들의 즉시적 현실에 연결시키고 그다음에 일상을 넘어선 현실에 연결시키도록 돕는 것인데, 이것은 과거와 현재 및 미래의 모든 생명체들의 보편성과 통일성(uniformity)에 대한 경험인 것이다. 그녀는 자신의 경험들의 다양한 측면들과 수준들을 접촉할 수 있는 능력을 통하여 사람은 누구나 모든 생명체들에 대한 이해와 그들과의 연결성(connectedness)을 획득하게 된다고 믿었다(Levy, 1988).

2) 방법론

동작 레퍼토리의 확장과 신체자각의 개발, 마음가짐의 태도를 통해 신체 이미지를 만든 후에 주제 움직임으로 옮겨가고 그 형태가 충분히 발전된 후 즉흥성으로 나타나는 자연 발생적인 움직임표현으로 옮겨 갔다. 그러나 개인적인 새로운 소재가 나타나면 환자들이 그들의 새로운 경험을 움직임의 '공연', 즉 계획된 움직임 주제의 재생산의 반복을 구성할 수 있도록 도와주었다. 연속된 무용동작을 만들어 가는 과정은 표현하는 과정을 늦춰 주는 기능을 해 내면의 갈등을 탐험할 수 있는 시간을 제공해 주었다. 그녀는 갈등을 안무하면서 개인 자신이 제어하는 능력과 통찰력을 기르고 또한 자신의 문제점들을 해결할 수 있다고 생각하였다. 또한 Schoop는 환자들의 신체적, 감정적인 표현성을 개발하는 데 ① 교육적인 접근법, ② 리듬과 반복, ③ 내적인 환상, ④ 자연 발생적인 움직임 즉흥과 계획된 움직임의 형식의 4가지 방법들을 결합시켰다. 다음 내용은 Levy(1988)가 Schoop가 주장하였던 이러한 4가지 치료적 접근전략에 대해 설명한 내용이다.

가) 교육적인 접근법(Educational Approach)

(1) 감정의 금기를 없애는 것

환자들이 감정의 표현에 있어서 근육적인 조정을 획득하기 전에 그들의 갈등을 인식하고 표면화시켜야 한다고 믿었으며 유머의 치료적인 측면에 대한 강한 믿음을 가지고 있었다. 환자들이 감정에 대한 금기를 없애고 자신을 받아들일 준비가 되었을 때 환자의 신체자각과 신체조정능력, 그리고 기능적·표현적인 움직임의 범위를 넓혀 주기 위한 신체의 움직임에 대해 배우고 경험할 수 있도록 다음과 같은 방법으로 도왔다.

① 자세의 연구: 자세를 모방하게 했고 고의로 과장했던 일반적인 자세를 변형하게 했다. 또한 환자들에게서 보았던 특별한 자세들을 익살맞게 모방했다. 이 과정을 통해 환자들의 갈등이 덜 심각해졌으며 그 순간만은 재미있게 여기기 때문에 갈등으로부터 방어하지 않아도 된다고 하였다. 또 차이를 분명히 하는 것을 돕기 위해 반대되는 자세들을 과장되게 표현한 후에 환자로 하여금 다양한 형태로 걷도록 시키기도 하였다.
② 말로 표현하기: 환자들이 그들 자신의 신체를 인식할 수 있도록 말로 환자가 어느 부분이 움직이고 있는지 그리고 어떻게 움직이고 있는지에 대해 이야기함으로써 진짜로 움직이고 있다는 것을 증명하고 인식하는 데에 사용했다.
③ 파트너를 이루어 몸을 보고 만지기: 서로 다른 움직임과 표정들을 하게 하여 개인의 차이를 강조

(2) 성격의 상반되는 면을 연구하게 하는 것

수축과 이완의 두 극단의 가능성을 이해시키는 것이다. 즉 신체가 가장 풀린 상태에서 가장 움츠린 상태가 되게 할 수 있으며 신체는 환자가 긴장감의 수준을 경험할수록 유연해지고 환자는 그가 가장 편안한 수준을 찾을 수 있다.

나) 리듬과 반복(Rhythm and Repetition)

Schoop의 리듬과 반복 이용법에는 많은 변형이 있지만 간단히 하자면 세 가지 기본 접근법으로 나눌 수 있다.

(1) 접근방식 Ⅰ

① 먼저 외부로부터 자극을 받은 리듬활동을 사용하여 연상활동을 통해 독특한 감정표현을 일으키게 하였다.
② 그다음 이러한 직접적인 감정의 표출에 음악적인 요소를 가미하여 춤의 형태로 전환하기. 이것은 환자들에게 그들의 감정을 근육의 활동이나 근육의 추진력의 요소로 분화시켜 감정의 지배 통제 외형화를 촉진하게 했고 이 과정은 압도적인 감정을 중성화시켜 이 상황에서 일어날 수 있는 자존심의 손상 없이 환자에게 필요한 카타르시스적인 방출을 하게 해 준다.

(2) 접근방식 Ⅱ

환자들에게 그들이 그것을 느꼈든 그렇지 않든 간에 어떤 감정을 선택하게 하여 그것을 율동적인 이완을 강조한 극적인 움직임의 표현으로 개발하도록 요구하였다.

(3) 접근방식 Ⅲ

그들의 내면의 율동적인 움직임을 탐구하고 방출하도록 환자들을 도와주었다. 예를 들어 머리를 빗거나 옷을 입는 것과 같은 다양한 일과를 표현하도록 하였다. 그러면서 그들의 내적인 리듬을 인식할 수 있도록 가르쳤다. 또한 개인의 박자들과 신체의 부분들(팔, 다리 등)을 이용해 리듬을 표현하고 점차 안정감이 얻어지면 리듬적인 활동은 소리의 발산을 통해 성대까지 포함하여 몸 전체로 뻗어 나가고 밖으로 표출되는 리드미컬한 맥박을 피아니스트와 함께 하나의 그룹 활동으로 이끌어 나갔다.

다) 내면의 환상(The Inner Fantasy)

정신병으로 진단을 받은 환자들의 환상의 세계를 무용움직임을 통해 탐구하는 데 특징적인 공헌을 하였다. 환자가 다른 사람들이 세계를 보는 것처럼 보게 하기 위해서는 환자의 망상, 환각과 관념작용을 이해하고 거기에 잠시 같이 머물러 주었다. Schoop는 정신병 진단을 받은 환자들의 환상 생활을 댄스의 움직임을 통해 탐구하는 데 특히 뛰어났다. 환자들을 다른 사람들이 보는 것과 같은 세상으로 데려오고자 했던 스쿠프는 환자들의 망상, 환각, 상상을 이해하고 그 속에 일시적으로 동참함으로써 환자와 관계 맺는 것이 중요하다고 믿었다.

> *시, 교향곡, 조각품, 춤 속에서 백일몽을 펼치는 예술가들은 두 세계 사이를 쉽사리 오가지 않는가? 나는 예술가들이 환상적인 이미지를 보고 듣는 것을 말릴 생각이 없듯 아이들의 상상력 가득한 놀이를 막을 생각도 없다. 그러니 정신이상자에 대해서도 환상을 억압하기보다는 잠시 동안 그와 함께 날다가 그와 함께 가볍게 착지하고자 한다. 환상에 형태를 부여하면서 정신이상자는 환상과 현실을 녹여 낸 세계를 창조하게 될 것이다(Schoop & Mitchell, 1974, pp.149~150).*

Schoop는 정신이상자의 세계에 동참하는 데 재능이 있었다. 정신이상자의 말을 경청하고 움직임을 관찰하고 질문을 던지고 그들의 생각과 표상을 육체적 표현이라는 현실로 번역함으로써 그의 세계에 들어갔다. 일단 환자의 생각이 댄스 즉흥과 실시를 통해 부수적인 육체적 형태로 변형되고 나면 여러 방법으로 다룰 수 있다. 본뜨기, 객관화하기, 변화를 가하기, 토론하기, 반영하기, 조절하기, 그리고 육체에 국한되기는 하나 지배하기도 가능하다. 이 과정을 통하여 환자는 구체적인 육체적 형태로 표현된 무시무시한 느낌의 상징 요소들에 대한 조절 능력을 키울 수 있을 것이다(Levy, 1988).

라) 즉흥동작과 미리 계획된 움직임

Schoop는 즉흥을 "자연스럽게 무방비 상태로 움직이도록 하는 비언어적 자유연상의 과정"이라고 하였다. 환자가 자신의 의미 있는 즉흥적인 움직임의 측면들을 계획되고 반복

가능한 무용움직임 동작으로 전환시킴으로써 가능하게 하였다. 즉흥적인 동작과 계획된 동작 공식의 융합은 Schoop의 무용치료 접근에 있어서 독특한 것이었다. 그녀는 즉흥연기를 몸으로 하는 "낙서"에 비유했는데 그것은 "자발적이고 직설적으로 몸이 움직이도록 하는 동안의 비언어적인 자유 암시의 과"이다(Schoop & Mitchell, 1974). Schoop는 자기 관찰과 태도 형성, 자기 반영의 자아 기능이 즉흥연기에서 나오는 개인적인 경험을 추구하도록 강조했다. 그녀는 환자들이 즉흥연기 동작을 계획되고 반복할 수 있는 무용동작에 넣어 중요한 면을 재생산하도록 도움으로써 이것을 이룰 수 있었다. 이 방법에서 사람들은 조직화(안무)되는 도움을 받고, 자발적인 즉흥연기 동안 나타나는 무의식적인 자극들의 흐름을 신체적으로 숙달하게 된다.

> *참여자들은 자신의 개인적이고 자유로운 감정의 흐름을, 자신을 구성하는 도구인 몸을 사용한 뚜렷한 형태로 표현할 때가 되었다. 이것에는 몸과 마음에 작용하는 것들을 모두 조직화할 필요가 있다. …… 표현하는 논리적인 틀을 개발함으로써 …… 그는 유리한 위치를 갖게 된다(Schoop & Mitchell, 1974, p.146).*

Schoop는 창의적인 활동은 즉흥연기에 의해 해방된 감정과 에너지로 만들어져야만 한다고 생각했다. 이러한 에너지가 내면으로부터 나온 움직임을 구조화하는 데 쓰이지 않는다면, 사람은 성장이 멈추거나 심지어 카타르시스적인 경험에 의존하게 되는데, 내부적인 통합이 결여된 조직과 의미 그 자체를 끝으로 보게 된다.

3) 요약

Schoop는 치료과정 동안 교육적 접근과 탐험적 접근을 통합한다. 그녀는 창조적이고 유동적이고 탐험적 스타일 안에서 그녀의 방법들을 서로 연결시킨다. 리듬교육, 리듬과 반복, 내부의 환상, 즉흥표현, 그리고 계획된 동작 같은 결과는 그녀의 임상적 작업과 현실적 결과보다 더 그녀의 theoretical perspective를 대표하여 나타난다. Schoop가 그녀의 환자들과 갖는 즐겁고 감정이 풍부하고 창조적인 상호 작용을 기꺼이 탐구한 결과로서 그녀는 다양하고 독특한 dane therapy 테크닉에 공헌했다.

마. 브랑쉐 이반(Blanche Evan, 1909~1982)

1) 이론

Blanche Evan(1909~1982)은 무용가, 안무가, 공연가로서
무용 경력을 시작했다. 그녀는 지난 30년 동안 치료법으로서
무용의 용도에 대한 탐구에 헌신해 왔다. 이반은 무용 치료
에 대한 자신만의 접근법을 창시했고 자신이 명명한 대로
'신경 증세를 가진 도시 성인'에 중점을 두었던 선구자였다.
개인의 유일무이성은 항상 Evan의 연구에 주된 관심사였다.
출생 시 인간존재의 기본적인 완전성과 변화의 가능성을 믿
고 있었다. 치료법의 목적이자 사고의 기초는 개인의 자율에 기반을 둔 움직임이라는 것이
었다. 무용치료법의 주된 역할은 '나는 누구인가?'라는 질문에 답을 하는 것이라고 믿었다.

> *Evan의 무용치료목적은 가족과 사회의 억압적 영향 이전에 존재하고 있는 인간 육체의
> 반응과 요구를 수용하도록 개인들을 재교육하는 데 있었다. 이는 인간을 충동적으로 교육
> 한다는 의미가 아니라 오히려 자아에 반하는 방향으로 전환하거나 억압되고, 파괴될 수도
> 있는 사고와 감정의 극적 연기를 위한 동인으로써 무용 형식의 표현적이고 창의적인 측
> 면을 이용한다는 뜻이다(Levy, 1988 재인용).*

Evan 연구의 본질은 자아의 작용 속에서 퇴행하는 자아 기능의 이용에 있다. 무용은 자
아 기능의 하나로 볼 수 있는데 그와 같이 무용은 지시적이면서도 리듬과 노력, 그리고
형식의 자발적인 이용으로 개인들이 억압된 외상, 그리고 다른 금지되고 두려운 사고와
감정들을 경험하고 표현할 수 있도록 돕고 있다. 요약하면 이반에게 무용은 말과 매우 흡
사한 언어이기는 하지만 말과 달리 무용은 보다 직접적인 대화와 그 자체의 언어를 재현
하고 있다고 생각하였다. 무용 치료와 창의적 무용 간의 관계와 관련해 이반은 다음과 같
이 언급하고 있다.

> *창의적 무용은 껍질을 부순다. 무용 치료는 매듭 풀기, 진단, 활동적 삶, 두뇌, 습관의 변
> 화로 이끈다. 감정의 교육(아들러학파의 정의) 또한 가능하다(Groninger, 1980, p.17).*

그녀의 인생 말기에 무용 치료의 영역이 확장되면서 전반적인 관심이 "동작 심리학"에서 "심리분석 중심의 동작 치료"로 바뀜에 따라 Evan은 무용에 대한 확고하고도 분명한 헌신을 고수하게 된다. 그녀 자신은 "동작"을 "무용"의 정확한 대체 용어로 받아들이지 않았다(personal communication, 1980). 그 이유는 무용의 본질적인 힘을 소실하는 언어적 치료 또는 개인의 감정과 진단을 크게 무시하는 육체와 정신 치료를 추구하는 "반무용"적인 무용 치료를 너무나 많이 보았기 때문이었다. Evan은 "육체 및 정신적 기법들(호흡, 자세, 발성과 같은) 대다수가 무용 치료와 더불어 제한적인 성격적 특성을 다루는 것과 달리 무용 치료 작업은 가장 원시적이고 근본적인 자기주도적 동작의 방법 속에서 치료 대상의 불안의 원인에 접근한다"고 믿었다(Groninger, 1980). Evan은 언어와 무용을 전반적이고 기본적인 정신요법에 결합시켰고 이는 후에 그녀가 무용 동작 또는 단어 치료로 부르게 된다.

2) 방법론

Avan은 '치료법이란 행동에 대한 관찰을 수반한다'고 보았다. 방법론 및 치료법은 기본적인 목적은 자신에 대한 더 강한 감정을 가지는 방향으로 가게끔 하고, 그들이 되고자 하는 것이 되게끔 독려해 주는 것이며, 무용치료란 표현을 통한 감정을 다루는 것이며, 가장 처음에 시도힐 일은 환자의 입장에서 보고, 느끼는 것이나. 신성한 변화를 위해서는 장조적 무용치료법을 시도해야 한다고 보았다. 특히 그녀는 활동적인 무용치료법을 주창하였고 신체는 무용치료의 수단이라고 생각하였다. Evan의 연구에서 개인의 감정변화는 가장 중요한 것이다. 즉, 신체의 이미지란 움직임으로써 표현되어야 한다. 개인의 표현, 억제, 억압본능, 불일치 등은 환자의 경험에 관계된 것이라 보았다. 이러한 방법은 행동하는 개인의 전체성을 보는 방법이며, 표현하는 감정이나 움직임의 능력, 언어상의 특징, 특정한 표현 그리고 창조성의 깊이 등을 찾는 것이다.

Evan의 주된 관심은 환자가 신경증이나 망각 등에 의해 자연이 만들어 준 신체라는 부분을 왜곡할 때 이러한 것을 다시 깨닫게 도와주는 것이었다. Evan은 다음 4가지 요소를 통해 자신의 무용치료기법과 전략을 설명하였다.

가) 신체 준비운동(Warm-up)

준비 운동은 사람들의 자신의 정신물리학적 현실에 도달하도록 하는 데 그 목적이 있다. 이반은 처음으로 표현 방식을 통해 동작을 활용하는 치료 대상에, 특히 준비 운동은 중요하다고 지적했다. 그 기능은 정확한 신체작용 및 기능적 기법, 그리고 이반의 주제를 즉흥적으로 표현하는 치료 과정을 속에서 사후에 유발되는 사고와 감정의 표현을 위해 몸을 준비시키는 데 있다. 중요한 점은 준비 단계가 정서적 충돌과 이로 유발되는 긴장에 소비되는 것이 아니라 이반이 심층적 문제를 가린다고 여겨지는 개인의 과도한 긴장을 줄이기 위해 설계되었다는 점이다(Levi, 1988). 자유스러운 감정을 갖게 하기 위해 아무 방향으로나 몸을 흔들게 하거나 빠르고 자유스러운 동작으로 이끄는 북 리듬을 사용하기도 한다. 환자들과 음악의 선택이나 동작의 진행 여부에 대해 의견을 교환하여 진행한다.

> 주목할 점은 한때 이반이 준비 운동을 금기시해야 한다고 생각했다는 점이다. 부정확하고 무차별적으로 이용되는 준비 단계로 인해 정서적 충돌과 외상을 통한 치료적 측면에서 자신을 동원해야 하는 치료 대상에게 중요한 정신물리학적 에너지를 성급하게 소모할 수 있기 때문이었다(Melson & Rifkin-Gainer, personal communication, 1987; Levi, 1988 재인용).

나) 체계화된 기능적 테크닉(The system of Functional Technique)

Evan은 기능적 테크닉의 체계는 근육의 움직임을 리드미컬한 팽창과 수축훈련을 통해 자연의 의도와 관련지어 재훈련시키는 교정운동이며 자발적인 행위와 탄력성은 환자 자신들의 리듬과 템포의 개인의 발견에 의해 강화된다고 설명하였다. 해부학적으로 건전한 방식으로 신체를 회복시키고 훈련하는 체계로 자세, 조정, 신체 부분들의 배치와 율동을 포함한다. 모든 활동의 기초로 척추의 전반적인 힘을 강조하였다.

> 정확한 운동은 율동적 확장과 수축이라는 자연의 의도라는 관계 속에서 근육을 움직이도록 재훈련시키는 목적으로 고안되었다. …… 자발성과 탄력……은 스스로의 박자와 속도를 개인적으로 발견함으로써 강화된 것들이다(Groninger, 1980. p.17).

Evan이 체계화한 기능적 요법 테크닉의 목적은 다음과 같다(Levi, 1988).

① 신체를 회복시킨다.

② 개인의 허락을 받고 혼자서는 자유로운 느낌을 받을 수 없는 신체 부분을 다양한 방법으로 잡고 운동시킨다.

③ 정서적 표현에 필요하게 되는 운동의 강도와 범위를 신체에 가하고 개인의 독특한 동작 표현 언어를 구축할 수 있는 물리적 기반을 제공한다.

④ 물리적 제어의 개발을 통해 물리적 자아표현에 대해서 보다 안심할 수 있도록 돕는다.

⑤ 개인에게 이전에는 의식적으로 인식할 수 없었던 신체의 일부분을 만져 보게 한다.

⑥ 보다 효율적이고 의미 있는 동작 표현을 성취하려는 목적을 위해 기능적 이완과 기능적 수축을 결합한다.

다) 즉흥표현 및 연기(Improvisation & Enactment)

Evan은 즉흥표현 및 연기를 "즉흥을 자연스러운 형태의 창조로, 무용 즉흥을 무용의 견지에서 주제를 가지고 현재 자기가 있는 때에 자신과의 완전한 접합"이라고 정의하였다. 그녀는 즉흥표현을 다음과 같이 정의했다.

> 형식의 자발적인 창조 형식과 내용은 완전한 하나이다. 즉흥 무용은 무용적인 관점에서 자신의 주제를 가지고 그 순간에 존재하고 있으므로 스스로에 대한 완전한 결합이다. 발단은 융합의 순간이고, 전개가 이뤄지며 절정을 획득한다. 그리고 결말에 이를 때까지 단 하나의 순간만이 존재하는데 바로 자신과 이어져 있는 주제가 그 경로를 순환하기 때문이다(1964, n.p.).

Evan이 개발한 즉흥무용작업은 다음 2가지로 분류된다.

① 투사테크닉: 투사테크닉이 감정의 준비운동으로 사용되는 방식으로 가령 '오늘 당신의 느낌을 대변해 줄 수 있는 나무를 선택하라'처럼 환자들은 자신의 감정상태의 일부분을 필연적으로 투사할 수 있다.

② 잠재된 신체동작을 이끌어 내기와 표현: 잠재된 동작을 실제 동작으로 이끌어 내는 것으로 이것은 특정한 이미지, 자극, 지시가 수반되어야 하며 자극의 방안으로 타악기, 소품을 사용한다.

라) 투사요법(Projective Technique)

투사 요법의 이용은 이반 치료의 기초 단계로 그 개념은 창의적 무용 속에서 자신의 배경 지식을 통해 직접적으로 가져온 것이다. 이반은 성인이 동작을 통해 동물과 색상, 또는 직물이 되는 것에서 치료의 이득이 얻을 수 있다고 믿었다. 이반은 자아표현과 진단적 목적으로 투사 요법을 이용했다. 치료 대상의 요구에 따라 결정되는 창의적인 주제를 활용하는 속에서 그녀는 얼마나 구체적이고 일반적인지를 선택해야 했다. 예를 들면 자연으로부터 주제를 활용하면 그녀는 "동물이 되기" 또는 "자연의 무생물적 모습"과 같은 범주 주제들을 제안하거나 또는 치료 대상에게 네 발 달린 동물, 조류, 파충류 등을 선택하도록 요구하면서 그 범위를 제한할 수도 있었다. 이와 유사하게 그녀는 "오늘 여러분의 기분이 어떠한지 가장 잘 표현할 수 있는 나무를 선택하기"를 요구할 수도 있었다. 마지막 사례는 물, 바람, 하늘 등과 같은 것이 포함될 수 있었다.

3) 무용치료사의 역할

Evan이 강조한 무용치료사의 역할은 다음 3가지로 정리할 수 있다.

① 환자들의 변화능력을 믿어야 한다. 그러나 치료사가 변하지 않는 이상 환자들도 변하지 않는다. 이것은 고친다기보다는 반영한다는 것이다.
② 치료법의 가장 중요한 요소 중의 하나는 무엇도 판단하지 않고서 무조건 받아들이는 것이다.
③ 치료사의 가장 중요한 일은 과거의 실마리를 푸는 것이다. 즉, 현재와의 연계성을 찾기 위해 과거로 돌아가야 한다는 신체움직임을 통한 퇴행을 강조하였다.

4) 치료과정

① 치료법의 과정: 진실, 집중, 연구. 신체와 정신, 마음의 재통합 혹은 재개인화
② 치료 기초: 믿음(환자의 신체가 끊임없이 신체활동을 할 수 있다.)
③ 치료절차: 역동적(느끼게 하는 것, 표현하는 감정을 갖는 것 → 나가게 하는 것, 한 사람의 역할을 요구하는 것)

무용·동작치료 선구자들의 방법론 비교

이론가 / 분류	Chace	Whitehouse	Schoop	Hawkins	Evan
이론적 근거	정신의학	분석심리학		인본주의	개인주의
치료목표	동작표현을 시각적, 감각적으로 인식	무의식을 의식화하는 것	내면의 갈등을 탐험	사고와 느낌을 풍요롭게 표현하도록 창조적 경험 촉진	개인의 자율에 기반을 둔 움직임
접근법의 핵심	상징	직관	유머	심상	감정변화
대상	정신증 환자	신경증 환자	정신병 환자	정신병 환자	어린이, 신경증 환자
무용의 개념	언어적 결함이 있는 사람과의 의사소통과 감정의 표현, 직접적인 대화의 도구	자기-표현, 의사소통, 그리고 드러내기	삶에 대한 유한하고(근육) 무한한(에너지) 연속성을 이끌어 내는 하나의 방법	상징, 심상을 사용하여 감정을 표현하고 내적 사고와 감정을 행동으로 표출시켜 말과 행동의 통합	느끼게 하는 것, 표현하는 감정을 갖는 것, 그리고 그 후에 나가게 하는 것
치료사의 역할	환자들의 동작 관찰 분석과 변화과정 동참	교육자, 안내자, 중재자로서의 역할	능숙한 배우. 진정으로 감정을 경험하고 완전히 그것을 나타냄	자아실현을 하려는 개인의 욕구를 뒷받침	과거의 실마리를 밝혀냄

#4. 무용·동작치료의 원리와 기법

가. 무용·동작치료의 원리

무용·동작은 인간의 정신, 신체, 마음에 통합적으로 영향을 미친다. 아동을 포함한 일반인들은 물론 의사소통 자체가 어려운 발달장애아동 및 정신질환자들에게도 장애를 넘어서 그들에게 영향을 미칠 수 있다. 의사, 교육가 및 심리치료사들은 자신만의 독특한 치료적 무기, 즉 메스(집도용 칼), 교육과정 및 교수법, 언어(talking therapy)를 통한 심리 상담을 가지고 도움을 필요로 하는 사람들을 위해 일해 왔다. 누구나 가장 강력한 치료적 도구를 갖고 싶은 것은 인류에 대한 근원적 사랑을 지닌 치료자라면 누구나 갖게 되는 보편적 소망일 것이다. 무용·동작치료사들은 움직임(동작)이라는 요소를 가지고 내담자들의 변화를 위해 노력하게 된다. 이러한 움직임을 통한 치료과정에서 다양한 치료를 위한 도구들이 있을 수 있다. 다음 내용은 윤승호와 임인선(2001)이 「자폐아의 상동 행동에 영향 미치는 무용 프로그램의 이론적 고찰」이라는 논문에서 밝힌 무용치료의 일반적인 원리이다. 1) 신체상, 2) 근육의 긴장과 이완, 3) 근육 운동 지각, 4) 표현 운동으로 나누어 설명하고자 한다.

1) 신체상(Body image)의 정의

신체상이란 우리가 마음속에 형성하는 자신의 이미지, 즉 내부의 감정을 외부로 나타내는 것이다. 즉, 신체상은 자신의 신체와 외부세계와의 관계에서 오는 감각의 조합이며 '신체의 지각 및 조절, 신체 각 부위와 몸 전체를 움직이면서 느껴지는 내적 감각'은 자신의 신체 각 부분을 인식하고 다른 신체부위와 그 움직임을 구분하게 된다(김옥희, 2006). 그러므로 신체상은 자신의 몸짓을 통한 공간 개념과 자신의 신체에 대한 전체적인 인식 및 부분에 대한 특수성의 인식을 말한다. 감각의 조화는 효율적인 자세의 균형유지, 신체의 지각 및 조절, 신체 각 부위와 몸 전체가 움직이면서 느껴지는 내적 감각, 충동과 억제의 조절 및 호흡 조절 등으로 이전 모든 요소가 신체상을 형성한다고 할 수 있다.

2) 근육의 긴장과 이완(Muscular Tension and Relaxation)

근육의 긴장과 이완은 사람들의 무의식적인 정신활동이 습관적인 행동으로 표현되는 것으로 보고 신체의 긴장과 이완훈련을 반복하면 긴장부위를 인식하게 되므로 신체자각을 위한 중요한 연결고리로 보았다. 또한 모든 움직임은 근육의 긴장도와 밀접한 관계가 있다. 굴전근과 신전근의 적절한 조화에 의해 효율적인 움직임이 가능해지는 것이다. 그리고 전체의 부분의 움직임이 서로 구분되어 자유스럽게 움직일 때 근육의 긴장과 이완의 조절이 가능하나고 말할 수 있는 것이다. 그러므로 긴장과 이완의 교육은 신체의 움직임을 조절하는 중요한 교육방법이다.

3) 근육 운동 지각(Kinesthesis)

근육운동지각은 움직임과 정신활동과의 연관성을 생리학적으로 설명할 수 있는 요소로 보았다. 신체감각이라고도 하는데 근육, 건, 관절 등에 있는 감각기관을 통해 뇌로 전달되는 것이며, 신체감각기관에 의한 움직임의 인식은 신체인식력을 높여 주고 자신감과 표현력을 향상시킬 수 있다고 보았다. 또한 움식임의 실은 기초 근육 긴장도의 신경학적 요소와 연관되어 있어서 자신의 행동을 잘 통제하지 못하는 사람에게 보이는 여러 가지 표현 운동을 억제하는 능력의 부족 및 장애와 밀접한 관계가 있다. 그러므로 모든 자세의 기초가 되는 신경과 움직임의 협익은 근육이완 능력 및 의도적 억제 능력과 불가분의 관계가 있다.

4) 표현 운동(Expressive Movement)

표현은 인간의 내면을 외부로 표출하는 모든 행위이자 움직임이고 성격의 외부적 표시이며 몸의 외형과 활동으로 얼굴, 손 모양, 근육의 움직임, 제스처, 긴장 등에서 관찰된다. 표현행위는 심리상태를 직접 드러내는 수단이며, 표현운동은 언어로 표현할 수 없는 억압된 감정들이 신체움직임을 통해 의식적, 무의식적으로 드러나면서 인식할 수 있게 돕는다.

또한 움직임은 인간의 사상과 감정을 나타낸다. 즉, 언어로서 표현하기 힘든 자신의 상황을 상징적인 동작 언어를 사용하여 개인의 욕구와 감정을 나타낸다. 이렇듯 동작 언어는 자신이 행하였던 예전의 행동을 회상하고 재경험할 수 있게 해 주는 매개체 역할을 할 수 있다. 이러한 동작언어를 통하여 치료사는 대상자의 현재의 상태를 파악하고 치료할 수 있는 근본적인 바탕이 된다. 표출된 움직임을 파악하여 그 대상자를 알고 그 상황에 부합되는 움직임을 유입하여 대상자의 신체적, 정신적 행동치료를 이끌어 내서 대상자가 현재의 환경에 긍정적으로 대처해 나가고 자신을 적응시켜 나가게 하는 것이 표현 운동의 중요한 목적이다. 또한, 움직임을 표현하고 의사소통하는 방법을 이해하기 위해서는 서술·분석·해석될 수 있는 긴밀한 체계를 통해서 움직임에 대한 관점을 갖는 것이 중요한데 Rudolph Laban에 의해 개발된 그러한 체계 중의 하나는 Effort요소와 Shape요소이다. 이 시스템은 사람들이 어떻게 움직이는가에 초점을 두고 있다.

나. 동작과 심리분석

1) 동작의 의미와 특성

동작중심의 표현예술치료를 진행하면서 사람들은 몸의 메시지를 어떻게 이해하고 접근할 것인지에 대한 의문을 갖게 된다. 우리가 만나고 있는 사람의 움직임이 어떤 의미를 가진지, 그 움직임이 품고 있는 감정과 느낌은 무엇인지, 또한 이러한 동작들이 내담자의 행동과 감정에 어떤 영향을 미칠지 궁금해한다. 몸에 초점을 둠으로써 우리는 단지 우리 안에서 일어나고 있는 것을 목격하는 능력과 자각을 계발할 수 있을 뿐만 아니라, 동작으로 표현하면서 일어나는 어떤 것과도 창의적으로 작업할 수 있고 의식적으로 반응할 수 있다. 신체적이고 정서적이며 사고하는 몸의 가장 깊은 수준으로 들어감으로써 우리 자신의 어떤 조건화와 과거로부터 자유로울 수 있다. 그때 움직임은 우리 삶의 진정한 방식으로의 은유적 표현인 것이다(임용자, 2004).

무용·동작치료사는 환자와 상호 적용을 하기 위해 동작을 이용하며, 환자의 동작을 그 상징과 표현적인 내용으로써 이해한다. 동작의 특성들은 다양한 유형의 정신분열증을 구별하기 위해서 사용되었고, 간장병, 치매, 편집증과 같은 정신분열증을 세분화시킬 수 있도록 하는 데에 중요한 역할을 했다. 예를 들어, 긴장성 정신분열증은 혼미한 의식으로서 특징지을 수 있는데, 어떤 동작을 일시적으로 멈추는 것에서부터 온몸이 마비가 되어 못 움직이는 것에 이르기까지 그 정도가 다양하다. 다른 동작 특성들로는 딱딱하고도 전형적인 자세들을 취하는 예를 들 수 있다. 그것은 단순한 "신경학적" 운동행위에서부터 아주 상징적인 특징을 지닌 복잡한 과운동증에 이르기까지의 모든 가능성들을 포함하는, 동작에서의 마비상태와 전형적인 상태를 가리킨다.

2) 동작에 대한 심리분석적 견해들

동작에 대한 심리분석적 견해들은 나양하다. 어넌 분석가들은 농작을 무의식적인 의사소통으로 간주하고, 다른 분석가들은 정신적 성장이나 동작단계에 있어서의 고착상태에 따른 변인들을 찾는 데에 혈안이 되어있다. 또, 어떤 저술가들은 동작을 감정의 표현으로서가 아닌 불안감에 대한 방어기제로서 보고 있다. 이러한 모든 견해들은 무용·동작치료법에 있어서 중요하며, 실습과 기술을 제공해 줄 수 있다.

가) 변화와 성장을 위한 리듬의 활용

동작과 리듬은 서로 불가분의 관계에 있다. 인간은 태어날 때부터 선천적인 리듬감각을 가지고 있다. 음악치료의 영역에서는 이것을 음악적 자아(Musical ego) 또는 음악원형(Music Archetype)이라고 하기도 한다. 말하자면, 인간이면 시대와 장소, 문화사회적인 한계를 초월해서 공통적으로 가진 보편적인 음악적 특성이 있다는 것이다. 즉, 생득적 음악성인 것이다. 이러한 생득적 음악성은 살아가면서 많이 상실되고 변형되게 된다. 변화와 성장을 위해서는 이러한 생득적으로 갖고 태어난 리듬과 음악성을 다시 찾게 도움을 주어야 하며, 그렇게 할 때 진정한 자아를 경험할 수 있다. 움직임 유형들의 발달에 대한 Kestenberg의 연구는 단계적 성장, 심리 성적인 측면, 대인관계에 대한 중요한 심리 분석적 연구를 반영해 주고 있는데, 이러한 모든 것들은 정신과 신체 간에 나타나는 온전성을 강조해 왔다. Kestenberg는 출생할 때부터 개인적인 동작유형들이 존재한다고 가정한다. 어떤 아이는 자신의 인격에 대한 중요한 표현으로서 리듬을 선호할 수도 있는 것이다. 무용·동작 치료사들은 훈련과정 중에 유아들을 관찰함으로써 환자들에게서 나타나는 발전적 리듬들을 인식할 수 있다. 그러한 리듬들은 자유롭고 규칙적인 흐름 속에서 나타나는 변화들을 반영해 주는데, 그것들은 어떠한 신체 부분들에서도 나타날 수 있다. 몇몇 초기의 심리분석가들은 Kestenberg의 보다 최근 저서에 관심을 가졌을 뿐 아니라, 발전단계에서 나타나는 전체적인 율동적 유형들보다는 특정한 자세나 동작들을 나타내 주는 심리분석적인 암시들에 더 큰 흥미를 가졌다(류분순, 2004).

나) 인간의 욕구와 관련된 동작의 활용

심리분석가인 Mittelmann은 동작을 보다 광범위하게 이해했고, 동작은 욕구를 나타내 주며, 지배, 통합, 그리고 현실적 문제들에 대한 중요한 수단으로써 사용될 수 있다고 생각했다. 그는 운동성이 구강기, 생식기, 자아의 성장, 공격성, 의존적인 욕구들, 그리고 일반적으로 나타나는 개개인적 관계들과 같은 여러 가지 다른 심리적/신체적 욕구들과 밀접한 연관을 맺고 있다는 사실에 주목했다. 그리고 동작은 초기의 상징적 행위를 나타내 주는데, 그것은 두려움, 걱정, 죄책감과 같은 외적/내적 위험요소들에 대한 방어로써 표현한다. 그뿐만 아니라, 그는 동작이 심리학적 방어기제들에 대한 증거가 될 수 있다는 것에 주목했는데, '행위의 증가는 충동이나 죄책감에서 벗어나거나 그것과 싸우려는 무의식적 과정을 나타낸다'라고 할 수 있다. 그는 운동병리학이 충격적인 감정적 경험의 결과일 수도 있다고 믿었다. 이러한 이론은 성적으로 학대받는 유아들과의 무용·동작치료과정에서 입증되고 있다.

다) 언어 외적인 상호 작용 체계

정서적 발달의 비언어적인 측면들에 대해서 상세하게 저술했던 심리분석가들의 저서 외에도, 어머니와 유아의 상호 작용에 관한 많은 저서들이 무용·동작치료법에 적절히 이용될 수 있다. Daniel Stern은 초기의 의사소통과정에서 어머니와 유아 간의 주요한 언어가 바로 동작이라는 것을 강조해 주는 관찰적 연구들에 근거하고 있다. 이러한 연구로부터 무용동작치료법의 두 가지 테크닉들이 도입될 수 있다.

첫 번째는 유아의 동작행위를 말로써 나타내는 '운동성의 표현'이라는 개념이다. 그것은 무용동작 치료사가 유아와의 관계를 용이하게 만들기 위해, 그리고 유아의 관찰 가능한 자아수행능력을 유발하기 위해서 도입된 개념이다.

두 번째는 '조화를 이르는 상호 작용'이다. 이러한 과정은 감정적 파장과 '감정을 서로 나누는 것'을 용이하게 해 준다.

3) 정신과 환자의 동작연구

동작은 우울증, 조증, 신경증 간의 증세들을 구별하는 데 이용되었다. 프랑스의 정신의학자인 Chicot은 자신의 신경증 환자들의 '공격' 단계를 구성하고 있는 특정한 동작특성들을 설명할 때에 동작을 이용했다. Chicot은 환자의 동작들을 묘사하기 위해서 특별한 의학 예술가인 Paul Richet를 고용했다. 공격단계들은 전구증, 긴장성, 간질병, 긴장성 마비, 히스테리, 광직인 공격성, 신경질적 공격성, 폭력행위들, 수동적인 자세, 동물적인 행동들, 그리고 근육계 신경증 등을 포함하고 있다(김유선, 2003).

빅토리아 시대의 사람들은 정신질환자들의 이상한 행동들과 동작들에 대단한 관심을 가졌다. 약물치료를 받지 않은 환자들의 기괴한 몸짓들은 과학적인 흥미와 대중적인 흥미를 불러일으켰다. 정신질환자의 동작특성들에 대한 문화적/역사적 연구들은 '정신질환자들의 비정상적인 동작들은 악마의 영혼이 깃들었기 때문'이라는 견해에서 '신경계의 손상에 대한 증거일 뿐'이라는 견해에 이르기까지, 그들을 향한 사회의 태도들이 어떻게 전개되어 왔는지를 보여 준다.

4) 신체상과 심리적 태도

동작과 관련하여 연구해온 심리분석적 정신의학이론가인 Paul Schilder는 『인간신체의 이미지와 모습』이라는 그의 저서에서 우리가 마음속에 형성하는 신체에 대한 정신적 그림인 신체상을 우리 모두가 가지고 있다고 가정했다. 이러한 이미지에 대한 왜곡은 식욕 결핍증에서 볼 수 있는데, 식욕 결핍증 환자는 실제로는 전혀 비만이 아닌데도 자신이 너무 뚱뚱하다고 느끼고 있으며 그것은 종종 신체적으로 발산이 된다. Schilder는 몸짓이 신체상을 바꾸게 할 수 있는 방법들 중의 하나라고 생각했다. 그는 '무용·동작이 신체상을 느슨하게 하고 변화시키도록 해 준다'라고 말했는데, 그것은 다음과 같은 이유 때문에 더욱 중요하다. 신체상을 의심할 여지가 없다. 따라서 몸짓은 신체상에 영향을 미치며, 신체상에 대한 변화에서 심리적 태도의 변화로까지 이끌어 준다고 그는 주장하였다(홍서연,

2004).

이러한 이론은 무용·동작 치료법에 있어서 동작이 가지는 심리치료적 가치를 더욱 부각시켜 준다. 동작을 증거로서 간주하는 심리분석적 개념들은 그 양이 무척 방대하다. 이러한 것들 중에서 가장 중요한 것은 성장발달단계, 방어, 동일화, 그리고 상징적 의사소통들이라 할 수 있다(윤승호와 임인선, 2010).

5) 비언어적 의사소통에 관한 연구

발전적 신체동작에 대한 심리분석적 이해와 동작에서의 에포트 특성들에 대한 심리적 연관성들 외에도, 동작과 그것을 사용할 때의 원리에 대한 이해는 비언어적 의사소통연구에 기초하고 있다. 예를 들어서, 비언어 의사소통은 일치와 같은 개념들을 가지고 있는, 상호 작용에서의 동작의 역할을 설명해 준다. 이 두 가지 개념들은 무용·동작 치료법에 사용되어지는 기본적 요소로서, 비언어 의사소통적 통찰력이라 할 수 있다.

무용·동작치료 상호 반응에서의 일치와 반영효과의 특징은 다른 사람의 행위를 단순히 '모방'하는 것이 아니라, 다양한 동작요소들에 나타나는 복잡한 변동들에 대한 어떤 시스템을 구성하는 것이다. 이것은 치료사가 환자의 동작들을 반영하고 있음을 의미한다. 일치에 관한 무용·동작치료연구는 환자들은 치료사의 동작과 자신들의 동작이 일치될 때에 보다 감정이입이 잘 이루어지는 것으로 받아들인다는 사실을 보여 준다.

치료사들은 환자들에게서 나타나는 비언어적 신호들을 판독할 수 있어야 하는데, 그것은 동작의 상호 반응에 대한 환자들의 반응들을 시사해 준다.

Albert Scheflen은 사람들의 비언어적 행위가 종종 그들의 말과 모순을 이룬다는 사실에 대해 흥미롭게 관찰했다. 이것은 누군가가 자신의 눈을 감은 채로, '네가 말하려는 것이 무엇인지 잘 알겠다'라고 말할 때나, 혹은 누군가가 '주말이 아주 멋졌다'라고 밝게 말하려고 애쓸 때에, 의자에 푹 파묻혀서 의기소침한 표정으로 눈을 피하려 하는 경우로부터 알 수 있다. 이러한 모순은 동작이 말과 모순이 되는 어떠한 상징적 의사소통을 제공해 줄지도 모른다는 심리분석적 견해를 입증해 주고 있다.

6) 동작분석기술과 방법

동작의 분석은 이미 다양한 영역에서 치료와 재활, 심리적 태도의 해석의 도구로서 널리 사용되고 있다. 특히 물리치료와 재활분야에서는 환자의 동작을 각종 기계를 통해 정밀하게 분석함으로써 그들의 신체적 기능을 재활하고 향상시키는 데 노력하고 있다. 일반적인 동작분석의 방법에는 두 가지 형태가 있다. 하나는 질적 분석방법(qualitative method)이고, 다른 하나는 계량적 분석방법(quantatitive method)이다. 질적 분석방법에는 카메라나 비디오가 쓰이기도 하나 주로 눈으로 동작을 관찰하여 주관적 평가를 하는 것이고, 계량적 분석방법은 동작을 먼저 고속카메라, EMG 또는 엘곤(elgon) 등 각종 기구로 측정한 다음, 그 측정자료를 근거로 객관적 평가를 하는 것이다.

그러나 무용·동작치료에서의 동작분석기술이란 물리재활에서의 그것과는 차이가 있다. 동작분석의 목적과 방법에서 큰 차이를 보인다. 무용·동작치료 영역에서의 핵심적인 분석목적은 동작을 통한 자기 경험의 진정한 이해와 표현, 해소일 것이다. 임용자(2004)는 동작의 관찰분석대상과 관련하여 다음과 같이 요약한 바 있다.

> *동작을 관찰할 때 공간(Space), 시간(Time), 힘(Force), 자세(Posture), 신체 부분들의 연결성, 긴장-흐름 정도의 요소들 중에서 한 번에 한 가지 요소를 가지고 동작이 어떻게 전개되는지에 초점을 두어 사용한다.*

(1) 공간(Space)

자신의 직접적인 주변 환경과 관련하여 자기의 동작을 분명하게 선택하기와 관련된다. 예를 들면, 자기 몸 주위의 영역이나 자기가 움직이고 있는 방 전체의 지역을 어떻게 움직이며 옮겨 다니는가에 관한 것이다. 큰 공간 아니면 적은 공간을 사용하는가, 방 주변에만 움직이는가, 방의 중심에서 또는 대각선으로 움직이는가에 대해 관찰한다.

(2) 시간(Time)

속도, 템포, 동작의 가속화 또는 하강 등을 통해 시간을 어떻게 조직해 사용하는가에 대한 것이다. 예를 들면, 동작의 빠름, 느림, 템포의 변화, 지체됨 또는 돌출, 두 동작 사이의 이동(옮김) 과정 등을 관찰한다.

(3) 힘(Force)

신체가 중력에 대해 관계하여 동작할 때 사용하는 에너지의 정도 또는 운동량이다. 예를 들면 동작이 가벼우냐 무거우냐, 또는 하나의 동작 활동을 완수할 만한 충분한 운동량이 있느냐, 부족하냐에 대해 관찰한다(이시은, 1994).

(4) 형태(Shape)

공간에서 몸을 움직여 동작을 할 때 원형, 각형, 직선적 또는 곡선적이냐의 동작의 형태에 관한 것이다.

(5) 자세(Posture)

이것은 긴장이 신체 및 동작 속에서 어떻게 유지되느냐의 관점에서 보는 형태요소의 일종이다. 기본적인 자세 묘사로는 무너짐, 수축됨, 확대됨, 과도 확대됨, 중심 잡힘 등의 특징을 관찰할 수 있다. 이 같은 자세의 특징은 그 개인의 동작의 명료성, 동작의 범위뿐 아니라 동작의 특징과 함께 감정 반응 및 심리적 상황과 태도에 관련을 갖고 있다.

(6) 신체 부분들의 연결성(Articulation of Body Parts)

동작을 할 때 신체 어떤 부분이 움직이고 있고 어떤 부분이 그렇지 않나, 그리고 어떤 부분이 동작을 시작할 때 다른 부분들이 그저 따라가는지, 지지하는지, 저항하는지에 대해 관찰한다. 각 신체 부분들은 분리되어 있으나 상호 연결된 군집으로서의 전체로서 신체를 이해하고 각 부분이 전체에 미치는 영향을 알아야 한다. 그러므로 그 갈등의 관계 및 의사소통의 관계를 이해해야 한다.

(7) 긴장-흐름 정도의 요소(Tension-Flow)

근육 긴장 흐름의 계속적 변화 양식으로서 신체한계를 넘어서는 에너지 흐름을 이용하는 것을 말한다. 움직임의 자유로운 흐름(Free Flow)과 제한적 흐름(Bound Flow)의 비율은 동작자가 얼마나 편안한가, 부주의한가, 그리고 얼마나 불안하고 억제되고 주의 깊은가 등에 대한 정보를 제공해 준다. 건강한 기능은 자유로운 흐름과 제한적 흐름 사이의 평형을 유지하며 움직임의 두 양극 사이의 연속적 리듬을 타고 교체하는 것이다(류분순, 1999).

다. 동작분석의 선구자 1: 루돌프 라반(Rudolf Laban)

1) 이론

헝가리 무용이론가인 루돌프 라반(Rudolf Laban: 1879~1958)의 이론이 세상에 나온 것은 1900년대 초였다. 1950년대에 영국의 무용치료사들이 라반의 이론을 무용과 동작의 치료법적 사용 속에 통합시켰다. Warren Lamb은 Laban의 후계자로 Laban의 원래 개념을 확대하였다. 1960년대까지만 해도 이들의 이론은 미국에서 호응을 얻지 못했지만, 이후에는 무용치료사들 사이에서 인기를 얻기에 이른다. 하지만 이때까지만 해도 무용 치료는 걸음마 단계였는데, Laban의 가르침은 상당한 기여를 한 바 있다. 무용 치료사가 현장에서 사용할 수 있는 동작에 대한 분석 그리고 표기법에 관한 체계를 제공하였으며, 환자의 동작을 묘사하는 과정에서 의미를 알 수 없는 다른 분야의 전문용어에 의존하지 말 것을 지적하고 있다.

Laban의 작업을 언급할 때에 공통적으로 사용되는 다양한 용어들이 있다. "노력/형태(effort/shape)"라는 용어는 Laban의 노력 시스템 그리고 Lamb의 형태 시스템을 말하는 것이다. 일부 무용치료사들의 경우 Lamb의 형태 시스템이라는 용어를 사용하지 않으며 단지 '노력'이라는 용어를 사용한다. 반면에 Laban의 이론적 틀 전체를 사용하는 무용치료사들은 "Laban의 동작 분석", "Laban 분석" 또는 "LMA"라는 용어를 사용한다.

Laban은 신체의 동작을 복잡하고 다면적인 방식으로 보고 있다. 그는 무용의 잠재적 용도를 의식적 및 무의식적 생각과 감정 및 갈등에 대한 표현적 매체이며, 사회가 전통을 다음 세대에 전승하고 행동습성들과 종교 예식들을 재현하는 수단이라고 보았다.

인간은 욕구를 충족하기 위해 움직인다. 인간은 동작에 의해서 가치 있는 목표를 향하여 다가간다. 동작이 어떤 유형의 물체를 향한 것이라면 사람의 동작 목표를 지각하는 것은 쉽다. 하지만 동작을 유발하는 무형의 가치들도 존재한다(Laban, 개정판 Uliman, 1971, p.1).

Laban은 동작에 관하여 구체적으로 묘사하는 방식으로, 인간이 스스로를 표현하는, 그리고 특정한 유형을 나타내는 다양한 방법을 제시해 많은 독자들에게 감명을 주었다. 예를 들어, 일부의 경우 빠르고, 직접적인 운동에 있어 문제를 느끼기도 한다. 하지만 결론을 내리기 이전 다른 양상이 나타나기도 한다.

그가 주장한 초기 동작형태는 공간(space)과 시간(time)의 2가지 요소만 관련되어 단순한 형태를 이루다가 동작의 4가지 구성요소인 시간(time), 힘(force), 공간(space), 흐름(flow) 등이 함께 작용하여 점차로 고도화되고 복잡한 동작형태가 이루어진다. 구성요소를 좀 더 자세히 설명하면 다음과 같다.

① 시간(time): 신체나 신체 각 부분이 여러 가지 속도로 움직일 수 있게 하는 것으로, 지속적인 동작과 갑작스러운 동작으로 구분 짓는 요소가 된다.
② 무게, 또는 힘(force): 신체의 움직임에 위치의 변화나 평형상태를 유지할 때 필요한 근육의 수축 정도에 관련된다.
③ 공간(space): 신체를 수용하여 움직임이 이루어지도록 시각적으로 마련된 장소로서 공간 속에서 신체가 어떻게 공간을 사용하는가를 말한다.
④ 흐름(flow): 움직임의 연속성 정도를 나타내는 요소로, 구속을 받는 흐름과 자유로운 흐름의 특징으로 구분될 수 있다. 탄력적인 흐름의 동작이란 어느 순간이라도 쉽게 정지할 수 있거나 그 상태를 유지할 수 있을 때의 동작의 흐름을 의미하고, 갑자기 멈추기 어려운 동작은 자유로운 흐름 또는 유연한 흐름이라 한다.

Laban은 위의 4가지 동작구성요소를 만들어 내고 작용하도록 하는 것을 "Effort"라고 명명하였는데, 이 Effort는 움직임에 관련된 질적인 면으로 시간, 무게, 공감과 흐름을 어떻게 조합하여 사용하는가에 관련된다. Laban은 또한 사람과 동물과 비교하는 방법으로 개인의 능력에 관해서도 강조했는데, 의사소통의 방식을 변화하고 의식적 그리고 무의식적 메커니즘을 채용할 수 있다는 것이다. 인간의 행동은 동물과 달리 의식과 상당한 관계가 있었고, 인간의 동작은 상당히 복잡할 뿐 아니라 인간의 갈등도 동작에 영향을 줄 수 있다고 보고 있었다. Laban은 다음과 같이 언급하기도 하였다.

동작을 나타내기 위한 노력은 동물과 비교했을 때 상당히 다양하고 복잡하다. 사람이 고

양이, 족제비, 말처럼 행동할 수 있지만, 이러한 동물이 사람같이 행동한 경우는 없다. 동물들도 표현을 하고자 하지만, 표현의 범위가 상대적으로 매우 작다는 특징이 있다. 동물은 습관을 효율적으로 억제하지만, 인간의 경우는 습관을 억제하기 위해 많은 노력을 기울이지만 효율적이지는 못하다. 수많은 그리고 격렬한 갈등이 나타날 수 있으며, 그리고 모순점이 있다는 것이 놀라운 사건은 아니다(Laban, revised Uliman, 1971, p.11).

Laban은 날카로운 관찰력과 주의력이 있었는데, 그가 동작에 관심을 갖게 된 것은 이로 인해서다. 경험해 보지 않은 동작이 나타난 중앙 유럽을 시작으로 동작에 대한 연구를 시작하였다. 펜싱과 발레의 전통적인 형태, 이를 통해 현대적인 형태 등은 중앙 유럽의 초기 현대 무용과 형식적 동작이 나타났다. 이러한 경험을 바탕으로 Laban은 Laban의 활동 사진이론 또는 Laban의 표기법이라 불리는 동작의 세부묘사 체계를 개발하였다. 신체가 언제 어디서 움직이는지 기술했던 것이다. 다음은 Laban이 제시한 16가지 기본 동작의 주제를 정리한 것이다.

① 신체 각 부분의 움직임을 의식하도록 한다. 특히 어린이에게는 신체의 각 부분인 머리, 가슴, 등 세부적인 각 부분을 움직일 수 있다는 가능성을 인식시켜 주는 것이 중요하다.
② 동작의 무게와 시간을 의식하여 신체의 각 부분에는 강약과 빠르고 느림, 변화가 있다는 것을 인식해야 한다.
③ 공간요소를 인식하여 폭이 좁고 넓은 동작의 차이를 느끼게 하거나, 신체를 공간 바깥 방향으로 향해 뻗치거나 신체 중심 방향으로 향해 모으는 것의 차이를 느끼도록 한다.
④ 공간이나 시간 속에서의 신체 흐름을 의식하도록 한다.
⑤ 동작에서 자신과 타인과의 관계를 인식하도록 한다.
⑥ 신체 각 부분을 정확하게 움직일 수 있도록 신체를 조절하거나 균형을 유지하도록 한다.
⑦ 신체 각 부분에서 리듬의 엑센트 감각을 느껴 빠른 동작에는 강한 악센트를 주고 느린 동작에는 약하게 느끼도록 인식하게 한다.
⑧ 여러 가지 작업이나 놀거나 일하면서 나는 소리 속에서도 리듬에 대한 인식을 하게 한다. 이러한 소리가 움직임에서의 리듬과 직접 연결되기 때문이다.
⑨ 동작의 형태, 움직임의 모양이나 크기를 생각할 수 있도록 한다.
⑩ 8가지 기본 Effort 동작을 다양하게 변화하면 기본 Effort 동작이 여러 가지 움직임으로 결합, 응용되도록 변화를 준다.

⑪ 공간의 방향에 따라 달라지는 감정을 느끼도록 한다.

⑫ 신체의 여러 부분을 응용하여 변화하는 형태를 깨닫고 자신이 표현하고자 하는 모양을 창조해 내도록 한다.

⑬ 신체 움직임의 높고 낮음, 즉 고저관계 등을 의식하도록 하면서 동작 간의 서로 대조되는 개념과 느낌을 인식하도록 한다.

⑭ 집단에 대한 인식을 하게 하여 혼자가 아닌 여럿이 어울려 구성할 수 있는 동작을 만들어 봄으로써 개인과 집단의 움직임의 효과를 인식하도록 한다.

⑮ 여러 명의 집단에 의한 움직임의 방향이나 형태에 따라 결정되는 분위기, 대칭과 비대칭 등 집단 형성 간의 관계를 인식하도록 한다.

⑯ 동작의 표현성과 분위기를 인식하여 단순한 동작이나 복잡한 동작에서 자신에 표현하고자 하는 사물의 특징을 잘 살려 실상을 만들어 내고, 동작으로서 전체적인 느낌도 아울러 명확히 표현하도록 하되 안전성을 중요시하면서 한다.

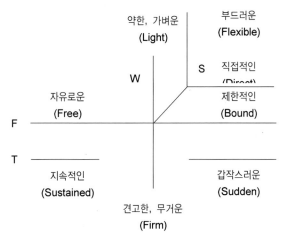

Laban의 에포트 요소

2) 방법

세계 2차 대전 기간 동안 영국 산업계는 효율성과 관련된 문제를 Laban에게 질문하게 되었는데, 이를 통해 그는 인간이 움직이는 방법을 분석해, 동작의 질적인 측면을 연구하게 된다. 그 결과 운동 체계의 개발에 관해 구체적으로 서술할 수 있었으며, Effort의 개념이 나타났다. 이후 Lamb(1965)은 Laban의 연구를 바탕으로 "Shape"이라는 개념을 소개했다. "Effort"(Dell, 1970)과 관련이 있어 "Effort/Shape"의 결과로 나타났다.

기본적으로, Effort/Shape이란 "전력(Effort) 그리고 공간(Shape)의 채택을 통해 동작의 질적인 부분에 있어 변화를 기록하는 방법"인 것이다(Dell, 1970, p.7). 이는 서로 다르면서도, 연결된 개념으로 오늘날 무용 치료사들에 의해 널리 사용되고 있다.

가) Effort

Effort은 공간, 무게, 시간과 흐름 같이 동작과 관련된 네 가지 요소를 통해 동작의 역동성을 묘사하고 있다. 각 요소는 "요소"라 불리는 두 가지 상반된 가능성을 갖고 있다. 공간은 "직접적"(두 점의 최단 거리) 또는 "간접적"(우회)일 수 있으며, 무게는 "무거운"(상당한 전력) 또는 "가벼운"(낮은 전력), 시간은 "빠르게"(갑자기) 또는 "천천히"가 될 수 있으며, 그리고 흐름은 "제한" 또는 "자유"(동작이 용이한지 또는 제한이 있는지에 따라)로 나누어질 수 있다.

한 가지 요소를 고립시킨다는 것은 불가능하다. 동작과 관련이 있는 각 요소는 다른 요소에 영향을 받는다. 강도 그리고 동작 요소의 결합에 따라 동작은 달라질 수 있으며, 이러한 현상은 주어진 시간에서 나타나야 한다. 따라서 환자의 동작을 고찰하는 과정에서 치료사는 동작의 요소를 발견하고, 상대적으로 큰 동작의 형태와 문맥을 관찰해야 할 것이다.

Effort과 관련해서 보면, 동작의 특성은 개인의 성격과 관련이 있는 경우가 자주 있다. 동작은 생명력이 있으며, 여러 가지 뜻이 있을 수 있다. 그러나 잘못 해석될 수 있는 상황이 있을 수 있으며, 감정적 측면은 개인의 동작 고유의 것이 아니라는 점에 주의할 필요가 있다. 또한 Effort에 관한 용어에 있어 평가가 있을 수 있다는 점에 주의할 필요가 있다. 예를 들어 공간의 간접적인 사용이 공간을 사용할 수 없는 상황을 의미하지 않는다. 그리고 생명력을 의미하는 것이 아니라, 일정한 유형의 선호도와 관련이 있다 볼 수 있다. 마찬가지로 무게와 관련해서 보면, "가벼운" 동작을 나타낼 필요가 있다면, 필요 이상의 힘을 쓸 필요가 없을 것이다.

성격 구조를 간단하게 치부해서는 안 된다. 따라서 치료사들은 심리, 신체 그리고 사회적인 측면을 충분히 이해해야 할 것이다. 또한 치료사들은 동작을 전체적으로 그리고 부분적으로 잘못 파악해서는 안 될 것이다.

나) Shape

Warren Lamb(1965)은 Shape의 개념을 소개하였다. 개인이 Effort을 사용하면서, Shape이 변화하는 것과 관련이 있다. Shape은 동작이 이뤄지는 "장소"에 대한 사항으로, 신체의 Shape 그 자체는 공간 속에서 이뤄지는 것이다. Laban의 동작 분석에서 관찰된 세 가지 종류의 Shape 변화가 있다. ① Shape의 흐름, ② 이동 방향, 그리고 ③ Shape의 이동이 그것이다.

Shape의 흐름과 관련해, 관찰자는 신체를 움직였을 때 기타 행동에서 나타나는 변화를 주시하였다. 방향과 관련해, 관찰자는 공간 속에서 나타나는 동작의 경로를 주시했다. 궁형으로 나타나기도 하고, 바퀴살(spoke)형으로 나타나기도 했다. 1차원 또는 2차원 동작은 기본 행동의 특징이라 할 수 있다. Shape과 관련해, 관찰자는 유아를 안고 있는 경우처럼 동작을 채택하거나 또는 Shape을 만들 수 있다.

처음 Laban과 Lamb의 개념을 미국에 적절하게 소개했던 인물은 Irmgard Bartenieff였다. Bartenieff는 무용 치료 분야의 개척자이며, Laban의 후계자이기도 했다. 다른 장에서 Bartenieff의 공헌을 통해 LMA와 Effort/Shape의 관련성에 대해 논의할 것이다.

Shape의 흐름과 관련한 개념은 Forrestine Paulay 그리고 Judith Kestenberg의 연구이다. 동작의 방향과 관련한 개념은 Paulay와 Kestenberg가 Columbia University의 Alan Lomax에서 문화와 동작에 관한 연구에서 나타났다.

라. 동작분석의 선구자 2: 엄가드 바르테니에프(Irmgard Bartenieff)

1) 생애와 업적

엄가드 바르테니에프(Irmgard Bartenieff, 1900~1981)는 라반 동작분석(LMA, Laban Movement Analysis)의 역사와 발전 및 무용치료와 물리요법에 LMA를 적용하는 데 있어서 중요한 역할을 하였다. 그녀는 자신의 물리치료사로서의 이력과 LMA를 통합했다는 점에서 선구적이었다. 이들 두 분야로부터 Bartenieff는 오늘날 바르테니에프 기초운동법(Bartenieff

Fundamentals)이라고 알려진 신체 동작 교육법을 만들어 냈다 (Bartenieff & Lewis, 1980). 신체 동작에 대한 이 접근법은 동작의 공간적인 측면들을 강조하고 이것들을 효율적인 운동근육(motor) 조직 속에 합체시킴으로써 동작 효율성과 표현성을 발전시켰다는 점에서 재교육적(re-educational)이었다.

Bartenieff는 1900년에 태어나 독일에서 성장하였으며 1920년대의 초기 유럽 현대무용에 일익을 담당했다. 1925년에 그녀는 동작 분석에 관한 루돌프 라반의 작업에 대한 연구를 시작했다. 1930년대에 그녀는 자신의 무용단을 이끌고 독일 전역을 순회하였다. 그녀는 Mary Wigman의 작업에 감명을 받았지만 Wigman의 기법에만 얽매이기를 원치 않았다(개인적 소통, 1980). Bartenieff는 1943년에 뉴욕대학교에서 물리치료 학위를 받았으며 후에 뉴욕 소재 윌라드 파커 병원(Willard Parker Hospital)에서 소아마비 환자를 대상으로 작업하였다. 그곳에서 그녀는 동작 기법들을 실험하였는데 그것은 후일 Bartenieff 기초운동법(Bartenieff Fundamentals)의 발전과 정신 건강증진을 위한 동작의 사용에 근거한 철학의 발전에 그녀가 기여할 수 있는 경험이 되었다. 1950년대에 그녀는 뉴욕 발할라(Valhalla) 소재 Blythedale 병원에서 장애를 가진 아동들을 대상으로 계속 작업을 하였으며 여름 동안에는 영국에서 라반과 함께 연구를 재개하였다.

Bartenieff는 뉴욕 소재 Willard Parker 병원과 Blythedale 병원에서 물리치료 작업을 할 때, 심각한 신체적 한계 때문에 좌절하고 있는 아동들에게 다가가는 데 탁월하였기 때문에 특히 존경을 받았으며, 그 아동들의 욕구와 능력에 맞춘 특수 게임들을 고안하였다. 그녀는 동작 형태들의 운용을 강조하였는데, 이것은 정서적 및 동기 유발적인 욕구를 신체적 욕구와 통합하는 것이었다(Bartenieff & Lewis, 1980). 그녀는 자신의 스승인 George Deaver의 영향을 많이 받았는데, Deaver의 신조는 환자를 "활성화하고 동기를 유발하라(activate and motivate)"이었다(Bartenieff & Lewis, 1980, p.1). 이러한 활성화와 동기유발에 대한 집중이 후일 그녀가 환자들과 학생들을 대상으로 작업을 하는 가장 자연스러운 수단이 되었다.

바로 브롱크스 주립병원에서 Bartenieff의 작업이 공식적으로 무용치료 분야와 통합되었다. 이 분야에 대한 그녀의 공헌은 시의 적절했고 매우 중요했다. Laban과 Lamb의 공헌은 Bartenieff에 의해서 실제적으로 적용되고 확장되었는데 바로 이 문제에 대한 부분적인 해법을 제시했다.

Bartenieff는 평생 동작에 대하여 활발한 연구를 하였다. 1940년대부터 1970년대 중반까지 그녀는 뉴욕시 소재 무용기록국(DNB, Dance Notation Bureau)의 저명한 교수진 중 한 사람이 되었다. Davis와 Paulay와 함께 그녀는 DNB에서 훈련 프로그램을 선구적으로 이끌었다. 1970년대 말에 Bartenieff와 몇몇 동료들은 DNB를 떠나 LMA교육을 전문으로 할 수 있도록 개설된 자신들 소유의 교육원을 개설했다. 이 새로운 교육원은 뉴욕시 소재 '라반 동작연구원(Laban Institute of Movement Studies)'이었으며 Bartenieff는 이 교육원의 창설회원이자 초대 원장으로 활동하였다.

Bartenieff는 80세에 인간의 신체동작 분야에 자신의 마지막 공헌을 하게 되는데, 그것은 Dori Lewis와 공저로 1980년에 발간한 책, 『신체 동작: 환경에 대처하여(Body Movement: Coping with the Environment)』이다.

2) 이론

Bartenieff의 작업은 동작을 감지하는 것은 복합적 상관관계를 가진 총체라고 강조한다.

> 이러한 지각(perceptions)에 대한 이해에 있어서 중요한 것은 이것들이 단편적 조각들이 존재하지 않는 하나의 총체라고 이해되어야 한다는 것이다. 동작의 어느 측면에서나 변화는 총체적 형태(configuration)를 변화시킨다(Bartenieff & Lewis, 1980, p.x).

신체동작이 끊임없이 변동하는 과정이라는 이러한 시각은 동작분석과 개입 분야 전반에 있어서 Bartenieff의 생각에 영향을 주었다. 그녀가 확신했던 내용은 다음과 같았다.

> 행동습성(behavior)은 신경생리학과 전체적 유기적 기능(total organic functioning)과 관련하여 이해되어야 한다. 동작의 노력-형태 이론(effort-shape theory)은 행동습성의 유기적 모형에 근거하고 있다. 주요 가설은 신경계의 과정들과 적응 및 표현은 동작 속에서 통합된다. 신체 각 부위의 모든 동작은 적응적이며 동시에 표현적이다. 이 동작은 방어기제로 작용하는 동시에 개인에 관한 무언가를 반영한다(Bartenieff & Davis, 1965, p.51).

Bartenieff는 개인의 동작 스타일은 선천적으로 타고난 활동 유형과 심리적 영향 및 사회적 환경의 합성물이라고 믿었다(Bartenieff & Lewis, 1980). 그녀는 이러한 영향에 대한 개인의 특유한 신체적 표현을 존중하였기 때문에 그녀는 환자로 하여금 그들의 동작 레퍼토리 속에 이미 존재하는 것을 보다 더 잘 활용하도록 돕기 위하여 창의적으로 작업을 하였다.

3) 방법

가) 잠재적 동작표현(Potential Movement Expression)에 대한 관심

Bartenieff는 환자에 대한 임상적 작업에 있어서 항상 잠재적 동작 표현을 중심으로 전체적 동작 형태를 주목하였다. 잠재적 동작이 개인의 신체적 행위와 선호하는 동작 속에 내재되어 있다는 생각은 라반의 "감소된 노력(diminished effort)"이라는 개념에서 비롯하는 것이다. 만약 노력이 감소된다면, 노력이 존재하긴 하지만 조금만 존재하게 된다. 그래서 단지 부분적으로만 활성화되는 노력과 형태 요인들(shape factors)의 부분적 활용 내지 시작단계가 존재한다. Bartenieff는 왜 특정한 동작요인이 감소된 상태로만 나타나는지 또는 동작의 특정한 성질이 실제로 완전하게 실현되지 않는지를 공식적인 심리학적 용어로 설명하려고 하지 않았다. 대신에 단지 이것을 받아들이고 '전체 형태(configuration)'로 구현했다.

Bartenieff는 환자에게 그들이 어떤 동작이 결여되어 있는지를 지적하거나 의식적으로 특정한 동작을 해내라고 요구하지 말라고 치료사에게 주의를 주었다. 치료사는 환자가 할 수 있는 '전체 동작 형태'를 연구하고 환자로 하여금 동작활동을 하도록 비언어적으로 이끌어야 하는데 이것은 개인의 특정한 동작 선호에 따라서 결국 감소된 동작 요인이나 요소를 이끌어 내는 것이라고 그녀는 믿었다.

아래에 인용된 내용에서 알 수 있듯이 Bartenieff는 이런저런 이유로 자신의 동작 레퍼토리 이내에서 직접성 가지지 못한 개인에게 우회적으로 접근하는 과정을 설명하고 있다.

> *직접성 결여(Directness deficiency)는 환자의 노력 조합들(Effort combinations)과 그에 수반되는 공간적 형태(spatial shape), 행동들의 전체적 조직(organization)의 맥락에서 다루어져야 한다. 치료사는 첫째로 무게를 가진 흐름(Flow with Weight, 힘 또는 가벼움, Strength or Lightness), 시간에 따른 흐름(Flow with Time, 불시의 또는 지속된, Sudden or Sustained)과 같이 환자의 레퍼토리 조합들을 탐구할 수도 있다. 그리고 곧 그 지점에서 치료사는 [다른 동작 요소들]과 연계하여 직접성(Directness)의 사용을 할 수도 있다(Bartenieff & Lewis, 1980, p.148).*

이것이 바로 Bartenieff의 철학과 그에 따른 방법론의 정수인지도 모르겠다. 즉, 특정한 근육 시스템들의 발달을 지원하는 올바른 활동들을 찾아서 실행하면 결국 정서적 태도도 영향을 받는다는 것이다.

대체적으로 정신지체 환자들을 대상으로 하여 개인이 특정한 노력 요소를 발달시키도록 도와주기 위하여 Bartenieff가 사용했던 또 하나의 접근법은 신체적으로 능동적인 게임들을 하는 것이었다. 능동적 게임들은 종종 플레이어의 입장에서 명확한 공간적 의도를 필요로 하기 때문에 그런 활동은 위협적이 아니라 즐겁게 이런 노력 요소의 표현을 북돋울 수 있다.

Bartenieff는 인본주의적 틀 안에서 무용치료를 보았다. 신체구조와 동작 습성을 통하여 보이는 것과 같은 인격의 한계나 병적 증상에 초점을 맞추는 대신에 Bartenieff는 잠재적 동작 표현에 초점을 맞추고 전체적 동작 프로파일을 주목했다.

나) 동기유발과 공간의 활용

Bartenieff는 입원환자들이 자신들의 동작 잠재력을 탐구하도록 도와줄 때 "동작 충동(movement impulse)"(동작 이면에 숨어 있는 동기 유발 요소)을 활성화하고 발휘할 필요성을 강조했다.

> *정체(stasis)와 퇴행(regression)이라는 환경(즉, 병원 환경)에서 나의 과업은 동작 충동을 되살리는 방법을 찾는 것이었다. 이 문제는 정서장애를 가진 환자들을 대상으로 한 나의 모든 작업에 있어서 중심과제였으며 이것을 해결하는 것이 무용치료의 열쇠였다(Bartenieff & Lewis, 1980, p.9).*

그녀는 공간적 설계의 창조(즉, 원형, 삼각형, 바퀴살 형태 등)가 환자의 정서적 반응과 태도를 이끌어 낸다는 것을 발견했다. 무용 탐구 기간 중에 활성화된 특정한 공간적 통로들이 특정한 생각과 감정들의 신체적 외면화(somatic externalization)를 불러일으켰다. Bartenieff는 환자의 표현적 동작 형식(vocabulary)을 더욱더 개발할 수 있었다. 그러나 성공적으로 공간적 개념들을 도입하기 위해서는 무용치료사는 환자의 의도들을 깨닫고 편안하게 받아들여야 한다는 점을 Bartenieff는 강조했다. 치료사가 환자와 잘 맞추어진다면 무용을 통하여 환자의 공간에 대한 정신물리학적 연결을 촉진시킬 수 있다. 무용치료사가 성공적이라면 그 치료사는 "환자 자신의 회복에 있어서 환자의 독립적인 참여"를 활성화할 수 있다(Bartenieff & Lewis, 1980, p.3).

다) 바르테니에프 기본원리(Bartenieff Fundamentals)

Bartenieff는 신체적 장애를 가진 사람들과 정신적 질환을 가진 사람들을 대상으로 한 과거의 작업 경험으로부터 6개의 특정한 신체동작 운동들을 개발하였는데 이것들은 그녀의 저서, 『신체동작: 환경에 대처하여(Body Movement: Coping with the Environment, 1980)』에 설명되어 있다. 이러한 기초적인 움직임들은 "Bartenieff Fundamentals"라고 불리며, "자아에 대한 일차적 경험들을 각성시키고 그 각성으로부터 타인과 관련하여 자신을 보다 명확하게 느끼도록 만드는 수단"을 개인에게 제공한다(Bartenieff & Lewis, 1980, p.146). 이 움직임들은 개인이 신체적 느낌을 정서적 느낌과 표현으로 통합하는 것을 도울 수 있도록 특수하게 설계되었다. "동작의 기능적 및 표현적 내용들은 동전의 양면과 같다(Bartenieff & Lewis, 1980, p.145)."

바르테니에프 기본원리 개인들이 3개의 동시적인 활동들, 즉 호흡과 근육 파동(fluctuation) 및 느낌에 대한 자신들의 지각을 통합할 수 있도록 설계되었다. 그녀는 의도적으로 언어적 지시를 제한하여 "호흡은 이렇게 하는 것이다"와 같은 말들을 생략하였다. 대신에 그녀는 환자들로 하여금 자아의 신체적 경험과 정서적 경험의 통합을 촉진시키는 동작 시퀀스들을 실행하게 함으로써 환자들이 자신들의 신체 과정들에 대한 개인적 민감성을 발달시키게 하였다. 바르테니에프 기본원리는 이지적인 생각으로 처리된 동작 노력들을 제거하려고 했는데, 이런 노력들은 정신과 신체를 더욱 산산조각 낼 뿐이며 장애를 가진 개인에게 있어서 과도하게 강조된 상태라고 Bartenieff는 생각했다(Bartenieff & Lewis, 1980).

바르테니에프 기본원리는 개인의 동작의 동기 유발 측면을 접하는 것이 신체적 표현과 정서적 표현을 통합하는, 즉 정신과 신체를 통합하는 열쇠라는 Bartenieff의 신념에서 나온 것이다. Bartenieff는 인격 안에 들어 있는 힘과 잠재력 및 특유성을 강조하면서 개인의 자기인정(self-acceptance)을 북돋워 주었다. 이것은 더 나아가서 자아에 대한 보다 신축적이고 완벽한 표현과 함께 개인의 동작 잠재력의 보다 총체적 실현을 자극하였다. 바르테니에프 기본원리(Fundamentals)의 주요 개념을 정리하면 다음과 같다.

① **Dynamic alignment**: 신경근육적인 몸의 형태나 자세를 말한다. 서거나 걷고 앉는 기본자세를 다시 연습함으로써 정확하고 감각적으로 행하도록 한다. 또한 환경과 유연하게 관계를 맺을 수 있도록 한다.

② Body attitude: 개인의 신체가 내면의 감정을 드러낼 수 있다고 보며 개개인 고유의 자세를 관찰하면 삶의 역사를 파악할 수 있다고 생각한다.

③ Initiation of movement: 적절한 시작운동은 동작을 향상시키고 부상을 막아 준다. 만약 첫 동작이 잘못되면 전체를 망칠 수 있다.

④ Weight transfer: 동작을 할 때 신체의 한 부분에서 다른 부분으로 어떻게 무게를 옮기는가?

Fundamentals를 처음 접하게 되는 학생들은 ⓐ 걷기, ⓑ 뻗기, ⓒ 일어나고 ⓓ 앉기 등의 기초 동작을 다시 배운다. 단순히 동작의 기계적인 기술을 배우는 것이 아니라 미세한 근육의 동작들을 분리시키고 다시 전체 흐름 속에 동작을 연결시키는 법을 배운다. 동작을 할 때 근육의 감각에 집중하고 몸 전체의 연결에 집중하면 통찰력이 생기고 더 유연하고 효과적으로 움직일 수 있다. 즉, 숨 쉬는 리듬과 내부의 느낌을 의식한다든지, 동작이 일어나는 신체의 접합점을 발견한다든지, 근육에서 일어나는 감각에 주의를 기울이는 것이다. 이처럼 Fundamentals 운동법은 궁극적으로 자아의식과 셀프이미지를 강화시키고 나아가서는 다양하고 창조적인 움직임의 질을 관찰하고 만들어 내는 능력을 기르기 위한 것이다.

라) 공동체와 사회에 대한 관심

동작의 동기 유발적인 측면이 주로 개인의 자아에 대한 관계에 초점을 맞추고 있지만 Bartenieff는 또한 개인의 타인들 및 사회와의 관계도 강조하고 있다. 그녀는 정신과 신체의 통합 필요성뿐만 아니라 인격의 내적 욕구와 외적 욕구 사이의 건전한 균형을 구축할 필요성도 인식하고 있었다.

현실적으로 우리가 고립된 채 삶을 영위하는 것이 아니기 때문에 Bartenieff는 개인의 삶의 내면과 외부 사이의 간극을 메워 줌으로써 삶의 주관적 측면과 객관적 측면을 통합할 수 있는 도구로서 동작을 강조했다.

> 신체를 통하여 감정을 공간 속으로 투사함으로써 동작들은 즉시적인 소통을 이루어 준다. …… 공간 속에서 자신의 유기적 구조들(organic structures)을 구현하는 경험은 미묘하게 자아에 대한 자신감을 가지게 만든다. 다른 사람들과 함께 이것을 행하는 것은 공동체로부터 지원을 받고 있다는 의식과 그 지원의 상호 의존성에 적응하는 능력을 발달시키는 데 도움이 된다(Bartenieff & Lewis, 1980, pp.144~145).

주관적인 것을 끄집어내어 소통 가능한 형태로 만들고 그것이 전달될 수 있도록 개작 (adapt)하고 형상화(shape)하는 것에 그녀가 중점을 두고 있다는 것은 공동체와 무용의 공공적(communal) 측면의 중요성에 대한 그녀의 신념을 보여 주는 것이다. Bartenieff에 따르면, 치료사의 역할은 환자들로 하여금 자신들과 함께 그리고 사회와 함께 평화롭게 살 수 있게 해 줄 만족스러운 행동양식(mode of behavior)을 찾도록 도와주는 것이다. 이것은 자아 통제력(ego control)을 발달시키는 일이라고 할 수 있다. 그녀는 다음과 같이 말하고 있다. 치료사가 공간이나 구조와 관계없이 오로지 주관적이고 고립된 신체 측면에만 관심을 집중한다면, 환자를 단순히 자신의 문제에만 빠져 있게 하거나 환자의 동작활동을 더욱더 붕괴(fragmentation)시킬 위험이 있다(Bartenieff & Lewis, 1980, p.144).

환자와 치료사 모두에게 중요한 것은 시성과 감성이 분열되지 않고 서로 접근하여 기능을 제대로 하게 만드는 것이다. 무용치료분야는 무정형적으로(amorphously) 제멋대로의 자기표현성에만 매달리는 것이 되어서는 안 된다. 또한 기계적인 척도에 의해서 구성됨으로써 부분이 전체보다 커지게 되는 우를 범해서도 안 된다(Bartenieff & Lewis, 1980, p.151).

4) 요약

Bartenieff가 신체동작에 대한 지각을 하나의 복합적이며 통합된 전체로 보았던 것은 그녀의 가르침과 작업의 모든 측면에 스며들어 있으며 그녀의 무용치료에 대한 공헌 중의 하나이다. 그러나 그녀가 라반의 이론을 미국에 들여왔던 것을 차치하더라도 그녀가 가장 크게 공헌한 점은 동작의 구조와 기능에 대한 그녀의 역동적인 이해를 다른 사람들에게 널리 전달하였던 것일 것이다.

#5. 무용·동작치료의 절차 및 과정

가. 무용·동작치료의 절차 및 구조

무용·동작치료에서 그것이 집단 치료이건 개인치료이건 간에 그 구조를 다섯 개로 나누어 계획하고, 관찰하고 분석하는 것은 매우 유용하다. 다섯 개 부분은 워밍업(warm-up), 방출(release), 주제의 전개(development of a theme), 센터링(centering), 그리고 종결(closure)이다(유선영, 2010).

1) 워밍업(warm-up)

워밍업에서의 목표는 신체뿐만 아니라 동작의 모든 양상과 공간적인 관계를 warm-up 하는 것이다. 초점을 맞추어야 할 첫 번째 요소는 호흡이다. 두 번째 요소는 흐름이다. 세 번째 요소는 신체의 중심으로부터 시작된 동작을 천천히 발전시키는 것이다. 워밍업 동안에 집단 혹은 개인은 Effort의 범위를 결정하고, 모든 신체 부분을 사용하며, 공간적인 맥락에 대한 조절을 경험하고, 관계를 확립하는 데 도움을 받는다.

2) 방출(release)

방출은 특히 시간과 무게와 관련되어 신체 역동의 강도가 증가되는 때이다. 이것은 긴장을 제거하고 또한 이전의 문제와 숨겨져 있던 감정을 이끌어 낸다. 방출은 개인이 우리가 주제라고 부르는 특정한 영역에 집중할 수 있도록 해 주기 때문에 무용치료에서 매우 중요한 요소이다. 방출 없이는 이러한 집중을 이루는 것이 불가능하다(Johnson, sandal, 재인용).

3) 주제의 전개(development of a theme)

주제의 전개는 워밍업에서 나타난 동작에 대한 견해, 감정상태, 이미지 혹은 언어적 표현으로부터 나올 수 있다.

4) 센터링(centering)

센터링의 시간은 동작 경험이 때때로 주제로부터 동작요소들을 사용해서 각 개인을 자신에게 되돌아가게 하는 것이 목표일 때다. 역동적 강도는 감소하고, 주의 집중은 몸 자각과 몸 경계에 맞추어진다. centering의 경험은 release의 반대로 보일지도 모른다.

5) 종결(closure)

종결은 현실로 되돌아갈 준비를 하기 위해 단순히 집단과 치료자로부터 분리되는 데초점을 맞춘다. 워밍업과 마찬가지로 다시 한번 호흡, 흐름 그리고 관계가 중요하다.

나. 무용·동작치료의 과정

Johnson과 Sandal은 구조의 세 가지 측면들을 정의 내리고 있다.

① 행위구조: 첫 번째 구조인 행위구조는 그룹이 진행하고 있는 관찰 가능한 행위를 의미한다.
② 공간구조: 공간적 구조는 원이나 줄 혹은 보다 불규칙적인 형태들을 이루는 공간에서 그룹 멤버들이 서로를 향해 가지게 되는 신체적인 관계를 묘사해 준다.
③ 역할구조: 역할 구조는 개개인이 차례로 리더십을 맡을 때에 볼 수 있는 것처럼, 그 행위들을 하는 데에 있어서 그룹이 맡게 되는 공식적인 역할들의 특정한 패턴을 일컫는다.

따라서, 무용·동작치료사에 의해 사용된 심리적 구조가, 시행되고 있는 무용치료법의 특성과 본질에 커다란 영향을 주고 있음은 명백한 사실이다. 예를 들어 환자의 동작행위는 구강기, 항문기 혹은 생식기에서의 심리적 고착 상태나 정신적인 성장의 근거로서 이해될 수 있다. 이러한 모든 해석들은 동시에 존재할 수도 있다(류분순, 2000). Chase는 정신병 환자의 손상된 관계들을 회복시키는 것이 중요하다고 피력했던 설리반의 견해에 영향을 받았으므로 환자와 치료사와의 관계를 접근법의 핵으로 설정해 놓았다(Sullivan, 1956 재인용).

이러한 환자와 치료사와의 관계 안에서는, 신뢰감이 다시 형성될 수 있고 또 환자로 하여금 다른 관계를 맺으려는 흥미를 유발할 수도 있다. 이것은 여러 가지 인간관계로부터 일반적으로 움츠러드는 특성을 지니고 있는 정신질환에 있어서 결정적인 요소가 된다. 결국, Chase의 접근법의 핵심은 대화나 침묵 모두를 가지고서 사용하는 상징주의라고 할 수 있다. 정신질환자들은 동작이라는 상징적인 언어에 편안함을 느끼고 그 상징적인 동작은 정신질환자들의 욕구나 감정, 그리고 갈망들을 더욱 쉽게 표현할 수 있도록 만들어 준다. 의사소통의 비언어적인 채널을 만들어 나가는 것은 오랫동안 고립되어 있던 환자들에게 있어서는 커다란 투쟁이 될 수도 있지만, 그것은 그들이 사회적 언어적으로 의사소통을 할 수 있도록 고무해 주고 있는 것처럼 보인다. 감정적인 의미를 내포하고 있는 어떤 상징을 창출해 내고, 탐구하며, 분석하는 언어치료 경험에다가 상징적인 동작을 첨가하는 것은 환자와 치료사들 모두에게 있어서 아주 좋은 경험이 될 수 있을 것이다(류분순, 2000).

따라서 감정을 신체적으로 표현하게 해 주는 개인적인 의사소통의 한 형태인 무용은 그 핵심이 바로 상징이라고 할 수 있다. Chase는 설사 어떤 환자가 수업에서 행해졌던 상징적인 무용행위에 상징적 언어들을 첨가하여 말로 표현할 수 없었다 할지라도, 그 환자의 문제점들은 혼자서 하는 동작 수준에서도 여전히 나타날 수 있는 현상이라고 믿었다. 이것은 치료사가 환자의 동작을 그대로 따라 하기 때문인데, 그것은 환자로 하여금 자신이 이해받고 있다는 느낌을 가지게 해 준다. 따라서 환자는 상징적인 말들을 동작으로서 계속 표현하게 된다. Chase는 환자의 상상이 자발적인 것이 아니라면 그 상상을 환자의 동작과 병행시키라고 종종 제안했다. 상징들을 이해하고 그 의미를 의식에 다시 통합시키는 것은 치료적 변화에 다가설 수 있는 강력한 도움이 되고 있다.

가. 정신역동이론과 무용·동작치료

정신역동이론은 Freud의 정신분석 이론에서 출발하고 그 제자인 Adler와 Jung, 그리고 자아에 초점을 둔 Erikson으로 연결되는 자아심리학과 Sullivan의 대인관계 이론까지 폭넓게 포함된다. 정신역동이론은 인간의 행동을 "정신 내의 운동과 그 상호 작용"에 초점을 두고 이해한다. 다시 말해 정신이 행동을 어떻게 자극하는지 그리고 정신과 행동이 개인의 사회 환경과 어떻게 영향을 주고받는지를 강조한다.

Freud가 주장했던 정신결정론(Psychic Determinism)은 우리 신체와 마찬가지로 정신도 우연히 일어나는 일은 없다는 전제를 주장한다. 다만 우연인 것처럼 보이더라도 실제로는 과거의 일과 연결되어 발생한다. 무엇을 잃어버린 것도 우연이 아니라 개인의 소망이나 의도가 개입되어 있고 이에 뒤따라 일어난다고 보았다. Freud는 심리적 문제의 원천은 다양하다고 본다. 첫째, 자아의 효과적 대처가 어려워 억압과 같은 방어기제를 사용해야만 하는 어린 시절의 상처가 무의식적으로 자극제로 작동하여 문제를 야기한다. 둘째, 해결되지 못한 오이디푸스 갈등이 다양한 성격문제를 야기할 수 있다. 셋째, 발달 단계에서의 고착이 바람직하지 못한 성격발달을 야기하여 문제가 일어날 수 있다. 넷째, 불안과 이를 극복하려는 병적 방어기제가 건강한 성격 발달을 저해하여 심리적 문제가 야기된다. 이를 치료하기 위해서는 무의식 속의 정서를 의식으로 표현하게 하여 insight(통찰력)를 갖도록 하는 것이다. 그 방법으로는 자유연상, 꿈의 해석, 전이가 있다.

Erikson의 심리사회적 측면에서의 성격이론은 Freud의 정신분석에 바탕을 두고 있지만 프로이트와 달리 성격이 일생을 통해 발달한다고 가정하며, 자아의 발달에 영향을 미치는 사회적 현상을 고려한다는 점에서 차이가 있다. Erikson은 기본적으로 인간의 행동이 생물학적 요인에 의해 동기화된다고 보지만 발달은 사회적 관심에 대한 욕구와 환경을 통제하고자 하는 욕구 등의 사회적 요인에 의해 자극받는다고 보았다. 그렇다고 무의식적 갈등이 없다는 것은 아니고, 다만 성격 발달의 주요 초점이 환경과의 상호 작용에 있다고 본 것이다. 자아는 환경에 영향력을 행사하게 되는데 자아가 환경을 지배하고자 하는 자아 통제(ego mastery)가 그의 주요 개념이다. Erikson은 정신병리가 심리사회적 발달에서 오는 신체, 심리, 사회적 측면의 갈등에 적절히 대처하지 못했기 때문에 발생한다고 보고 자신의 발달위기에 적절히 대처하지 못했다는 것에 대한 통찰력 증진이 치료의 일차적 목적이라고 보았다. 증상으로부터 회복되기 위해서는 통찰력을 바탕으로 환경과 긍정적 상호 작용을 하고 환경에 대한 자아 지배력을 회복함으로써 증상에서 벗어날 수 있다고 보았다. 이를 위해 치료자는 내담자나 환자가 스스로 자신의 갈등과 관련된 생활상의 주요 측면들을 깨달을 수 있도록 '해석(interpretation)'해 주는 역할을 한다. 주로 꿈과 전이를 해석하며, 어린 시절의 갈등 등에 대한 주제를 탐색하게 된다.

1) 무용·동작/동작치료의 통합적인 기능

(1) 무용·동작치료는 감각에서 이미지, 이미지에서 언어 수준으로 발전되고 통합되는 과정이다.

(2) 무용·동작치료는 동작에서 이미지, 이미지에서 설명으로 변하는 과정을 밟아야 한다.

(3) 무용·동작치료는 환자가 자신의 감정과 인간관계들을 이해할 수 있도록 작업 소재를 직접 고르게 한다. 소재를 환자가 직접 선택하도록 하는 이유는 그 환자에게 선택권을 주어 자존감을 발전시키려는 의도도 있겠으나 더욱 중요한 이유는 내담자 자신의 내면을 반영해 주는 소재를 직접 고르게 함으로써 변화와 성장을 가속화시키려는 의도에서이다.

2) 신체상과 자아동시성

(1) 환자들은 에고(ego: 자아)를 발달시키기 이전에 일관성 있는 신체상을 향상시켜야 한다. 즉, 자아의 발달과 성장 이전에 신체상의 향상이 선행되어야 한다는 의미이다. 따라서 치료사는 내담자의 자아성장을 위해 신체상 형성과 발달에 초점을 맞추게 된다.

(2) 자아동시성을 향상시키기 위해서 조직화된 워밍업(warm-up)을 포함한 여러 가지 동작을 사용한다. 체계적인 워밍업 동작패턴들은 한 개인의 자아에 대한 개념을 보다 강화시킬 수 있다.

(3) 움직임과 같은 비언어 양식의 의사소통은 처음에 맞닥뜨리는 저항의 강도를 축소시킨다. 대부분의 경우 내담자들은 치료환경이나 치료사에 대해 저항감을 느러내기 마련이다. 이러한 저항의 해결은 치료의 주된 대상이 된다. 저항을 해결하기 위한 많은 해결책과 전략들 중에서 강력한 해소기법들 중의 하나가 움직임(동작)활동이다.

3) 무의식의 근원

(1) 정신역학이론

초년기에 이루어지는 엄마/유아의 상호 반응이 나중에 맺어지는 모든 관계들에 대한 결정적인 열쇠가 된다. 따라서 현재 보이는 행동은 그 행동을 일으키는 원인이 있으며, 그 원인은 무의식 속에 잠재되어 있는 해결되지 못한 경험에서 오게 된다. 따라서 현재의 행동을 이해하기 위해서는 그 사람의 무의식을 살펴보아야 한다. 반대로, 무의식의 해결이 곧 현재 행동에 대한 심도 깊은 이해는 물론 전향적 변화를 가져올 수 있다.

(2) 정신역학 무용치료사

무용·동작치료의 비언어적인 특징이 말을 하기 이전 유아기에 뿌리를 두고 있는 의식세계를 향한 통로를 환자들에게 마련해 주고 있다.

4) 신체동작과 감정의 경험

무용·동작치료는 신체와 신체의 경험에 중점을 두고 있는 치료적 접근법을 제공해 준다.

나. 분석심리학과 무용·동작치료

분석심리학의 창시자인 Carl Jung(1875~1961)은 Freud와 함께 심층심리학의 기반을 세우는 데 중요한 역할을 한 인물이다. Jung은 Freud의 제자이자 절친한 동료였다. 실제로 Freud는 그의 이론적인 상속인으로 Jung을 지명했다. 그래서 정신 분석의 황제로서 Jung에게 아버지와 같은 역할을 했다. Jung은 Freud의 오이디푸스 콤플렉스 이론을 더 잘 알아야만 했었다. 왜냐하면 그들의 오이디푸스적인 경쟁은 무정하고 상처투성이의 분열을 가져왔기 때문이다. Jung은 Freud의 고유한 통찰들을 재개념화하면서 너무 멀리 떨어져 나가버렸다. 그러나 Jung의 이 매우 혁신적인 통찰들은 정말로 훌륭한 것이었다. 심리학에서 "제3세력" 운동을 사전에 보여 줬다. 여러 면에서, Jung은 '인본주의적, 개인 초월 심리학(humanistic and transpersonal psychology)의 아버지'로 간주될 수 있다(이부영, 1999).

Jung은 Freud의 "개인 무의식"과 함께, 모든 인간들에 의해 공유되는 "집단 무의식"의 증거를 발견했다고 생각했다. 개인 무의식이 콤플렉스(즉, 오이디푸스 콤플렉스)에 의해 조직되는 반면에, 집단 무의식은 꿈과 신화에서 추적해 낼 수 있는 "원형들"과 "행동과 지각의 본능적인 패턴"에 의해 특징지어진다. Jung에게서 영향받은 Joseph Campbell은 모든 문화의 신화들에서 원형의 패턴들을 밝혀냈다. Jung은 일반적으로 성적 욕동들을 덜 강조했다. 무의식은 "개별화" 과정 전체와 초월적 힘을 통한 정신의 반대의 힘 사이의 균형을 향한 욕동으로 작동된다고 생각했다. 인본주의적 심리학자들이 주장한 것처럼, Jung은 무의식이 단지 '병리적인(pathological) 힘'이라기보다 오히려 '건강과 생명력의 근원'이라고 생각했다. 그러나 Jung은 또한 무의식은 선뿐만 아니라 악의 가능성도 가지고 있다고 생각했다. Jung에게서, 정신 구조들은 눈에 보이지 않는 원형적 힘에 의해 조직된다. 그는 자아나 무의식같이 Freud가 사용한 용어 중 같은 것을 많이 사용했다. 그러나 Jung의 전체 이론에 비추어 생각할 때 그것들은 다른 의미를 가지고 있었다. Jung에게 정신의 주요한 구조는 페르소나(Persona: 가면)와 그림자로 이루어진 자아를 포함한다. 페르소나는 사람이 세상에 내놓는 '가면'이다. 반면에 그림자는 사람이 수치심과 죄책감을 느끼는 자기의 부분들이다. 남성에게는, 아니마(Anima)가 정신의 여성적 측면을 나타낸다. 반면에 여성에게는 아니무스(Animus)가 남성적 측면을 나타낸다. Jung에게는 인격의 원형적 조직의 통합체는 자기(self)라 불린다. 개성화 과정이 균형과 조화를 이루려는 전체의 통일성이다.

Jung은 심리적으로 인간을 이해하려고 했다. 즉, 자아를 통해 인식되는 의식뿐 아니라 우리가 지나치기 쉬운 무의식에도 집중하는 것이다. 오히려 겉으로 드러나는 의식보다는 인간이 다가가기 힘든 무의식이 인간의 성격을 결정짓는 중요한 요소라고 역설한다. Jung은 인간이 무의식의 세계에 귀 기울이고 인정함을 통해 원만한 성격을 가진 건강한 사람이 될 수 있고 결국은 진정한 자기를 발견할 수 있음을 주장하였다(김현진 역, 1999).

1) Whitehouse와 무용·동작치료

분석심리 무용·동작치료이론은 Jung학파의 분석심리학에서 도입된 이론이다. Whitehouse는 이러한 이론을 정립하고 발전시키기 위해 많은 노력을 기울였으며, 여러 문헌을 통해서 인격과 동작 모두를 이해하고 연결지어 설명하고자 했다. Kodorow와 같은 분석심리 무용·동작치료사들은 이러한 분석심리 무용·동작치료이론을 활용하고 발전시켰는데, 치료법의 목적을 자기실현 또는 개인화(individualization; 다른 사람의 심리와 구별되는 자기 자신이 되는 것)에 두고 노력하였다. 자기실현이나 개인화는 분석심리학의 고유하고 궁극적인 추구상이기도 하였다. 이와 같이 Jung의 분석심리학을 무용·동작치료에 도입하면서 동작의 개인화, 다시 말해 춤을 추는 사람 자신, 즉 자기가 이끄는 동작 구조를 전적으로 사용하고자 노력했다. 동작은 개인의 초년 기억에 대한 주제를 감소시킬 수도 있고, 혹은 신화적 모티브들이나 다른 보편적인 경험들로 전개시킬 수도 있는 강력한 경험이다. 이처럼 분석심리에 입각한 무용·동작치료사들은 꿈, 환상, 초년기억, 인간관계, 치료사에게 전이되는 이슈들과 같은 역현상을 탐구하기 위해 즉흥적인 동작을 사용하기도 한다.

2) 행위자와 관찰자의 협력관계

(1) 행위자와 관찰자가 상호 협력관계를 통해서 의식－무의식, 내부－외부, 자아－타인을 초월하는 동시적인 순간에 도달할 수 있다. 그만큼 동작을 만드는 자와 그 동작을 관찰하는 사람들 간의 밀접한 관계가 치료에 매우 중요한 변인이 될 수 있다는 의미이다. 행위자는 자신의 심리를 동작을 통해 의식화하면서 카타르시스적 정화감을 경험하게 되고, 관찰자 또한 행위자의 행동을 관찰하면서 그와 동일한 수준의 정화감정을 경험할 수 있다.

(2) 분석심리 무용·동작치료이론에서는 내담자의 진정한 변화를 위한 매체로서 '일치'의 개념을 강조한다. 여기서 '일치'라는 것은 시간과 공간이 일치하는 두 가지 사건들 간

의 의미 있는 심리적 결합을 뜻한다.

(3) 분석심리 무용·동작치료법은 내담자가 자기성찰을 위한 보다 깊이 있는 경험을 할수 있도록 더 오랜 시간을 허용해 준다. 따라서 치료사는 내담자에게 충분한 시간을 제공하여 자기를 발견하고 있는 그대로의 자기를 실현할 수 있도록 기회를 준다.

(4) 자유로운 탐구에는 자신감이 낮거나 자기억제를 가지지 못한 환자의 경우에는 권장할 만한 것이 못될 것이며 또한 의심이 많거나 편집증세, 치료사의 힘에 의해 통제를 받고 있다고 느끼는 환자의 경우에는 부정적인 영향을 미치게 될 것이다.

3) 생각, 느낌, 감각, 직관

(1) Jung은 의식에는 생각, 느낌, 감각 그리고 직관이라는 4가지 차원이 있다고 가정했다. 이것은 훗날 인간의 성격을 구분하는 분류기준이 되기도 한다.

(2) 내담자들은 생각과 느낌을 표현함에 있어서 다양한 패턴을 보이게 된다. 어떤 사람들은 '표현'의 한 수단으로서 동작을 사용하지만, 또 다른 사람들은 '심상(image)'으로서의 동작들만을 중점적으로 사용할 수도 있다.

(3) 동작을 비롯한 신체를 통한 모든 움직임은 '각각 서로에게 영향을 미치는 내적/외적세계들 간의 교량 역할'을 한다. 즉, 한 개인 속의 내적, 외적 세계를 서로 연결하는 통로로서 움직임이 활용되는 것이다.

(4) 코도로우는 가장 풍요로운 동작경험들은 앞/뒤로 발생하거나 동시에 일어날지도 모르는 감각과 이미지를 연결시키는 것이라고 하였다.

4) 내면세계의 양극성

(1) 한 인간의 내부에도 서로 다른 양극적 성격이 동시에 존재한다. 한쪽에서는 빠르고 분명하며 단호한 특성을 보이는 반면에 다른 쪽은 부드럽고 지속적이며 포용하고 있는 특징을 보인다.

(2) 인간은 자신의 내면의 양극성에 균형을 잡는 데에 커다란 곤란을 느낄 때 장애와 정신질환을 경험한다. 따라서 치료사는 내담자의 내면에서 꿈틀거리는 양극성을 춤 동작 활동 속에서 그대로 비춰 줌으로써 자신의 심리와 고통의 근원적 이유, 그림자 등을 이해

할 수 있도록 돕는 역할을 하게 된다.

(3) 무용·동작치료활동 중에 보이는 내담자의 상반되거나 극단적인 동작을 이해하고 판독하는 기법과 전략은 다른 치료이론과 구별되는 분석심리 무용·동작치료이론만의 독특한 특징이다. 분석심리학에서의 양극성 개념은 정 반대의 개념과 특성들이 말 그대로 반대의 의미가 아니라 서로 맥을 같이하는 하나의 개념에서 나왔다고 강조한다. 따라서 내담자의 상반되는 동작패턴은 겉으로 보이는 동작 자체를 판단하는 것이 아니라 그 동작 속에 숨어 있는 의미를 파악하고자 노력한다.

5) 자아(自我)의 상징

(1) 분석심리 접근법은 전체성, 균형, 그리고 상반되는 힘들에 대한 통합(對極合一)을 강조하며, 개인의 투쟁은 보편적인 인간투쟁과 깊은 연관이 있다고 주장한다.

(2) 분석심리 무용·동작치료법은 '심리와 신체는 같은 것에 대한 두 가지 다른 측면들'이며, '자아의 상징들은 신체의 심층으로부터 발생한다'라는 Jung의 가설을 확장시켜 왔다. 따라서 신체를 통한 동작과 인간 내면의 심리는 서로 분리된 것이 아니라 서로 연결된 유기체이다. 그러므로 신체의 움직임을 통해 내면의 심리를 외부로 표출시킬 수 있을 뿐만 아니라 동작을 면밀히 관찰함으로써 내면심리를 보다 정확히 이해할 수도 있게 된다.

(3) 분석심리 무용·동작치료법은 활동적인 상상력의 한 형태로써 신체의 경험을 풍부하게 사용하고 있는데, 그렇게 함으로써 동작이 무의식을 평가하고 그 내용을 의식 속으로 통합해 주는 강력한 도구임을 설명해 준다.

다. 형태심리 무용·동작치료

형태주의 심리학(Gestalt psychology)을 창시한 Perls는 상담치료에서 과거보다는 '지금 여기(here and now)'에서, 자각(알아차림)하는 것을 주요 핵심으로 하였으며 치료자(상담자)와 환자(내담자) 간의 상호 작용을 '나-너' 관계라는 존재 방식 안에서 다루고 강조했다. '지금 여기'를 강조하고 현재 일어나는 순간의 현상들을, 방어하거나 피하지 않고 완전히 경험하고 인식하는 것이 중요한데, 이를 자각(알아차림)이라고 한다. 불교에서는 자각을 '마음챙김'이라고 표현하기도 한다.

게슈탈트(gestalt)는 형태, 전체라는 뜻을 지닌 독일어이다. 따라서 형태주의 심리학 또는 게슈탈트 심리학이라고도 한다. 게슈탈트란 개체에 의해 지각된 자신의 행동동기를 뜻한다. 즉, 개체가 자신의 유기체 욕구와 감정을 하나의 의미 있는 행동동기로 조직화하여 지각하는 것이다. 예를 들어 어머니가 아이를 안아 보는 것, 음악을 들으며 커피 한 잔 마시고 싶은 것, 사람들과 친하게 지내고 싶은 것 등 크고 작은 모든 행동은 우리의 게슈탈트(형태)이다. 게슈탈트 치료는 게슈탈트의 개념을 치료의 영역까지 확장시킨 것으로, 신체와 정신, 환경을 상호 불가분의 통합적이고 유기적인 존재로 이해함으로써, 무의식의 세계를 파헤치는 것을 목표로 하지 않는다. 오히려 우리 가까이에 있는 것들을 좀 더 선명하게 알아차림으로써 우리의 시야를 확장하여 새롭고 창의적인 삶을 살도록 도와준다 (김옥희, 2006).

인간은 자신의 욕구나 감정을 하나의 의미 있고 온전하며 통일된, 행동의 동기로 조직화하여 지각한다고 주장한다. 또한 어떤 상황에서 자신의 욕구나 감정, 환경조건을 고려하여 자신에게 가장 절실한 것을 게슈탈트로 형성하는데, 건강한 인간은 모든 활동을 형태로 형성함으로써 조정하고 해결한다. 이때 인간의 결핍된 게슈탈트(형태)란 외로움, 분노, 불안 등을 어찌할지 모르는 상태를 말하는데, 무용·동작치료사를 포함한 모든 마음을 연구하는 심리치료자(상담자)들은 온전한 인간과 결핍된 인간이 어떠한 마음의 형태를 이루는지 연구해야 할 필요성이 있다.

1) 형태심리 무용·동작치료

(1) 행태심리 무용·동작치료는 Perls가 발전시킨 형태심리치료학파의 치료적 기술들과 이론에 의해 훈련을 받는다.

(2) 형태심리치료는 상징과 은유에 관심을 기울이며 역할극과 경험의 즉각성을 강조하고, 그러한 즉각적이고 즉흥적으로 행해진 많은 작품을 제시하게 된다.

(3) 무용·동작치료사인 Berstein과 Daniel은 다른 방식으로 형태 아이디어를 사용하고 있다.

(4) Bernstein 형태심리 무용·동작치료법

완전히 현재에 근거를 두고 있는 신체의 자각과 동작을 이용하는 것은 환경 내의 표현적인 접촉을 위한 유기적인 자기 조절과 자발적인 인물형성을 통한 개인의 분열된 지역들의 통합으로 이끌어 준다.

2) 지금-여기(hear and now)에서 신체자각과 동작을 이용

(1) 내담자는 '느껴지는 대로의 행위에 대한 경험을 강조해 주고 있는 지금-여기라는 자각'을 얻기 위해서 '나는 지금 ……을 느끼고 있어요'라는 문장을 완성하도록 한다.
(2) 형태 접근법은 구조화된 훈련들을 통해서 신체동작을 이용할 것을 강조하고 있으며 이것은 자각을 신장시키고 내담자의 방어들과 직면하기 위해서 비디오테이프를 사용하기도 한다.

3) 역할극과 은유로서의 움직임

(1) 동작을 포함하고 있는 직접적인 환상작업을 통해 강력한 감정상의 소재를 이용하는 것은 경험 있는 치료사의 감독하에 조심스럽게 조정되어질 필요가 있다.
(2) 환자들이 말로 표현하기를 거부하는 특정한 감정들을 표현해 준다는 '신체 은유'라는 개념을 설정하였으며 그러한 변화들은 신체동작, 자세, 고통, 동작이나 감정들의 억제로 표현되는 은유처럼 보일 수도 있다.

4) 게슈탈트 치료와 정신질환자

(1) 정신질환자들과 함께하는 집단 무용·동작치료 상황에서는 신체 은유에 대한 주의를 끌기 위해서 특정한 멤버의 비언어적 움직임을 지목하는 것은 바람직하지 못하다.
(2) 그룹이 만들어 내는 동작의 특성에 대한 일반적인 해석을 하거나 개인을 지목하지 않은 채로 동작의 특성에 대해 모호하게 설명하는 것만으로도 환자가 인식하지 못하는 공동체에 대한 자각을 불러일으키기 충분하다.

라. 대상관계 무용 · 동작치료

　대상관계이론가들은 정통 Freud 학파의 성격 모델과는 다른 방법으로 관계와 성격의 구조와 그 구조적 발달에 대해 연구해 왔다. 이들은 대상관계 이론가와 자기 심리학 이론가로 분류된다. 대상관계와 자기 심리학 이론가들은 모두 자신을 정신분석학의 주류 내에 있는 것으로 간주하지만 그들의 중요한 이론적 부분에 있어서는 그 흐름을 달리한다.

　대상관계이론가들은 초기의 정신구조와 심리기제의 형성과정에서 발현되는 감별(differentiation)을 연구하고 이러한 내적 구조들이 현실적인 대인관계 상황에서 어떻게 재현되는가를 조사한다. 이들 이론가들은 지속적인 인상, 즉 개인의 정신 내에 존재하는 잔재(residue) 혹은 찌꺼기(remnant)를 남기는 생후 초기 관계에 초점을 맞춘다. 이러한 과거 관계의 잔재, 다른 말로 내적 대상관계가 개인의 인식과 다른 개인들과의 관계의 형태를 만들기 때문이다. 인간은 그가 거래하는 실제의 타인들과의 관계를 사실 그대로 혹은 사실을 왜곡해 해석(설명)하는 내부의 타인(타자), 즉 정신적인 표상이라고 칭하는 성장과정에서 영상화된 대상의 이미지와 관계하는 것이다.

　대상관계이론이 정신분석과의 주요한 차이점은 전통적인 정신분석에서는 인간을 성애적, 공격적 추동에 의해 지배되는 자기중심적인 개체로 보고 욕구만족, 충동발산, 긴장이나 불안 감소 등의 개인 내적 심리과정을 중시한다. 인간의 행동이 무의식적 동기, 추동에 의해서 결정된다는 입장을 취한다. 전통적인 정신분석에서 타자의 주요 기능은 자아의 욕구를 충족시켜 주는 것이기 때문에, 타자는 독자적인 정체성을 지닌 개별적인 존재가 아닌 자아의 욕구 충족에 필요한 대상으로 간주한다. 이에 비해 대상관계이론에서는 타자와의 관계 형성 및 심리적인 교류를 인간의 가장 근본적인 욕구로 전제한다. 타자와 정서적인 유대를 맺고 유지하고자 하는 것이 인간 발달의 일차적인 동기라는 입장을 취한다. 대상관계이론에 입각한 무용 · 동작치료를 전개한 학자들은 저마다 주장하고 중요시 여기는 분야가 달랐다. Melanie Klein의 경우에는 오이디푸스 전기의 대상관계가 이후의 정신병리 발달에 결정적인 영향을 미친다고 주장한 반면, Winnicott은 정신적인 어려움에 싸여 있는 내담자에게 무엇보다 필요한 것은 지지적인 환경이라고 강조하였다.

1) 치료과정에서의 놀이

(1) Winnicott, Shuderland

놀이(play)는 유아와 성인 모두와 함께한 치료 경험에 대한 원형(原型, archetype)이라고 주장한다. 따라서 놀이는 인간의 가장 근원적인 형태의 변화를 가능하도록 하는 힘이 있고, 인간의 내면세계와 외현적 행동을 이해하는 중요한 단서가 될 수 있다고 설명한다.

(2) 놀이는 내부세계와 외부세계를 연결하는 과도기적인 현상이라고 본다. 즉, 놀이를 통해서 내면세계와 외부적 환경 간의 다리를 연결할 수 있으며, 이것은 무의식과 의식의 연결이라는 중요한 의미를 지닌다.

(3) 놀이 속에서 만들어 내는 창조적인 표현을 통해서 외부적 환경을 변화시키는 기회를 갖게 되며, 외부대상에 미치는 그 이전의 무의식적인 영향을 발견하고 이해하게 된다. 즉, 놀이란 축소된 사회를 의미하며, 이러한 사회의 한 형태로서의 놀이 활동에서의 다양한 경험을 통해 내담자는 타인과의 관계형성은 물론 자신이 원하는 환경을 직접 변화시키는 기회를 갖게 된다.

(4) 대상관계 무용·동작치료과정에서의 놀이 활동의 주된 목적은 형식적이지 않은 경험과 창조적인 충동, 자발적 감각표현을 위한 기회를 제공하는 것이다. 놀이의 핵심적 특성은 즉흥성, 흥미, 자발성, 창조이며 이러한 특성을 활용하여 내담자는 형식에 얽매이지 않는 자유로운 경험과 과감한 자기노출을 시도하게 된다.

(5) 무용·동작치료 안에 대상관계

"놀이"라는 공간 안에서 표현적이고, 새로운 경험적이며, 상징적인 연기를 통해서 언어 습득 이전의 기억을 명백하게 하는 데 초점을 둔다.

2) 대상관계에서 무용·동작치료사의 역할

(1) 치료사의 역할

좋은 어머니로서의 치료사를 강조한다. 무조건적인 수용과 인정을 특징으로 하는 어머니의 원형적인 특성을 치료사가 가질 때 비로소 진정한 의미에서의 치료와 변화가 가능하다고 설명한다.

(2) "현실적 사람"

현실과 존재에 대한 적극적인 감각을 경험한다. 즉, 내담자를 한 사람의 인간으로서 느끼고, 경험하고, 받아들이는 활동을 통해서 전향적인 변화를 꾀하게 된다.

(3) '다수의 의미 있는 기억'의 환경 안에서 함께 '놀 수' 있는 때가 발생하는 잠재력을 이해하는 치료자의 역할을 강조한다. 이것은 모두가 함께 공유할 수 있는 동작활동을 통해 다양한 변화에 대한 동인을 발견할 수 있다는 의미이다.

(4) 치료사는 환자의 리듬과 신체태도에 자기의 그것을 조절해 줄 필요가 있다.

(5) 리듬을 호흡하면서 하는 형태흐름의 조화는 치료사와 관련된 신뢰 및 자아감의 발전을 용이하게 하기 위해서 필요로 한다.

3) 거울적 전이경험과 호흡동화

(1) 거울전이

① 환자는 대체적으로 치료사로부터 그의 존재 자체와 위대함과 무조건적인 인정을 원한다.

② 신생아 및 유아기의 아동들은 통합적인 신체활동, 정신자아에 대한 무조건적인 인정과 감탄을 필요로 하는 가장 중요한 단계이다.

③ 치료사의 역할은 환자 자신을 춤과 동작활동 속에서 반영시키고 반향시키는 것이다.

(2) 호흡동화

대상관계 무용·동작치료이론에서는 호흡의 동화, 즉 "함께 호흡하는" 것이 정신질환 유아나 발달 장애아의 발전에 미친다고 주장한다.

4) 무용·동작치료에서의 대상관계의 중요성

(1) 무용·동작치료에서 대상관계의 중요성

생후 첫 3년간의 경험이 언어를 통한 경험이 아닌 몸의 감각이나 소리, 상징적인 물체, 동작 등의 비언어적 형태로 이루어졌다는 점이 중요하다. 따라서 말로는 표현하지 못하는 다양한 내적인 병리현상들을 비언어적인 형태의 동작과 춤 등을 통해 표출함으로써 내면의 해결되지 않은 내용들을 해소하게 된다.

(2) 무용·동작치료 역할

① 내담자의 현실과 내면세계 혹은 과거의 경험을 잇는 다리 역할을 하게 된다.

② 언어 미분화상태의 유아시절의 상태로 안전한 퇴행을 가능하도록 해 주는 역할을 한다.

③ 치료자는 상징적인 의미에서 좋은 어머니의 역할로서 내담자가 그의 인생에서 아직까
지 해결되지 못한 병리적인 역동성장관계를 회복하는 데 중요한 영향을 미치게 된다.

태아 표현

지궁 속

※ 위 사진은 저자가 탄생과 환희의 프로그램 과정으로 탯줄과 자궁 속을 표현하고자 스판 천 직접제작 사용

CHAPTER 02

무용·동작 심리치료의 실제적용
─치료목적에 따른 분류─

★ 아래 3가지 방법은 131가지 세션 모두에 해당된다.

1. 각 세션 Warm-up에 본격적인 활동을 위해 신체를 깨우는 작업을 한다.(브레인댄스 8단계)
   ① 깊게 호흡하기 ② 촉감-강하게 쥐기, 두드리기, 긁기, 쓸어 주기
   ③ 중심-말단 ④ 머리-꼬리 ⑤ 상체-하체
   ⑥ 몸의 좌우 ⑦ 측면 교차 ⑧ 평행감각-흔들기, 돌기, 기울기
2. 각 세션마다 Rudolph Laban에 의해 개발된 그러한 체계 중의 하나인 Effort요소를 활용한다.
   -Effort요소: ① 무게 ② 시간 ③ 공간 ④ 흐름
3. 각 세션 Introduction(도입: 5~10분)-Exploration(탐색: 25~30분) Learning(학습·치료)-Processing
   (정리: 10분), 총 40~50분 시간을 사용한다.

* CHAPTER 03: 1. 브레인댄스(BrainDance) 참고

#1. 인지발달(Concept development)

1. 나는 ○○○(이름)

활 동	서로의 이름과 동작을 모방하는 활동				시 간		40~50분		
치료목적	인지	정서	신체	사회	언어	장 소	작은	중간	큰
	●			●				●	
치료목표	1. 자신의 이름을 말하고, 다른 사람의 이름을 따라 말할 수 있다. 2. 자신의 이름을 동작으로 표현할 수 있고, 다른 사람의 동작을 따라 모방할 수 있다.								
대상연령	유아	아동	청소년	성인	집단규모	개별	2인 1조	3팀	4팀	무제한
	●	●	●	●						●
자 료	모자, 공, 오자미				음 악	없음.			

치료단계	활동순서 및 방법
Introduction (도입: 10분)	◑ Warm-up: 치료세션 초기에 브레인댄스로 내담자들의 몸의 긴장을 이완시킨다. ◑ 주제소개: 치료사는 내담자에게 오늘 활동의 주제와 방법을 간단히 소개한다.
Exploration (탐색: 30분) ⇩ Learning (학습·치료)	◑ 실제 활동순서와 방법 1. 치료사는 참여자들을 모두 자리에 앉도록 한다(원형배치). 2. 한 사람씩 자리에서 일어나 자신의 이름을 리듬을 주어 말하도록 한다. 　예) 김-인-숙, 김김김, 인숙, 김……인……숙숙 3. 맨 마지막 사람까지 모두 자신의 이름을 말하면, 이번에는 반대 방향으로 돌아가면서 자신들의 이름을 말하도록 한다. 4. 이번에는 한 사람씩 자신의 이름을 말하면서 동작을 하도록 지시한다. 5. 한 사람이 그 사람의 이름과 동작을 하면, 다른 모든 그룹 원들이 그 이름과 동작을 따라한다. 치료 초기 활동으로서, 서로의 이름을 외우도록 하는 데 도움이 된다. ◑ 응용활동 위의 활동을 다음과 같이 변형시킬 수도 있다. 치료사는 참가자들을 원형으로 배치한 다음, 그중 한 사람의 이름을 부르면 그 사람은 원 안으로 들어가서 자신의 이름을 말하면서 동작을 취하도록 하는 것이다.
Processing (정리: 10분)	◑ 의견나누기: 오늘 했던 활동이나 동작들 중에 의미 깊었던 점을 함께 나눈다. ◑ 반복: 주요 활동이 모두 끝나면, 오늘 했던 동작들을 다시 한번 반복하도록 한다. ◑ 정리: 세션을 끝맺기 위해 정리 스트레칭을 한다.

응용활동 및 치료적 의의 No.1

<table>
<tr>
<td>응용활동
및
보조자료</td>
<td>

❶ 치료사가 내담자의 이름을 각각의 음절을 나누어서 부른다. 그러면 자신의 이름이 불린 참가자는 원 안으로 한 발 나온다. 그런 다음, 이름의 각 음절마다 독특한 동작을 만들어 본다. 그룹 안의 다른 구성원들을 그 사람의 이름을 동작과 함께 음절을 나누어서 발음한다.
  예) 신체 부분을 활용해 움직임을 한다(시간, 타임, 에너지, 공간을 이용).
  -손가락, 머리, 어깨, 가슴, 몸통, 엉덩이, 다리, 발, 상체만, 하체만, 전체
  -S선, 곡선, X선 등을 신체와 함께 움직여 본다.
  -도구(공, 오자미, 모자, 에그 쉐이크)를 사용해서 전달하면서(원에서) 이름 말하기

❶ 위의 경우처럼, 모든 그룹 구성원들이 한 사람의 이름을 각 음절마다 외치면서 동작을 취하는 것을 반복하도록 한다. 그런 다음 치료사가 별다른 말없이, 손뼉만을 이용해서 그다음 순서의 사람을 지시한다. 다른 사람들은 앉은 채 주의 깊게 지켜본 다음 그 사람의 이름과 행동을 모방한다.

❶ 치료사가 손뼉을 치는 등의 신호를 보내면, 모든 참가자들이 짝을 지어 서로 마주 보면서 앉는다. 둘 중 한 사람이 자신의 이름을 재미있는 동작으로 표현하면, 파트너는 그의 동작으로 그대로 모방한다. 이와 같은 방법으로 치료사는 전체로서보다는 개인적으로 만날 수 있는 기회를 많이 제공한다.

</td>
</tr>
<tr>
<td>치료적 의의</td>
<td>

❶ 동작을 모방하여 흉내 내는 활동은 타인의 행동에 대한 집중력과 지속력을 향상시키는 데 도움을 준다.
❶ 다른 사람 앞에서 자신의 이름을 말하는 활동은 자아존중감 향상과 자기 표현력을 향상시키는 역할을 한다.

</td>
</tr>
</table>

2. 브레인댄스

활 동	8가지 패턴을 알아보자.					시 간		40~50분		
치료목적	인지	정서	신체	사회	언어	장 소	작은	중간	큰	
	●	●	●	●	●			●		

치료목표	1. 8가지 패턴순서를 익힌다. 2. 신생아에서 12개월까지의 신체 발달과정을 생각하면서 움직임을 탐구하자. 3. 8가지 패턴 반복 연습을 통해 창의력을 향상시키자.									
대상연령	유아	아동	청소년	성인	집단규모	개별	2인 1조	3팀	4팀	무제한
	●	●	●	●						●
자 료	없음.				음 악	없음.				

치료단계	활동순서 및 방법
Introduction (도입)	◐ Warm-up: 치료세션 초기에 브레인댄스로 내담자들의 몸의 긴장을 이완시킨다. ◐ 주제소개: 치료사는 내담자에게 오늘 활동의 주제와 방법을 간단히 소개한다.
Exploration (탐색) ⬇ Learning (학습·치료)	◐ 실제 활동순서와 방법 　＊ 어떤 패턴들은 바르테니에프 패턴6 기본에 기초를 두고 있다. 　＊ 브레인댄스의 8가지 패턴의 개념을 이해한다. 　① 깊게 호흡하기 ② 촉감-강하게 쥐기, 두드리기, 긁기, 쓸어 주기 　③ 중심-말단 ④ 머리-꼬리 ⑤ 상체-하체 　⑥ 몸의 좌우 ⑦ 측면 교차 ⑧ 평행감각-흔들기, 돌기, 기울기 1. 숨쉬기: 심호흡은 두뇌와 몸의 완전한 제 기능을 하는 데 있어서 필수적이다. 뇌는 몸이 쓰는 산소 중에 15분의 1을 사용한다. 　－복식호흡을 손의 움직임을 통해 표현해 본다. 　－앉아서, 서서, 움직이면서…… 2. 촉각: 다른 타입의 접촉형식인 촉각자극은 감각통합, 고유 수용성 감각 　－촉감자극 몸 전체를 강하게 쥐기, 두드리기, 긁기, 쓸어 주기 등으로 감각 깨우기 　－앉아서, 서서, 움직이면서……(응용: 줄로 등에 움직임 해 보기) 3. Core-distal(안쪽에서 바깥으로): 몸 바깥쪽(손가락, 발가락, 머리 그리고 꼬리) 끝 부분을 통하여 정신확장을 창조해 낸다. 　－반대로 끝 부분을 배꼽 중심으로 모아 몸을 축소해 본다. 　－혼자서 손, 팔꿈치, 겨드랑이, 몸통, 무릎, 발가락 등을 폈다 오므렸다 해 본다. 　－앉아서, 서서, 돌아다니면서 점점 확대해서 움직임을 해 본다. 　－혼자서, 둘이서, …… 전체가 손을 잡고 작게, 크게를 몸으로 움직여 본다.

응용활동 및 치료적 의의 No.2

치료단계	활동순서 및 방법
Exploration (탐색) ⇩ Learning (학습·치료)	4. 머리부터 꼬리: 머리와 꼬리 간의 상호 관계에 대해서 알고 있는 것은 공간을 통하여 우리가 쉽게 앞으로 나아갈 수 있도록 규칙적이거나 불규칙적인 두 척추 끝 부분을 사용할 수 있도록 이끈다. －머리에서 척추 꼬리를 움직여 보자. －숙이고 뒤로 움직임을 향하고 제자리에서, 걸어 다니면서…… 5. upper-lower: 몸의 하반신을 땅으로 향하게 하는 것(지구로 무게를 싣는 것)은 몸의 상반신이 공간에 닿게 만들고 다른 부분들과의 관계를 창조해 낸다. 상반신을 땅으로 향하게 하는 것은 하반신에게 무게를 바꾸게 하고 위험에서 벗어난 곳이나 어떤 누군가를 향한 곳을 통해서 여행할 수 있도록 한다. －상체 하체를 불리해서 움직임을 한다. －S선, 직선, 곡선, X선 등으로 움직임을 상체, 하체로 분리해서 움직임을 연습한 후 동작을 만들어 보자. 6. Body-side: 오른쪽으로 몸을 구부리는 것은 왼쪽 면이 완전히 드러나게 하고, 반대로 해도 마찬가지다. 오른쪽이나 왼쪽 상위가 결정되며 왼쪽과 오른쪽 뇌의 반구는 강해진다. 좌우 운동은 감정적인 안정과 함께 독서할 때 필요한 수평으로 보는 시야를 발전시켜 준다. －좌우로 분리해서 움직임을 해 보자. －S선, 직선, 곡선, X선 등으로 움직임을 상체, 하체로 분리해서 움직임을 연습한 후 동작을 만들어 보자. 7. Cross-Lateral(측면 교차): 반대편에 위치한 몸의 사분면끼리 연결시키는 나선형 같은 3차원적인 운동은 쾌감을 창조한다. 신체의 정중선을 엇갈리게 하는 것은 뇌량을 통하여 뇌 양쪽 측면을 연결시키며, 눈 집중도의 발달에 공헌하며 우리가 독서를 쉽게 하도록 허용한다. 8. vestibular: 균형으로부터 멀어지는 것은 우리의 균형(전정)체계를 발달시킨다. 전정 체계(전정기관)을 자극하는 것은 시표추적과 청각감각, 자기수용 감각성, 균형, 그리고 조화를 강화시킨다. －전정기관에 자극을 주는 움직임 모든 수준과 모든 방향을 사용한 흔들기, 돌기, 기울기, 구르기 등
Processing (정리)	◗ 의견나누기: 오늘 했던 활동이나 동작들 중에 의미 깊었던 점을 함께 나눈다. ◗ 반복: 주요 활동이 모두 끝나면, 오늘 했던 동작들을 다시 한번 반복하도록 한다. ◗ 정리: 세션을 끝맺기 위해 정리 스트레칭을 한다.

3. 거울 기법

활 동	동작들을 모방하는 활동					시 간	40~50분		
치료목적	인지	정서	신체	사회	언어	장 소	작은	중간	큰
	●			●				●	
치료목표	1. 자신의 짝의 행동을 똑같이 모방하여 움직일 수 있다. 2. 일상생활의 장면을 동작으로 표현할 수 있다.								
대상연령	유아	아동	청소년	성인	집단규모	개별	2인 1조	3팀	4팀	무제한
	●	●	●	●			●			
자 료	카세트녹음기					음 악	느린 템포의 음악		

치료단계	활동순서 및 방법
Introduction (도입)	◐ **Warm-up**: 치료세션 초기에 브레인댄스로 내담자들의 몸의 긴장을 이완시킨다. ◐ 주제소개: 치료사는 내담자에게 오늘 활동의 주제와 방법을 간단히 소개한다.
Exploration (탐색) ⬇ Learning (학습·치료)	◐ 실제 활동순서와 방법 1. 치료사는 참가자들에게 2명씩 짝을 짓도록 하고, 리더 한 사람을 선정하도록 지시한다. 2. 리더인 사람이 음악에 맞추어 편안하고 자유롭게 몸을 움직이면, 파트너는 마치 거울의 상처럼 동시에 똑같이 움직인다. 　－얼굴(눈, 코, 입), 머리, 어깨, 손, 몸통, 다리, 발 등 　－앉아서, 서서, 이동하면서, 게임형식인 릴레이 방법으로 전달 등 3. 치료사는 리더에게 이왕이면 쉬우면서 느린 동작을 취해 달라고 부탁한다. 그 이유는 파트너가 따라서 움직이기가 어렵기 때문이다. 4. 잠시 후 역할을 바꾸어 실시해 본다. 5. 이번에는 치료사가 '일상생활 속의 특정한 동작'을 한 번 해 보라고 말해 준다. 예를 들어 ① 세수하기, ② 숟가락질, ③ 타자치기 등 매일매일 생활 속에서 만들어 내는 손동작을 예로 들어 준다. ※ 치료사는 다음과 같은 질문을 할 수 있다. ① 아침에 일어났을 때 제일 먼저 하는 10가지 동작이 뭘까요? ② 언제 밥을 먹나요? 학교는 몇 시에 가나요?
Processing (정리)	◐ 의견나누기: 오늘 했던 활동이나 동작들 중에 의미 깊었던 점을 함께 나눈다. ◐ 반복: 주요 활동이 모두 끝나면, 오늘 했던 동작들을 다시 한번 반복하도록 한다. ◐ 정리: 세션을 끝맺기 위해 정리 스트레칭을 한다.

응용활동 및 치료적 의의 No.3

활동유의점	● 두 사람이 한 조가 되어 거울처럼 똑같이 모방하는 활동을 하면서 서로 신체가 접촉해서 진행되지 않는 것이 좋다. 어떤 경우에는 거부감을 느끼는 참가자가 있을 수도 있기 때문이다. ● 일상생활의 장면 외에도 다른 주제를 정해서 동작을 취해 볼 수 있다. 예컨대, '스포츠'의 한 장면이나 '만화영화'의 장면 등을 동작으로 만들어 보는 것도 좋다.

응용활동 및 보조자료	● 세수하기나 숟가락질 등 일상생활 속의 다양한 동작들을 참가자들에게 제시하는 것이 중요하다. 일상생활 속 장면과 동작들을 단계적으로 제시하면 좋다. 예를 들어, 세수하기라면 1) 세숫대야를 준비하는 장면, 2) 얼굴에 물을 묻히는 장면, 3) 비누를 묻히는 장면, 4) 물로 얼굴을 헹구는 장면, 5) 물을 버리는 장면 등이 포함될 수 있다. ● 치료사는 손동작을 대신해서, 상체나 발을 이용해서 동작을 취해 보라고 할 수도 있다. 

치료적의의	● 다른 사람의 손동작을 따라 하는 활동은 집중력, 지속력, 시각추적력 등을 향상시키는 데 도움을 준다. ● 두 사람이 한 조가 되어 하는 활동은 대인 간 신뢰회복에 도움을 준다. ● 일상생활 속의 동작을 정하여 동작으로 표현하는 활동은 자신의 생활을 되돌아볼 수 있는 기회를 제공해 준다.

4. 새야 새야

활 동	푸른 하늘을 나는 새가 되어 날기					시 간		40~50분		
치료목적	인지	정서	신체	사회	언어	장 소	작은	중간	큰	
	●	●						●		

치료목표	1. 네덜란드의 문화에 대하여 알아본다. 2. 버디댄스의 동작을 활용해 새에 활동을 알아보고 상상의 움직임을 표현해 본다.

대상연령	유아	아동	청소년	성인	집단규모	개별	2인 1조	3팀	4팀	무제한
	●	●	●							●
자 료	천, 리본				음 악	네덜란드 음악				

치료단계	활동순서 및 방법
Introduction (도입)	◐ Warm-up: 치료세션 초기에 브레인댄스로 내담자들의 몸의 긴장을 이완시킨다. ◐ 주제소개: 치료사는 내담자에게 오늘 활동의 주제와 방법을 간단히 소개한다.
Exploration (탐색) ⇩ Learning (학습·치료)	◐ 실제 활동순서와 방법 1. 지난 주 동안 자신에게 있었던 여러 가지 일들을 서로 간단히 나눈다. 2. 네덜란드 문화와 그 나라의 역사에 대하여 미리 자료준비를 하게 하여 참가자들은 돌아가면서 준비한 내용을 다른 사람들 앞에서 발표한다. 3. 치료사는 네덜란드의 버디 댄스에 대해 간단히 설명한다. 4. <u>참가자들은 버디댄스(네덜란드) 음악에 맞추어 네덜란드 춤을 배운다.</u> 　－음악 : 2/4박자 　－대형 : 자유대행 　－방법 Ⅰ 　　① 자유대행에서 손가락을 입 주변에서 새가 지저귀는 흉내로 4번 움직인다. 　　② 두 팔을 굽으려 날개처럼 아래, 위로 4번 움직인다. 　　③ 몸과 어깨를 좌우로 흔들면서 아래로 내려간다. 　　④ 손뼉을 4번 치면서 위로 올라온다. 　　⑤ ①~④를 3번 반복한다. 　－방법 Ⅱ 　　① 간주에는 자유롭게 이동한다 　　② 주변에 있는 사람과 짝을 이루어 ①~④를 반복한다.

응용활동 및 치료적 의의 No.4

치료단계	활동순서 및 방법
Exploration (탐색) ⇩ Learning (학습 · 치료)	5. 마무리활동 및 응용활동 - 방법 II에서 간주 중에 움직임을 할 때 빠르게, 느리게, 아래에서 위에서 지시어를 주어 움직임을 극대화한다. - 간주가 끝나고 다시 시작할 때 2명, 4명, 10명, 20명, 전체 등 명수를 조절해서 함께 원을 만들어 움직임을 실시한다. - 간주 중에 발목에 풍선을 묻고 그룹으로 상대방 풍선 터트리기를 이용해 보도록 한다. - 간주 중에 상대방 모자를 뺏기 등 다양한 게임으로 연결해서 움직임을 해 본다. 6. 새의 특징을 다시 한번 생각해보면서 경쾌하게 움직인다.
Processing (정리)	◑ 의견나누기: 오늘 했던 활동이나 동작들 중에 의미 깊었던 점을 함께 나눈다. ◑ 반복: 주요 활동이 모두 끝나면, 오늘 했던 동작들을 다시 한번 반복하도록 한다. ◑ 정리: 세션을 끝맺기 위해 정리 스트레칭을 한다.

5. 앞만 보고 걸어요!

활동	목표물을 정해 놓고 걷기 활동					시간		40~50분		
치료목적	인지	정서	신체	사회	언어	장소		작은	중간	큰
	●		●							●
치료목표	1. 치료사의 언어적 지시에 따라 목표물을 향해서 빠른 속도로 달려갈 수 있다.									
대상연령	유아	아동	청소년	성인	집단규모	개별	2인 1조	3팀	4팀	무제한
		●	●	●						●
자 료	호루라기, 카세트녹음기					음악	클래식 음악			

치료단계	활동순서 및 방법
Introduction (도입)	◑ **Warm-up**: 치료세션 초기에 브레인댄스로 내담자들의 몸의 긴장을 이완시킨다. ◑ 주제소개: 치료사는 내담자에게 오늘 활동의 주제와 방법을 간단히 소개한다.
Exploration (탐색) ⬇ Learning (학습·치료)	◑ 실제 활동순서와 방법 1. 치료사는 참여자들을 방에 넓게 퍼져 서도록 요청한다. 2. 치료사는 몇 가지 다이나믹한 단어를 제시한다. 　예) '정면충돌', '앞으로 돌진하기', '태풍에 떠내려가다' 3. 모든 참여자들이 활동실의 양쪽 편 가장자리에 넓게 늘어서도록 요청한다. 4. <u>치료사는 사람들에게 어떤 목표물 하나를 마음속으로 정하고 바라보라고 설명한다.</u> 5. <u>치료사가 호루라기 신호를 주면, 사람들은 자신들이 마음속으로 정한 목표물을 향해 출발한다.</u> 이때 목표물로 향하는 가장 가까운 지름길로 가되, 다른 사람과 부딪치지 말아야 한다. 만약 목표물이 사람일 경우라도 그 사람이 가는 길을 방해해서는 안 된다. 　-4/4박자 또는 다양한 음악(북소리, 스틱소리, 박수소리)을 활용해 움직인다. 6. 이 활동이 약간 위험할 수도 있다는 것을 기억해야 한다. 약간 느린 음악을 사용하여 천천히 걸을 수 있도록 배려한다. 7. 가능하다면 집단의 반은 활동을 하고 다른 반은 지켜보기만 하면 좋다. 최대한 활동하는 사람이 적을수록 위험요소가 줄어들게 된다. 8. 그런 다음 순서를 바꾸어 진행한다.
Processing (정리)	◑ 의견나누기: 오늘 했던 활동이나 동작들 중에 의미 깊었던 점을 함께 나눈다. ◑ 반복: 주요 활동이 모두 끝나면, 오늘 했던 동작들을 다시 한번 반복하도록 한다. ◑ 정리: 세션을 끝맺기 위해 정리 스트레칭을 한다.

응용활동 및 치료적 의의 No.5

활동유의점	◑ 마음속으로 정한 목표물을 향해 치료사의 지시와 동시에 빠른 걸음으로 걸어가는 것이기 때문에 서로 충돌하지 않도록 하는 것이 중요하다. 활동 이전에 너무 과열되지 않도록 주의를 주는 것이 좋다. ◑ 다양한 속도의 음악을 준비해서 카세트로 틀어 주는 것도 좋다. 이때 음악의 속도나 크기에 따라서 움직여 보도록 할 수 있다. 물론 참가자들이 우물쭈물하면서 망설이고 있다면 치료사가 먼저 시범을 보여 주는 것도 좋다.

응용활동 및 보조자료	◑ 빠른 걸음으로 걷는 활동뿐만 아니라 느린 걸음으로 움직여 보도록 할 수도 있다. 　－목표물로 가는 방법을 기어서, 달려서, 뛰어서, 천천히, 빠르게, 구르면서 등 다양하게 이동한다. 　－직선, X선, S선 등 가는 길을 테이프를 활용해 움직임을 해 본다. 　－짝을 이루어서도 해 본다. ◑ 이번에는 음악에 맞추어 활동실을 이리저리 돌아다니면서 서로 마주치는 사람들끼리 서로 손뼉을 치거나 어깨를 스치면서 지나가도록 지시한다. 때때로 서로 눈이 마치는 경우 '안녕하세요'라고 인사하도록 하는 것도 좋다. 　－1회 세션에 사용하면 좋다. ◑ 치료사는 참여자들에게 음악을 들려주고 음악이 지시하는 대로 따라서 움직이도록 할 수도 있다. 음악을 들으며 앞으로 움직이고, 뒤로 움직이고, 옆으로도 움직일 수 있다. 그때그때마다 음악의 느낌에 따라 다양하게 반응하도록 하면 된다. 

치료적의의	◑ 목표물을 정해 달려가는 활동은 특정 사물에 대한 집중력을 향상시키는 역할을 한다. ◑ 치료사의 언어적 지시가 있을 때 움직이는 것은 참가자들로 하여금 청각적인 민감성과 변별력을 향상시키는 데 도움을 준다.

6. 빙글빙글

활 동	돌아가는 물건 모방하기					시 간		40~50분		
치료목적	인지	정서	신체	사회	언어	장 소	작은	중간	큰	
	●	●	●					●		
치료목표	1. 사물을 관찰하고 응용해서 움직여 본다. 2. 사물이 가진 특성을 파악하고 그 것이 주는 느낌을 표현하고 설명할 수 있다.									
대상연령	유아	아동	청소년	성인	집단규모	개별	2인 1조	3팀	4팀	무제한
		●	●							●
자 료	사진, 그림, 갖가지 돌리는 기구									

치료단계	활동순서 및 방법
Introduction (도입)	◐ Warm-up: 치료세션 초기에 브레인댄스로 내담자들의 몸의 긴장을 이완시킨다. ◐ 주제소개: 치료사는 내담자에게 오늘 활동의 주제와 방법을 간단히 소개한다.
Exploration (탐색) ⬇ Learning (학습·치료)	◐ 실제 활동순서와 방법 1. 사진, 그림카드 중에 돌아가는 것을 고른다. 　－주변에 있었던 물건, 동물들을 생각해 보고 발표해 본다. 　－시계, 세탁기, 자동차 타이어, 선풍기 등 2. 신체를 이용해 몸을 돌린다. 　－앉아서, 서서 ,움직이면서, 뛰면서, 걸어 다니면서, 점프하면서 이동한다. 　－머리 ,손목, 허리, 발목, 전체 돌기 등 　－짝을 만들어 서로 돌리는 동작을 돌라가면서 따라 해 본다. 3. 활동을 하면서 느낀 감정과 생각들을 서로 나눈다. 　－그룹으로 주제를 정해서 적합한 동작을 연결하여 발표한다. 4. 발표 및 관찰 　－그룹으로 발표하는 것을 관찰한다. 　－어떤 작품을 표현했는지 맞혀 본다. 　－관찰한 동작의 표현이 적절했는지 알아본다. 5. 마무리활동 및 응용활동 　－스트레칭한다. 　－눈을 감고 호흡과 명상을 한다.
Processing (정리)	◐ 의견나누기: 오늘 했던 활동이나 동작들 중에 의미 깊었던 점을 함께 나눈다. ◐ 반복: 주요 활동이 모두 끝나면, 오늘 했던 동작들을 다시 한번 반복하도록 한다. ◐ 정리: 세션을 끝맺기 위해 정리 스트레칭을 한다.

7. 부침개와 두부

활 동	요리가 되는 상황을 동작으로 표현하기				시 간		40~50분		
치료목적	인지	정서	신체	사회	언어	장 소	작은	중간	큰
	●	●						●	
치료목표	1. 부침개와 두부가 요리되는 상황을 동작으로 표현할 수 있다. 2. 바닥에 누워 편안한 상태에서 치료사가 지시하는 여러 가지 동작을 취할 수 있다.								
대상연령	유아	아동	청소년	성인	집단규모	개별	2인 1조	3팀 4팀	무제한
	●	●							●
자 료	카세트녹음기				음 악	부드러운 클래식 음악			

치료단계	활동순서 및 방법
Introduction (도입)	◑ Warm-up: 치료세션 초기에 브레인댄스로 내담자들의 몸의 긴장을 이완시킨다. ◑ 주제소개: 치료사는 내담자에게 오늘 활동의 주제와 방법을 간단히 소개한다.
Exploration (탐색) ⇩ Learning (학습 · 치료)	◑ 실제 활동순서와 방법 1. 음악을 틀지 않은 채, 참여자들이 방 안에 넓게 흩어져 서도록 한다. 2. 그런 다음, 준비단계로서 자신의 몸을 바닥에 내팽개치듯이 쓰러진 다음, 드러눕는다. 이때 온몸을 편안한 상태로 유지할 수 있도록 한다. 3. 참가자들이 하늘을 향해 팔짝 뛰면서 숨을 마시고, 몸을 움츠리며 자리에 앉을 때 숨을 들이 마신다. 4. 본 단계로서, 치료사는 참여자들이 '시각적인 이미지'를 연상시킬 수 있도록 한다. 예를 들어, 흔들거리는 '두부'가 무너지는 것 또는 프라이팬 기름 위에서 '부침개'가 미끄러지는 상황을 예로 들면서 몸을 흉내 내 보도록 한다. 5. 위와 같은 활동을 매번 새로운 방법으로 여러 차례 실시해 본다. 6. 치료사는 음악을 틀고, 위와 같은 활동을 다시 한번 반복해 보도록 한다. 7. 이번에는 치료사가 특정한 동작의 주제를 주지 않고 본인들이 원하는 '요리'를 하나 선택해서 움직여 보도록 한다. 예) 된장찌개, 스파게티, 계란 프라이 등
Processing (정리)	◑ 의견나누기: 오늘 했던 활동이나 동작들 중에 의미 깊었던 점을 함께 나눈다. ◑ 반복: 주요 활동이 모두 끝나면, 오늘 했던 동작들을 다시 한번 반복하도록 한다. ◑ 정리: 세션을 끝맺기 위해 정리 스트레칭을 한다.

응용활동 및 치료적 의의 No.7

활동유의점	● 이 활동에서 주의할 점은 서로 몸을 부딪치지 않은 채 진행되어야 한다는 것이다. ● 활동 마지막에 두 사람씩 한 조로 구성한 다음, 부침개와 두부를 주제로 서로 동작 따라 하기 활동을 할 수 있다. 예컨대, 서로 몸을 기대고 서게 하기도 하고, 서로를 향해서 미끄러지면서 넘어지도록 하기도 하고, 손을 잡지 않은 채로 일어나도록 할 수도 있다.
응용활동 및 보조자료	● 춤을 추는 사람들이 그들의 파트너에게 푸딩이나 스파게티를 연상시키는 동작을 보여 주도록 한다. ● 치료사가 음악을 들려주면 그 음악이 진행하는 대로 푸딩이나 스파게티 모양을 흉내 내도록 할 수도 있다. 
치료적 의의	● 부침개와 두부를 소재로 한 활동은 참가자들에게 흥미를 높여서 더욱 적극적으로 활동에 참여하도록 도움을 준다. ● 사물을 흉내 내는 활동은 창의력과 관찰력을 향상시키는 역할을 한다. ● 함께 과제를 해결하는 경험은 자기를 표현하고 타인의 의견을 듣는 의사소통 기술을 향상시키는 데 도움을 준다.

8. 요술쟁이 발바닥!

활 동	다양한 느낌을 발로 표현하기				시 간		40~50분	
치료목적	인지	정서	신체	사회	언어	장 소	작은	중간	큰
	●		●						●
치료목표	1. 무거운 느낌을 발로 표현할 수 있다. 2. 가벼운 느낌을 발로 표현할 수 있다.								
대상연령	유아	아동	청소년	성인	집단규모	개별	2인 1조	3팀	4팀	무제한
	●	●					●			
자 료	카세트녹음기				음 악		클래식 발레음악	

치료단계	활동순서 및 방법
Introduction (도입)	◗ **Warm-up:** 치료세션 초기에 브레인댄스로 내담자들의 몸의 긴장을 이완시킨다. ◗ **주제소개:** 치료사는 내담자에게 오늘 활동의 주제와 방법을 간단히 소개한다.
Exploration (탐색) ⬇ Learning (학습·치료)	◗ 실제 활동순서와 방법 1. 참여자들을 2명씩 짝이 되어 방 이곳저곳으로 흩어 서도록 한다. 2. 음악을 틀고 나서 방 주변에 서서 '발'을 이용해서 춤추는 연습을 한다. 다음과 같은 다양한 방법으로 발을 이용한 춤을 출 수 있다. 예) 가까이에서 함께 걷기, 멀리 떨어져서 함께 걷기, 무거운 느낌으로 걷기, 넓은 보폭으로 걷기, 요정처럼 소리 내지 않고 사뿐사뿐 걷기 등 3. 위의 동작을 충분히 숙지했으면, 치료사는 여러 가지 아이디어를 참여자들에게 큰 소리로 말해 준다. "뒤로 걸어 보세요!", "앞으로 걸어 봐요!", "옆으로 걸어 보세요(여러 가지 방향으로 지시할 수 있음)." 4. 치료사는 "무겁게", "크게", "천천히" 등과 같이 지속적으로 방향과 속도, 강도를 변경한다. 5. 이번에는 짝 활동을 그만하고 각자 개인적으로 춤을 추도록 요청한다. 치료사는 지시동작을 큰 소리로 말해 주고 각 개인들은 춤으로 그것을 표현해 본다. 6. 치료사는 참여자들이 서로 서로 약 30초 동안 춤 동작을 보여 주도록 지시한다.
Processing (정리)	◗ 의견나누기: 오늘 했던 활동이나 동작들 중에 의미 깊었던 점을 함께 나눈다. ◗ 반복: 주요 활동이 모두 끝나면, 오늘 했던 동작들을 다시 한번 반복하도록 한다. ◗ 정리: 세션을 끝맺기 위해 정리 스트레칭을 한다.

응용활동 및 치료적 의의 No.8

활동유의점	◐ 치료사가 지시하는 대로 참가자들이 움직이기 전에, 충분하게 사전 동작들을 숙지하는 것이 중요하다. 가까이에서 함께 걷기, 멀리서 함께 걷기, 무거운 느낌으로 걷기, 넓은 보폭으로 걷기, 요정처럼 소리 내지 않고 사뿐사뿐 걷기 등등. ◐ 치료사는 움직임의 방향, 속도, 강도를 다르게 하여 제시한다. 참가자들에게 손신호를 이용해서 방향을 지시할 수도 있다.
응용활동 및 보조자료	◐ 치료사는 집단에게 영화 'The Red Shoes(1948)'를 보여 준다. 이 영화는 Hans Christian Anderson 동화를 원작으로 만들어졌다. 영화를 시청한 다음, 위의 본 활동을 진행해도 좋다. ◐ 무겁고 가벼운 느낌의 다양한 음악을 준비해서 음악만 듣고서 참가자들이 그 음악의 느낌에 따라 움직이도록 하는 것도 좋다. 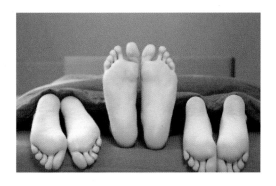
치료적의의	◐ 방향과 속도를 바꾸어 움직이는 활동은 신체의 기능감과 민첩성을 향상시키도록 하는 역할을 한다. ◐ 치료사의 지시에 따라 움직이는 활동은 참여자들의 지시수용능력의 발전에 도움을 준다.

9. 대나무 다리

활 동	서로 손을 잡고 다양한 동작 만들기					시 간		40~50분	
치료목적	인지	정서	신체	사회	언어	장 소	작은	중간	큰
	●			●				●	

치료목표	1. 두 사람이 한 조가 되어 서로 손을 잡고 대나무처럼 밀고 당기며 움직일 수 있다. 2. 두 사람이 손을 잡은 상태에서 다양한 즉흥동작을 만들 수 있다.

대상연령	유아	아동	청소년	성인	집단규모	개별	2인 1조	3팀	4팀	무제한
		●	●				●			

자 료	카세트녹음기	음 악	매우 느린 피아노 명상음악

치료단계	활동순서 및 방법
Introduction (도입)	◐ **Warm-up**: 치료세션 초기에 브레인댄스로 내담자들의 몸의 긴장을 이완시킨다. ◐ 주제소개: 치료사는 내담자에게 오늘 활동의 주제와 방법을 간단히 소개한다.
Exploration (탐색) ⇩ Learning (학습 · 치료)	◐ 실제 활동순서와 방법 1. 두 사람이 짝을 지어 서로 마주 보고 선다. 발은 약간 벌리고 팔은 앞으로 쭉 뻗는다. 서로 약간의 거리를 두면서 손을 펼쳐서 잡는다. 이때 상체는 앞으로 바짝 굽히도록 한다. 2. 그런 다음 두 사람은 서로 손을 엇갈려 지그재그로 잡는다. 3. 이때 머리는 아래로 축 늘어뜨린 채, 앞으로 기대선 채 다리는 곧게 펴고 선다. 이렇게 해서 두 사람은 흔들리는 '대나무' 다리처럼 앞뒤로 살며시 흔든다. 4. 치료사는 두 사람이 함께 만들 수 있는 다른 동작(굽히거나 쭉 펴기 등)을 생각해 보라고 지시한다. 예컨대, 나뭇잎처럼 손을 좌우로 흔들 수도 있고, 나무에 매달린 그물침대나 통나무가 흔들리는 것을 표현해 볼 수도 있다. 5. 이번에는 참여자들이 하나의 동작에서 즉흥적으로 다음 동작으로 옮겨가도록 해 본다. 참여자들에게 다음에 무슨 동작을 해야 할지 생각하지 말고 즉흥적으로 동작을 만들어 보라고 주의를 준다. 몸을 굽히거나 펴는 동작이면 뭐든지 상관없다.
Processing (정리)	◐ 의견나누기: 오늘 했던 활동이나 동작들 중에 의미 깊었던 점을 함께 나눈다. ◐ 반복: 주요 활동이 모두 끝나면, 오늘 했던 동작들을 다시 한번 반복하도록 한다. ◐ 정리: 세션을 끝맺기 위해 정리 스트레칭을 한다.

응용활동 및 치료적 의의 No.9

활동유의점	◐ 대나무와 같은 동작을 두 사람이 만들 수 있고, 흔들리는 형태의 다른 사물을 예로 들어 줄 수도 있다. 예) 나무그물침대, 흔들리는 태극기, 흔들리는 나뭇잎 등 ◐ 즉흥동작을 취하는 활동에서는 무엇보다도 참가자들이 미리 동작을 준비하지 않도록 하는 것이 중요하다.
응용활동 및 보조자료	◐ 두 사람 사이에 물체를 둘 수도 있다. 예컨대, 두 사람은 공을 서로 잡고서 밀고 당기는 활동을 할 수 있다. ◐ 서로 마주 보고 하는 활동과 더불어, 서로 등을 댄 채로 활동을 진행할 수도 있다. ① 등을 서로 댄 채로 상대방 쪽으로 서로 민다. ② 등을 댄 채로 서로 잡아당길 수도 있다. ③ 등을 댄 채로 일어났다 앉기를 반복할 수 있다. ◐ 50cm 이상 떨어진 상태에서 서로 손을 잡고 잡아당기거나 밀기를 할 수 있다. 
치료적의의	◐ 서로 손을 잡고 밀거나 당기는 활동은 대인 간 유대감을 높이고 서로 간의 경계심을 없애는 역할을 한다. ◐ 즉흥적으로 만드는 동작은 참가자들로 하여금 즉흥성과 창의력을 키우는 데 도움을 준다. ◐ 서로 밀거나 당기면서 대근육과 소근육의 활동성을 증가시킬 수 있다.

10. 리본공 던지기

활 동	리본 던지고 받기 활동					시 간	40~50분		
치료목적	인지	정서	신체	사회	언어	장 소	작은	중간	큰
	●			●				●	
치료목표	1. 다른 사람의 이름을 부르면서 그 사람을 향해 리본끈을 던질 수 있다. 2. 리본끈을 가지고 당기고 느슨하게 하고 접기를 할 수 있다.								
대상연령	유아	아동	청소년	성인	집단규모	개별	2인 1조	3팀	4팀	무제한
	●	●					●			
자 료	개별 지급될 90cm의 긴 리본줄을 말아서 만든 공				음 악	느린 신디사이저 음악			

치료단계	활동순서 및 방법
Introduction (도입)	◖ **Warm-up:** 치료세션 초기에 브레인댄스로 내담자들의 몸의 긴장을 이완시킨다. ◖ 주제소개: 치료사는 내담자에게 오늘 활동의 주제와 방법을 간단히 소개한다.
Exploration (탐색) ⇩ Learning (학습·치료)	◖ 실제 활동순서와 방법 1. 모든 참여자들이 원을 만들어 서게 하고, 각자에게 리본으로 말아서 만든 공을 하나씩 나눠 준다. 2. 리본공의 끝을 잡고 다른 사람의 이름을 부르면서 그 사람을 향해서 공을 던진다. 이때 리본이 풀리면서 그 사람에게 던져지게 된다. 3. 위와 같은 방법으로 여러 번 타인의 이름을 부르면서 리본 끝을 잡고 줄을 풀면서 던진다. 여러 개의 리본들이 얽힐 때까지 이름을 부르면 던지기를 여러 차례 계속한다(이 활동은 자기를 소개하는 활동에서 활용하면 아주 좋다). 4. 음악을 틀고 높고 낮은 동작을 하면서 춤을 춘 다음 리본을 다시 감도록 지시한다. 그런 다음, 참여자들에게 리본 1줄을 주고 여러 가지 다양한 방법으로 팽팽하게 당기도록 한다. 당기기도 하고, 느슨하게도 하고, 접어 보기도 한다. 5. 두 명씩 짝을 만들고 리본 2줄을 서로 양손에 잡고 당기기를 해 본다. 줄을 당기면서 방 주변을 이리저리 옮겨 다닐 수도 있고, 두 손을 높이 들거나 내릴 수도 있다. 6. 다음, 한 그룹씩 '정지동작'을 만들게 한다. 리본을 느슨하게 하거나 팽팽하게 할 수도 있고, 일어서서 해도 좋고 누워서 해도 좋다. 그러면 다른 그룹은 그 리본형태 주변에서 리본 없이 춤을 춘다. 온갖 형태의 춤을 추도록 격려한다.
Processing (정리)	◖ 의견나누기: 오늘 했던 활동이나 동작들 중에 의미 깊었던 점을 함께 나눈다. ◖ 반복: 주요 활동이 모두 끝나면, 오늘 했던 동작들을 다시 한번 반복하도록 한다. ◖ 정리: 세션을 끝맺기 위해 정리 스트레칭을 한다.

응용활동 및 치료적 의의 No.10

활동유의점	◑ 리본을 감으면서 춤을 추는 과정에서 다른 사람과 부딪히지 않도록 유의해야 한다. ◑ 두 사람이 짝을 지어 리본의 양쪽 끝을 팽팽하게 당기는 활동의 한 예로서, 리본 한쪽 끝은 머리에, 다른 쪽 끝은 다리에 두고 당길 수 있다. ◑ 여러 가지 방법으로 리본을 당겨보도록 시간을 준다. 예컨대, 리본을 느슨하게 잡고 축 늘어뜨리기도 하고, 팽팽하게 잡아당기기도 하고, 여러 가지 방법으로 접어 볼 수도 있다. 활동실 바닥에 리본 줄을 놓고 이 활동을 해 본다.
응용활동 및 보조자료	◑ 전기를 이용한 아이디어를 생각해 볼 수 있다. 예컨대, 리본에 전류가 통한다고 가정하여 참여자들이 감전된 듯한 동작을 취해 볼 수 있다. 두 사람이 자신들의 리본에 손을 대는 동시에 '완전히 독특한 동작'을 만들어 보게 한다. 치료사는 참여자들의 상상을 자극하여 리본을 만져 감전되는 전체 상황을 만들어 본다. 다른 그룹 앞에서 '리본 감전댄스'를 공연해 본다. 
치료적의의	◑ 리본끈을 잡고 특정인을 향해 이름을 부르며 던지는 활동은 타인에 대한 인식능력을 향상시키는 데 도움을 준다. ◑ 다른 사람의 이름을 부르며 리본끈을 던지는 활동은 이름이 불리는 참가자의 입장에서는 심리적 자신감을 갖도록 해 준다.

11. 감정동작 꾸미기

활 동	정지동작 꾸미기, 주제 맞히기					시 간		40~50분		
치료목적	인지	정서	신체	사회	언어	장 소	작은	중간	큰	
	●			●				●		
치료목표	1. 4가지 감정을 동작으로 표현할 수 있다. 2. 특정한 주제의 정지동작을 취하면 그 주제를 맞힐 수 있다.									
대상연령	유아	아동	청소년	성인	집단규모	개별	2인 1조	3팀	4팀	무제한
		●	●						●	
자 료	없음.				음 악	뉴에이지 음악				

치료단계	활동순서 및 방법
Introduction (도입)	◗ Warm-up: 치료세션 초기에 브레인댄스로 내담자들의 몸의 긴장을 이완시킨다. ◗ 주제소개: 치료사는 내담자에게 오늘 활동의 주제와 방법을 간단히 소개한다.
Exploration (탐색) ⇩ Learning (학습·치료)	◗ 실제 활동순서와 방법 1. 이번 활동은 활인화(活人畵: 살아 있는 회화)기법에서 아이디어를 얻은 것이다. 활인화란 몇 사람으로 이루어진 그룹이 특정한 장면을 각자가 정지 상태로 표현하여 마치 회화그림처럼 만드는 것을 의미한다. 2. 참여자들을 4그룹으로 나눈다. 각 그룹마다 슬픔, 기쁨, 괴로움 등의 '감정'을 하나씩 정하도록 지시한다. 3. 그룹마다 감정을 하나씩 정한 다음, 그 감정을 어떻게 표현할지 토의한다. 그룹이 동작을 연습할 시간을 충분히 준다. 4. 준비가 끝났으면, 한 그룹이 앞으로 나와서 활인화, 즉 어떤 감정을 정지동작으로 표현하면 다른 팀이 그 장면이 무엇을 의미하는지 맞히도록 한다. 5. 이번에는 동작이나 장면(예: 자전거타기, 잔디 깎기)을 그룹마다 생각해 보고 동작으로 만들어 보라고 한다. 게임형식으로, 한 팀이 정지동작을 보이면 다른 팀이 맞힌다. 6. 마지막으로, 5개의 연결된 장면을 생각해 보도록 지시한다. 말없이 처음 정지동작을 해 보인 다음, 두 번째 동작을 만든다. 마지막 5번째 동작까지 만든다.
Processing (정리)	◗ 의견나누기: 오늘 했던 활동이나 동작들 중에 의미 깊었던 점을 함께 나눈다. ◗ 반복: 주요 활동이 모두 끝나면, 오늘 했던 동작들을 다시 한번 반복하도록 한다. ◗ 정리: 세션을 끝맺기 위해 정리 스트레칭을 한다.

응용활동 및 치료적 의의 No.11

활동유의점	● 초기단계에서 기억해야 할 점은 참가자들이 쉽게 자신의 감정을 드러내지 않는다는 것이다. 치료사는 참여한 사람들이 자신의 감정을 자연스럽게 드러낼 수 있도록 자신이 먼저 시범을 보이는 것도 좋다. 부드러운 분위기를 만들되, 활동적인 참가자부터 먼저 시켜 보는 것도 좋은 방법이 될 수 있다.

응용활동 및 보조자료	● 응용활동으로서, 음악을 들려주면서 특정 감정을 동작으로 표현하도록 한 다음 치료사(치료사)의 '그만(stop)' 신호에 따라 동작을 멈춘다. 다른 그룹들은 이 동작들을 보면서 그 주제를 맞히도록 한다.  

치료적의의	● 감정을 동작으로 표현하는 활동은 참가자들로 하여금 내면의 미해결된 감정을 자유롭게 표현할 수 있는 환경을 만들어 주며, 자기표현능력을 향상시키는 역할을 한다. ● 감정을 동작으로 표현하는 활동은 무의식 속의 내용을 외현화하여 의식화하는 데 도움을 준다. ● 다른 사람의 동작을 보면서 주제를 맞히는 활동은 인지능력을 향상시키는 데 도움을 준다.

12. 인형 댄스

활 동	인형 보고 인형의 성격 맞히기					시간		40~50분	
치료목적	인지	정서	신체	사회	언어	**장소**	작은	중간	큰
	●							●	
치료목표	1. 인형의 모습을 보고 인형의 성격을 추측할 수 있다. 2. 다양한 종류의 인형처럼 움직일 수 있다.								

대상연령	유아	아동	청소년	성인	집단규모	개별	2인 1조	3팀	4팀	무제한
	●	●								●
자 료	카세트녹음기				**음악**	짤막한 컴퓨터 게임이나 미디음악				

치료단계	활동순서 및 방법
Introduction (도입)	◑ **Warm-up:** 치료세션 초기에 브레인댄스로 내담자들의 몸의 긴장을 이완시킨다. ◑ 주제소개 : 치료사는 내담자에게 오늘 활동의 주제와 방법을 간단히 소개한다.
Exploration (탐색) ⇩ **Learning** (학습·치료)	◑ 실제 활동순서와 방법 　1. 치료사는 오늘 활동이 '인형처럼 움직이는 활동'이라고 설명해 준다. 　2. <u>치료사는 참여자들에게 다양한 종류의 인형을 묘사한다.</u> 　① 나무로 된 인형: 뻣뻣하게 춤춘다. 　② 깡통으로 만들어진 군인: 화난 것처럼 춤을 추며, 허리나 다리, 팔이 잘 굽혀지지 않는다. 　③ 누더기 옷을 입은 인형: 똑바로 앉히려 해도 금방 바닥에 굴러 버리고, 제대로 설 수가 　　없다. 　3. <u>위의 예처럼 여러 가지 형태로 춤을 춘 다음, 그중에서 가장 마음에 드는 춤을 골라 보라</u> 　<u>고 한다.</u> 다음과 같이 질문할 수 있다. '헐렁헐렁한 인형이 좋아요, 아니면 뻣뻣한 인형이 　좋아요?', '만약 이 인형들이 살아난다면 어떻게 춤을 출 것 같아요?', '이 인형들은 어떤 　성격을 갖고 있을까요?' 　4. <u>인형들이 원래 갖고 있던 성격은 무엇이고, 참여자들이 자신의 어떤 면을 발전시키면 좋을</u> 　<u>지 인형의 성격에서 찾아 발표하도록 한다.</u> 춤으로 표현한다.
Processing (정리)	◑ 의견나누기: 오늘 했던 활동이나 동작들 중에 의미 깊었던 점을 함께 나눈다. ◑ 반복: 주요 활동이 모두 끝나면, 오늘 했던 동작들을 다시 한번 반복하도록 한다. ◑ 정리: 세션을 끝맺기 위해 정리 스트레칭을 한다.

응용활동 및 치료적 의의 No.12

활동유의점	◑ 치료사는 실제로 여러 가지 형태의 인형을 준비하는 것도 좋다. 참가자들은 실제 인형의 모습을 보면서 그 인형들의 성격이나 특징들을 더 쉽게 추측할 수 있을 것이다. ◑ 저마다 독특한 특징을 가진 인형을 선정하는 것이 무엇보다 중요하다. 인형들마다 뚜렷한 특징도 없고 행동상의 개성도 없다면 동작으로 표현하기가 무척 힘들 수도 있다. 치료사는 참가자들이 인형의 성격을 찾아내는 데 어려움이 있을 경우 힌트를 주어 생각나도록 하거나 예를 들어 줄 수도 있을 것이다.
응용활동 및 보조자료	◑ 인형 대신, 만화캐릭터가 그려져 있는 종이 몇 장을 사람들에게 보여 주면서 만화 속 주인공들의 특징이나 성격을 물어보는 활동도 좋다. 　예) 피노키오, 백설공주, 슈렉, 마귀할멈 등 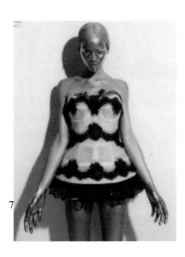
치료적의의	◑ 인형의 동작을 흉내 내는 활동은 참가자들의 흥미를 자극하여 적극적으로 활동에 참여하도록 도움을 주며, 자신을 간접적으로 표현할 수 있는 기회를 제공해 준다. ◑ 인형을 보고서 인형의 성격을 추측하는 활동은 참가자들의 창의성과 인지능력에 자극을 줄 수 있다.

13. 동작언어활동

활 동	언어적 지시에 따라 동작 만들기					시 간	40~50분		
치료목적	인지	정서	신체	사회	언어	장 소	작은	중간	큰
	●		●		●			●	
치료목표	1. 치료사의 지시에 따라 동작을 취할 수 있다. 2. 두 개의 동작을 연결해서 만들 수 있다.								
대상연령	유아	아동	청소년	성인	집단규모	개별	2인 1조	3팀	4팀	무제한
		●	●							●
자 료	없음.				음 악	없음.			

치료단계	활동순서 및 방법
Introduction (도입)	◐ Warm-up: 치료세션 초기에 브레인댄스로 내담자들의 몸의 긴장을 이완시킨다. ◐ 주제소개: 치료사는 내담자에게 오늘 활동의 주제와 방법을 간단히 소개한다.

Exploration
(탐색)
⬇
Learning
(학습 · 치료)
	◐ 실제 활동순서와 방법
	1. 치료사는 참여자들을 충분한 공간을 확보하고 서도록 한다.
	2. 치료사는 별다른 준비 없이, 참여자들이 할 수 있는 '몇 가지 동작'을 크게 외친다.
	  · 다른 사람 환영하는 자세
	  · 손뼉 치는 자세
	  · 길을 가로질러 친구에게로 달려가는 자세
	  · 용서 구하는 자세
	  · "도망쳐"라고 외치기
	  · "조용해, 잘 안 들려!"라고 말하기
	3. 참여자들은 각각의 동작과 연결되는 동작 하나를 덧붙인다.
	4. 이번에는 똑같은 동작들을 빠르게 또는 느리게 행동하도록 지시한다.
	5. 마루 위에서 뛰거나, 빙글빙글 돌거나, 바닥을 구르면서 위의 동작들을 해 보도록 지시한다.
	  치료사는 참여자들의 움직임 중 의미 있는 부분을 선정한다.

Processing (정리)	◐ 의견나누기: 오늘 했던 활동이나 동작들 중에 의미 깊었던 점을 함께 나눈다. ◐ 반복: 주요 활동이 모두 끝나면, 오늘 했던 동작들을 다시 한번 반복하도록 한다. ◐ 정리: 세션을 끝맺기 위해 정리 스트레칭을 한다.

응용활동 및 치료적 의의 No.13

활동유의점	◐ 치료사가 특정한 지시를 큰 소리로 외치면 동작으로 표현하는 활동이다. 하지만 즉각적으로 치료사의 언어적 지시를 표현하지 못하는 경우가 많다. 이럴 때는 참가자들과 함께 여러 가지 동작에 대해 함께 토론하면서 어떻게 동작으로 표현하면 좋을지 토의하는 것도 좋다. ◐ 빙글빙글 돌거나 바닥을 구르는 등 마루 위에서 활동을 할 때 서로 서로 부딪히지 않도록 조심해야 한다.
응용활동 및 보조자료	◐ 치료사는 참여자들을 몇 개의 소그룹으로 만든다. 각 그룹에게 동작 5개를 연결해서 하나의 춤을 만들어 보라고 지시한다. 다음과 같은 방법으로 다양한 동작을 만들어 보도록 격려한다. • 위로 높은 자세 • 아래로 낮은 자세 • 모두 함께 협동동작 • 각자 홀로 개별동작 • 아주 느린 여린 동작부터 점점 빠르고 강한 동작으로 옮겨 감. 한 그룹씩 앞으로 나와서 남은 다른 그룹에게 자신들이 구상한 동작들을 공연하도록 한다. 공연을 보는 사람들이 그 동작들을 보면서 5개의 각각 다른 동작들로 이루어져 있다는 것을 인식할 수 있는가? 치료사는 각 그룹에게 감정을 실어서 동작을 취하도록 격려하고, 동작이 바뀔 때마다 감정도 그에 따라서 바뀌어야 한다고 설명해 준다.
치료적의의	◐ 치료사의 언어적 지시를 따라 하는 활동은 청각적 민감성을 향상시키는 역할을 한다. ◐ 한 동작에 다른 동작을 덧붙여 만드는 활동은 참가자들로 하여금 다른 것을 의식함 없이 창의성과 순발력을 발휘하는 기회를 제공해 준다.

14. 카드 보고 동작표현

활 동	동작카드만 보고 동작으로 표현하기				시 간		40~50분		
치료목적	인지	정서	신체	사회	언어	장 소	작은	중간	큰
	●				●			●	
치료목표	1. 종이에 적혀 있는 단어를 보고 적절한 동작으로 표현할 수 있다. 2. 다른 사람의 동작을 보고서 그 동작의 주제를 맞힐 수 있다.								
대상연령	유아	아동	청소년	성인	집단규모	개별	2인 1조	3팀	4팀	무제한
		●	●						●	
자 료	정사각형 모양의 종이댄스카드(가로×세로: 8×8) 여러 장								

치료단계	활동순서 및 방법
Introduction (도입)	◑ Warm-up: 치료세션 초기에 브레인댄스로 내담자들의 몸의 긴장을 이완시킨다. ◑ 주제소개: 치료사는 내담자에게 오늘 활동의 주제와 방법을 간단히 소개한다.
Exploration (탐색) ⬇ Learning (학습 · 치료)	◑ 실제 활동순서와 방법 1. 치료사는 각 사람에게 카드를 한 장씩 나눠 준다. 그러고 나서 카드에 적혀 있는 지시대로 동작을 연습할 시간을 준다. 2. 치료사는 한 사람씩 말로 하지 말고, 동작으로 자신이 가진 카드의 내용을 표현해 보도록 요청한다. 한 사람씩 주인공이 되어 앞으로 나와 다른 사람들 앞에서 동작을 해 보인다. 3. 다른 사람들은 그 주인공의 동작만 보고서 무엇을 표현하고 있는지를 맞힌다. 4. 만약 사람들이 주인공이 무슨 동작을 표현했는지를 정확히 맞혔으면, 맞힌 사람과 주인공이 한 파트너가 된다. 5. 치료사는 참여자들을 4개의 그룹으로 나눈다. 6. 그런 다음, 자신들이 가지고 있는 카드에 들어 있는 동작을 활용해서 댄스로 만들어 보도록 지시한다. 7. 사람들 앞에서 한 그룹씩 자신들이 연습한 춤동작을 해 보인 다음, 자신들이 어떤 동작을 표현했고, 어떻게 연결을 시켰는지를 설명하도록 한다.
Processing (정리)	◑ 의견나누기: 오늘 했던 활동이나 동작들 중에 의미 깊었던 점을 함께 나눈다. ◑ 반복: 주요 활동이 모두 끝나면, 오늘 했던 동작들을 다시 한번 반복하도록 한다. ◑ 정리: 세션을 끝맺기 위해 정리 스트레칭을 한다.

응용활동 및 치료적 의의 No.14

<table>
<tr>
<td>활동유의점</td>
<td>

◐ 동작카드의 내용선정이 무엇보다 중요하다. 내용을 어떻게 제시하느냐에 따라 참가자들이 쉽게 동작을 취할 수도 있고 그렇지 않을 수도 있다.

◐ 세션이 있기 전에 동작카드(댄스카드)를 만드는 것이 좋다. 또는 그룹에 참여하는 사람들이 직접 카드를 만들도록 할 수도 있다. 각 카드에는 ① 감정(행복한⋯⋯), ② 동작(높이뛰기⋯⋯), ③ 공간(한 곳에서, 방 주변, 방구석⋯⋯), ④ 템포(빠르게, 느리게⋯⋯), ⑤ 힘의 강도(몸을 축 늘어뜨린, 주먹을 불끈 쥔⋯⋯) 등으로 기재한다. 이 카드들에 적혀 있는 내용대로 참여자들이 댄스를 하게 된다.

</td>
</tr>
<tr>
<td>응용활동
및
보조자료</td>
<td>

◐ 단어가 적혀 있는 카드 대신 '그림'이 그려져 있는 그림카드를 제시하면 더욱 쉽게 동작으로 표현할 수 있다.

댄스카드 1   댄스카드 2

댄스카드 3   댄스카드 4

</td>
</tr>
</table>

15. 놀이공원 이야기

활 동	동화 속 이야기를 춤으로 표현하기					시 간		40~50분	
치료목적	인지	정서	신체	사회	언어	장 소	작은	중간	큰
	●			●	●			●	
치료목표	1. 동화를 연상하고 이야기를 3부분(도입, 발전, 결말)으로 나눌 수 있다. 2. 동화의 다양한 내용을 춤동작으로 표현할 수 있다.								
대상연령	유아	아동	청소년	성인	집단규모	개별	2인 1조	3팀	4팀	무제한
		●	●	●						●
자 료	카세트녹음기					음 악	이야기가 있는 발레음악		

치료단계	활동순서 및 방법
Introduction (도입)	◗ Warm-up: 치료세션 초기에 브레인댄스로 내담자들의 몸의 긴장을 이완시킨다. ◗ 주제소개: 치료사는 내담자에게 오늘 활동의 주제와 방법을 간단히 소개한다.
Exploration (탐색) ⬇ Learning (학습·치료)	◗ 실제 활동순서와 방법 1. 치료사는 참여자들을 활동실 바닥에 앉도록 한 다음, '동화'나 재미있는 스토리가 있는 주제를 떠올려 보도록 지시한다. 　예: 신데렐라, 백설공주, 즐거웠던 일, 재미있었던 일, 슬펐던 일, 가장 행복했던 일 등 2. 일단, 이야기를 생각해 냈으면 그 이야기를 3부분으로 나눈다. 　① 도입(beginning), ② 발전(development), ③ 결말(conclusion) 3. 그런 다음, 각각의 이야기들을 어떻게 동작으로 표현할지를 구상해 보도록 한다. 예컨대, '놀이공원'을 주제로 선정했다면, '회전목마', '범퍼카', '롤러코스터' 등을 생각해 볼 수 있을 것이다. '회전목마'라면 목마를 타고 움직이는 듯한 동작을 만들 수 있을 것이다. 4. 치료사는 활동 참여자들이 '회전목마' 등의 여러 단어를 사용해서 하나의 이야기로 구성을 해보게 한 다음, 그것을 춤동작으로 표현하도록 한다. 참가자들에게 시간과 공간을 적절히 활용하고, 약간의 긴장을 가미하도록 지시한다. 5. 이야기와 동작구상이 모두 준비되었으면, 음악을 틀고 실제로 춤동작을 해 본다.
Processing (정리)	◗ 의견나누기: 오늘 했던 활동이나 동작들 중에 의미 깊었던 점을 함께 나눈다. ◗ 반복: 주요 활동이 모두 끝나면, 오늘 했던 동작들을 다시 한번 반복하도록 한다. ◗ 정리: 세션을 끝맺기 위해 정리 스트레칭을 한다.

응용활동 및 치료적 의의 No.15

◖ 초기단계에서 학생들이 알고 있는 동화를 연상시킬 때, 음악을 사용하는 것도 도움이 된다. 부드럽고 평화로운 가사가 없는 음악을 준비하는 것이 좋다.

◖ 이 책의 댄스게임 51번과 54번은 특정한 이야기는 필요하지 않은 활동들이다. 그리고 이 활동들을 하다 보면 한 장소에서 스케이트를 타는 시늉을 한다든지, 방 이쪽저쪽을 뛰어다니는 등 조금은 이상한 동작들을 창작해 낼지도 모른다. 때때로 이런 활동들은 그 나름대로의 이야기를 만들어 내기도 하는데, 그것을 잘 활용하면 멋진 춤동작들을 창조해 낼 수 있다.

◖ 이 활동의 사전과 사후에 해야 될 일에 대해서 알아보기 위해서, 이 책의 댄스게임 51번과 54번의 구조를 잘 살펴보면 도움이 된다. 예를 들면, 이상한 춤동작을 만들었다면 그와 연관된 감정이나 동작을 사전에 치료사가 참가자들에게 제시했기 때문이다. 따라서 본격적인 활동을 시작하기 전에 주제나 소재를 주면 훨씬 쉽게 활동을 진행할 수 있게 된다.

◖ 재미있는 동화나 친숙한 이야기를 가지고 하는 활동은 참가자들에게 안정감을 주어 활동에 더욱 적극적으로 참여하는 데 도움을 준다.

◖ 동화의 내용을 춤동작으로 만들어 보는 활동은 친근한 이야기 내용을 동작으로 표현하면서 창의성과 자기 표현력을 향상시킬 수 있다.

16. 문장 속 동작지시문

활　동	동작지시카드에 따라 동작표현					시　간	40～50분		
치료목적	인지	정서	신체	사회	언어	장　소	작은	중간	큰
	●				●			●	
치료목표	1. 치료사의 동작지시에 따라 똑같이 행동할 수 있다. 2. 동작지시카드의 내용대로 옆의 사람에게 말을 전달할 수 있다.								
대상연령	유아	아동	청소년	성인	집단규모	개별	2인 1조	3팀	4팀	무제한
		●	●						●	
자　료	동작지시가 적혀 있는 종이				음　악	조용한 피아노 음악			

(참고: '대상연령' 행은 유아·아동·청소년·성인 / 집단규모 / 개별·2인1조·3팀·4팀·무제한 구성으로, 아동·청소년에 ●, 4팀에 ● 표시)

치료단계	활동순서 및 방법
Introduction (도입)	◖ Warm-up: 치료세션 초기에 브레인댄스로 내담자들의 몸의 긴장을 이완시킨다. ◖ 주제소개: 치료사는 내담자에게 오늘 활동의 주제와 방법을 간단히 소개한다.
Exploration (탐색) ⇩ **Learning** (학습·치료)	◖ 실제 활동순서와 방법 1. 활동 전에 참여자들이 종이 몇 장에 '동작지시(예: 구르기, 폴짝 뛰기, 가볍게 뛰기, 한 발로 뛰기)'를 적어 넣는다. 2. 치료사는 참여한 사람들을 둥글게 서게 한 다음, 종이 한 장을 뽑아서 읽으면 원의 제일 '마지막' 사람이 그 종이에 적힌 지시에 따라 동작을 취한다. 3. 동작을 취해 보인 다음, 그 사람은 적힌 동작에 또 다른 내용을 덧붙여서 옆 사람에게 귓속말로 전달한다. 예를 들어, '구르기'라는 동작지시가 있었다면, 그 동작을 한 다음 '빠르게 구르기'라든지 '구른 다음 크게 소리 지르기', '파트너와 함께 구르기' 등을 덧붙일 수 있다. 4. 마지막으로, 이 사람 옆에 있는 사람이 파트너 한 사람을 선택하도록 한다. 원 안에 있는 각 사람이 '구르기'에 또 다른 동작을 덧붙인다. 결과적으로 점차 동작지시가 덧붙여져서 하나의 긴 문장이 될 것이다. 5. 4명씩 한 조가 되도록 구성한다. 각 그룹별로 음악에 맞추어 긴 문장의 동작(춤)을 만들어 보도록 한다.
Processing (정리)	◖ 의견나누기: 오늘 했던 활동이나 동작들 중에 의미 깊었던 점을 함께 나눈다. ◖ 반복: 주요 활동이 모두 끝나면, 오늘 했던 동작들을 다시 한번 반복하도록 한다. ◖ 정리: 세션을 끝맺기 위해 정리 스트레칭을 한다.

응용활동 및 치료적 의의 No.16

활동유의점	◑ 동작지시카드의 내용이 다양하고 역동적이면 더욱 효과적이다. ◑ 동작을 여러 번 연습하도록 한 다음 서로 발표하도록 한다. ◑ 어떤 그룹이 가장 긴 문장의 동작을 만들었는지 찾아보도록 한다. ◑ 동작지시카드는 참가자들과 함께 활동 초기에 종이 위에 적을 수도 있지만 치료사가 사전에 적어서 미리 준비할 수도 있다.

응용활동 및 보조자료	◑ 응용활동으로서, 본 활동의 정반대활동을 할 수도 있다. 이를테면, 참가자 한 사람이 어떤 특정한 행동을 해 보이면 여러 가지 낱말카드에서 그 행동과 일치하는 것을 찾도록 한다. ◑ 낱말카드가 아니라 치료사의 귓속말만을 듣고 그 내용을 행동으로 만들어 보는 것도 효과적이다. ◑ 두 사람이 서로 마주 보고 선 채로 그중 한 사람의 뒤에 치료사가 서서 낱말을 보여 주면 그 내용대로 동작을 취해 보임으로써 맞히는 활동도 가능하다. 

치료적의의	◑ 동작지시카드의 내용을 보고 동작으로 옮기는 활동은 인지능력향상에 도움을 준다. ◑ 카드의 내용을 읽고 옆에 있는 사람에게 전달하는 활동은 청각변별력과 집중력을 향상시키는 역할을 한다.

17. 악기와 한 몸

활 동	악기소리에 맞춰 동작 일치시키기					시 간		40~50분		
치료목적	인지	정서	신체	사회	언어	장 소	작은	중간	큰	
	●							●		

치료목표	1. 상대방이 연주하는 악기소리에 따라 자신의 몸을 움직일 수 있다. 2. 높은 음, 낮은 음 구역에서 자신에게 주어진 악기를 자유롭게 연주할 수 있다.

대상연령	유아	아동	청소년	성인	집단규모	개별	2인 1조	3팀	4팀	무제한
	●	●	●							●

자 료	소리 나는 물건들(예: 냄비뚜껑, 나무스틱, 딸랑이, 종, 열쇠 등)—이들 도구들은 소리의 높낮이가 있어야 한다.

치료단계	활동순서 및 방법
Introduction (도입)	◗ **Warm-up**: 치료세션 초기에 브레인댄스로 내담자들의 몸의 긴장을 이완시킨다. ◗ 주제소개: 치료사는 내담자에게 오늘 활동의 주제와 방법을 간단히 소개한다.
Exploration (탐색) ⇩ Learning (학습·치료)	◗ 실제 활동순서와 방법 1. 치료사는 활동실을 두 부분으로 나누어, 한쪽은 '낮은 음 지역(A)', 다른 한쪽은 '높은 음 지역(B)'으로 정한다. 각 장소에 높은 음과 낮은 음이 나는 물체들을 놓는다. 2. 그런 다음, 참여한 사람들을 반반씩 나누어 각 지역에 서도록 지시한다. 3. A지역에 있는 사람들이 그곳에 있는 악기를 들고 연주하면, B지역에 있는 사람들은 그 악기소리에 맞춰 몸을 움직인다(예: 길거나 짧게 소리 낸다, 낮거나 높게 소리 낸다). 서로 팀을 바꾸어 실시해 본다. 4. 이번에는 개인별로 진행한다. 먼저, A팀의 한 사람이 악기로 소리를 내면 같은 팀에 있는 사람 1명이 중간으로 나온다. 중간으로 나온 사람은 움직임 없이 목소리로 소리를 낸다. 5. 상대인 B팀의 한 사람이 악기를 연주하면, 중간에 있던 사람이 움직인다. 반대로 활동을 진행시킨다.
Processing (정리)	◗ 의견나누기: 오늘 했던 활동이나 동작들 중에 의미 깊었던 점을 함께 나눈다. ◗ 반복: 주요 활동이 모두 끝나면, 오늘 했던 동작들을 다시 한번 반복하도록 한다. ◗ 정리: 세션을 끝맺기 위해 정리 스트레칭을 한다.

응용활동 및 치료적 의의 No.17

활동유의점

- 악기소리에 따라 몸을 움직이면서 유의할 점은 악기의 소리가 얼마나 다양한가에 따라 동작표현도 다양하게 변한다는 점이다. 따라서 최대한 악기의 소리를 다양하고 독특하게 내는 것이 필요하다.
- 치료사는 한 사람씩 모두 물체를 가지고 소리 낼 수 있는 기회를 준다. 또한 상대팀이 내는 소리에 맞추어 신체를 움직이는 기회를 주어야 한다.

응용활동 및 보조자료

- 응용활동으로서, 악기소리에 따라 몸동작을 취하는 것이 아니라, 반대로 여러 가지 동작을 취하면 그 몸동작에 맞추어 상대편 참가자들이 자신들이 갖고 있던 악기를 연주하도록 할 수 있다.

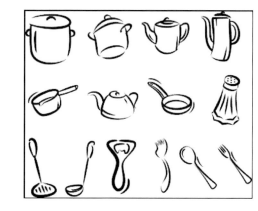

치료적의의

- 악기소리에 맞춰 몸을 움직이는 활동은 소리에 집중하는 청각변별력을 향상시키는 역할을 한다.
- 높은 음, 낮은 음 구역에서 자신에게 주어진 악기를 자유롭게 연주하는 활동은 창의성과 자기 표현력을 향상시켜 준다.

18. 인간나무

활 동	인간나무가 되어 동작표현하기					시 간		40~50분	
치료목적	인지	정서	신체	사회	언어	장 소	작은	중간	큰
	●	●						●	
치료목표	1. 자신의 거대한 나무의 일부분이 되어 동작으로 표현할 수 있다. 2. 그룹으로 나무의 성장과정을 동작으로 표현할 수 있다.								
대상연령	유아	아동	청소년	성인	집단규모	개별	2인 1조	3팀	4팀	무제한
	●	●	●				●			
자 료	나무그림이나 사진					음 악	느리고 리듬감 있는 음악		

치료단계	활동순서 및 방법
Introduction (도입)	◑ **Warm-up**: 치료세션 초기에 브레인댄스로 내담자들의 몸의 긴장을 이완시킨다. ◑ 주제소개: 치료사는 내담자에게 오늘 활동의 주제와 방법을 간단히 소개한다.
Exploration (탐색) ⬇ Learning (학습·치료)	◑ 실제 활동순서와 방법 1. 치료사는 참여자들에게 자신이 거대한 나무라고 상상해 보도록 지시한다. 2. 어떤 사람은 '나뭇가지' 역할을 맡아서 춤을 추고, 다른 사람은 '뿌리' 역할, 또 다른 사람은 '나뭇잎' 역할을 맡는다. 3. 나뭇가지와 뿌리, 나뭇잎이 서로 엉겨서 결국에는 서로 정지상태가 된다. 4. 그런 다음, 엉겨 있던 가지, 뿌리, 잎이 천천히 풀어져서 서로서로 방 주변을 뒹굴도록 지시한다. 5. 치료사가 몇몇 사람들에게 지시하면, 한 사람씩 방바닥에 계속 겹쳐서 엎어지도록 한다. 또 다른 사람들에게는 소수만 겹쳐 엎어지도록 지시한다. 6. 치료사는 음악을 켜고, 이곳은 마법의 장소이고 나무의 뿌리와 가지인 여러분들은 이곳에 심겨졌다고 말한다. 각 조가 나무가 되어 저마다 다르게 자라나도록 창작하여 표현하도록 격려한다. 7. 그룹별로 하나의 나무(뿌리+가지+나뭇잎)가 되어 참나무, 버드나무, 소나무 등의 역할을 준다. 좀 더 실감나도록 각각의 나무 사진을 보여 주면 좋다.
Processing (정리)	◑ 의견나누기: 오늘 했던 활동이나 동작들 중에 의미 깊었던 점을 함께 나눈다. ◑ 반복: 주요 활동이 모두 끝나면, 오늘 했던 동작들을 다시 한번 반복하도록 한다. ◑ 정리: 세션을 끝맺기 위해 정리 스트레칭을 한다.

응용활동 및 치료적 의의 No.18

활동유의점	◗ 본격적인 활동이 있기 전에 나무의 각 부분 역할에 맞는 동작표현에는 어떤 것들이 있는지 서로 의견을 나눈다. 치료사는 다음과 같이 질문할 수 있다. '나뭇가지는 어떻게 동작으로 표현하면 좋을까요?' ◗ 음악의 리듬이나 멜로디, 비트에 따라 동작을 취할 수 있도록 활동 초기에 음악과 동작을 일치시키는 연습을 충분히 한 다음 본격적인 활동으로 들어가는 것도 좋다.

응용활동 및 보조자료	◗ 여러 가지 느리고 빠른 음악을 준비하여 음악의 특성에 따라 나무의 성장과정을 표현하도록 하는 것도 좋다. 이때 사용되는 음악은 서로 분명하게 차이가 드러나는 음악이어야 한다. ◗ 춤을 추는 동안, 참여한 사람들이 충분한 공간과 힘과 속도를 가지고 자신의 역할(뿌리, 가지, 나뭇잎)을 해보도록 격려한다. 각 그룹으로 다른 조들 앞에서 발표할 수 있는 기회를 준다. 참여자 중 몇 사람에게 난장이나 꼬마 요정의 역할을 주어서 숲이나 나무 주변에서 춤을 추도록 할 수도 있다. 

치료적의의	◗ 나무의 각 부분을 동작으로 표현하는 활동은 나무에 대한 특징을 정확하게 파악하고 인지하는 데 도움을 준다. ◗ 그룹으로 동작을 만드는 활동은 친밀감과 사회성 발달에 도움을 준다. ◗ 이야기를 활용한 동작활동은 참가자들로 하여금 흥미를 유발시켜 활동에 적극적으로 참여하도록 독려한다.

19. 해님 달님

활 동	동화 속 이야기를 동작으로 표현하기					시 간		40~50분		
치료목적	인지	정서	신체	사회	언어	장 소	작은	중간		큰
	●	●						●		
치료목표	1. '해님 달님' 이야기를 춤동작으로 만들 수 있다. 2. 이야기 속 역할의 특성에 맞게 동작을 만들 수 있다.									
대상연령	유아	아동	청소년	성인	집단규모	개별	2인 1조	3팀	4팀	무제한
	●	●								●
자 료	여러 장의 이야기 그림					음 악	느린 영화음악이나 클래식음악			

치료단계	활동순서 및 방법
Introduction (도입)	◑ Warm-up: 치료세션 초기에 브레인댄스로 내담자들의 몸의 긴장을 이완시킨다. ◑ 주제소개 : 치료사는 내담자에게 오늘 활동의 주제와 방법을 간단히 소개한다.
Exploration (탐색) ⬇ Learning (학습·치료)	◑ 실제 활동순서와 방법 1. 치료사는 참여자들에게 이야기를 들려준다. 다음 유의사항에 따라 이들과 함께 준비활동을 진행한다. ① 숲으로 들어가기 전에 우리의 발을 준비해 본다. ② 뒤꿈치로 8발자국 걷는다. ③ 발의 바깥 면으로 8발자국 걷는다. ④ 발의 안쪽 면으로 8발자국 걷는다. ⑤ 앞으로, 뒤로, 옆으로 뛴다. ⑥ 그런 다음, 멈추고 다시 한번 실행하되 아주 가볍게 혹은 아주 무겁게 움직이도록 지시한다. 2. 음악을 틀어 주고, '해님 달님'에서 어린 오누이의 '엄마' 역할을 맡은 사람은 어두컴컴한 숲속을 무섭지만 여러 가지 걸음걸이로 지나가도록 지시한다. 처음에는 ① 짧은 오솔길을 지나고, ② 긴 오솔길, ③ 곧은 오솔길, ④ 짧고 구불구불한 오솔길을 춤을 추며 지나가게 한다. 호기심 많은 어린 오누이는 가볍게, 조심스럽게, 행복하게 뛴다. 3. 같은 방법으로 '오누이' 역할을 맡은 2명도 여러 가지 방법으로 걸으며 노는 모습을 표현해 보도록 지시한다. 4. 교활한 '호랑이'의 등장을 위해 준비했던 다른 음악을 틀어 준다. 호랑이는 땅바닥을 엉금엉금 기어 다니다가 갑자기 공격하기도 하고, 수풀 속으로 숨기도 한다. 그의 발걸음은 매우 넓고 빠르지만, 부드럽게 바닥을 걸어 다닌다.
Processing (정리)	◑ 의견나누기: 오늘 했던 활동이나 동작들 중에 의미 깊었던 점을 함께 나눈다. ◑ 반복: 주요 활동이 모두 끝나면, 오늘 했던 동작들을 다시 한번 반복하도록 한다. ◑ 정리: 세션을 끝맺기 위해 정리 스트레칭을 한다.

응용활동 및 치료적 의의 No.19

활동유의점	◐ 동화를 동작으로 표현하는 것이기 때문에, 여러 가지 역할을 나누고 어떤 특성이 있는지, 어떻게 동작으로 표현할 수 있을지를 함께 의논하면 좋다. ◐ 발동작을 다양하게 연습해 본 다음, 손동작도 여러 가지로 표현해 본다.
응용활동 및 보조자료	◐ 다른 이야기를 소재로 할 수도 있는데, '빨간 모자와 늑대'이야기를 이용해서 활동을 할 수도 있다. 소녀와 늑대 캐릭터가 혼합된 음악을 한 곡 틀어 준다. 그런 다음, 소녀와 늑대가 서로 만나는 장면을 동작으로 표현하도록 한다. 처음에는 두 그룹으로 나누어 소녀와 늑대의 역할을 맡아서 춤을 춘다. 그런 다음에는 2명씩 짝을 지어 역할을 나누어 활동을 한다. 그룹별로 이야기의 결말을 어떻게 끝낼 것인지를 정하도록 한다. 늑대는 1명으로 할 것인지 아니면 10명으로 할지를 정한다. 아마도 3명의 슈퍼 빨간 모자 소녀가 늑대를 무찌르는 장면도 연출할 수 있을 것이다. 
치료적의의	◐ 이야기 속 다양한 역할의 특성을 살려 동작으로 표현하는 활동은 동화 속 주인공에 자신을 감정이입하는 경험을 하도록 도움을 준다. ◐ 여러 가지 역할을 맡아 행동하는 활동은 자기를 간접적으로 표현하는 기회를 제공해 준다. ◐ 이야기를 활용한 동작활동은 참가자들로 하여금 흥미를 유발시켜 활동에 적극적으로 참여하도록 독려한다.

20. 장난감 왕국

활 동	장난감 왕국 동작표현활동					시 간		40~50분	
치료목적	인지	정서	신체	사회	언어	장 소	작은	중간	큰
	●			●				●	
치료목표	'장난감 왕국' 이야기를 동작으로 표현할 수 있다.								
대상연령	유아	아동	청소년	성인	집단규모	개별	2인 1조	3팀	4팀	무제한
	●	●								●
자 료	장난감 북, 인형, 종이깃발				음 악	조용히 시작하다가 악기가 점차적으로 첨가되는 음악			

치료단계	활동순서 및 방법
Introduction (도입)	◗ Warm-up: 치료세션 초기에 브레인댄스로 내담자들의 몸의 긴장을 이완시킨다. ◗ 주제소개: 치료사는 내담자에게 오늘 활동의 주제와 방법을 간단히 소개한다.
Exploration (탐색) ⇩ Learning (학습·치료)	◗ 실제 활동순서와 방법 1. 이야기를 들려준 다음, 각자가 맡은 역할에 맞게 동작을 표현하도록 한다. 2. "옛날 옛날에, 장난감 왕국에는 거대한 장난감 로봇 속에 사는 한 남자가 있었습니다. 매일 아침 그 남자는 로봇 문을 열고 천천히 기어 나왔습니다." 3. 이 장면에서 참여한 사람들은 손을 앞으로 쭉 뻗어서 몸집을 크게 부풀리기도 하고, 작게 만들기도 하고, 움츠리기도 하고, 뚱뚱하고 날씬한 상태를 만들기도 한다. 4. "그 남자는 자신이 마치 벌레가 된 것처럼 몸을 움츠렸다 쭉 폈다를 여러 번 반복했습니다." 5. 이 장면에서도 치료사는 참여자들에게 자신들의 몸을 벌레처럼 오므렸다 폈다를 반복하라고 지시한다. 6. "장난감 왕국에는 거대한 장난감 쓰레기 더미가 있었어요." 7. 이 장면에서 활동참여자들은 마치 장난감 쓰레기 더미가 있는 것처럼 주변에서 뛰고 앞뒤로 이리저리 움직인다. 이처럼 치료사가 이야기를 하면 참가자들이 각자의 역할을 동작으로 표현해 가도록 지시한다.
Processing (정리)	◗ 의견나누기: 오늘 했던 활동이나 동작들 중에 의미 깊었던 점을 함께 나눈다. ◗ 반복: 주요 활동이 모두 끝나면, 오늘 했던 동작들을 다시 한번 반복하도록 한다. ◗ 정리: 세션을 끝맺기 위해 정리 스트레칭을 한다.

응용활동 및 치료적 의의 No.20

활동유의점	◐ 어린 연령의 참여자라면, 북이나 인형을 이용해서 이야기를 더욱 실감나게 할 수도 있다. ◐ 치료사는 이야기 속에서 동작표현이 가능한 소재를 많이 추출해 내도록 노력해야 한다. 특히 크기의 변화, 속도의 변화, 상태의 변화 등을 이야기 요소들 속에서 뽑아내어 동작으로 표현할 수 있도록 이야기로 꾸밀 수 있어야 한다.
응용활동 및 보조자료	◐ 본 활동의 이야기에 이어서 다음 활동을 이어서 진행할 수 있다. ① "그 남자는 그 거대한 장난감 쓰레기 더미를 없애 버리고 싶었습니다." - 치료사는 활동참여자들이 쓰레기 더미 치우는 일을 돕는 동작을 하게 한다. ② "장난감 왕국의 그 남자는 너무 행복해서 큰 파티를 열기로 하고 깃발을 갖고 춤을 추었습니다." - 치료사는 참여자들에게 종이로 만든 깃발이나 종이로 연결된 사슬을 나누어 주고, 쓰레기 왕국의 그 남자처럼 신나게 깃발을 흔들며 춤을 추도록 한다. 음악을 틀고 각 사람이 가지고 있던 종이깃발을 높이 던졌다가 잡아서 바닥에 놓기도 하고, 여러 개를 연결해서 곡선을 만들기도 하는 등 다양한 형태를 만들어 보게 한다. 마지막으로 소그룹을 만들고, 음악에 맞춰 깃발 춤을 그룹별로 만들어 보라고 과제를 준다. ◐ 이야기 속에 다양한 역할(캐릭터)들을 첨가하는 것도 좋다. 예를 들어, 장난감 왕국의 남자 주인공에게 사랑하는 여자가 한 명 생겼다든지, 무서운 대마왕이 나타났다든지, 갑자기 태풍이 불어와 마을을 휩쓸어 갔다든지 하는 내용이다.
치료적의의	◐ 이야기의 내용에 따라 즉흥적으로 동작을 취해 보는 활동은 참가자들로 하여금 정서를 자극하여 상상의 세계 속을 자유롭게 여행할 수 있도록 해 준다. ◐ 이야기를 활용한 동작활동은 참가자들로 하여금 흥미를 유발시켜 활동에 적극적으로 참여하도록 독려한다.

21. 변화무쌍 댄스장소

활 동	장소를 옮겨 가며 동작표현하기					시 간		40~50분		
치료목적	인지	정서	신체	사회	언어	장 소	작은	중간		큰
	●	●						●		
치료목표	1. 주어진 장소의 특성에 맞게 연극동작을 꾸밀 수 있다. 2. 다른 사람들 앞에서 자신이 준비한 동작을 발표할 수 있다.									
대상연령	유아	아동	청소년	성인	집단규모	개별	2인 1조	3팀	4팀	무제한
		●	●							●
자 료	여러 장소의 소리가 녹음된 테이프, 손전등, 박스, 종이, 펜				음 악	다양한 장소를 표현할 음악들				

치료단계	활동순서 및 방법
Introduction (도입)	◐ Warm-up: 치료세션 초기에 브레인댄스로 내담자들의 몸의 긴장을 이완시킨다. ◐ 주제소개: 치료사는 내담자에게 오늘 활동의 주제와 방법을 간단히 소개한다.
Exploration (탐색) ⬇ Learning (학습·치료)	◐ 실제 활동순서와 방법 1. 치료사는 미리 소품들을 이용해서 활동실 여러 주변에 다양한 가게나 회사를 연출하여 설치해 놓는다. 　예) 식당, 은행, 병원, 학교, 회사, 편의점, 약국 2. 치료사는 참여한 사람들을 소그룹으로 나눈다. 3. 각 그룹이 미리 설치된 장소들 가운데 한 곳을 정해서 그 장소와 어울리는 춤을 만들어 보라고 지시한다. 이때, 그룹들 간에 같은 성격의 장소일 수도 있겠지만 춤의 내용을 다를 수 있기 때문에 상관없다. 각 그룹이 원하는 독특한 장소를 선택했기 때문에 보는 이들을 깜짝 놀라게 할 독특한 동작들을 많이 만들어 보라고 지시한다. 4. 한 팀씩 자신들이 위치한 장소의 성격에 맞게 꾸민 다양한 연극동작을 다른 팀 앞에서 발표할 기회를 준다. 이때 방 안을 약간 어둡게 한 다음 마치 연극무대처럼 발표하는 사람들을 손전등으로 비춰 줄 수도 있다. 5. 본 활동은 동작을 기본으로 하되, 보고 듣고 느끼는 다양한 경험들이 포함되도록 한다.
Processing (정리)	◐ 의견나누기: 오늘 했던 활동이나 동작들 중에 의미 깊었던 점을 함께 나눈다. ◐ 반복: 주요 활동이 모두 끝나면, 오늘 했던 동작들을 다시 한번 반복하도록 한다. ◐ 정리: 세션을 끝맺기 위해 정리 스트레칭을 한다.

응용활동 및 치료적 의의 No.21

활동유의점	◑ 치료사는 여러 가지 소품이나 음악을 잘 활용해서 가능한 건물의 다양한 장소를 연출하도록 노력한다. 예컨대, 식당, 은행, 병원, 회사 등. 그러나 많은 비용이 들지 않고도 최고의 효과를 거둘 수 있도록 노력한다. 효과를 높이기 위해 특정 장소를 나타내는 사진이나 그림을 활동 초기에 아동들에게 보여 주는 것도 좋다. ◑ 어떤 댄스 활동의 경우에는 방이나 무대보다는 다른 장소에서 발표하는 것이 더욱 효과적일 수 있다. 활동 전에 몇 가지 댄스장소를 설치해 놓는다. 현관입구에는 조명을 낮추고 배경음악을 튼 다음, 손전등이나 스포트라이트를 이용해서 한 곳을 밝게 비춘다.
응용활동 및 보조자료	◑ 다양한 장소들을 옮겨 가면서 그 장소에 맞는 동작을 만들어 보도록 할 수도 있다. 각 그룹들이 그들이 선택한 장소에서 발표하는 시간이 반드시 1분 이상 될 필요는 없다. 그리고 한 장소에서 춤을 추다가 치료사의 지시에 맞춰서 다음 장소로 모두가 옮겨 가는 것도 좋다. 이때, 서로의 춤과 동작을 자유롭게 관찰해 보도록 기회를 준다. ◑ 응용활동으로서 게임형식으로 진행해도 좋다. 어떤 장소에 대한 연극동작인지 미리 알려 주지 않고 동작을 해 보이면, 다른 팀들이 동작만을 보고 그 동작이 이루어지는 장소의 이름을 맞히는 게임을 하는 것도 재미있다. 
치료적의의	◑ 주어진 장소의 특성에 따라 연극을 만들어 보는 활동은 장소의 특성을 관찰하고 생각해 보는 기회를 제공해 준다. ◑ 팀원들끼리 하나가 되어 특정 주제를 해결하는 경험은 서로 하나가 되는 경험을 제공해 주며, 단결과 협동의 경험을 심어 준다. ◑ 특정 장소를 표현하는 동작활동은 가상의 세계에서 그 장소를 경험하고 상황을 경험하도록 기회를 준다.

22. 인생 그래프

활 동	인생의 각 연령에 맞는 동작꾸미기					시 간	40~50분		
치료목적	인지	정서	신체	사회	언어	장 소	작은	중간	큰
	●							●	
치료목표	1. 인생의 다양한 연령대에 맞는 동작을 만들 수 있다. 2. 특정한 연령대에서 어떤 특징을 동작으로 표현했는지 말로 설명할 수 있다.								
대상연령	유아	아동	청소년	성인	집단규모	개별	2인 1조	3팀	4팀	무제한
		●	●							●
자 료	다양한 연령의 사람들 사진			음 악	느린 전자음악				

치료단계	활동순서 및 방법
Introduction (도입)	◗ Warm-up: 치료세션 초기에 브레인댄스로 내담자들의 몸의 긴장을 이완시킨다. ◗ 주제소개: 치료사는 내담자에게 오늘 활동의 주제와 방법을 간단히 소개한다.
Exploration (탐색) ⬇ Learning (학습·치료)	◗ 실제 활동순서와 방법 1. 치료사는 참여자들에게 '다양한 연령의 사람들이 찍혀 있는 사진'을 보여 준다. 2. 치료사는 참여자들과 함께 각각의 사진에 대해 간단한 의견을 나눈다. 3. 그런 다음, 사진 속의 연령에 맞게 '인생의 이야기'를 만들어 보도록 한다. 4. 음악을 틀고, 각 연령대의 인생 이야기를 동작으로 표현해 보도록 지시한다. ① 유아, ② 유년기, ③ 성인, ④ 노년 5. 한 동작에서 다른 동작으로 매우 천천히 옮겨가도록 지시한다. 6. 두 동작 사이에 연결시간은 대략 1~2초 정도가 적당하다. 그렇게 해서 여러 가지 '인생의 이야기'를 일련의 장면들로 발전시켜 나간다. 7. 치료사는 참여자들을 몇 개의 소그룹으로 나눈다. 8. 한 그룹은 다른 그룹들 앞에서 '인생의 이야기'를 동작으로 만들어서 공연을 해 보인다. 9. 치료사는 참여한 사람들이 다른 그룹의 공연을 보면서 인생의 가장 중요한 순간들을 어떻게 동작으로 표현해 내는지 관찰하도록 격려한다.
Processing (정리)	◗ 의견나누기: 오늘 했던 활동이나 동작들 중에 의미 깊었던 점을 함께 나눈다. ◗ 반복: 주요 활동이 모두 끝나면, 오늘 했던 동작들을 다시 한번 반복하도록 한다. ◗ 정리: 세션을 끝맺기 위해 정리 스트레칭을 한다.

23. 천이 춤을 춰요

활 동	다양한 천으로 움직여 보기					시 간		40~50분		
치료목적	인지	정서	신체	사회	언어	장 소	작은	중간	큰	
	●	●						●		
치료목표	1. 천으로 다양한 동작을 표현할 수 있다. 2. 천의 모양, 크기, 질감에 따라 표현 동작이 다를 수 있다.									
대상연령	유아	아동	청소년	성인	집단규모	개별	2인 1조	3팀	4팀	무제한
		●	●							●
자 료	10가지 색 이상의 천				음 악	다양한 음악(빠른 템포, 느린 템포)				

치료단계	활동순서 및 방법
Introduction (도입)	◐ Warm-up: 치료세션 초기에 브레인댄스로 내담자들의 몸의 긴장을 이완시킨다. ◐ 주제소개: 치료사는 내담자에게 오늘 활동의 주제와 방법을 간단히 소개한다.
Exploration (탐색) ⇩ Learning (학습·치료)	◐ 실제 활동순서와 방법 1. 치료사는 활동을 하기 위해 아래와 같이 참가자들의 신체와 마음을 준비시킨다. 2. 치료사는 오늘 아래 활동주제에 맞는 특정한 동작을 만들어 보도록 지시한다. 　① 다양한 천으로 움직임을 한다. 　－제자리에서 손동작(직선, 곡선, S선, X선) 　－바닥에 여러 가지 선을 그려 움직이기(흔들기, 던지기, 돌리기) 　② 천을 자루 모양으로 만들어 그 속에서 동작을 표현해 본다. 　－엄마 배 속으로 생각하고 태아가 되어 본다. 　－심장 박동소리로 움직임을 표현해 태아가 탄생하는 과정을 만들어 본다. 　③ A와 B로 나누어 발표하는 것을 관찰한다. 3. 치료사는 참가자들에게 다양한 동작을 개인 혹은 그룹으로 구성해 보도록 지시한다. 　① 그룹으로 주제를 정한다. 　② 주제에 적합한 움직임 다양한 동작을 개인 혹은 그룹으로 구성해 본다. 　③ 반복 연습해 그룹으로 발표한다.
Processing (정리)	◐ 의견나누기: 오늘 했던 활동이나 동작들 중에 의미 깊었던 점을 함께 나눈다. ◐ 반복: 주요 활동이 모두 끝나면, 오늘 했던 동작들을 다시 한번 반복하도록 한다. ◐ 정리: 세션을 끝맺기 위해 정리 스트레칭을 한다.

24. 춤추는 컴퓨터

활 동	예술과 발명의 같은 점은 무엇일까?					시 간	40~50분		
치료목적	인지	정서	신체	사회	언어	장 소	작은	중간	큰
	●	●						●	
치료목표	1. 컴퓨터의 특징을 알아본다. 2. 각 장점과 단점을 알아본다.								
대상연령	유아	아동	청소년	성인	집단규모	개별	2인 1조	3팀	4팀	무제한
		●	●							●
자 료	컴퓨터의 역사책, 박스				음 악	없음.			

치료단계	활동순서 및 방법
Introduction (도입)	◑ Warm-up: 치료세션 초기에 브레인댄스로 내담자들의 몸의 긴장을 이완시킨다. ◑ 주제소개: 치료사는 내담자에게 오늘 활동의 주제와 방법을 간단히 소개한다.

Exploration
 (탐색)
 ⬇
 Learning
 (학습·치료)
	◑ 실제 활동순서와 방법
	 1. 컴퓨터를 활용한 다양한 기계의 변화를 말해 보고 장점, 당점을 알아본다
	 2. 참가자들은 치료사가 소개한 자료를 현실 세계와 상상의 세계로 분류하여 본다.
	 3. 지식 나누기 활동(1): 팀별 활동으로 진행한다.
	   －컴퓨터의 특성을 정리해 본다.－장점, 단점
	 4. 지식 나누기 활동(2): 팀별 활동으로 진행한다.
	   －주제: 개인이 컴퓨터가 되어 본다(그룹으로 변형해서－박스활용).
	 5. 참가자들은 다음과 같은 주제에 대해 이해하고 탐색한다.
	   －컴퓨터는 실제적인 기구와 기계 등을 만들어서 생활을 편리하게 해 준다.
	 6. 마무리활동 및 응용활동
	   －그룹으로 상상의 컴퓨터를 꾸며 발표회를 가진다.
	   －주제에 어울리는 도구 사용하기
	   －반복연습하고 발표하기

Processing (정리)	◑ 의견나누기: 오늘 했던 활동이나 동작들 중에 의미 깊었던 점을 함께 나눈다. ◑ 반복: 주요 활동이 모두 끝나면, 오늘 했던 동작들을 다시 한번 반복하도록 한다. ◑ 정리: 세션을 끝맺기 위해 정리 스트레칭을 한다.

25. 민속춤

활 동	모두 함께 다른 나라 민속춤 추기				시 간		40~50분		
치료목적	인지	정서	신체	사회	언어	장 소	작은	중간	큰
	●	●						●	
치료목표	1. 나라별 민속춤을 알아보고 그 나라에 역사도(국기, 인사법, 수도 등) 알아본다. 2. 음악에 맞추어 나라별로 춤을 춰 본다.								
대상연령	유아	아동	청소년	성인	집단규모	개별	2인 1조	3팀	4팀	무제한
		●	●							●
자 료	지도, 나라별 국기, 북				음 악		각 나라별 민속음악		

치료단계	활동순서 및 방법
Introduction (도입)	◑ **Warm-up**: 치료세션 초기에 브레인댄스로 내담자들의 몸의 긴장을 이완시킨다. ◑ 주제소개: 치료사는 내담자에게 오늘 활동의 주제와 방법을 간단히 소개한다.
Exploration (탐색) ⇩ Learning (학습·치료)	◑ 실제 활동순서와 방법 1. 나라 국기카드를 활용해 나라 이름을 댄다(그룹별, 개인별). 2. 각 나라의 수도와 함께 나라 이름을 연결해 게임으로 연결한다. 　예) 출발점 나라이름 반환점 수도이름 가져오기 　－지도를 활용해 각 나라로 여행을 하다 그 나라를 가면 그 나라 춤을 춘다. 3. 각자 그룹으로 나라별로 동작을 연습하고 따라 해 본다. 4. 팀 전체가 준비한 내용을 다른 사람들 앞에서 발표한다. 5. 마무리활동 및 응용활동 　－그룹으로 한나라 민속춤을 택하여 의상을 꾸며 발표회를 가진다. 　－주제에 어울리는 도구를 사용한다. 　－반복연습하고 발표한다.
Processing (정리)	◑ 의견나누기: 오늘 했던 활동이나 동작들 중에 의미 깊었던 점을 함께 나눈다. ◑ 반복: 주요 활동이 모두 끝나면, 오늘 했던 동작들을 다시 한번 반복하도록 한다. ◑ 정리: 세션을 끝맺기 위해 정리 스트레칭을 한다.

26. 소리야 춤을 춰라

활 동	소리 듣고 신체 표현하기					시 간		40~50 분		
치료목적	인지	정서	신체	사회	언어	장 소	작은	중간		큰
	●		●					●		
치료목표	1. 소리의 듣고 신체로 표현해 본다. 2. 소리의 리듬을 다른 악기나 도구를 사용해 따라 해 보고 표현해 본다.									
대상연령	유아	아동	청소년	성인	집단규모	개별	2인 1조	3팀	4팀	무제한
		●	●							●
자 료	북, 피아노, 공, 리본				음 악	여러 악기 음악				

치료단계	활동순서 및 방법
Introduction (도입)	◐ Warm-up: 치료세션 초기에 브레인댄스로 내담자들의 몸의 긴장을 이완시킨다. ◐ 주제소개: 치료사는 내담자에게 오늘 활동의 주제와 방법을 간단히 소개한다.
Exploration (탐색) ⇩ Learning (학습·치료)	◐ 실제 활동순서와 방법 1. 준비활동으로서 신체로 소리내기 활동을 해 본다(예: 손등치기, 손뼉치기 등). 　① 목소리에 리듬 다양한 동작을 개인 혹은 그룹으로 구성해 본다. 　② 아, 예 ,이 ,오, 우 소리에 적합한 움직임을 해 본다. 2. 오늘 활동주제에 맞는 특정한 동작개념을 탐구해 본다. 　① 여러 동물들의 소리를 내면서 움직임을 해 본다. 　② '아, 예, 이, 오, 우'를 소리 내면서 신체를 전체 하나씩 두 개씩 움직임을 해 본다(천, 공, 　　리본-사용하여 소리와 함께 응용). 　－박자를 사용하기 4박자, 2박자 등 　－소리와에 강, 약 리듬을 주어 함께 표현하기 　③ 동물, 자연, 전자 제품, 악기들, 자동차, 기차, 종, 사람이 내는 소리(웃음, 울음, 싸우는, 몸으 　　로 내는 　－손뼉, 입술……) 등 　－다양한 소리를 몸으로 표현해 본다. 　－도구(천, 공, 신문지, 악기 등)를 사용해서 표현해 본다. 3. 다음 동작을 만들어 보도록 지시한다. 　① 그룹으로 표현할 소리에 주제를 결정해 본다. 　② 주제에 어울리는 도구를 사용해 본다. 　③ 반복연습하고 발표해 본다.

27. 윙! 우주탐험

활 동	우주탐사					시 간		40~50분		
치료목적	인지	정서	신체	사회	언어	장 소	작은	중간	큰	
	●	●			●			●		
치료목표	1. 우주에 대한 스토리를 만들어 여행을 해 본다. 2. 상상 속 우주를 몸으로 표현해 본다.									
대상연령	유아	아동	청소년	성인	집단규모	개별	2인 1조	3팀	4팀	무제한
		●	●							●
자 료	박스, 전자음반, 태양계 문구자료				음 악	없음.				

치료단계	활동순서 및 방법
Introduction (도입)	◗ Warm-up: 치료세션 초기에 브레인댄스로 내담자들의 몸의 긴장을 이완시킨다. ◗ 주제소개: 치료사는 내담자에게 오늘 활동의 주제와 방법을 간단히 소개한다.
Exploration (탐색) ⬇ Learning (학습·치료)	◗ 실제 활동순서와 방법 1. 치료사는 활동을 하기 위해 아래와 같이 참가자들의 신체와 마음을 준비시킨다. 2. 치료사는 무중력 상태의 움직임을 시범보인 후 따라 해 보라고 지시한다. 3. 참가자들은 오늘 활동주제에 맞는 특정한 동작개념을 탐구해 본다. 　① 우주를 걷는 느낌을 말해 본다. 　② 눈을 감고 태양계를 그려 보면서 어떠한 느낌이 있고 그 속에 외계인이 있다면 어떠한 　　모습으로 어떠한 생활을 할지 스토리를 만들어 본다. 4. 다양한 동작을 개인 혹은 그룹으로 구성해 본다. 　① 팀을 정하여 우주 속 이야기를 상상하여 다양한 동작을 구성해 본다. 　② 주제를 정하고 동작을 연결한다. 5. 발표 및 관찰 　① 그룹으로 준비한 내용을 다른 사람들 앞에서 발표한다. 　② 다른 팀이 발표하는 것을 관찰한다.
Processing (정리)	◗ 의견나누기: 오늘 했던 활동이나 동작들 중에 의미 깊었던 점을 함께 나눈다. ◗ 반복: 주요 활동이 모두 끝나면, 오늘 했던 동작들을 다시 한번 반복하도록 한다. ◗ 정리: 세션을 끝맺기 위해 정리 스트레칭을 한다.

28. 호두까기 인형 감상하기

활 동	호두까기 인형 감상					시 간		40~50 분	
치료목적	인지	정서	신체	사회	언어	장 소	작은	중간	큰
	●	●						●	
치료목표	1. 호두까기 인형의 스토리를 대하여 알아본다. 2. 무용공연 감상에 대한 자세에 대해 알아본다.								
대상연령	유아	아동	청소년	성인	집단규모	개별	2인 1조	3팀	4팀	무제한
		●	●							●
자 료	무용 공연 비디오				음 악	없음.			

치료단계	활동순서 및 방법
Introduction (도입)	◑ Warm-up: 치료세션 초기에 브레인댄스로 내담자들의 몸의 긴장을 이완시킨다. ◑ 주제소개: 치료사는 내담자에게 오늘 활동의 주제와 방법을 간단히 소개한다.
Exploration (탐색) ⇩ Learning (학습·치료)	◑ 실제 활동순서와 방법 1. 무용의 역사에 대하여 간단하게 소개한다. 2. 본 차시에 감상할 무용작품에 대한 스토리와 특징을 찾아보게 한다. 3. 참가자들은 비디오로 호두까기 인형을 감상한다. 　① '호두까기 인형' 비디오를 감상한다. 　② 그룹으로 느낀 점을 이야기한다. 4. 지식 나누기 활동: 호두까기 인형을 그룹으로 움직임을 꾸며 본다. 　① 다양한 동작을 개인 혹은 그룹으로 구성해 본다. 　② 주제를 정하고 동작을 연결한다. 5. 발표 및 관찰 　① 그룹으로 준비한 내용을 다른 사람들 앞에서 발표한다. 　② 다른 팀이 발표하는 것을 관찰한다.
Processing (정리)	◑ 의견나누기: 오늘 했던 활동이나 동작들 중에 의미 깊었던 점을 함께 나눈다. ◑ 반복: 주요 활동이 모두 끝나면, 오늘 했던 동작들을 다시 한번 반복하도록 한다. ◑ 정리: 세션을 끝맺기 위해 정리 스트레칭을 한다.

29. 나뭇잎과 나무

활 동	나무와 나뭇잎을 동작으로 표현하기					시 간	40~50 분		
치료목적	인지	정서	신체	사회	언어	장 소	작은	중간	큰
	●	●							●
치료목표	1. 두 사람이 짝을 지어 나무와 나뭇잎의 역할을 동작으로 표현할 수 있다. 2. 서로의 팔이나 발을 붙인 상태에서 서 있을 수 있다.								
대상연령	유아	아동	청소년	성인	집단규모	개별	2인 1조	3팀	4팀	무제한
	●	●	●							●
자 료	카세트녹음기					음 악	전자음악		

치료단계	활동순서 및 방법
Introduction (도입)	◗ Warm-up: 치료세션 초기에 브레인댄스로 내담자들의 몸의 긴장을 이완시킨다. ◗ 주제소개: 치료사는 내담자에게 오늘 활동의 주제와 방법을 간단히 소개한다.
Exploration (탐색) ⇩ Learning (학습 · 치료)	◗ 실제 활동순서와 방법 1. 이 활동은 음악 없이 시작한다. 2. 방 주변에 흩어져 서서 자유롭게 몸을 풀면서 가볍게 여러 번 뛰어 보도록 한다. 예를 들어, 손목과 발목을 몇 번 돌려준다. 3. 방 안을 이리저리 돌아다니면서 다른 사람을 만나게 되면, 잠시 정지하여 서로의 팔이나 발을 붙인 상태에서 1~2분 정도 서 있도록 지시한다. 4. 그런 다음, 서로 기대고 있는 팔이나 발을 다시 푼 다음 계속 팔짝 뛴다. 5. 위의 활동을 여러 번 반복한 다음, 참여자들 중 2명을 선택하여 앞으로 나오도록 한다. 6. 서로 마주 보게 한 다음 손을 잡거나 팔꿈치나 어깨를 서로 대 보도록 한다. 이것은 '나무의 탄생' 장면을 묘사한 것이다. 즉, 두 사람은 나무기둥의 역할이다. 7. 치료사는 음악을 틀고 나머지 모든 참여자들이 마치 '나뭇잎'처럼 부드럽게 흩날리면서 나무쪽으로 다가가라고 설명한다. 8. 치료사는 일부 참여자들에게 바람 역할을 맡겨서 나뭇잎 주변에서 움직이도록 지시한다. 또 나뭇잎 역할을 맡은 사람들에게 바람이 불면 이리저리 움직이다가 떨어지는 시늉을 해 보라고 지시한다. 9. '나무' 역할을 맡은 두 사람은 다른 사람들에게 잘 보일 수 있도록 계속해서 방을 가로지르며 이리저리 움직인다. 10. 마지막으로, 나뭇잎들이 나무에 달라붙어 보라고 지시한다. 11. 나무에 나뭇잎들이 모두 달라붙으면, 모든 활동을 끝맺는다. 12. 응용으로서, 위의 활동을 빠르게 혹은 느리게 진행할 수도 있다.

30. 숨바꼭질

활 동	스크린 막에 비춰진 사람 맞히기					시 간		40~50분	
치료목적	인지	정서	신체	사회	언어	장 소	작은	중간	큰
	●							●	

치료목표	1. 스크린 막 뒤에서 음악에 맞추어 경쾌한 춤동작을 취할 수 있다. 2. 스크린 막 뒤에 비춰진 사람의 이름을 맞힐 수 있다.

대상연령	유아	아동	청소년	성인	집단규모	개별	2인 1조	3팀	4팀	무제한
	●	●								●

자 료	거대한 크기의 종이 또는 스크린, 조명등	음 악	팝음악 또는 디스코음악

치료단계	활동순서 및 방법
Introduction (도입)	◐ Warm-up: 치료세션 초기에 브레인댄스로 내담자들의 몸의 긴장을 이완시킨다. ◐ 주제소개: 치료사는 내담자에게 오늘 활동의 주제와 방법을 간단히 소개한다.
Exploration (탐색) ⇩ Learning (학습·치료)	◐ 실제 활동순서와 방법 1. 활동실 한쪽 구석에 커다란 스크린(막)을 설치한다. 2. 치료사는 참여한 사람들을 반으로 나눈다. 3. 치료사는 사람들 중 절반을 스크린 뒤에 숨으라고 지시한다. 4. 스크린 뒤에 숨어 있는 사람들 중 한 사람씩 스크린 밖에 있는 사람들에게 비칠 수 있도록 조명을 비추고 스크린 가까이 기대어 서도록 지시한다. 예컨대, 막 뒤에 숨어 있는 사람은 자신의 손이나 코, 귀 등 신체 일부분을 스크린에 갖다 댈 수 있다. 5. 치료사는 경쾌한 음악(스윙음악)을 틀어 준다. 6. 스크린 밖에서 있는 나머지 사람들은 스크린 속에 있는 사람과 함께 막 옆에서 춤을 추거나, 몸을 쫙 편 채로 서 있다거나, 다른 사람들과 함께 춤을 출 수 있다. 7. 치료사는 음악을 멈춘 다음, 스크린 뒤에 있는 사람이 누구인지 맞혀 보라고 한다. 8. 사람들이 정답을 맞히면, 스크린 뒤에 있던 사람은 밖으로 나오고, 또 다른 사람이 자신의 신체 일부분을 막에 기대어 서게 한다.
Processing (정리)	◐ 의견나누기: 오늘 했던 활동이나 동작들 중에 의미 깊었던 점을 함께 나눈다. ◐ 반복: 주요 활동이 모두 끝나면, 오늘 했던 동작들을 다시 한번 반복하도록 한다. ◐ 정리: 세션을 끝맺기 위해 정리 스트레칭을 한다.

31. 동요퀴즈

활 동	동요 일부분 듣고 제목 맞히기					시 간		40~50분		
치료목적	인지	정서	신체	사회	언어	장 소	작은	중간		큰
	●				●			●		
치료목표	1. 노래의 일부분만 듣고 그 노래의 제목을 맞힐 수 있다. 2. 경쾌한 노래를 들으면서 모두 함께 즐겁게 춤을 출 수 있다.									
대상연령	유아	아동	청소년	성인	집단규모	개별	2인 1조	3팀	4팀	무제한
	●	●								●
자 료	사탕, 과일주스				음 악	최신유행가요 40곡(또는 동요)				

치료단계	활동순서 및 방법
Introduction (도입)	◗ Warm-up: 치료세션 초기에 브레인댄스로 내담자들의 몸의 긴장을 이완시킨다. ◗ 주제소개: 치료사는 내담자에게 오늘 활동의 주제와 방법을 간단히 소개한다.
Exploration (탐색) ⇩ Learning (학습·치료)	◗ 실제 활동순서와 방법 1. 본 활동을 하는 동안 춤과 춤 사이에 유행가요를 사용할 수 있다. 2. 어린이나 젊은 청년들과 함께 활동을 할 때는 최신유행가요 40곡(또는 동요)을 선택해서 활용할 수 있고, 일반 성인들과 함께 활동을 진행할 때는 그들에게 익숙한 멜로디의 곡을 선택하는 것이 좋다. 3. 치료사는 참여한 사람들에게 선정된 곡(유행가)의 극히 일부만 들려준다. 4. 곡의 일부만 듣고 그 제목을 처음으로 맞힌 사람에게 상으로 사탕을 선물한다. 곡 제목을 맞히면 원곡을 들려주고 그 리듬에 맞춰 모두가 춤을 춘다. 5. 이번에도 다음 노래의 일부분만 들려주고 제목을 맞히도록 하여, 맞힌 사람들이 중앙에 서 있는 사람 주변에 서도록 지시한다. 이 게임은 활동에 참여한 사람들이 좀 더 적극적으로 동참할 때 더욱 효과가 크다. 무엇보다도, 참여자들이 활동의 규칙을 정확히 알고 참여하는 것이 중요하다. 6. 좀 더 도전적인 활동을 하려면, 노래의 일부분만 들려준 다음 노래를 멈춘다(혹은 레코드 음량을 약간 낮춘다). 그런 다음 그 곡의 일부를 직접 부를 수 있는 사람에게 상으로 사탕을 줄 수도 있다.
Processing (정리)	◗ 의견나누기: 오늘 했던 활동이나 동작들 중에 의미 깊었던 점을 함께 나눈다. ◗ 반복: 주요 활동이 모두 끝나면, 오늘 했던 동작들을 다시 한번 반복하도록 한다. ◗ 정리: 세션을 끝맺기 위해 정리 스트레칭을 한다.

#2. 사회성 향상(Social interaction)

32. 재미있는 별명

활 동	별명을 짓고 그것대로 동작표현하기					시 간	40~50분		
치료목적	인지	정서	신체	사회	언어	**장 소**	작은	중간	큰
				●				●	
치료목표	1. 자신의 이름을 말하고, 다른 사람의 이름을 따라 말할 수 있다. 2. 자신의 이름을 동작으로 표현할 수 있고, 다른 사람의 동작을 따라 모방할 수 있다.								
대상연령	유아	아동	청소년	성인	**집단규모**	개별	2인 1조	3팀	4팀	무제한
	●	●	●							●
자 료	없음.			**음 악**	없음.				

치료단계	활동순서 및 방법
Introduction (도입)	◖ **Warm-up:** 치료세션 초기에 브레인댄스로 내담자들의 몸의 긴장을 이완시킨다. ◖ **주제소개:** 치료사는 내담자에게 오늘 활동의 주제와 방법을 간단히 소개한다.
Exploration (탐색) ⇩ **Learning** (학습·치료)	◖ 실제 활동순서와 방법 1. 치료사는 참가자들이 원을 만들어 서도록 한다. 2. 참가자들은 자신의 이름에 재미있는 별칭을 생각해 본다(예: 깜찍 수연, 귀염둥이 영지, 킹콩 철규, 멋쟁이 미연, 날쌘돌이 병철). 이때, 치료사는 참가자들이 별칭을 고를 때, 무서운 이름이라든지 웃긴 이름 등 어떤 것이든 무방하며 자신의 이름에 대한 느낌을 자유롭게 표현해 보도록 격려한다. 4. 치료사는 그룹 원들에게 '날쌘돌이 병철'을 어떤 동작으로 표현하면 좋을지 질문한다. 또는 '귀염둥이 영지'는 어떻게 표현할 수 있는지 생각해 보도록 한다. 참가자들이 더 잘 참여할 수 있도록 치료사가 동작시범을 보여 준다. 5. 이번에는 참가자들에게 '자신이 갖고 싶은 별명'을 생각해 보도록 한다. 그런 다음, 그 별명을 한 명씩 동작으로 표현해 보도록 한다. 6. 한 사람씩 자신의 새로운 별명을 동작으로 발표하면, 다른 사람들은 그것을 따라서 모방한다. 한 사람씩 2번 동작을 표현하고, 다른 사람들은 2번째 동작을 할 때 함께 따라 하면 된다.
Processing (정리)	◖ **의견나누기:** 오늘 했던 활동이나 동작들 중에 의미 깊었던 점을 함께 나눈다. ◖ **반복:** 주요 활동이 모두 끝나면, 오늘 했던 동작들을 다시 한번 반복하도록 한다. ◖ **정리:** 세션을 끝맺기 위해 정리 스트레칭을 한다.

응용활동 및 치료적 의의 No.32

활동유의점	● 별명은 한 인간을 규정짓는 하나의 수단이 될 수 있기 때문에, 부정적인 별명이나 별칭을 만들지 않는 것이 중요하다.
	● 활동 초기 단계에서 참가자들은 대개 다른 사람의 눈치를 보거나 자신의 표현하기를 꺼려하는 경우가 있으므로 격려하는 것이 무엇보다 중요하다. 특히 치료사는 참가자들이 별칭을 고를 때 신중해야 하지만, 자신의 이름에 대한 느낌을 자유롭게 표현해 보도록 격려한다.
	● 치료사가 참가자들에게 '무엇이 되고 싶은지' 물은 다음, 동작시범을 보이는 것도 좋다. 치료사는 미리 이름 몇 개와 그 이름을 어떤 동작으로 시범 보일지 준비한다. 두 가지 정도 동작시범을 보여 주면, 참가자들은 자신감을 갖게 된다. 이때 생각하기 위해 자리를 이탈하지 않도록 주의를 준다. 치료사의 가장 중요한 역할은 참가자를 최대한 활동에 몰입하도록 만드는 것이다.

응용활동 및 보조자료	● 치료사는 참가한 각 개인이 어떤 기분상태나 성향을 가진지 파악한다. 노는 것을 좋아하는 사람인지, 부끄럼을 많이 타는지, 명랑한 사람인지, 혼란스러운 상태인지 등을 파악한다. 그런 다음, 참가자들로 하여금 자신들의 기분을 잘 반영하는 '별칭'을 만들어 보도록 하고, 그것을 춤으로 표현하도록 한다.
	● 참가자들을 원형으로 배치하는 대신, 활동실 주변 원하는 곳에 아무렇게나 앉은 채 위의 여러 활동을 하도록 할 수 있다. 주의할 점은 모든 사람이 어떤 사람의 동작시범을 보고 따라 할 수 있을 정도로 자리배치를 해야 한다는 것이다.
	● 참가자들이 자신들이 만든 별칭을 노래로 만들어 부르도록 한 다음, 그것을 동작으로 표현하도록 할 수도 있다.

치료적의의	● 자신의 별칭을 생각해 보는 것은 자아를 성찰할 수 있는 기회를 준다.
	● 다른 사람이 지어 주는 자신에 대한 긍정적인 별명 또는 별칭은 자신감과 자아존중감을 키울 수 있도록 도움을 준다.
	● 자신의 별명을 동작이나 소리로 표현하는 활동은 자기를 간접적으로 표현하는 수단이 된다.

33. 인간매듭 만들기

활 동	서로 손을 잡은 상태에서 동작모방					시 간	40~50분		
치료목적	인지	정서	신체	사회	언어	장 소	작은	중간	큰
				●				●	

치료목표	1. 조원들끼리 서로 손을 잡은 상태에서 여러 가지 동작을 취할 수 있다. 2. 다른 사람의 행동을 모방하여 따라 할 수 있다.									

대상연령	유아	아동	청소년	성인	집단규모	개별	2인 1조	3팀	4팀	무제한
		●	●						●	

자 료	없음.	음 악	잔잔한 클래식 배경음악

치료단계	활동순서 및 방법
Introduction (도입)	◗ **Warm-up**: 치료세션 초기에 브레인댄스로 내담자들의 몸의 긴장을 이완시킨다. ◗ 주제소개: 치료사는 내담자에게 오늘 활동의 주제와 방법을 간단히 소개한다.
Exploration (탐색) ⇩ **Learning** (학습 · 치료)	◗ 실제 활동순서와 방법 1. 치료사는 참가자들을 4개 그룹으로 나눈다. 2. 각 그룹에서 조장을 한 명씩 뽑도록 한다. 3. 서로 손을 잡고 넓게 늘어서도록 지시한다. 다른 그룹과 부딪히지 않도록 적당한 크기로 대열을 만든다(열은 1자형태도 좋고 원형도 좋다). 4. 치료사가 신호를 보내면, 각 그룹의 조장은 천천히 움직이기 시작한다. 다른 조원들은 조장의 동작을 따라 움직인다. <u>주의할 점은 서로 조원들끼리 손을 잡고 실시한다는 것이다.</u> 5. <u>치료사는 조장이 낮은 자세를 하도록 하고, 조원들 사이로도 지나가고, 조원들 위로 넘어가도록 하는 등 다양하게 움직이도록 격려한다.</u> 이렇게 되면 마치 인간 매듭모양이 된다. 6. 치료사는 조장에게 천천히 움직이도록 주의를 주어 다른 조원들 팔다리가 꺾기거나 다치지 않도록 한다. 7. 조원 중의 다른 사람을 조장으로 정하여 새로운 동작을 해 보도록 한다.
Processing (정리)	◗ 의견나누기: 오늘 했던 활동이나 동작들 중에 의미 깊었던 점을 함께 나눈다. ◗ 반복: 주요 활동이 모두 끝나면, 오늘 했던 동작들을 다시 한번 반복하도록 한다. ◗ 정리: 세션을 끝맺기 위해 정리 스트레칭을 한다.

응용활동 및 치료적 의의 No.33

활동유의점	◑ 이 활동의 핵심은 다른 사람의 행동을 한 조의 조원 모두가 서로 손을 잡은 채로 모방하는 것이다. ◑ 여러 사람이 줄지어 꼬리에 꼬리를 물고 지나가는 활동이기 때문에 서로 머리가 부딪히거나 몸이 다치는 일이 없도록 조심한다.
응용활동 및 보조자료	◑ 본 활동을 위해 느린 템포의 음악을 정하는 것도 효과적이다. ◑ 인간매듭을 만드는 과정을 앞의 활동처럼 그룹을 지어 만들 수도 있지만, 2명씩 짝을 지어 할 수도 있고, 참석한 모든 사람들이 함께 손을 잡고 한 사람의 조장의 동작을 따라 움직일 수도 있다. 
치료적의의	◑ 다른 사람의 동작을 따라 하는 활동은 타인에 대한 인식능력 향상과 사물에 대한 집중력 증진에 도움을 준다. ◑ 서로 조원끼리 손을 잡고 움직이는 활동은 대인간의 신체접촉을 사회적으로 허용된 분위기에서 제공해 주기 때문에 인간에 대한 신뢰회복에 도움을 준다.

34. 나처럼 해봐요!

활 동	한 손과 두 손으로 동작표현하기					시 간		40~50분		
치료목적	인지	정서	신체	사회	언어	장 소	작은	중간		큰
				●				●		
치료목표	1. 다른 사람의 손동작을 똑같이 따라서 모방할 수 있다. 2. 두 사람씩 한 조가 되어 다양한 손동작을 이용한 댄스를 출 수 있다.									
대상연령	유아	아동	청소년	성인	집단규모	개별	2인 1조	3팀	4팀	무제한
	●	●	●				●			
자 료	없음.				음 악	잔잔한 클래식 배경음악				

치료단계	활동순서 및 방법
Introduction (도입)	❶ Warm-up: 치료세션 초기에 브레인댄스로 내담자들의 몸의 긴장을 이완시킨다. ❶ 주제소개: 치료사는 내담자에게 오늘 활동의 주제와 방법을 간단히 소개한다.
Exploration (탐색) ⬇ Learning (학습·치료)	❶ 실제 활동순서와 방법 1. 치료사가 먼저 한 손으로 동작을 만들면 참여자들이 모두 따라 한다. 그런 다음, 치료사가 두 손으로 동작을 만들면 모방하여 동작을 해 본다. 2. 치료사는 참가자들을 2명씩 한 조가 되게 만든다. 조가 구성되었으면 서로 서로 마주 보도록 지시한다. 여기서 앉아서 해도 좋고, 서서 실시해도 무방하다. 3. 각 조에서 한 사람이 '한 손'으로 무언가 동작을 취하면 그 파트너가 따라서 동작을 모방한다. 다양하게 움직이도록 격려한다. 4. 치료사는 이번에는 '두 손'으로 동작을 만들어 보도록 지시한다. 자신이 원하는 대로 자유롭게 손동작(손으로 하는 춤)을 해 보도록 격려한다. 이렇게 조에서 한 사람이 그의 두 손으로 동작을 취하면, 다른 파트너는 그 동작을 따라 한다. 5분 정도가 지나면, 서로 역할을 바꾸어 실시해 본다. 5. 주의할 점은 각자가 자신이 좋아하는 대로 자유롭게 움직일 수 있도록 허용하는 것이다. 6. 탬버린 등의 둥근 물건을 서로 마주 잡고 위의 활동을 해 본다.
Processing (정리)	❶ 의견나누기: 오늘 했던 활동이나 동작들 중에 의미 깊었던 점을 함께 나눈다. ❶ 반복: 주요 활동이 모두 끝나면, 오늘 했던 동작들을 다시 한번 반복하도록 한다. ❶ 정리: 세션을 끝맺기 위해 정리 스트레칭을 한다.

응용활동 및 치료적 의의 No.34

응용활동 및 보조자료	◑ 응용활동으로서, 두 사람의 참가자가 서로 물건을 잡고 움직이는 것도 좋다. 예를 들어 탬버린이나 공 등 둥근 물건을 서로 마주 잡고 한 사람은 리더가 되고, 다른 한 사람은 모방하는 사람의 역할을 맡아서 진행한다. ◑ 치료사는 참여자들이 동작의 속도나 크기, 강도를 자유롭게 변형시킬 수 있도록 격려한다. ◑ 치료사는 참여자에게 다음과 같이 제안할 수도 있다. 어떻게 손으로 멋진 동작을 만들어 낼지에 대한 뭔가 영감을 얻도록 하기 위해, 1) 음악을 들려준다든지, 2) 이야기를 들려준다든지, 3) 특정 주제를 줄 수도 있다. 그중에서도 평화로운 분위기의 클래식 음악이 이러한 활동에 적합하다. 
치료적의의	◑ 타인과 함께 하는 모방활동은 타인에 대한 관계성 및 신뢰 회복에 도움을 준다. ◑ 다른 사람의 손동작을 따라 하는 활동은 집중력, 지속력, 시각추적력 등을 향상시키는 데 도움을 준다. ◑ 동작의 강도를 달리하여 모방하는 활동은 참가자들로 하여금 대근육과 소근육 운동능력을 증진시키는 역할을 한다.

35. 라인댄스 춤추기

활 동	라인댄스를 신나게 추어 볼까요?					시 간		40~50분	
치료목적	인지	정서	신체	사회	언어	장 소	작은	중간	큰
	●			●				●	
치료목표	1. 라인 댄스의 하나인 아이엠 버스티드의 순서를 익힌다. 2. 춤을 통해 친구들과 관계형성을 형성하자.								
대상연령	유아	아동	청소년	성인	집단규모	개별	2인 1조	3팀	4팀	무제한
		●	●							●
자 료	없음.				음 악	미국음악(아이엠 버스티드)			

치료단계	활동순서 및 방법
Introduction (도입)	◖ **Warm-up:** 치료세션 초기에 브레인댄스로 내담자들의 몸의 긴장을 이완시킨다. ◖ **주제소개:** 치료사는 내담자에게 오늘 활동의 주제와 방법을 간단히 소개한다.
Exploration (탐색) ⬇ Learning (학습·치료)	◖ 실제 활동순서와 방법 1. 지난 주 동안 자신에게 있었던 여러 가지 일들을 서로 간단히 나눈다. 2. 치료사는 미국의 <아이엠 버스티드> 기본 스텝에 대해 설명한다. – 찰스톤 스텝을 익히고 미국 민속춤을 배운다. – 음악: 4/4박자 – 대형: 한줄 혹은 자유대형 – 방법 1. 오른 쪽으로 오른발 스텝–왼발 오른발 붙이고 스텝 2. 왼쪽으로 왼발 스텝–오른발 왼발에 붙이고 스텝 3. 오른발 찰스톤 스텝으로 4번 앞으로 4. 1~2번 반복하고 오른발부터 뒤로 2번 워킹하고 동서남북으로 방향을 돌아가며 춤을 춘다.

응용활동 및 치료적 의의 No.35

치료단계	활동순서 및 방법
Exploration (탐색) ⬇ Learning (학습·치료)	5. 응용하기 - 그룹으로 나누어 서로 마주 보고 춤을 춰 본다. 6. 지식 나누기 활동: '아이엠 버스티드'를 그룹으로 움직임을 꾸며 본다. 　① 다양한 대형이나 스토리를 만들어 개인 혹은 그룹으로 구성해 본다. 　② 주제를 정하고 동작을 연결한다. 7. 발표 및 관찰 　① 그룹으로 준비한 내용을 다른 사람들 앞에서 발표한다. 　② 다른 팀이 발표하는 것을 관찰한다.
Processing (정리)	◑ 의견나누기: 오늘 했던 활동이나 동작들 중에 의미 깊었던 점을 함께 나눈다. ◑ 반복: 주요 활동이 모두 끝나면, 오늘 했던 동작들을 다시 한번 반복하도록 한다. ◑ 정리: 세션을 끝맺기 위해 정리 스트레칭을 한다.

36. 동대문, 남대문

활 동	인간대문놀이					시 간	40~50분		
치료목적	인지	정서	신체	사회	언어	장 소	작은	중간	큰
			●	●				●	
치료목표	1. 두 사람이 서로 손을 맞잡고 서서 대문을 만들 수 있다. 2. 손으로 만들어진 대문 안으로 들어가고 나오면서 놀이를 할 수 있다.								
대상연령	유아	아동	청소년	성인	집단규모	개별	2인 1조	3팀	4팀	무제한
		●	●	●						●
자 료	없음.				음 악	흥겨운 동요음악			

치료단계	활동순서 및 방법
Introduction (도입)	◑ Warm-up: 치료세션 초기에 브레인댄스로 내담자들의 몸의 긴장을 이완시킨다. ◑ 주제소개: 치료사는 내담자에게 오늘 활동의 주제와 방법을 간단히 소개한다.
Exploration (탐색) ⬇ Learning (학습·치료)	◑ 실제 활동순서와 방법 1. 참여자들을 1m 간격을 두고 2줄로 세운 뒤, 서로 마주 보도록 한다. 2. 마주 서 있는 두 사람이 한 팀이 되어 '대문'을 만들 것이라고 설명해 준다. 3. 치료사는 음악을 틀어 준 다음, 참여자들이 서로를 마주 보면서 팔을 천천히 앞으로 뻗어 서로에게 걸어가면서 손을 잡도록 지시한다. 4. 음악에 맞추어 손을 잡은 상태로 여러 가지 동작을 만들어 보도록 지시한다. 약 5~10분 정도 충분한 시간을 준다. 5. <u>치료사는 참여자들 중 2명을 골라서 대문역할을 하도록 지시한다.</u> 6. <u>치료사는 남아 있는 사람들을 대문 안으로 줄을 서서 들어가 보라고 한다.</u> 이때 대문 사이를 지나갈 때는 음악에 맞추어 춤을 추면서 지나가야 한다. 대문을 빠져나온 사람은 다시 한 바퀴 돌아서 대문 안으로 다시 한번 들어간다. 7. 다음 활동으로, <u>치료사는 대문을 지나 빠져나온 사람들이 다시 대문을 만들어 서 보도록 지시한다.</u> 대문을 빠져나온 사람들이 모두 자신이 대문이 되는 경험을 하게 되는 것이다. 모든 사람이 대문을 만들면 맨 처음 대문 역할을 했던 사람부터 다시 대문 속으로 들어간다. 8. 모든 참여자들이 인간 대문 사이 길로 들어가서 빠져나온다.
Processing (정리)	◑ 의견나누기: 오늘 했던 활동이나 동작들 중에 의미 깊었던 점을 함께 나눈다. ◑ 반복: 주요 활동이 모두 끝나면, 오늘 했던 동작들을 다시 한번 반복하도록 한다. ◑ 정리: 세션을 끝맺기 위해 정리 스트레칭을 한다.

응용활동 및 치료적 의의 No.36

활동유의점	◑ 서로 짝을 지어 활동하는 경우, 주의할 점은 서로 뜻이 맞고 친한 관계가 아닐 경우 어떻게 짝을 만드는가 하는 것이다. ◑ 서로 손을 잡는 것에 거부감을 가지는 경우가 종종 있기 때문에 신체접촉에 민감하고 거부감이 강한 경우의 참가자는 유의해야 한다.

응용활동 및 보조자료	◑ 재미있는 응용활동으로서, 대문처럼 양쪽으로 서 있는 사람들은 두 줄 가운데로 지나가는 사람들을 살며시 잡을 수도 있다. 그런 다음 보내 주면 된다. 이때 음악을 틀고 활동을 시작한 다음, 음악이 끝나는 그 시점에 대문을 지나가는 사람을 붙잡도록 한다. 붙잡힌 사람에게 적절하고 재미있는 벌칙(과제)을 주는 것도 좋다. ◑ 대문과 관련이 있는 재미있는 이야기가 있다면 이것을 댄스게임에 접목시켜서 사용해도 좋다. 

치료적의의	◑ 게임형식의 활동은 참가자로 하여금 즐거움을 가지고 적극적으로 활동에 참여하도록 독려한다. ◑ 두 사람이 한 조가 되어 하는 활동은 대인 간 신뢰회복에 도움을 준다.

37. 마네킹 체험

활 동	다른 사람에게 조종당하는 경험하기					시 간	40~50분		
치료목적	인지	정서	신체	사회	언어	**장 소**	작은	중간	큰
				●					●
치료목표	1. 허용된 분위기 속에서 다른 파트너의 행동을 마음대로 조종해 볼 수 있다. 2. 다른 파트너의 언어적 지시에 따라 조종당하는 경험을 할 수 있다.								
대상연령	유아	아동	청소년	성인	**집단규모**	개별	2인 1조	3팀	4팀	무제한
		●	●				●			
자 료	카세트녹음기			**음 악**	상반되는 주제의 대중/영화음악				

치료단계	활동순서 및 방법
Introduction (도입)	◑ Warm-up: 치료세션 초기에 브레인댄스로 내담자들의 몸의 긴장을 이완시킨다. ◑ 주제소개: 치료사는 내담자에게 오늘 활동의 주제와 방법을 간단히 소개한다.

Exploration
(탐색)
⇩
Learning
(학습·치료)
	◑ 실제 활동순서와 방법
	1. 둘씩 짝을 짓고 활동실 주변에 흩어져 선다. 그런 다음 서로 마주 본다.
	2. '짝끼리 서로를 조종해 보는 경험'을 하게 될 것이라고 설명한다.
	3. 한 사람이 파트너 주변에 선 다음, 특정한 동작을 취하여 보이도록 한다.
	  <u>파트너는 움직이지 않고 상대방을 만지지 말고 '언어'만을 이용해서 주인공이 직접 파트
	  너의 동작을 조종해 본다.</u> 예를 들면 다음과 같이 파트너에게 말로써 지시할 수 있다.
	  ① "두 손을 높이 들어 봐!"
	  ② "무릎을 말을 타듯이 굽혀 봐!"
	  ③ "활 쏘는 자세를 만들어 봐!" 하는 등이다.
	4. 음악을 틀어 주고 끝날 때까지 상대방을 언어로써만 조종해 본다. 역할을 바꿔서 조종하는
	  활동을 해 본다.
	5. 이번에는 언어가 아닌 신체접촉을 통해서 다른 사람을 조형(조종)해 보는 시간을 가진다.
	  <u>파트너는 절대 움직이지 말고, 주인공이 상대방을 손을 이용해서 조종해 본다.</u> 아름다운
	  조각품을 만든다는 생각으로 상대방을 꾸며 본다.

Processing (정리)	◑ 의견나누기: 오늘 했던 활동이나 동작들 중에 의미 깊었던 점을 함께 나눈다. ◑ 반복: 주요 활동이 모두 끝나면, 오늘 했던 동작들을 다시 한번 반복하도록 한다. ◑ 정리: 세션을 끝맺기 위해 정리 스트레칭을 한다.

응용활동 및 치료적 의의 No.37

활동유의점	◐ 참가자들 간의 신체접촉은 언제나 유의할 대상이 된다. 신체접촉에 대한 거부감이 있는 경우에는 충분한 거리를 두고 활동을 진행하도록 대처해야 한다. ◐ 참가자들이 방 안을 이리저리 걸으면서 움직이면서 만나는 상대와 함께 서로 손뼉을 한 번씩 치도록 한다. 다른 방법으로 어깨를 스치면서 지나가도록 한다든지, 서로 인사('안녕하세요?')를 하도록 할 수도 있다. ◐ 그룹으로 만들 수 있는 특이한 동작을 취해 보도록 격려한다.
응용활동 및 보조자료	◐ 참여자들은 서로 짝을 짓지 않고 혼자서만 활동실 주변을 돌며 춤을 출 수도 있다. 그러다가 두 사람이 서로 마주치게 되면, 서로의 주변에서 춤을 추도록 한다. 이때 서로 최대한 가까운 위치에서 춤을 추되, 마지막에 서로를 보면 피하도록 지시한다. ◐ 방 이곳저곳에서 파트너 없이 춤을 추도록 요청한다. 그러다가 서로 서로 만나게 되면, 서로의 어깨를 손으로 살짝 건드려 준다. '팔꿈치'나 '무릎'을 건드려도 좋다. 그런 다음, 치료사는 이들이 방을 가로지르며 전력질주를 하여 자신의 짝을 찾도록 한다. ◐ 치료사는 참여자 각자가 활동실 안에 있는 자신이 정한 장소에서만 춤(동작)을 추도록 지시한다. 치료사가 신호를 주면, 사람들은 이리 저리 표류하듯 다른 장소로 옮겨 간다. 그러다가 어떤 사람을 만나게 되면 서로 가까이 모여들다가 갑자기 등을 돌리며 다른 곳으로 가 버린다(회피의 경험). 그리고는 또 정처 없이 이리저리 방 안을 떠돌아다닌다.
치료적의의	◐ 방 안을 걸어 다니면서 만나는 상대와 손뼉을 치는 활동은 자연스러운 분위기에서 신체적 교감 또는 친숙함을 증진시키는 목적으로 사용될 수 있다. ◐ 다른 사람의 행동을 조종해 보는 경험은 자기 존중감을 향상시키는 데 도움을 주고 특별한 경험을 줄 수 있다.

38. 먹물여행

활 동	먹물 여행을 떠나 봐요.					시 간		40~50분	
치료목적	인지	정서	신체	사회	언어	장 소	작은	중간	큰
		●		●				●	

치료목표	−기억을 회상할 수 있고 자신의 감정을 솔직하게 말할 수 있다. −타인에 대한 지각 및 상호 에너지 교류를 향상시킨다. −자신감을 회복시킨다.

내상연령	유아	아동	청소년	성인	집단규모	개별	2인 1조	3팀	4팀	무제한
		●	●	●						●

자 료	먹물	음 악	클래식

치료단계	활동순서 및 방법
Introduction (도입)	◐ Warm-up: 치료세션 초기에 브레인댄스로 내담자들의 몸의 긴장을 이완시킨다. ◐ 주제소개: 치료사는 내담자에게 오늘 활동의 주제와 방법을 간단히 소개한다.
Exploration (탐색) ⬇ Learning (학습·치료)	◐ 실제 활동순서와 방법 1. 지난 주 동안 자신에게 있었던 여러 가지 일들을 서로 간단히 나눈다. 2. 몸과 마음 열기, 스트레칭하면서 신체 각 부분 움직이기 　(두드리기, 주무르기, 비비기, 냄새 맡기 등) 　−위 내용을 파트너와 함께 실행한다. 3. 먹물의 속성을 이야기해 본다. 　−준비된 도화지에 물을 입히고 먹물을 떨어뜨린다. 　−먹물이 번지는 모습을 감상한다. 　−번진 모습을 보고 심상을 찾아내고 서로의 기억을 이야기한다. 　−과거에 붓글씨 써 본 것을 기억하여 이야기해 본다. 　−각자의 그림을 앞에 나와서 설명하는 시간을 가진다. 　−공통된 기억을 공유하면서 서로 지지하고 격려해 준다.

응용활동 및 치료적 의의 No.38

치료단계	활동순서 및 방법
Exploration (탐색) ⬇ Learning (학습 · 치료)	4. 먹물이 퍼지는 모습을 보면서 동작으로 모방해 본다. 5. 동작을 개인에서 짝으로, 그룹으로 전체가 몸을 이용해서 표현해 본다. 6. 지식 나누기 활동: 그룹으로 움직임을 꾸며 본다. 　① 다양한 대형이나 스토리를 만들어 개인 혹은 그룹으로 구성해 본다. 　② 주제를 정하고 동작을 연결한다. 7. 발표 및 관찰한다. 　① 그룹으로 준비한 내용을 다른 사람들 앞에서 발표한다. 　② 다른 팀이 발표하는 것을 관찰한다. 
Processing (정리)	◑ 의견나누기: 오늘 했던 활동이나 동작들 중에 의미 깊었던 점을 함께 나눈다. ◑ 반복: 주요 활동이 모두 끝나면, 오늘 했던 동작들을 다시 한번 반복하도록 한다. ◑ 정리: 세션을 끝맺기 위해 정리 스트레칭을 한다.

39. 동물들은 무슨 생각을 할까?

활 동	동물들의 생각을 동작으로 표현					시 간	40~50분		
치료목적	인지	정서	신체	사회	언어	장 소	작은	중간	큰
	●			●	●			●	
치료목표	1. 동물들의 특성을 생각해보고, 움직임을 상상하여 표현한다. 2. 동물들은 어떠한 생각을 하고 살까?								
대상연령	유아	아동	청소년	성인	집단규모	개별	2인 1조	3팀	4팀	무제한
	●	●	●							●
자 료	여러 가지 동물 탈					음 악	없음.		

치료단계	활동순서 및 방법
Introduction (도입)	◗ Warm-up: 치료세션 초기에 브레인댄스로 내담자들의 몸의 긴장을 이완시킨다. ◗ 주제소개: 치료사는 내담자에게 오늘 활동의 주제와 방법을 간단히 소개한다.
Exploration (탐색) ⬇ Learning (학습·치료)	◗ 실제 활동순서와 방법 1. 소리와 함께 움직임을 표현해 본다. 　－'아, 에, 이, 오, 우' 소리 내기 　－동작을 함께하면서 '아, 에, 이, 오, 우' 소리 내기 　－도구(공, 천, 스틱)를 사용해 '아, 에, 이, 오, 우' 소리 내기 2. 오늘 활동주제에 맞는 특정한 동작개념을 탐구해 본다. 　－동물들의 특징을 말해 본다(동물들의 탈이나, 그림카드를 준비해 응용). 　－소리와 함께 동물에 특징을 표현해 보고 서로 알아차리기를 릴레이 형식으로 꾸며 본다 　　(동물들의 탈이나 그림카드를 준비해 응용). 3. 치료사는 참가자들에게 다양한 동작을 개인 혹은 그룹으로 구성해 보도록 지시한다. 　－팀별 주제를 정하기 　－스토리 만들기 　－다양한 동작을 개인 혹은 그룹으로 구성해 보기 　－연습하기(반복)
Processing (정리)	◗ 의견나누기: 오늘 했던 활동이나 동작들 중에 의미 깊었던 점을 함께 나눈다. ◗ 반복: 주요 활동이 모두 끝나면, 오늘 했던 동작들을 다시 한번 반복하도록 한다. ◗ 정리: 세션을 끝맺기 위해 정리 스트레칭을 한다.

응용활동 및 치료적 의의 No.39

치료단계	활동순서 및 방법
Exploration (탐색) ⇩ Learning (학습 · 치료)	4. 지식 나누기 활동: 그룹으로 움직임 꾸며 보기 　① 다양한 대형이나 스토리를 만들어 개인 혹은 그룹으로 구성해 본다. 　② 주제를 정하고 동작을 연결한다. 5. 발표 및 관찰 　① 그룹으로 준비한 내용을 다른 사람들 앞에서 발표한다. 　② 다른 팀이 발표하는 것을 관찰한다(표현력이나 상상력이 풍부했는지).
Processing (정리)	◑ 의견나누기: 오늘 했던 활동이나 동작들 중에 의미 깊었던 점을 함께 나눈다. ◑ 반복: 주요 활동이 모두 끝나면, 오늘 했던 동작들을 다시 한번 반복하도록 한다. ◑ 정리: 세션을 끝맺기 위해 정리 스트레칭을 한다.

40. 기마자세

활 동	다양한 기마자세 취하기					시 간		40~50분	
치료목적	인지	정서	신체	사회	언어	장 소	작은	중간	큰
	●		●	●				●	

치료목표
1. 뒤꿈치를 든 상태에서 다리를 굽히고 설 수 있다.
2. 한 사람이 의자처럼 몸을 굽히면 파트너가 그 위에 앉을 수 있다.

대상연령	유아	아동	청소년	성인	집단규모	개별	2인 1조	3팀	4팀	무제한
		●	●				●			

자 료	없음.	음 악	부드러운 배경음악

치료단계	활동순서 및 방법
Introduction (도입)	◑ Warm-up: 치료세션 초기에 브레인댄스로 내담자들의 몸의 긴장을 이완시킨다. ◑ 주제소개: 치료사는 내담자에게 오늘 활동의 주제와 방법을 간단히 소개한다.
Exploration (탐색) ⇩ Learning (학습·치료)	◑ 실제 활동순서와 방법 1. 치료사는 참여자들에게 자신 앞에 '큰 말 한 마리'가 있다고 상상하고 앉아 보도록 요청한다. 그런 다음 일어서도록 한다. 2. <u>치료사는 그들로 하여금 두 손을 앞으로 쭉 펴게 한 다음, 두 다리를 모은 상태에서 뒤꿈치를 들고 서도록 지시한다.</u> 3. 참여자들이 이 동작에 익숙해지면, '상상 속의 말 위'에 여러 가지 다양한 방법으로 앉도록 요청한다. 예컨대, 오른발은 옆쪽을 바라보도록 둔 채, 팔은 허공을 향해 벌린다. 이들이 지치지 않도록 하기 위해, 한 동작과 다른 동작 사이에 잠시 일어서도록 하고 심호흡을 할 수 있는 시간을 준다. 4. 각각의 참여자가 서로의 파트너를 찾고, 다른 사람의 무릎에 앉도록 한다. 이 동작은 다리에 힘이 없거나 오므린 상태에서는 하기가 불가능하다. 서로 가장 쉽게 앉을 수 있는 자세가 뭔지 여러 가지 방법으로 시도해 보도록 한다. 예를 들어, 한쪽 다리를 조금 앞으로 내밀면서 자세를 취하면 더 지탱하기에 좋다. 5. 그룹이 원을 만들게 하고 자신의 바로 앞사람의 등을 보면서 서게 한다. 6. <u>치료사가 신호를 주면, 모든 사람들이 천천히 파트너의 무릎에 앉아 하나의 큰 원을 만들어 서로의 무릎 위에 앉는다.</u> 7. 모든 참여자들이 짝을 지어 이 동작을 할 수 있는지 점검한다.

응용활동 및 치료적 의의 No.40

활동유의점	◐ 다리에 힘이 많이 없는 참가자의 경우에는 활동이 어려울 수도 있다. ◐ 왼쪽 발을 약간 앞으로 하고, 오른쪽 발은 뒤에 위치시키면 힘을 지탱하기가 더욱 쉽다. 이렇게 만들어진 '인간의자' 위에 다른 파트너가 앉도록 해 본다. ◐ 일단, 마지막 활동에서 전체 참여자들이 둥근 원을 만들어 하나의 인간의자가 완성되고 여러 번에 걸쳐 연습이 되면 참가자 전체가 큰 원이 되도록 선 다음 오른쪽(우향우 동작)을 보고 서도록 한다. 각자 인간의자를 만들게 하고 바로 뒷사람의 무릎에 앉도록 하여 인간의자그룹을 만든다.
응용활동 및 보조자료	◐ 응용활동으로서, 두 사람이 한 파트너가 되어 서로 마주 보고 서게 한다. 다리를 굽혀서 인간의자가 되게 만든 다음, 서로 손을 잡은 채 그 자세를 유지하도록 한다. ◐ 두 사람이 서로 마주 보고 발을 붙인 상태에서 두 손을 잡도록 한다. 이 상태에서 두 사람은 발은 그대로 두고 상체만 뒤로 재치도록 한다. 마치 'V'자 모양이 되도록 만든다. 
치료적의의	◐ 말을 타는 듯한 자세를 하는 활동은 하체 대근육 운동능력을 향상시키는 역할을 한다. ◐ 두 사람이 한 짝이 되어 하는 활동은 유대감 향상과 타인에 대한 경계심을 푸는 데 도움을 준다.

41. 인간 샌드위치

활 동	2인 1조가 되어 샌드위치 동작표현					시 간		40~50분		
치료목적	인지	정서	신체	사회	언어	장 소	작은	중간		큰
			●	●						●
치료목표	1. 바닥에 누워 치료사의 언어지시에 따라 스트레칭을 할 수 있다. 2. 치료사의 신호에 따라 몸을 곧게 편 채로 구를 수 있다.									
대상연령	유아	아동	청소년	성인	집단규모	개별	2인 1조	3팀	4팀	무제한
		●	●							●
자 료	없음.				음 악	없음.				

치료단계	활동순서 및 방법
Introduction (도입)	◗ **Warm-up**: 치료세션 초기에 브레인댄스로 내담자들의 몸의 긴장을 이완시킨다. ◗ 주제소개: 치료사는 내담자에게 오늘 활동의 주제와 방법을 간단히 소개한다.
Exploration (탐색) ⇩ Learning (학습·치료)	◗ 실제 활동순서와 방법 1. 깨끗한 마루바닥 위에 모든 참여자들이 배를 대고 눕도록 한다. 이때 양손을 서로 붙이고 자신의 머리 위로 쭉 펴도록 지시한다. 2. 치료사는 엎드려 있는 참가자들에게 최대한 이완된 상태를 유지하라고 한다. 3. 한 명의 참가자에게 다른 참가자의 등 위에 포개어 하늘을 보고 누워 보라고 한다. 바닥에 카펫을 깔고 한쪽 끝에 눕도록 한다. 이때 두 사람 모두 팔을 편 상태를 유지한다. 4. 치료사가 신호를 주면, 카펫 한쪽에서 다른 쪽 끝까지 계속 구르게 한다. 포개어진 두 사람의 위, 아래 위치가 바뀌면서 구르면 된다. 이렇게 되면 말 그대로 카펫의 일부가 되는 것을 의미한다. 5. 이제, 다음 참여자도 카펫의 한쪽에 누워서 다른 쪽으로 굴러서 가도록 한다. 6. 모든 사람들이 카펫을 굴러서 이쪽 끝에서 저쪽 끝까지 가도록 지시한다. 7. 방의 크기를 조정한 다음, 구르는 방법과 신호를 변경할 수도 있다.
Processing (정리)	◗ 의견나누기: 오늘 했던 활동이나 동작들 중에 의미 깊었던 점을 함께 나눈다. ◗ 반복: 주요 활동이 모두 끝나면, 오늘 했던 동작들을 다시 한번 반복하도록 한다. ◗ 정리: 세션을 끝맺기 위해 정리 스트레칭을 한다.

응용활동 및 치료적 의의 No.41

<table>
<tr>
<td>활동유의점</td>
<td>
◐ 누워서 하는 활동이니 만큼, 바닥을 깨끗하게 유지하도록 신경을 써야 한다.
◐ 두 사람이 몸을 포개어 하는 활동이라서 <u>동성의 참가자끼리 함께 하는 것이 좋다.</u>
◐ 몸을 포개어 바닥을 구르는 것이 어색한 경우에는 각자 개별적으로 손을 올리고 몸을 곧게 펴서 바닥의 이쪽에서 저쪽으로 구르도록 지시할 수도 있다.
◐ 바닥을 구르면서 서로 실수로 발로 차는 등 사고가 일어날 수 있기 때문에 안전에 유의해야 한다.
</td>
</tr>
<tr>
<td>응용활동
및
보조자료</td>
<td>
◐ 다른 사람들이 카펫을 구르고 있는 동안에, 다른 참여자가 굴러도 좋다.
◐ 바닥에 여러 사람들을 서로 바짝 붙인 상태에서 눕힌다. 처음 세 사람 위에 열십자(+)로 교차해서 한 사람을 눕힌다. 그런 다음 서 있는 다른 사람들이 그 한 사람을 '컨베이어 벨트'처럼 사람들 위를 가로질러 굴린다.
◐ 두 사람이 하나로 포개어 활동하는 것도 좋지만, 개인적으로 활동을 하도록 하는 것도 괜찮다. 혹은 초기단계에서는 한 사람씩 개인적으로 바닥을 굴러보고, 그다음 단계로서 두 사람이 한 조가 되어 구르도록 할 수 있다.

</td>
</tr>
<tr>
<td>치료적의의</td>
<td>
◐ 바닥에서 몸을 스트레칭하는 활동은 편안한 안정감을 주며 이후의 활동을 위한 기초 작업이 된다.
◐ 바닥 위에서 몸을 구르는 활동은 자신의 신체에 대한 조정능력을 향상시키는 데 도움을 준다.
◐ 두 사람이 한 조가 되어 함께 구르는 활동은 경계심을 없애고 유대감을 형성시키는 데 도움을 준다.
</td>
</tr>
</table>

42. 절벽 낙하

활 동	뒤로 넘어지면 뒤에서 받쳐 주기 활동					시 간		40~50분		
치료목적	인지	정서	신체	사회	언어	장 소	작은	중간	큰
			●	●				●	
치료목표	1. 두 사람이 한 조가 되어 마주 보고 파트너의 손을 잡고 몸을 뒤로 젖힐 수 있다. 2. 배경음악을 들으면서 파트너의 동작을 따라서 모방할 수 있다.									
대상연령	유아	아동	청소년	성인		집단규모	개별	2인 1조	3팀	4팀	무제한
	●	●	●					●		
자 료	카세트녹음기					음 악	경쾌한 느낌의 피아노 음악			

치료단계	활동순서 및 방법
Introduction (도입)	◑ **Warm-up:** 치료세션 초기에 브레인댄스로 내담자들의 몸의 긴장을 이완시킨다. ◑ 주제소개: 치료사는 내담자에게 오늘 활동의 주제와 방법을 간단히 소개한다.
Exploration (탐색) ⇩ **Learning** (학습·치료)	◑ 실제 활동순서와 방법 1. 참여자들은 짝을 지어 서로 마주 보고 선다. 손을 앞으로 쪽 편 채 서로 잡는다. 2. 처음에는 단순한 동작으로 시작한다. 즉, <u>두 사람 중 한 사람은 무릎을 똑바로 편 채 뒤로 넘어지면 다른 한 사람은 그 사람의 몸을 손으로 받쳐 준다.</u> 3. <u>여러 위치에서 동작을 해 본다. 손을 뻗고 있는 사람은 자신의 팔에 약간의 힘을 주는 것이 좋다. 예컨대, 아주 가까이에서 뒤로 넘어지는 사람을 받쳐 주다가 익숙해지면 아주 낮은 위치에서 받쳐 줄 수도 있다. 심지어는 받쳐 주는 사람의 손이 땅에 거의 닿을 정도로 내릴 수도 있다.</u> 4. 그러고 나서 파트너끼리 역할을 바꿔 활동을 해 본다. 5. 중간단계로서, 평화롭고 지속적인 템포의 음악에 맞춰 중심을 잡으면서 손을 뻗는 자세를 취해 본다. 여러 가지 자세를 취해 볼 수 있다. 6. 이번에는, 치료사는 모든 참여자들이 균형감 없이 엉거주춤한 자세로 춤을 추도록 요청한다. 한 사람이 움직이는 동안, 다른 파트너는 짝이 움직이는 동작을 따라 움직이면서 마치 '물'처럼 액체가 되었다고 상상하면서 이리저리 움직이며 몸을 굽히기도 하고, 구석으로 밀치기도 하고, 손으로 뭔가를 허공에 그려 보도록 한다.
Processing (정리)	◑ 의견나누기: 오늘 했던 활동이나 동작들 중에 의미 깊었던 점을 함께 나눈다. ◑ 반복: 주요 활동이 모두 끝나면, 오늘 했던 동작들을 다시 한번 반복하도록 한다. ◑ 정리: 세션을 끝맺기 위해 정리 스트레칭을 한다.

응용활동 및 치료적 의의 No.42

활동유의점	◑ 이때 주의할 점은 넘어지는 사람의 무게를 감당할 정도의 위치까지 활동을 하는 것이 중요하다는 것이다. 안전하게 다음과 같은 방법도 좋다. 예컨대, 무릎은 굽힌 상태에서, 한쪽 발을 다른 발 바로 앞에 두는 것이 좋다. ◑ 한 사람이 몸을 뒤로 재칠 때 손을 잡고 지탱해 주는 다른 파트너는 함께 넘어지지 않도록 주의해야 한다. 강하게 지탱할 수 있도록 몸의 무게중심을 뒤로 두는 것이 좋다. ◑ 두 사람이 동시에 두 손을 잡은 채로 동시에 몸을 뒤로 젖히도록 할 수도 있다. 이것은 더 강한 균형감각을 필요로 한다.
응용활동 및 보조자료	◑ 다양한 음악을 들려주면서 음악의 특징(높낮이, 속도, 크기, 음색 등)에 따라 몸을 움직이도록 할 수 있다. ① 높낮이: 높은 음정의 음악이 나올 때는 몸을 높게 유지할 수 있다. ② 속도: 빠른 속도의 음악이 나올 때는 빠르게 몸을 움직인다. ③ 크기: 소리가 큰 음악은 큰 동작을, 작은 소리의 음악에는 작은 몸짓을 해 보인다. ④ 음색: 어두운 음색은 축 처진 모습으로 걷는다. 
치료적의의	◑ 한 조로서 상대방의 손을 잡은 채 뒤로 몸을 재치는 활동은 상대에 대한 신뢰감과 자신에 대한 자신감을 가질 수 있다. ◑ 배경음악을 들으면서 파트너의 동작을 따라서 모방하는 활동은 서로 간의 유대감 형성에 도움을 주며, 타인에 대한 인식능력과 배려감을 키울 수 있다.

43. 가짜로 싸우기

활 동	War and Peace					시 간		40~50분	
치료목적	인지	정서	신체	사회	언어	장 소	작은	중간	큰
				●				●	

치료목표	1. 치료사의 동작을 보고 똑같이 모방하여 움직일 수 있다.
	2. 치료사가 지시에 따라 가짜로 싸우는 흉내를 낼 수 있다(모의싸움).

대상연령	유아	아동	청소년	성인	집단규모	개별	2인 1조	3팀	4팀	무제한
		●	●	●					●	

자 료	카세트녹음기	음 악	빠른 템포의 클래식 음악

치료단계	활동순서 및 방법
Introduction (도입)	◑ Warm-up: 치료세션 초기에 브레인댄스로 내담자들의 몸의 긴장을 이완시킨다. ◑ 주제소개: 치료사는 내담자에게 오늘 활동의 주제와 방법을 간단히 소개한다.
Exploration (탐색) ⇩ Learning (학습·치료)	◑ 실제 활동순서와 방법 1. 본격적인 활동에 앞서, 치료사는 몇 가지 빠르고, 긴장감이 있고, 변화무쌍한 동작을 참여자들에게 시범을 보이면 그대로 모방하여 따라 하도록 지시한다. 2. 치료사는 참여자들이 각자의 위치를 찾아서 서도록 지시한다. 한 장소에서 다른 장소로 이동하고 싶은 생각이 들겠지만, 지시가 있을 때까지는 움직이지 않고 서 있으라고 말한다. 3. 이제, 치료사는 각 사람들이 다른 장소로 아주 빠른 걸음으로 이동하라고 지시한다. 다른 장소로 이동하자마자 만나는 사람들과 서로 손이나 몸을 이용해서 서로 밀친다. 멈추고, 다시 자리를 옮겨서 서로 밀고 당기기를 여러 차례 반복한다(※ 밀고 당기는 대신, 서로의 오른손으로 하이파이브를 해도 좋고 '안녕하세요!'라고 서로 인사를 해도 좋다). 4. 다음, 두 명씩 짝을 지어 서도록 한다. 가짜로 '서로 싸우는 흉내'를 내 보라고 지시한다(모의싸움). 실제로 몸이 접촉되지 않도록 주의를 준다. 이때 한 사람이 주먹을 날려 때리는 시늉을 하면, 상대방은 피하거나 막아야 한다.
Processing (정리)	◑ 의견나누기: 오늘 했던 활동이나 동작들 중에 의미 깊었던 점을 함께 나눈다. ◑ 반복: 주요 활동이 모두 끝나면, 오늘 했던 동작들을 다시 한번 반복하도록 한다. ◑ 정리: 세션을 끝맺기 위해 정리 스트레칭을 한다.

응용활동 및 치료적 의의 No.43

활동유의점	◐ 초기에는 치료사가 먼저 시범을 보이고 학생들이 따라서 모방하기를 반복하지만, 익숙해지면 학생 중 한 명을 선정하여 주인공이 되도록 하고, 다른 학생들이 그 학생의 행동을 똑같이 모방하도록 하는 것도 좋다. ◐ Warm-up 단계에서 치료사는 학생들(내담자들)이 동작을 취하다가 다소 과격해지지 않도록 주의를 준다. 아직까지는 오늘 활동의 주제를 참여자들에게 말해 주지 않는 것이 좋다. 다만, 밝은 분위기를 느낄 수 있도록 하면 된다. ◐ 싸우는 시늉을 하는 활동에서는 실제로 신체가 접촉하거나 감정이 격해지지 않도록 주의를 준다.
응용활동 및 보조자료	◐ 음악을 통해서 행동을 유발시킬 수도 있다. 예컨대, 경쾌한 음악을 준비하여 틀어 주고 그 음악에 맞추어 활동실을 걸어 다니도록 한다. 그런 다음 치료사는 중간 중간 적절한 시기에 음악을 중단한다. 그러면 참가자들은 동작을 멈추고 선다. 이것을 여러 번 반복한다. ◐ 본 활동의 초기단계에는 두 사람씩 짝 활동으로 '모의싸움'을 진행하다가, 소그룹이 함께 싸우는 시늉을 하는 이른바 '전쟁놀이'를 진행한다. ◐ 치료사는 '모의싸움' 활동을 진행하면서, 빠르고 경쾌한 템포의 음악을 틀어 준다. ◐ 이번에는 4개의 그룹으로 나누어 각 그룹별로 '평화'를 주제로 아주 평화롭고 행복한 장면을 연출하도록 동작을 만들어 보라고 지시할 수 있다. 치료사는 얼마간 연습시간을 준다. 그런 다음, 충분히 연습이 되었다고 판단되면, 각 그룹별로 연습한 '평화의 댄스'를 다른 그룹 앞에서 공연해 보이도록 한다.
치료적의의	◐ 치료사의 동작을 똑같이 모방하는 활동은 주의집중력을 향상시키는 효과를 준다. ◐ 학생이 주인공이 되어 특정 동작을 해 보이고 다른 사람들이 따라 모방하는 활동은 주인공인 학생의 자아 존중감을 향상시키고 심리적인 성취감을 줄 수 있다.

44. 신기한 목소리

활 동	손 지시에 따라 목소리 변화시키기					시 간		40~50분		
치료목적	인지	정서	신체	사회	언어	장 소	작은	중간		큰
		●		●	●			●		
치료목표	1. 작은 소리부터 큰 소리까지 목소리의 강도를 높일 수 있다. 2. 자신이 낼 수 있는 가장 독특한 소리를 사람들 앞에서 낼 수 있다.									
대상연령	유아	아동	청소년	성인	집단규모	개별	2인 1조	3팀	4팀	무제한
	●	●								●
자 료	없음.				음 악	없음.				

치료단계	활동순서 및 방법
Introduction (도입)	◑ Warm-up: 치료세션 초기에 브레인댄스로 내담자들의 몸의 긴장을 이완시킨다. ◑ 주제소개: 치료사는 내담자에게 오늘 활동의 주제와 방법을 간단히 소개한다.
Exploration (탐색) ⇩ Learning (학습 · 치료)	◑ 실제 활동순서와 방법 1. 치료사는 참여한 사람들을 원을 만들어 둥그렇게 서도록 지시한다. 2. 치료사가 이상한 소리를 내면, 참여한 사람들이 그 소리를 똑같이 따라서 말하도록 한다. 3. 우선, 처음에는 매우 조심스럽고 조용한 소리를 내기 위해 목에 힘을 빼는 것이 좋다. 그러다가 점차적으로 목소리의 강도를 더욱 높여 나간다. 이때 자음과 모음을 사용하여 소리 내면 된다. 4. 한 사람이 몇 초 동안 소리를 지속해서 내면, 다른 참가자들이 따라서 소리 낸다. 5. 이번에는, 원 안에 있는 모든 사람들이 동시에 특정한 동작을 하면서 괴상한 소리를 내도록 한다. 각자가 아주 길게 여러 가지 형태의 소리를 연결해서 낸다. 이렇게 소리를 내는 동시에 원 안에서 나름대로 동작을 만들어 취해 본다. 6. 아이들의 경우, 자신의 내면에 잠재해 있는 상상력을 동원하여 즐겁게 춤추기를 즐기는 경향이 있다.
Processing (정리)	◑ 의견나누기: 오늘 했던 활동이나 동작들 중에 의미 깊었던 점을 함께 나눈다. ◑ 반복: 주요 활동이 모두 끝나면, 오늘 했던 동작들을 다시 한번 반복하도록 한다. ◑ 정리: 세션을 끝맺기 위해 정리 스트레칭을 한다.

응용활동 및 치료적 의의 No.44

활동유의점	◑ 소리의 강도를 점점 높여 가는 활동에서는 먼저 치료사가 참가자들 앞에서 기준이 되는 소리를 내는 것이 도움이 된다. 예를 들어, 적당한 높이의 음정을 '아' 하고 소리 낸다. 처음에는 아주 작게 시작해서 점점 세게 내도록 지시한다. ◑ 이상한 소리를 낼 때는 우리 생활 주변에서 쉽게 들을 수 있는 소리를 활용하면 더욱 효과적이다. 예컨대, 새소리, 바람소리, 동물소리 등 주변에서 쉽게 들을 수 있는 소리를 먼저 흉내 내도록 하면 좋다.
응용활동 및 보조자료	◑ 목소리의 강도를 변화시키는 활동은 생각보다 어려울 수도 있다. 이럴 때는 치료사의 손지시를 따라 목소리를 다르게 변화시키는 것이 도움이 된다. 예를 들어, 치료사가 두 손을 붙인 상태에서 손을 떼면서 점점 멀리 넓혀 나가면 소리를 더 크게 내고, 다시 손을 가까이 대면 목소리를 작게 내도록 한다. 
치료적의의	◑ 치료사의 손 지시에 따라 목소리의 강도를 다르게 변화시키는 활동은 지시 따르기 능력을 향상시켜 주고, 집중력을 향상시키는 역할을 한다. ◑ 자신의 목소리를 작게 또는 크게 변화시키는 활동은 자신의 존재감을 깨닫도록 하는 기능을 한다. ◑ 다양한 소리를 만들어 발표하는 활동은 참가자로 하여금 창의력을 향상시키는 역할을 한다.

45. 스펀지 볼

활 동	공을 두 사람 사이에 끼고 걷기					시 간	40~50분		
치료목적	인지	정서	신체	사회	언어	장 소	작은	중간	큰
				●				●	
치료목표	1. 두 사람이 한 조가 되어 이마 사이에 물건을 끼운 채로 걸을 수 있다. 2. 이마 사이에 물건을 끼운 채로 여러 가지 장애물을 지나갈 수 있다.								
대상연령	유아	아동	청소년	성인	집단규모	개별	2인 1조	3팀	4팀	무제한
		●	●				●			
자 료	스펀지볼(탱탱볼), 카세트녹음기			음 악	댄스음악				

치료단계	활동순서 및 방법
Introduction (도입)	◑ Warm-up: 치료세션 초기에 브레인댄스로 내담자들의 몸의 긴장을 이완시킨다. ◑ 주제소개: 치료사는 내담자에게 오늘 활동의 주제와 방법을 간단히 소개한다.
Exploration (탐색) ⇩ **Learning** (학습 · 치료)	◑ 실제 활동순서와 방법 1. 치료사는 스펀지볼(탱탱볼)을 준비한다. 떨어뜨려도 깨지지 않는 부드러운 물건이면 어떤 것이든 상관없다. 2. 참여한 사람들을 2명씩 한 조로 구성한다. 3. 두 사람의 이마 사이에 스펀지볼(탱탱볼)을 끼우고 서도록 한다. 4. 그런 다음 치료사는 댄스음악을 틀어준다. 5. 치료사는 이마 사이에 스펀지볼(탱탱볼)을 끼운 채 서 있는 각 조에 그 음악에 맞추어 춤을 추도록 지시한다(※ 이것이 어려우면 스펀지볼을 서로의 이마 사이에 끼운 상태에서 '반환점'을 돌아오는 것도 좋다). 6. 최소한 1분 동안은 이마 사이에 스펀지볼(탱탱볼)을 끼운 채로 유지하게 한다. 7. 다른 활동으로서, 간단한 게임을 준비한다. 치료사는 10m 앞에 반환점을 만들어 두 팀이 이마 사이에 스펀지볼을 끼운 채로 먼저 돌아오는 팀이 승리하는 게임을 하도록 한다. 여러 개의 장애물을 만들어 진로를 더욱 어렵게 만들어도 좋다.
Processing (정리)	◑ 의견나누기: 오늘 했던 활동이나 동작들 중에 의미 깊었던 점을 함께 나눈다. ◑ 반복: 주요 활동이 모두 끝나면, 오늘 했던 동작들을 다시 한번 반복하도록 한다. ◑ 정리: 세션을 끝맺기 위해 정리 스트레칭을 한다.

응용활동 및 치료적 의의 No.45

활동유의점	◑ 두 사람 이마 사이에 끼운 채 활동하게 될 물건은 떨어뜨려도 깨지지 않는 부드러운 물건이면 어떤 것이든 상관없다. ◑ 장애물의 위치를 다양하게 배치하여 활동의 범위를 변화시킬 수 있다. ◑ 그룹으로 대항을 하는 게임에서 너무 심하게 경쟁하지 않도록 한다.
응용활동 및 보조자료	◑ 스펀지볼뿐만 아니라 과일을 이용해도 좋다. 오렌지나 귤이 좋다. 그 외의 과일(예: 사과나 달걀, 바나나 등)을 사용할 수도 있다. ◑ 테니스공이나 풍선을 두 사람의 이마 사이에 넣고 서서 춤을 추도록 할 수도 있다. ◑ 이마 사이에 물건을 두고 서 있거나 춤을 추는 것 이외에도, 반환점을 먼저 돌아오는 게임을 진행할 수도 있다. 
치료적의의	◑ 두 사람이 한 조가 되어 활동하는 것은 서로 간의 친밀감을 향상시킨다. ◑ 두 사람의 이마 사이에 물건을 끼운 채 활동하는 것은 신체조정능력과 집중력을 향상시키는 데 도움을 준다.

46. 풍선배구

활 동	풍선으로 배구하기					시 간		40~50분		
치료목적	인지	정서	신체	사회	언어	장 소	작은	중간	큰	
				●				●		
치료목표	1. 풍선을 공중에 띄운 채로 방 안을 1분간 춤추며 다닐 수 있다. 2. 두 사람이 짝이 되어 풍선을 배구하듯이 쳐서 올릴 수 있다.									
대상연령	유아	아동	청소년	성인	집단규모	개별	2인 1조	3팀	4팀	무제한
	●	●	●				●			
자 료	풍선, 색종이 조각				음 악	느린 음악, 빠른 음악				

치료단계	활동순서 및 방법
Introduction (도입)	◗ Warm-up: 치료세션 초기에 브레인댄스로 내담자들의 몸의 긴장을 이완시킨다. ◗ 주제소개: 치료사는 내담자에게 오늘 활동의 주제와 방법을 간단히 소개한다.
Exploration (탐색) ⬇ Learning (학습·치료)	◗ 실제 활동순서와 방법 1. 치료사는 참여한 모든 사람들에게 풍선을 하나씩 나누어 준 다음, 빠른 음악을 틀어준다. 2. 풍선을 공중에 둥둥 띄운 채로 방 주변을 춤을 추며 1분간 돌아다니도록 한다. 이때 풍선에 손을 대도 좋다. 3. 치료사는 참여자들이 풍선을 가지고 즉흥적이고 다양한 춤을 추도록 독려한다. 주의할 점은 풍선이 바닥에 닿아서는 안 된다는 점이다. 4. 각 사람이 파트너를 정한 다음, 짝이 된 두 사람끼리 서로 '배구'하듯이 풍선을 쳐 올리게 한다. 5. 마지막으로, 느린 음악을 틀어 준다. 6. 느린 음악에 맞추어 각 그룹으로 두 사람 사이에 풍선을 끼우고 걸어 보도록 지시한다. 예컨대, 서로의 가슴부분에다 풍선을 맞댄다든지, 두 사람의 등 사이에 풍선을 끼운다든지, 이마에 풍선을 끼울 수 있다. 7. 치료사가 지시하면 각 그룹으로 춤을 추면서 풍선의 위치를 바꾸도록 지시한다.
Processing (정리)	◗ 의견나누기: 오늘 했던 활동이나 동작들 중에 의미 깊었던 점을 함께 나눈다. ◗ 반복: 주요 활동이 모두 끝나면, 오늘 했던 동작들을 다시 한번 반복하도록 한다. ◗ 정리: 세션을 끝맺기 위해 정리 스트레칭을 한다.

응용활동 및 치료적 의의 No.46

활동유의점	◑ 풍선을 가지고 즉흥동작을 꾸밀 때는 신비로운 음악이나 경쾌한 음악을 통해 분위기를 조성하는 것도 중요하다. ◑ 풍선을 두 사람 사이에 끼고 움직이는 활동은 서로 과도한 신체접촉이 되지 않도록 배려한다. 특히 남녀 간의 활동 시에는 주의하도록 한다. ◑ 풍선 이외에 다양한 재료를 활용해도 좋다. 예컨대, 스펀지볼이나 탱탱볼도 좋다. 참가자들의 연령이 적당하다면 실제로 배구공을 가지고 하는 것도 좋다.

응용활동 및 보조자료	◑ 풍선의 색깔을 다양하게 하는 것도 좋다. 또한 풍선 터뜨리기 게임을 진행하는 것도 괜찮다. ◑ 축제분위기를 자아내기 위해서, 치료사는 풍선 안에다 색종이를 잘게 잘라서 넣으면 좋다. 풍선이 터지게 되면, 그 속에 있던 색종이 조각이 날리면서 순간적으로 축제 분위기를 연출할 수 있다. 

치료적의의	◑ 두 사람 사이에 물건을 끼운 채 활동하는 것은 신체조정능력과 집중력을 향상시키는 데 도움을 준다. ◑ 풍선을 쳐서 올리고 떨어뜨리지 않는 활동은 참가자들에게 흥미를 주어 더욱 적극적으로 활동에 참여하도록 한다. ◑ 여러 가지 감정을 동작으로 표현하는 활동은 내담자의 내면의 정서를 외부로 표출할 수 있는 기회를 제공해 준다.

47. 신나는 놀이공원

활 동	Ghosts at the Fair					시 간	40~50분		
치료목적	인지	정서	신체	사회	언어	장 소	작은	중간	큰
	●			●				●	
치료목표	1. 상상 속 놀이공원에서 자신이 원하는 놀이기구를 타는 활동을 할 수 있다. 2. 놀이기구를 타는 과정을 동작으로 표현할 수 있다.								
대상연령	유아	아동	청소년	성인	집단규모	개별	2인 1조	3팀	4팀	무제한
	●	●	●							●
자 료	카세트녹음기				음 악	만화음악 또는 서커스음악			

치료단계	활동순서 및 방법
Introduction (도입)	◗ Warm-up: 치료세션 초기에 브레인댄스로 내담자들의 몸의 긴장을 이완시킨다. ◗ 주제소개: 치료사는 내담자에게 오늘 활동의 주제와 방법을 간단히 소개한다.
Exploration (탐색) ⬇ Learning (학습·치료)	◗ 실제 활동순서와 방법 1. 치료사는 참여한 사람들에게 '놀이동산'에 갈 시간이라고 말해 준다. 2. 그런 다음, 놀이동산의 풍경이나 소리, 냄새 등을 회상하도록 해 준다. 3. 만약 놀이동산을 한 번도 가 본 적이 없는 사람이 있다면, 옆 사람이 놀이동산의 여러 가지 모습을 설명해 주도록 요청한다(예: 탈 것, 놀 것, 볼거리 등). 4. 만화음악이나 서커스음악을 틀어 준다. 콩가리듬에 맞춰 몸을 흔들면서 놀이동산 주변의 여러 상점들, 탈 것 등을 바라보며 춤추며 지나쳐 간다. 5. 이제, 사람들이 자기가 원하는 대로 놀이동산에서 가 보고 싶은 곳을 골라서 마음대로 돌아다니도록 기회를 준다. 예컨대, 회전목마나 범퍼카 타는 곳으로 가서 그 놀이기구를 타는 시늉을 하면서 춤을 춘다. 6. 모든 사람들이 자신이 원하는 장소에서 춤을 춘 다음, 몇 사람은 하얀 천을 뒤집어쓰고 유령흉내를 내면서 다른 사람들을 잡아 보라고 지시한다. 7. 이때, 유령역할을 하는 사람들도 독특한 유령춤을 추면서 다른 사람들을 잡으러 가도록 지시한다.
Processing (정리)	◗ 의견나누기: 오늘 했던 활동이나 동작들 중에 의미 깊었던 점을 함께 나눈다. ◗ 반복: 주요 활동이 모두 끝나면, 오늘 했던 동작들을 다시 한번 반복하도록 한다. ◗ 정리: 세션을 끝맺기 위해 정리 스트레칭을 한다.

응용활동 및 치료적 의의 No.47

활동유의점	◑ 치료사는 참여자들이 놀이동산에 갔던 경험을 회상할 수 있도록 다음과 같은 여러 가지 질문을 할 수 있다. ① 놀이공원에 가 본 사람? 어디 있는 놀이공원에 갔었나요? ② 놀이공원에 가서 어떤 음식을 사 먹었나요? 누구와 함께 갔었나요? ③ 놀이공원에서 제일 재미있었던 놀이기구가 뭐였나요? 무섭지는 않았나요? ④ 놀이기구 중 한 가지를 정해서 타는 법을 설명해 줄 수 있나요? ◑ 치료사가 서커스 음악이나 만화음악을 틀어 주면, 참여한 사람들이 더 많이 몸을 흔들면서 춤을 추도록 격려한다. 그리고 음악을 들으면서 놀이동산의 분위기를 더욱 느낄 수 있도록 분위기를 조성한다.
응용활동 및 보조자료	◑ 참여자 각자가 자신들이 원하는 놀이동산 부스에 가서 춤을 춘다. 예를 들어, 어떤 사람은 '회전목마'로 가고 싶어 할 것이다. 그러면 회전목마에 탄 것처럼 주위에서 빙글빙글 돌 수 있다. 또 다른 사람은 '범퍼카'를 탄 시늉을 하면서 보이지 않는 장애물을 피해서 이리저리로 움직여 갈 수도 있다. 
치료적의의	◑ 놀이공산과 놀이기구를 소재로 한 활동은 참여자들이 흥미를 갖고 활동에 동참할 수 있도록 해 준다. ◑ 상상 속 놀이공원에서 활동하는 만큼 상상력과 즉흥성 향상에 도움을 준다. ◑ 각자의 역할을 배정받아 이야기를 꾸미는 활동은 자기역할인식과 타인인식 능력을 향상시키는 데 도움을 준다.

48. 초고속 카메라

활 동	매우 느린 동작을 표현하기					시 간		40~50분		
치료목적	인지	정서	신체	사회	언어	장 소	작은	중간	큰
	●			●				●	
치료목표	특정한 주제의 동작을 매우 느리게 움직이면서 표현할 수 있다.									
대상연령	유아	아동	청소년	성인	집단규모	개별	2인 1조	3팀	4팀	무제한
		●	●							●
음 악	느리고 리듬감 있는 음악									

치료단계	활동순서 및 방법
Introduction (도입)	◑ Warm-up: 치료세션 초기에 브레인댄스로 내담자들의 몸의 긴장을 이완시킨다. ◑ 주제소개: 치료사는 내담자에게 오늘 활동의 주제와 방법을 간단히 소개한다.
Exploration (탐색) ⇩ Learning (학습·치료)	◑ 실제 활동순서와 방법 1. 참여자들에게 매우 느리게 움직이면서 활동실 이곳저곳에서 살아 있는 조각상을 만들어 보도록 지시한다. 2. 이때, 초기에는 잘 알려진 조각상을 만들어 보는 것이 좋다. 처음에는 천천히 움직이면서 자세를 취하다가 나중에는 움직이지 않는 조각상을 만드는 것이다. 예컨대, '교통경찰' 조각상을 만들어서 손을 쭉 뻗고 서도록 할 수 있을 것이다. 3. 몇 분 동안 이 자세를 취한 상태에서 서 있도록 한 다음, 다른 포즈를 취하도록 지시한다 (예: 춤추는 발레리나 조각상, 그물을 뿌리는 어부 조각상 등). 4. 치료사가 느린 음악을 틀면, 그 음악에 맞춰 다시 움직이기 시작하면서 다른 동작으로 변형시킨다. 5. 작은 그룹으로 나누어서 마치 영화의 장면들처럼, 조각에서 조각으로 옮겨 가도록 다양한 동작을 만들어 보도록 한다. 그러나 그룹 내의 타인의 동작과 반드시 연관성이 있을 필요는 없다.
Processing (정리)	◑ 의견나누기: 오늘 했던 활동이나 동작들 중에 의미 깊었던 점을 함께 나눈다. ◑ 반복: 주요 활동이 모두 끝나면, 오늘 했던 동작들을 다시 한번 반복하도록 한다. ◑ 정리: 세션을 끝맺기 위해 정리 스트레칭을 한다.

응용활동 및 치료적 의의 No.48

활동유의점	◖ 사람들에게 잘 알려진 조각상을 제시하는 것이 중요하다. 예를 들어, 다비드 상, 자유의 여신상 등을 통해 흥미를 유발하는 것이 좋다. ◖ 조각상처럼, 한 동작에서 다른 동작으로 변형시킬 때 유의할 점은 아주 느린 템포 속에서 움직여야 한다는 점이다. 그 이유는 느린 동작으로 움직이면서 타인의 움직임을 보다 잘 관찰할 수 있도록 하기 위해서이다.
응용활동 및 보조자료	◖ 본 활동과는 반대되는 응용활동으로서, 동작의 주제를 사람들에게 알려주지 않고 느린 동작으로 표현하면 다른 사람들이 주제를 맞히는 게임을 할 수도 있다. 이를 위해서 치료사는 참여자들에게 각자가 특정한 상황을 하나 정해서 동작으로 만들어 보도록 충분한 시간을 줄 필요가 있다. 준비가 끝나면 한 사람씩 앞으로 나와서 사람들 앞에서 발표하면, 그 동작의 주제를 맞히도록 한다. ◖ 그룹으로 협동작품(조각상)을 만들어 보는 것도 매우 효과적이다. 개인별로 조각상을 만들어 보는 것도 좋지만, 단체로 특정한 주제가 있는 조각상을 만들어 보는 것도 의미 있다. ◖ 한 사람이 자신이 마음속으로 생각한 조각상을 몸으로 표현하면, 다른 사람들이 그 조각상의 이름이나 주제를 맞히는 게임형식의 활동을 하는 것도 좋다. 
치료적의의	◖ 몸으로 조각상을 만드는 활동은 자기신체를 인식하고 자아상을 형성하는 데 도움을 준다. ◖ 신체 조각상을 보고 제목을 맞히는 활동은 참가자들의 인지능력을 자극하는 역할을 한다. ◖ 단체로 협동하여 신체 조각 작품을 만드는 활동은 팀원들 간의 협동심과 사회성 향상에 도움을 준다.

49. 선생님과 학생

활 동	시작장애인 체험 동작표현활동						시 간	40~50 분		
치료목적	인지	정서	신체	사회	언어	장 소		작은	중간	큰
			●	●					●	
치료목표	1. 선생님이 되어 다른 학생에게 자신이 만든 동작을 가르칠 수 있다. 2. 학생이 되어 선생님이 가르쳐 주시는 동작을 배울 수 있다.									
대상연령	유아	아동	청소년	성인	집단규모		개별	2인 1조	3팀	4팀	무제한
	●	●	●					●			
자 료	눈가리개				음 악		느리고 리듬감 있는 전자음악			

치료단계	활동순서 및 방법
Introduction (도입)	◗ **Warm-up:** 치료세션 초기에 브레인댄스로 내담자들의 몸의 긴장을 이완시킨다. ◗ 주제소개: 치료사는 내담자에게 오늘 활동의 주제와 방법을 간단히 소개한다.
Exploration (탐색) ⬇ Learning (학습·치료)	◗ 실제 활동순서와 방법 1. 전체 그룹을 두 명씩 짝을 짓는다. 둘 중 한 사람은 '선생님'이 되고, 다른 한 사람은 '학생'이 된다. 2. 치료사는 선생님 역할을 맡은 사람들에게 자신의 학생에게 '어떤 동작'을 가르칠지 생각해 보도록 한다. 하지만, 학생 역할을 맡은 사람들은 마치 자신이 ① 듣지도 못하고, ② 보지도 못하고, ③ 말하지도 못하는 것처럼 행동해야만 한다. 만약, 학생들이 동의한다면 학생들 눈에 '눈가리개'를 착용하도록 할 수도 있다. 3. 선생님 역할을 맡은 사람은 말은 사용하지 않은 채 감정을 듬뿍 섞어서 그들의 학생들에게 춤을 보여 준다. 또는 눈가리개를 하고 있을 경우에는 직접 학생들의 몸을 만지면서 몸동작을 익히도록 도와 준다. 4. 학생들이 선생님의 과장된 춤동작을 보고 정확하게 익혔다면, 이 두 사람은 함께 춤을 춘다. 5. 학생이 원한다면, 눈을 뜬 채로 선생님 앞에 서서, 벽 쪽을 향해 춤을 추면서 걸어가면 선생님은 학생의 춤을 그대로 모방하면서 따라가도록 한다.
Processing (정리)	◗ 의견나누기: 오늘 했던 활동이나 동작들 중에 의미 깊었던 점을 함께 나눈다. ◗ 반복: 주요 활동이 모두 끝나면, 오늘 했던 동작들을 다시 한번 반복하도록 한다. ◗ 정리: 세션을 끝맺기 위해 정리 스트레칭을 한다.

응용활동 및 치료적 의의 No.49

활동유의점	◑ 본 활동의 특징은 다른 활동들의 일부분 속에 있는 춤 활동이 보다 심도 깊은 무용 학습을 위한 시작이 될 수 있다는 데 있다. ◑ 눈가리개는 학생들이 동의할 때만 사용한다. 두려움을 느끼는 학생들도 있을 수 있기 때문이다. ◑ 선생님 역할을 맡은 사람들은 학생들이 그다음 동작을 인식할 수 있을 정도로 발동작이나 몸동작을 과장되게 해야만 한다.

응용활동 및 보조자료	◑ 응용활동 1: 선생님은 '언어'만을 사용해서 준비한 동작을 가르칠 수 있다. 이 경우 학생들은 모두 눈가리개를 하고 있는 상태이다. 즉, 학생들은 보이지 않고 들을 수는 있는 상태, 시각장애학생의 상태인 것이다. 이때 선생님 역할을 하는 사람은 동작은 사용하지 않고 오로지 말을 사용해서만 학생들에게 어떻게 움직여야 할지 가르쳐 준다. ◑ 응용활동 2: 선생님은 '몸동작'만을 사용해서 준비한 동작을 학생에게 가르칠 수 있다. 이 경우에는 학생들이 눈가리개를 하지는 않은 상태이다. 즉, 귀가 들리지 않고 눈으로만 보고 배울 수 있는 청각장애학생의 경우를 가상한 것이라고 할 수 있다. ◑ 응용활동 3: 선생님은 '직접 학생의 손과 어깨, 발을 잡으면서 신체접촉'을 통해 준비한 동작을 학생에게 가르칠 수도 있다. 이것은 학생들이 듣지도, 보지도 못하고 다만 신체감각만 남아 있다고 가정하기 때문이다.   

치료적의의	◑ 다른 사람을 가르치는 경험을 자기 역할에 대한 책임감을 느끼도록 돕는 역할을 한다. ◑ 말없이 동작으로만 타인을 가르치는 활동은 동작의 특성을 연구하도록 돕고, 동작표현력을 향상시켜 준다. ◑ 장애인이 되어 보는 경험은 타인에 대한 이해력을 증진시키는 역할을 한다.

50. 거울에 비친 내 모습

활 동	파트너와 똑같이 움직이는 활동					시 간		40~50분	
치료목적	인지	정서	신체	사회	언어	장 소	작은	중간	큰
	●		●	●				●	

치료목표	1. 파트너와 함께 호흡에 맞추어 움직임을 유도해 본다. 2. 타인의 움직임을 통해 그 사람과의 관계형성을 느껴 보자.								
대상연령	유아	아동	청소년	성인	집단규모	개별	2인 1조	3팀	4팀	무제한
		●	●	●						●
자 료	없음.				음 악	없음.			

치료단계	활동순서 및 방법
Introduction (도입)	◖ **Warm-up:** 치료세션 초기에 브레인댄스로 내담자들의 몸의 긴장을 이완시킨다. ◖ **주제소개:** 치료사는 내담자에게 오늘 활동의 주제와 방법을 간단히 소개한다.
Exploration (탐색) ⬇ Learning (학습 · 치료)	◖ **실제 활동순서와 방법** 1. 치료사는 활동을 하기 위해 아래와 같이 참가자들의 신체와 마음을 준비시킨다. 　① 신체 각 부분을 움직인다(머리-얼굴-어깨-팔-손목-손가락-허리-무릎-발목). 　② 이번에는 신체 각 부분을 천천히 스트레칭해 준다. 2. <u>치료사는 본격적인 활동을 위해 신체를 깨우는 작업을 한다.</u> 　* 거울이 되어 봅시다.－<u>동작으로 꾸미기</u>(mirroring) 　① 2명이 한 팀이 되어 한 사람은 거울이 되어 파트너의 움직임을 따라 해 본다. 　－머리부터 발끝까지 몸 전체를 움직여 본다. 　－앉아서, 서서, 파트너 따라 움직이면서 점점 범위를 크게 동작을 해 본다. 　② 짝과 역할을 바꾸어 움직임을 해 본다. 　③ 다른 파트너를 만나 ①부터 ②까지 반복해 본다.

응용활동 및 치료적 의의 No.50

치료단계	활동순서 및 방법
Exploration (탐색) ⬇ Learning (학습·치료)	3. 치료사는 참가자들에게 다양한 동작을 개인 혹은 그룹으로 구성해 보도록 지시한다(다음의 과정을 통해 팀별 동작표현 활동을 구성해 본다). 　－그룹으로 리더가 동작을 하면 동작 따라 하기(주제를 정해서 움직임을 해 본다) 　－스토리 만들기 　－다양한 동작을 개인 혹은 그룹으로 구성해 보기 　－연습하기(반복) 4. 발표 및 관찰 　① 그룹으로 준비한 내용을 다른 사람들 앞에서 발표한다. 　② 다른 팀이 발표하는 것을 관찰한다. 　－표현력이나 상상력이 풍부했는지
Processing (정리)	◐ 의견나누기: 오늘 했던 활동이나 동작들 중에 의미 깊었던 점을 함께 나눈다. ◐ 반복: 주요 활동이 모두 끝나면, 오늘 했던 동작들을 다시 한번 반복하도록 한다. ◐ 정리: 세션을 끝맺기 위해 정리 스트레칭을 한다.

51. 그림자야 놀자!

활 동	나의 그림자와 움직임하기					시 간		40~50분	
치료목적	인지	정서	신체	사회	언어	장 소	작은	중간	큰
	●		●	●				●	
치료목표	1. 그림자의 특징을 파악할 수 있다. 2. 나의 움직임을 파트너를 통해 볼 수 있다.								
대상연령	유아	아동	청소년	성인	집단규모	개별	2인 1조	3팀	4팀	무제한
		●	●	●						●
자 료	없음.				음 악	없음.			

치료단계	활동순서 및 방법
Introduction (도입)	◐ Warm-up: 치료세션 초기에 브레인댄스로 내담자들의 몸의 긴장을 이완시킨다. ◐ 주제소개: 치료사는 내담자에게 오늘 활동의 주제와 방법을 간단히 소개한다.
Exploration (탐색) ⬇ Learning (학습·치료)	◐ 실제 활동순서와 방법 1. 신체 각 부분을 충분히 움직여서 활성화시킨다(음악에 맞추어 자유롭게). 2. 이번에는 신체 각 부분을 천천히 스트레칭해 준다. 3. 그림자가 되어 본다. -동작으로 꾸미기(Shadow) 　① 2명이 한 팀이 되어 한 사람이 리더가 되어 움직임을 하면 파트너가 움직임을 따라 해 　　본다. 　-머리부터 발끝까지 몸 전체를 움직여 본다. 　-앉아서, 서서, 자유롭게 파트너 따라 움직이면서 점점 범위를 크게 동작을 해 본다. 　② 짝과 역할을 바꾸어 움직임을 해 본다. 　③ 다른 파트너를 만나 ①부터 ②까지 반복해 본다. 4. 치료사는 참가자들에게 다양한 동작을 개인 혹은 그룹으로 구성해 보도록 지시한다(다음 　의 과정을 통해 팀별 동작표현 활동을 구성해 본다). 　-그룹으로 리더가 동작을 하면 동작 따라 하기(주제를 정해서 움직임을 해 본다) 　-스토리 만들기(리본 막대기를 이용해 본다) 　-다양한 동작을 개인 혹은 그룹으로 구성해 보기 　-연습하기(반복)
Processing (정리)	◐ 의견나누기: 오늘 했던 활동이나 동작들 중에 의미 깊었던 점을 함께 나눈다. ◐ 반복: 주요 활동이 모두 끝나면, 오늘 했던 동작들을 다시 한번 반복하도록 한다. ◐ 정리: 세션을 끝맺기 위해 정리 스트레칭을 한다.

52. Open과 Close

활 동	몸을 이용해 Open과 Close를 경험한다.				시 간		40~50분		
치료목적	인지	정서	신체	사회	언어	장 소	작은	중간	큰
	●			●				●	
치료목표	1. 몸을 통해 공간의 범위를 이해할 수 있다. 2. Open했을 때의 느낌과 Close했을 때의 느낌을 말해 보자.								
대상연령	유아	아동	청소년	성인	집단규모	개별	2인 1조	3팀	4팀	무제한
		●	●	●						●
자 료	없음.				음 악	없음.			

치료단계	활동순서 및 방법
Introduction (도입)	◖ **Warm-up**: 치료세션 초기에 브레인댄스로 내담자들의 몸의 긴장을 이완시킨다. ◖ 주제소개: 치료사는 내담자에게 오늘 활동의 주제와 방법을 간단히 소개한다.
Exploration (탐색) ⇩ Learning (학습·치료)	◖ 실제 활동순서와 방법 1. 치료사는 활동을 하기 위해 참가자들의 신체와 마음을 편안하게 준비시킨다. 2. 브레인댄스 패턴(8가지)에서 3번째 Core-distal(안쪽에서 바깥으로)을 다시 움직여 본다. - 몸 바깥(손가락, 발가락, 머리 그리고 꼬리) 끝 부분을 통하여 환경을 향해 몸을 뻗는 것은 전신 확장을 하는 것과 같다. - 반대로 끝 부분을 배꼽중심으로 모아 몸을 축소해 본다. - 혼자서 손, 팔꿈치, 겨드랑이, 몸통, 무릎, 발가락 등을 폈다 오므렸다 해 본다. - 앉아서, 서서, 돌아다니면서 점점 확대해서 움직임을 해 본다. - 혼자서, 둘이서, …… 전체가 손을 잡고 작게, 크게 몸으로 움직여 본다. 3. 지식 나누기 활동: 그룹으로 움직임 꾸며 보기 ① 다양한 대형이나 스토리를 만들어 개인 혹은 그룹으로 구성해 본다. ② 주제를 정하고 동작을 연결한다. 4. 발표 및 관찰 ① 그룹으로 준비한 내용을 다른 사람들 앞에서 발표한다. ② 다른 팀이 발표하는 것을 관찰한다. - 표현력이나 상상력이 풍부했는지
Processing (정리)	◖ 의견나누기: 오늘 했던 활동이나 동작들 중에 의미 깊었던 점을 함께 나눈다. ◖ 반복: 주요 활동이 모두 끝나면, 오늘 했던 동작들을 다시 한번 반복하도록 한다. ◖ 정리: 세션을 끝맺기 위해 정리 스트레칭을 한다.

53. 폭풍 속 달리기

활 동	무릎을 잡힌 상태에서 이동하기					시 간		40~50분		
치료목적	인지	정서	신체	사회	언어	장 소	작은	중간	큰	
			●	●				●		
치료목표	1. 두 사람이 한 조가 되어 파트너가 걸어가지 못하도록 방어하는 역할을 할 수 있다. 2. 파트너의 방어에도 불구하고 방을 가로질러 걸어갈 수 있다.									
대상연령	유아	아동	청소년	성인	집단규모	개별	2인 1조	3팀	4팀	무제한
		●	●				●			
자 료	없음.				음 악	없음.				

치료단계	활동순서 및 방법
Introduction (도입)	◐ **Warm-up:** 치료세션 초기에 브레인댄스로 내담자들의 몸의 긴장을 이완시킨다. ◐ 주제소개: 치료사는 내담자에게 오늘 활동의 주제와 방법을 간단히 소개한다.
Exploration (탐색) ⬇ Learning (학습·치료)	◐ 실제 활동순서와 방법 1. 참여자들이 서로 파트너를 정하여 서도록 한다. 모든 사람들이 천천히 스트레칭을 하도록 한다. 특히 배나 등 근육을 무리가 가지 않게 움직여 본다. 2. 한 사람이 손을 쭉 펴서 파트너의 팔목을 잡고, 발은 상대방의 발 옆에 둔다. 3. 다른 파트너가 도와주는 동안, 스트레칭을 하는 사람은 여러 가지 방법과 방향으로 스트레칭을 해 본다. 4. 이번에는 <u>모든 쌍들이 방의 한쪽 구석에 서도록 한 후, 두 사람 중 '주인공' 한 사람을 뽑고 그 사람을 '방어하는 사람'을 뽑아 보도록 지시한다.</u> 5. 방어하는 사람은 주인공 바로 앞에 엉덩이를 바닥에 대고 앉는다. 그런 다음 서 있는 주인공의 무릎을 두 손으로 꽉 잡는다. 6. <u>주인공은 방의 다른 쪽으로 움직이려고 시도한다. 방어하는 사람이 무릎을 꽉 잡고 있는 상태에서 주인공은 다른 곳으로 움직이려고 시도한다.</u> 7. 한 쌍이 짝을 이룬 조가 방을 가로질러 가게 되면, 출발장소를 바꿔서 다시 시도해 본다.
Processing (정리)	◐ 의견나누기: 오늘 했던 활동이나 동작들 중에 의미 깊었던 점을 함께 나눈다. ◐ 반복: 주요 활동이 모두 끝나면, 오늘 했던 동작들을 다시 한번 반복하도록 한다. ◐ 정리: 세션을 끝맺기 위해 정리 스트레칭을 한다.

54. 마이크 댄스

활 동	마이크 들고 짝과 함께 춤추기					시 간		40~50분		
치료목적	인지	정서	신체	사회	언어	장 소	작은	중간		큰
				●				●		
치료목표	1. 마이크를 들고 가수처럼 춤을 출 수 있다. 2. 마음에 드는 사람을 골라 서로 짝이 되어 함께 춤을 출 수 있다.									
대상연령	유아	아동	청소년	성인	집단규모	개별	2인 1조	3팀	4팀	무제한
	●	●								●
음 악	팝뮤직 또는 포크댄스음악(빠른 곡과 느린 곡)									

치료단계	활동순서 및 방법
Introduction (도입)	◐ Warm-up: 치료세션 초기에 브레인댄스로 내담자들의 몸의 긴장을 이완시킨다. ◐ 주제소개: 치료사는 내담자에게 오늘 활동의 주제와 방법을 간단히 소개한다.
Exploration (탐색) ⇩ Learning (학습·치료)	◐ 실제 활동순서와 방법 1. 치료사는 '마이크' 한 개를 준비하고 음악을 틀어 준다. 일반적으로 작은 파티나 학교행사에서 춤을 추는 것이 쉽다고 여기는 사람은 아마 아무도 없을 것이다. 그래서 소도구를 이용하여 춤추는 것에 대한 어색함을 없애 줄 수 있다. 2. 마이크 외에도 '빗자루'나 '마포걸레' 등을 가지고 활동을 할 수도 있다. 3. 참여자 한 사람에게 마이크를 주고, 그것을 가지고 방 주변을 돌면서 몸을 움직이며 춤을 춰 보도록 지시한다. 4. 마이크를 갖고 있던 사람이 다른 사람에게 마이크를 건네준 다음, 다른 사람들 중에서 마음에 드는 사람을 골라 서로 짝이 되어 1분 동안 춤을 춘다. 5. 마이크를 건네받은 사람은 그것을 가지고 춤을 추다가 마이크를 또 다른 사람에게 물려주고, 짝을 할 사람을 발견하면 그 짝과 함께 춤을 춘다. 6. 위의 과정을 계속 반복하다 보면, 짧은 시간 안에 참여한 모든 사람들이 자연스럽게 춤추는 데에 참여하게 될 것이다. 7. 모든 사람들이 다 짝을 이루게 되면 마이크는 옆에 내려놓는다.
Processing (정리)	◐ 의견나누기: 오늘 했던 활동이나 동작들 중에 의미 깊었던 점을 함께 나눈다. ◐ 반복: 주요 활동이 모두 끝나면, 오늘 했던 동작들을 다시 한번 반복하도록 한다. ◐ 정리: 세션을 끝맺기 위해 정리 스트레칭을 한다.

55. 축제 퍼레이드

활 동	동물가면 쓰고 축제 퍼레이드 즐기기					시 간		40~50분	
치료목적	인지	정서	신체	사회	언어	장 소	작은	중간	큰
				●	●			●	
치료목표	1. 동물가면을 쓰고 축제 퍼레이드를 즐길 수 있다. 2. 치료사의 움직임을 다른 모든 사람들이 모방하여 움직일 수 있다.								
대상연령	유아	아동	청소년	성인	집단규모	개별	2인 1조	3팀	4팀	무제한
	●	●	●	●						●
자 료	다양한 동물가면					음 악	경쾌한 축제음악		

치료단계	활동순서 및 방법
Introduction (도입)	◗ Warm-up: 치료세션 초기에 브레인댄스로 내담자들의 몸의 긴장을 이완시킨다. ◗ 주제소개: 치료사는 내담자에게 오늘 활동의 주제와 방법을 간단히 소개한다.
Exploration (탐색) ⬇ Learning (학습·치료)	◗ 실제 활동순서와 방법 1. 치료사는 활동실 한쪽에 여러 종류의 동물가면을 놓아둔다. 그런 다음, 카니발축제음악을 틀어 준다. 2. 치료사는 참여한 사람들에게 자신들이 마치 우스꽝스러운 얼굴과 몸짓을 하는 어릿광대 행렬 속에 함께 있는 상상을 하도록 한다. 이들은 씩씩하고 경쾌하게 걸으면서 갑자기 정지하기도 하고, 넘어지기도 하면서 여러 가지로 움직인다. 3. 치료사는 이와 같은 행진 퍼레이드의 속도를 점점 느리게 유도한다. 어릿광대의행진도 점점 느려지면서 마치 '고양이'가 된 것처럼 살금살금 걷기 시작한다. 4. 가면을 보여 주고, 각자가 함께 몇 걸음을 행진하면서 춤을 추어 보도록 지시한 다음, 치료사의 움직임에 따라 참여한 모든 사람들이 그 동작을 똑같이 모방해 보도록 지시한다. 처음에 가면을 쓰면 시야확보가 어려울 수 있기 때문에 서로 부딪치지 않도록 주의시키고, 천천히 움직여 보도록 해야 한다. 5. 치료사는 참여자들에게 여러 가지 가면(어릿광대, 고양이, 괴물 등)을 보여 준다. 6. 참여자들이 자신이 원하는 가면을 골라 써 보도록 한다. 7. 마지막으로 작은 그룹을 만들어 서로 행진하면서 춤을 추도록 해 본다.
Processing (정리)	◗ 의견나누기: 오늘 했던 활동이나 동작들 중에 의미 깊었던 점을 함께 나눈다. ◗ 반복: 주요 활동이 모두 끝나면, 오늘 했던 동작들을 다시 한번 반복하도록 한다. ◗ 정리: 세션을 끝맺기 위해 정리 스트레칭을 한다.

56. 양손댄스

활 동	치료사의 동작을 모방하여 따라 하기				시 간	40~50분		
치료목적	인지	정서	신체	사회	언어	장 소	작은	중간	큰
		●			●			●	
치료목표	1. 치료사의 두 손으로 보이는 동작시범에 따라 똑같이 모방할 수 있다. 2. 두 손을 이용한 다양한 손동작을 만들 수 있다.								
대상연령	유아	아동	청소년	성인	집단규모	개별	2인 1조	3팀	4팀	무제한
	●	●								●
자 료	없음.				음 악	잔잔한 클래식 배경음악			

치료단계	활동순서 및 방법
Introduction (도입)	◑ Warm-up: 치료세션 초기에 브레인댄스로 내담자들의 몸의 긴장을 이완시킨다. ◑ 주제소개: 치료사는 내담자에게 오늘 활동의 주제와 방법을 간단히 소개한다.
Exploration (탐색) ⇩ Learning (학습·치료)	◑ 실제 활동순서와 방법 1. 치료사는 그룹을 둥근 원형으로 배치한다. 참가자들이 일어서거나 앉거나 상관은 없다. 잔잔한 클래식 음악을 틀어 준다. 2. 치료사는 자신의 두 손을 이용해 시범을 보인다. 손바닥에 앞을 향하도록 한 다음 두 손이 똑같은 방향으로, 똑같은 형태로 동시에 움직인다. 3. 양손을 이용한 모방활동을 시작한다. 치료사는 참여자들이 치료사의 손동작을 거울처럼 똑같이 따라 하도록 지시한다. 4. 이번에는 치료사가 새로운 손동작을 보여 주면 참여자들은 그것을 그대로 따라 한다. 5. 치료사는 점차적으로 손동작 시범을 난이도를 높여 가면서 어렵게 만들어 보인다. 6. 만약, 모든 참여자들이 치료사의 동작을 너무 쉽게 따라 한다고 생각되면, 커다란 손동작에서 시작하여 아주 작은 손동작으로 바꾸어 보라. 7. 반대로 아주 작은 동작부터 매우 큰 움직임까지 점점 변화시켜 보라.
Processing (정리)	◑ 의견나누기: 오늘 했던 활동이나 동작들 중에 의미 깊었던 점을 함께 나눈다. ◑ 반복: 주요 활동이 모두 끝나면, 오늘 했던 동작들을 다시 한번 반복하도록 한다. ◑ 정리: 세션을 끝맺기 위해 정리 스트레칭을 한다.

응용활동 및 치료적 의의 No.56

활동유의점	◑ 이 활동은 치료사와 참여자들 간의 서로 따라 하는 모방활동으로서 치료 초기에 어색함을 없애기 위해 많이 사용된다. 참여자들끼리 서로 익숙해지면 차후 활동으로서 참여자들끼리 서로 역할을 정해 동작을 하고 따라 하는 활동을 해 볼 수 있다. ◑ 치료사가 다양한 손동작을 시범 보이는 것이 중요하다. ① 작은 동작 → 큰 동작 ② 큰 동작 → 작은 동작 ③ 복잡은 동작 → 단순한 동작 ④ 단순한 동작 → 복잡한 동작 ◑ 치료사는 다양한 손동작 시범을 보이는 것이 중요하다. 이렇게 하면 참여자들도 더욱 흥미를 가지고 참여할 수 있다.
응용활동 및 보조자료	◑ 응용활동으로서, 참여자들끼리 서로 손바닥을 붙인 상태에서 모방하기를 할 수도 있다. ◑ 치료사는 손동작 시범의 속도에 변화를 줄 수도 있다. 예컨대, 아주 빠르게 움직이기도 하고, 아주 천천히 움직일 수도 있다. ◑ 치료사는 자신이 만든 한 동작의 크기(size)나 속도(speed)를 동시에 변화시켜 보여 주는 것도 좋다. ◑ 동작의 강도(power)를 다르게 하는 것도 좋다. 치료사는 참여자들에게 매우 축 늘어진 동작에서부터 시작하여 엄청난 긴장감을 지닌 동작까지 시범으로 보이고 따라 하 도록 할 수 있다. ◑ 손동작 따라 하기 활동이 원활히 잘 수행된다면, 치료사는 발동작을 시범 보이고 참가자들이 따라 하도록 할 수 있다. 발을 앞으로 뒤로, 좌로 우로, 둥글게 돌리는 등 다양한 발동작을 보여 줄 수 있다. ◑ 치료사가 시범을 보이지 말고, 참가자 중 한 명을 불러내어 손동작 시범을 보이고 다른 사람들이 따라 하도록 할 수도 있다.
치료적의의	◑ 다른 사람의 손동작을 따라 하는 활동은 집중력, 지속력, 시각추적력 등을 향상시키는 데 도움을 준다. ◑ 동작의 강도를 달리하여 모방하는 활동은 참가자들로 하여금 대근육과 소근육 운동능력을 증진시키는 역할을 한다.

57. 좋아, 안돼!

활 동	Simon says 응용활동					시 간	40~50분		
치료목적	인지	정서	신체	사회	언어	장 소	작은	중간	큰
				●	●			●	
치료목표	치료사의 언어적 지시(좋아, 안 돼)에 따라 동작을 취할 수 있다.								
대상연령	유아	아동	청소년	성인	집단규모	개별	2인 1조	3팀	4팀	무제한
	●	●	●							●
자 료	없음.				음 악	없음.			

치료단계	활동순서 및 방법
Introduction (도입)	◐ Warm-up: 치료세션 초기에 브레인댄스로 내담자들의 몸의 긴장을 이완시킨다. ◐ 주제소개: 치료사는 내담자에게 오늘 활동의 주제와 방법을 간단히 소개한다.
Exploration (탐색) ⇩ Learning (학습·치료)	◐ 실제 활동순서와 방법 1. 이번 활동은 'Simon Says'게임을 응용한 것이다. 처음에는 '손'움직이기부터 시작하여 나중에는 '온몸 전체'를 움직이는 것까지 발전할 수 있다. 2. 모든 참여자들이 치료사를 바라보도록 한다. 3. 치료사가 손으로 동작을 하나 만들어 보인다. 4. 손동작을 하는 동안, 치료사가 '좋아!'이라고 말하면 사람들은 그 동작을 따라 해야 한다. 그러나 동작을 하면서 '안 돼'라고 말하면 참가자들은 치료사가 손을 움직이더라도 따라 하거나 움직여서는 절대 안 된다(목적: 지시수용능력의 향상). 5. 즉, 치료사가 '좋아' 혹은 '안 돼'라고 외치는 지시에 따라 동작을 취하면 된다. 치료사는 활동을 극적으로 만들기 위해 적절한 동작과 목소리를 사용한다. 6. 이 활동을 하기 전에 간단한 준비체조를 한다. 그리고 둥글게 원을 만든 다음 치료사의 지시에 따르지 않고, 잘못 움직인 사람은 원 밖으로 나간다. 7. 위 활동을 여러 번 반복한다.
Processing (정리)	◐ 의견나누기: 오늘 했던 활동이나 동작들 중에 의미 깊었던 점을 함께 나눈다. ◐ 반복: 주요 활동이 모두 끝나면, 오늘 했던 동작들을 다시 한번 반복하도록 한다. ◐ 정리: 세션을 끝맺기 위해 정리 스트레칭을 한다.

응용활동 및 치료적 의의 No.57

응용활동 및 보조자료

◑ 치료사가 하는 언어적 지시에 따라 동작을 따라 하거나(좋아), 따라 하지 않는(안 돼) 게임 같은 활동이다. 무엇보다도 치료사의 재치 있는 진행이 중요하다. '안 돼'라는 말을 하면 따라 해서는 안 되지만, 치료사가 더 큰 동작을 해 보임으로써 약간은 헛갈리게 만드는 것도 흥미를 유발하는 방법이다.

◑ 치료사는 위의 활동을 손만 이용하지 않고, 전신을 이용하여 여러 개의 동작을 혼합해서 시험을 보일 수도 있다. 그런 다음 '좋아'라고 외쳐 따라 하도록 지시한다.

◑ 치료사는 재량을 발휘하여, 틀리지 않고 치료사의 동작을 잘 따라 하는 사람들만 움직이지 않도록 한 다음, 나머지 사람들(잘 틀리는 사람들)만 가지고 활동을 실시해 본다.

치료적의의

◑ 치료사의 언어적 지시에 따라 움직이는 활동은 참가자의 지시 따르기 능력을 향상시키며, 청각변별력을 향상시킨다.

◑ 치료사의 손동작을 따라 하는 활동은 대근육과 소근육 운동능력 향상에 도움을 준다.

◑ 다른 사람의 손동작을 따라 하는 활동은 집중력, 지속력, 시각추적력 등을 향상시키는 데 도움을 준다.

◑ 두 사람이 한 조가 되어 하는 활동은 대인 간 신뢰회복에 도움을 준다.

58. 거꾸로 문장

활 동	3가지 상반되는 문장대로 동작표현하기					시 간		40~50분	
치료목적	인지	정서	신체	사회	언어	장 소	작은	중간	큰
				●	●				●
치료목표	1. 치료사의 언어적 지시에 따라 동작을 취할 수 있다. 2. 치료사가 제시하는 3개의 문장카드를 보고 동작을 취할 수 있다.								
대상연령	유아	아동	청소년	성인	집단규모	개별	2인 1조	3팀	4팀	무제한
		●	●							●
자 료	카세트녹음기, 문장카드 3장				음 악	강한 비트가 있는 기악음악			

치료단계	활동순서 및 방법
Introduction (도입)	◗ **Warm-up:** 치료세션 초기에 브레인댄스로 내담자들의 몸의 긴장을 이완시킨다. ◗ 주제소개: 치료사는 내담자에게 오늘 활동의 주제와 방법을 간단히 소개한다.
Exploration (탐색) ⇩ Learning (학습·치료)	◗ 실제 활동순서와 방법 1. 치료사는 참여자들을 방 주변에 넓게 흩어져 서도록 한다. 2. 치료사는 서로 대비가 되는 '3가지 동작표현문장'을 제시하고, 참여자들과 함께 크게 읽어 본다(예: 깡총뛰기, 스케이트타기 동작, 전력질주 동작 등). 　① 스케이트타기: 손과 발을 이용해서 쭉쭉 미끄러지는 동작을 의미한다. 　② 전력질주: 한 지점에서 다른 한 지점까지 전력을 다해 뛰는 것을 의미한다. 　③ 깡총뛰기: 한 지점에서 두발을 모아서 폴짝 뛰어오르는 것을 의미한다. 3. 치료사는 참여자들이 이 세 문장 중 한 동작을 선택하도록 한 후, 1분 동안 그 동작을 하면 서 방 주변을 돌아다녀 보도록 지시한다. 4. 1분이 지나는 시점에서 치료사가 '종'을 치면 다른 동작을 표현해 본다. 5. 참여자들은 한 가지 주제의 동작을 반복함으로써 자신이 선택한 동작에 익숙해지는 동시 에, 다른 사람들과도 지속적으로 만나는 경험을 하게 된다. 6. 이번에는 새로운 문장 3개를 정하여 다시 위의 활동을 해 본다(예: 하늘, 땅, 바다 등). 　① 하늘: 손을 높이 올린다. ② 땅: 손을 바닥에 댄다. ③ 바다: 손으로 물결모양을 만든다.
Processing (정리)	◗ 의견나누기: 오늘 했던 활동이나 동작들 중에 의미 깊었던 점을 함께 나눈다. ◗ 반복: 주요 활동이 모두 끝나면, 오늘 했던 동작들을 다시 한번 반복하도록 한다. ◗ 정리: 세션을 끝맺기 위해 정리 스트레칭을 한다.

응용활동 및 치료적 의의 No.58

활동유의점	◑ 치료사가 문장을 불러 주면 참가자들이 그 문장에 따라 동작을 할 수도 있지만, 보다 정확한 활동을 위해서 문장카드를 3장 준비해서 참가자들에게 제시할 수도 있다. ◑ 치료사는 항상 문장에 따라 행동을 지시하기 전에, 반드시 동작시범을 보여 준다. 그러나 때때로 치료사의 동작시범이 참가자들에게는 하나의 정해진 모델이 되어서 다른 창작을 하는 것을 방해하는 경우도 있어서 좀 더 다이내믹하고 다양한 동작패턴을 시범 보이는 것이 무엇보다 중요하다. ◑ 다른 동작으로 옮겨 갈 때 '종'을 치는 대신 문장카드에 적힌 내용을 치료사가 크게 소리칠 수도 있다.
응용활동 및 보조자료	◑ 여러 가지 동작의 특성을 제시하는 것이 좀 더 활동에 집중할 수 있도록 도움을 준다. 예컨대, 참여자들에게 동작을 높게도 해 보고 낮게도 하면서 다양하게 취해 보도록 지시할 수 있다. 또 동작을 크게 혹은 작게 만들어 보라고 할 수도 있다. ◑ 재미있는 응용활동으로서, 방 안을 돌아다니면서 서로 얼굴을 마주치게 되면, 3초 동안 서로 움직이지 않고 정지한다. 3초가 지나면 다시 움직이기를 시작한다. 이렇게 눈이 마주칠 때 몸을 정지하는 활동은 시선접촉능력을 향상시키고, 사회성을 향상시키는 데 도움을 준다. ◑ 세 가지 동작 중 특정한 동작을 정해 주지 말고 그 사람이 원하는 대로 3가지 동작 중에서 마음대로 정해서 움직이도록 할 수 있다. ◑ 여러 가지 동작을 하면서 움직이다가 자신의 동작을 멈추어 서면, 옆에 지나가던 사람도 함께 멈추어 서도록 한다. 3초 동안 정지해 있다가 다시 움직인다. 누가 동작을 멈출 것인지 하는 것은 각자의 선택이다.
치료적의의	◑ 치료사의 언어적 지시에 따라 동작을 취하는 활동은 치료사의 지시에 대해 집중하는 선택적 집중능력을 향상시키는 데 도움을 준다. ◑ 치료사가 제시하는 문장카드를 보고 동작을 취하는 활동은 시각과 동작을 협응하는 능력을 향상시켜 준다.

59. 나를 가려 주세요!

활 동	언어지시에 따라 신체 일부분 가리기					시 간		40~50분		
치료목적	인지	정서	신체	사회	언어	장 소	작은	중간		큰
				●	●					●
치료목표	1. 몸을 움츠린 상태에서 치료사의 언어적 지시에 따라 움직일 수 있다. 2. 주어진 부채를 가지고 음악에 맞춰 파트너의 몸을 덮어 줄 수 있다.									
대상연령	유아	아동	청소년	성인		집단규모	개별	2인 1조	3팀 · 4팀	무제한
	●	●								●
자 료	부채, 종이, 카세트녹음기					음 악	조용하지만 흥분이 되는 영화음악			

치료단계	활동순서 및 방법
Introduction (도입)	◗ Warm-up: 치료세션 초기에 브레인댄스로 내담자들의 몸의 긴장을 이완시킨다. ◗ 주제소개: 치료사는 내담자에게 오늘 활동의 주제와 방법을 간단히 소개한다.
Exploration (탐색) ⬇ Learning (학습 · 치료)	◗ 실제 활동순서와 방법 1. 치료사는 참여자들이 몸을 최대한 움츠리도록 하고 그들의 손으로 자신들의 몸을 감싸 안도록 요청한다. 물론 한 번에 전신을 모두 감싸 안을 수는 없을 것이다. 그들이 원하는 대로 몸을 감싸면 괜찮다. 2. 치료사는 어린이들에게 그들이 가려야 할 신체의 일부분을 큰 소리로 외친다. 예컨대, ① '귀를 가려', ② '눈을 가려', ③ '한 발로 다른 발을 감싸 봐', ④ '공을 굴려 봐'라고 지시한다. 3. 이번에는 짝끼리 활동을 하되, 한 사람이 최대한 작게 몸을 움츠리면 다른 파트너가 그 사람을 감싸 안아 준다. 4. 어린이들에게 질문한다. "파트너가 안 보이도록 잘 감싸 안았나요?", "서로의 몸을 감싸면서 여러 가지 멋진 모양을 만들어 보세요." 5. 이제 치료사는 각자에게 '부채'를 하나씩 주고, 음악을 튼다. 음악에 맞추어 춤을 추면서 서로를 여러 가지 방법으로 덮어 주도록 한다. 서로에게 숨거나 부채 뒤에 숨었다가 나타났다 할 수 있다. 6. 치료사는 속도나 강도, 공간을 달리하여 지시할 수 있다.
Processing (정리)	◗ 의견나누기: 오늘 했던 활동이나 동작들 중에 의미 깊었던 점을 함께 나눈다. ◗ 반복: 주요 활동이 모두 끝나면, 오늘 했던 동작들을 다시 한번 반복하도록 한다. ◗ 정리: 세션을 끝맺기 위해 정리 스트레칭을 한다.

응용활동 및 치료적 의의 No.59

활동유의점	◑ 처음부터 부채를 가지고 춤을 추라고 한다면 참가자들은 대부분 활동하기를 꺼려할 것이다. 따라서 자연스러운 과제를 치료사는 개발할 필요가 있다. 이번 활동에서는 부채를 나눠 주고 상대방의 몸을 여러 가지 방법으로 가려 주는 것이었다. 다른 방법들도 고안해 볼 필요가 있다.
응용활동 및 보조자료	◑ 참여자들이 다른 파트너들과 함께 즉흥적으로 동작을 해보라고 요청할 수 있을 것이다. 또는 작은 그룹을 만들어서 함께 춤을 추거나 다른 사람들 앞에서 혼자 춤을 추도록 할 수도 있다. ◑ 춤을 추는 사람들에게 바람이 불어와서 부채가 흔들리고 있는 것처럼 움직여 보라고 지시한다. 춤을 추고 있는 동안이라도 다른 지시를 주어 동작을 바꾸도록 할 수 있다. 치료사는 참여자가 들고 있는 부채를 하늘 높이 올리고 흔들어 보라고 한다. 손을 내리면서 몸을 가려보고, 부채를 앞뒤로 돌리면서 위로 다시 올린다. 그런 다음 다시 돌리면서 부채를 내리고, 크게 흔들면서 하늘로 날아오르는 듯한 동작을 취하게 한다. 마치 부채로 날개를 달았다고 연상시킨다. ◑ 치료사가 한 사람의 이름을 부르면 부채를 가진 다른 모든 사람들이 그 사람의 몸이 보이지 않도록 부채로 덮어 주는 활동을 할 수도 있다. 그다음, 치료사는 다른 사람의 이름을 호명하고, 그 사람의 몸이 보이지 않도록 덮어 주도록 지시한다.
치료적의의	◑ 부채를 가지고 하는 활동은 참가자들로 하여금 흥미를 유발시켜 활동에 적극적으로 참여하도록 돕는다. ◑ 부채로 다른 사람의 몸을 덮어 주는 활동은 자연스럽게 타인에 접근해 갈 수 있는 기회를 제공해 준다. ◑ 치료사의 지시에 따라 자신의 신체 일부를 가리는 활동은 참가자의 지시 따르기 능력과 청각민감성을 향상시키는 데 도움을 준다.

60. 거대한 종이 위에서

활 동	종이 위에서 이리저리 옮겨 다니기					시 간		40~50분		
치료목적	인지	정서	신체	사회	언어	장 소	작은	중간	큰
				●	●				●

치료목표	1. 거대한 종이를 접어서 다양한 모양을 만들 수 있다. 2. 치료사의 신호에 따라 다른 종이로 옮겨서 이동할 수 있다.

대상연령	유아	아동	청소년	성인	집단규모	개별	2인 1조	3팀	4팀	무제한
	●	●								●

자 료	사람 크기의 두 배 되는 종이	음 악	부드럽고 느린 클래식 음악

치료단계	활동순서 및 방법
Introduction (도입)	◖ Warm-up: 치료세션 초기에 브레인댄스로 내담자들의 몸의 긴장을 이완시킨다. ◖ 주제소개: 치료사는 내담자에게 오늘 활동의 주제와 방법을 간단히 소개한다.
Exploration (탐색) ⬇ Learning (학습 · 치료)	◖ 실제 활동순서와 방법 1. 참여자들에게 오늘 활동이 종이를 보면서 놀이를 하는 활동이라고 설명한다. 2. 각자 바닥에 거대한 종이를 한 장씩 깔고, 주름을 잡거나 접어서 예쁜 모양으로 만들어 보도록 지시한다. 여러 가지 방법으로 그 종이로 자기 자신을 덮으라고 한다. 3. 다시 그 종이를 바닥에 내려놓게 하고 넓게 활짝 편다. 펼쳐진 종이 위에 올라가도록 하거나, 종이를 머리 위에 쓴다. 4. 참여자들에게 다시 종이를 넓게 펴도록 한 다음, 치료사가 신호를 주면 한 종이에서 다른 사람의 종이로 옮겨 가고 그곳에서 종이를 가지고 춤을 추도록 지시한다. 몇 초 동안 종이 위에서 춤을 춰도 좋고, 종이를 쓰고 춤을 춰도 좋다. 5. 이때 종이 밖으로 나가면 절대 안 되고 종이 안에서만 춤을 추도록 주의를 준다. 춤은 종이 위에서 즉흥적으로 자유롭게 추면 된다. 6. 이번에는 종이를 머리 위에 쓰고 원하는 대로 춤을 추게 할 수도 있다. 7. 종이를 가지고 움직이되, 자신의 모습이 보이지 않도록 하면서 춤을 추게 한다.
Processing (정리)	◖ 의견나누기: 오늘 했던 활동이나 동작들 중에 의미 깊었던 점을 함께 나눈다. ◖ 반복: 주요 활동이 모두 끝나면, 오늘 했던 동작들을 다시 한번 반복하도록 한다. ◖ 정리: 세션을 끝맺기 위해 정리 스트레칭을 한다.

응용활동 및 치료적 의의 No.60

활동유의점	● 종이 위에서 움직이고 춤을 추는 활동이기 때문에 종이가 찢어지지 않도록 유의해야 한다. 그러나 어쩔 수 없이 찢어지는 것은 감안해야 할 것이다. ● 커다란 종이이긴 하지만 서로 이동하는 과정에서 몸과 몸이 부딪히는 경우가 종종 있다. 따라서 서로 다치는 일이 없도록 유의해야 한다.
응용활동 및 보조자료	● 치료사는 참여자들을 4명씩 한 조가 되게 만든다. 종이를 가지고 하는 동작을 창안해 보도록 시간을 준다. 다른 그룹에게 자신들이 만든 '종이 댄스'를 발표한다. ● 종이 위에서 춤을 추는 대신, 다른 재료를 사용해도 좋다. 예를 들어, 동그란 플라스틱판이나 어린이집에서 종종 사용하는 푹신푹신한 바닥재 등을 사용하면 좋다. ● 그룹으로 활동을 진행할 수 있다. 종이 위에서 어떤 팀이 가장 많은 사람들이 서 있을 수 있는지를 경쟁할 수 있다. 예컨대, 치료사가 손신호로 '5'를 펴서 보이면 5명이 종이 위에 올라서는 것이다. 여러 팀이 동시에 진행하되 10초 동안 서 있을 수 없다면 탈락된다. 게임형식으로 진행할 수 있어서 좋다. 
치료적의의	● 치료사의 지시에 따라 이쪽 종이에서 다른 쪽 종이로 옮겨 가는 활동은 참가자들의 대근육 운동능력 향상과 청각민감성 향상에 도움이 된다. ● 종이 위에서 춤을 추는 활동은 특정한 영역을 참가자들에게 지정해 줌으로써 춤추기 활동에 보다 즐겁게 몰입할 수 있도록 도움을 준다.

61. 고무줄처럼 움직여요!

활 동	고무줄을 가지고 다양한 춤동작 꾸미기					시 간		40~50분		
치료목적	인지	정서	신체	사회	언어	장 소	작은	중간	큰	
				●	●			●		
치료목표	1. 배경음악을 들으며 움직이다가 치료사가 지시할 때마다 동작을 멈출 수 있다. 2. 두 사람이 한 조가 되어 손을 잡고 빙글빙글 돌 수 있다.									
대상연령	유아	아동	청소년	성인	집단규모	개별	2인 1조	3팀	4팀	무제한
	●	●					●			
자 료	개별 지급될 90~180cm 고무줄				음 악	느리고 신비로운 영화음악				

치료단계	활동순서 및 방법
Introduction (도입)	◐ Warm-up: 치료세션 초기에 브레인댄스로 내담자들의 몸의 긴장을 이완시킨다. ◐ 주제소개: 치료사는 내담자에게 오늘 활동의 주제와 방법을 간단히 소개한다.
Exploration (탐색) ⬇ Learning (학습 · 치료)	◐ 실제 활동순서와 방법 참여자들의 긴장을 이완시키기 위해 다음 세 가지 활동을 활용할 수 있다. 1. 첫째, 조각상 게임이다. 집단 전체가 서로 손을 잡고 빙글빙글 돌다가 치료사가 '멈춰(조각상)'라고 외치면, 모두가 얼음이 된 것처럼 움직이지 않는다. 2. 둘째, 다시 한번 전체가 손을 잡고 빙글빙글 돌게 한다. 하지만 이번에는 고무줄처럼 늘어지면서 돌게 한다. 즉, 움직일 때 어느 방향이든지 더 많이 팔을 펼쳐서 줄이 늘어나게 할 수 있다. 3. 셋째, 둘씩 짝을 지어 서도록 한 다음 '부메랑' 모양을 만들게 한다. 한 사람이 그의 파트너 주위를 빙글 돌게 한다. 마치 부메랑이 호를 그리면서 원래 출발했던 지점으로 다시 돌아오는 것처럼 움직인다. 4. 치료사는 참여한 사람들에게 '고무줄'을 나눠 주고, 여러 가지 방법으로 고무줄을 늘려 보도록 시간을 준다. 고무줄을 아주 길고 팽팽하게 늘려 보라고 한다. 5. 치료사는 고무줄을 가지고 활동실 주변에서 춤을 추도록 한다. 바닥에 바짝 엎드리거나 공중으로 펄쩍 날아오르는 동작을 해 보도록 한다. 음악을 틀면, 그 음악의 템포에 맞춰서 움직이도록 지시한다. 6. 집단을 두 명씩 짝을 지어 고무줄을 잡고 서도록 한다. 고무줄을 서로 잡아당겨서 팽팽하게 한다. 그런 다음, 두 사람은 음악을 맞추어 손을 높이 올리기도 하고, 낮게 내리기도 하면서 주변을 움직인다. 7. 두 사람에게 몇 분간 연습시간을 주고 고무줄을 이용한 다양한 동작을 만들어 보도록 한다.

응용활동 및 치료적 의의 No.61

활동유의점	◗ 부메랑처럼 서로 짝을 지어 주변을 빙글빙글 돌 때 주의할 점은 움직이면서 서로 몸을 부딪치지 않도록 해야 한다는 점이다. 또 부메랑이 높게 혹은 낮게 어떤 방향으로건 움직일 수 있는 것처럼, 치료사는 각 참여자가 실제로 부메랑이 된 것처럼 느끼면서 움직일 수 있도록 해야 한다. ◗ 고무줄을 당겼다 놓았다 하는 활동 중에 갑자기 한 사람이 고무줄을 놓아서 다치는 일이 없도록 주의해야 한다.
응용활동 및 보조자료	◗ 고무줄 대신 긴 끈을 이용해서 서로 잡아당기고 놓고 하는 활동을 진행해도 무방하다. 고무줄은 끊어지거나 퉁겨졌을 때 다칠 가능성도 있기 때문이다. ◗ 활동 초기 단계에서 음악을 틀어 놓고 빙글빙글 도는 활동을 하면 더욱 효과적이다. 치료사가 '멈춰' 또는 '그만'이라고 육성으로 외쳐도 좋지만, 음악을 정지시킴으로써 참가자들에게 동작을 멈추라는 신호를 줄 수도 있다. ◗ 두 사람이 한 조가 되어 활동할 때, 서로 가위바위보를 하여 승자와 패자를 정하고 패자는 '마네킹' 역할을 하여 조정해 보는 경험을 갖도록 하는 것도 좋다. 
치료적의의	◗ 서로 손을 잡고 빙글빙글 돌다가 치료사의 지시에 따라 멈추는 활동은 주의집중력을 향상시키고 청각적 민감성을 발달시키는 데 도움을 준다. ◗ 배경음악은 참가자들의 주의를 환기시켜서 움직임에 보다 몰입할 수 있도록 돕는다. ◗ 고무줄은 다양한 모양을 창작할 수 있어서 창의력 향상에 도움을 준다.

62. 감정명령

활 동	언어적 지시에 따라 감정 동작표현					시 간	40~50분		
치료목적	인지	정서	신체	사회	언어	장 소	작은	중간	큰
	●				●			●	
치료목표	치료사가 지시하는 감정단어에 따라 동작을 표현할 수 있다.								
대상연령	유아	아동	청소년	성인	집단규모	개별	2인 1조	3팀	4팀	무제한
		●	●						●	
자 료	없음.				음 악	없음.			

치료단계	활동순서 및 방법
Introduction (도입)	◗ Warm-up: 치료세션 초기에 브레인댄스로 내담자들의 몸의 긴장을 이완시킨다. ◗ 주제소개: 치료사는 내담자에게 오늘 활동의 주제와 방법을 간단히 소개한다.
Exploration (탐색) ⇩ **Learning** (학습 · 치료)	◗ 실제 활동순서와 방법 1. 치료사는 참여자들이 방 주변 이곳저곳에 흩어져 서도록 요청한다. <u>치료사가 요구하는 몇 가지 감정을 담은 단어들에 맞추어 동작을 취하는 연습을 한다.</u> 　예) ① 행복, ② 두려움, ③ 실망, ④ 기쁨, ⑤ 비참함 2. 치료사는 각자가 자신의 위치에서 감정을 표현하는 동작을 하도록 지시한다. 그런 다음, 자기 자리를 떠나서 방 주변을 이리저리 돌아다니도록 지시한다. 3. <u>참여자 각자가 감정단어들 중 1개를 고르도록 하고, 뒤꿈치를 든 상태에서 춤을 추도록 지시한다.</u> 그런 다음, 낮은 나뭇가지를 피하듯 몸을 굽히면서 지나가도록 한다. 그리고 바닥에 한 바퀴 구른다. 4. 치료사는 참여자들이 뛰고, 기고, 싸우고, 스케이트 자세를 하고, 팔을 휘두르는 동작을 한다. 5. <u>동작을 취하는 사이사이에 치료사가 특정한 감정(예: 슬프게, 행복하게, 괴롭게 등)을 말해 주면서 그에 따라 움직이도록 지시한다.</u> 6. 치료사가 전혀 생소한 단어를 말하면, 참여자들은 그 단어에 따라 움직인 다음 활동을 종료한다.
Processing (정리)	◗ 의견나누기: 오늘 했던 활동이나 동작들 중에 의미 깊었던 점을 함께 나눈다. ◗ 반복: 주요 활동이 모두 끝나면, 오늘 했던 동작들을 다시 한번 반복하도록 한다. ◗ 정리: 세션을 끝맺기 위해 정리 스트레칭을 한다.

응용활동 및 치료적 의의 No.62

활동유의점	◗ 참가자들이 포복을 하듯이 기어 다니고, 줄넘기를 하듯이 폴짝폴짝 뛰도록 하기 위해서는 제시하는 '감정단어'를 어떻게 표현할지 서로 토론하는 것이 필요할 경우도 있다. ◗ 행동해야 할 언어적 지시를 '단어' 형태로 표현해도 좋지만, 참가자들이 동작으로 만드는 것을 어려워할 때는 구체적인 '문장' 형태로 제시하는 것도 좋다. 예를 들어, '실망'이라고 하는 것보다는 '땅에 엎드려서 울어 봐'라고 하는 것이 훨씬 이해하기 쉬울 것이다.

응용활동 및 보조자료	◗ 여러 가지 느낌의 음악을 준비하여 음악의 느낌이 바뀔 때마다 참가자들은 자신들의 동작을 바꾸어 가면서 춤을 추도록 할 수 있다. ◗ 참여자들을 2그룹으로 나누어, 그중 한 그룹이 치료사가 제안한 연결된 동작들을 다른 그룹에게 공연을 하도록 한다. 동작단어들을 다시 한번 반복한다. 그런 다음, 서로 입장을 바꿔서 공연하고 관람하도록 하되, 이번에는 치료사가 다른 동작단어들을 제시하여 색다른 공연이 되도록 한다. ◗ 참여자들을 4개의 그룹으로 나눈다. 그런 다음, 각 그룹에게 서로 다른 감정단어를 하나씩 주고 그것을 동작으로 표현하도록 격려한다. 이제 각 그룹에서 감정을 표현하는 동작 만들기를 끝냈으면, 모두 함께 모여 독특하게 4가지 동작들을 조합시켜 보도록 한다. 예를 들면 다음과 같다. • 뛰어가다가 갑자기 모두 함께 모여서 꿇어앉아 덜덜 떨기 • 덜덜 떨다가 그림 그리는 시늉을 하기 • 덜덜 떨다가 케이크를 먹는 흉내 내기

치료의의	◗ 감정단어를 동작으로 표현하는 활동은 자기를 표현할 수 있는 기회를 제공해 주어 자존감을 키워 준다. ◗ 치료사의 언어적 지시를 따라 하는 활동은 청각적 민감성을 향상시키는 역할을 한다. ◗ 한 동작에 다른 동작을 덧붙여 만드는 활동은 참가자들로 하여금 다른 것을 의식함 없이 창의성과 순발력을 발휘하는 기회를 제공해 준다.

63. 신문과 잡지 댄스

활 동	신문이나 잡지 속 감탄사 동작표현					시 간		40~50분	
치료목적	인지	정서	신체	사회	언어	장 소	작은	중간	큰
	●	●			●			●	

치료목표	1. 신문이나 잡지에서 동작 관련 감탄사를 오려 옮겨 붙일 수 있다(콜라주 기법). 2. 동작과 관련된 감탄사를 행동으로 만들어 발표할 수 있다.

대상연령	유아	아동	청소년	성인	집단규모	개별	2인 1조	3팀	4팀	무제한
		●	●						●	

자 료	가위, 풀, 오래된 만화책, 잡지, 신문지, 커다란 널빤지

치료단계	활동순서 및 방법
Introduction (도입)	◖ Warm-up: 치료세션 초기에 브레인댄스로 내담자들의 몸의 긴장을 이완시킨다. ◖ 주제소개: 치료사는 내담자에게 오늘 활동의 주제와 방법을 간단히 소개한다.
Exploration (탐색) ⬇ **Learning** (학습 · 치료)	◖ 실제 활동순서와 방법 1. 치료사는 참여자들에게 정기간행물(신문, 잡지, 만화 등)에서 동작이나 소리와 관련이 있는 감탄사(예: 쨍그랑, 욱, 이야, 음 등)를 찾아보라고 한다. 2. 커다란 널빤지에 신문 등에서 오린 글자들을 풀로 붙여서 콜라주(collage)를 만들어 보라고 요청한다. 3. 치료사는 참여자들이 각자 자신의 자리를 찾아 서도록 한 다음, 콜라주에 있는 감탄사를 크게 외치면, 참여자들이 그 단어에 맞추어 적절한 동작을 만들어 보도록 지시한다. 4. 치료사가 단어 2개를 연이어서 동시에 외치면, 참여자들은 한 단어를 흉내 낸 후, 다음 단어를 움직여 보인다. 즉, 2가지 동작을 만들게 하는 것이다. 5. 그런 다음, 10개 단어를 연이어서 크게 외치면, 방 주변에서 그 동작들을 해 보인다. 이때 각 단어를 정확하게 동작을 취해 보여야 한다. 6. 마지막으로, 4명씩 그룹을 만든 다음 콜라주 널빤지 중 하나를 택하여 거기에 있는 감탄사 대로 춤을 추도록 한다. 동작과 함께 소리를 내는 것도 잊지 말라
Processing (정리)	◖ 의견나누기: 오늘 했던 활동이나 동작들 중에 의미 깊었던 점을 함께 나눈다. ◖ 반복: 주요 활동이 모두 끝나면, 오늘 했던 동작들을 다시 한번 반복하도록 한다. ◖ 정리: 세션을 끝맺기 위해 정리 스트레칭을 한다.

응용활동 및 치료적 의의 No.63

활동유의점	● 한 가지 동작이 충분히 익숙해졌을 때 두 가지 동작을 혼합하여 제시한다. ● 신문을 오려 붙이는 콜라주작업이 동작표현활동보다 더 주가 되지 않도록 주의한다. ● 각자가 만든 콜라주 미술작품 안에 있는 감탄사(동작과 소리)를 동작으로 만들 때마다 '소리'도 동시에 내야 한다는 것이 중요하다. ● 처음에는, 참여자들에게 소리는 내지 말고, 동작만 만들어 보라고 지시한다. 그런 다음 익숙해지면, 전체적으로 동작에 소리를 첨가시켜서 만들어 보게 한다.

응용활동 및 보조자료	● 신문이나 잡지에서 '감탄사'를 오려 붙일 수도 있지만, 표현하고자 하는 구체적인 동작낱말을 오려 붙여도 좋다. 　예) '매우 화남', '팔짝팔짝 뛰기', '돼지 흉내 내기', '토끼같이 껑충 뛰기' 등 ● 신문지를 자른 것들을 모아 작은 공으로 만들어 보자. 　－작은 공은 슬펐을 때 단어 3개 뭉치, 기뻤을 때 단어 3개 뭉치 　－휴지통에 신문지를 던지면서 자기가 버리고 싶은 단어나 그 속의 감정들을 말한다. 

치료적의의	● 정기간행물에 있는 글자를 오려서 붙이는 활동은 참가자들에게 흥미를 주어 관심을 갖고 활동에 참여하도록 동기를 부여한다. ● 종이에 오려 붙인 글자를 동작으로 표현하는 활동은 참여한 사람 자신이 만든 동작을 다른 사람들이 움직이는 것을 보면서 자아존중감을 키울 수 있다.

64. 인간로봇

활 동	언어적 지시에 따라 로봇처럼 움직이기					시 간		40~50분		
치료목적	인지	정서	신체	사회	언어	장 소	작은	중간	큰	
				●	●			●		
치료목표	1. 치료사가 지시하는 신체의 일부분을 움직일 수 있다. 2. 로봇처럼 몸을 절도 있고 느리게 움직일 수 있다.									
대상연령	유아	아동	청소년	성인	집단규모	개별	2인 1조	3팀	4팀	무제한
	●	●					●			
자 료	없음.				음 악	테크노 음악(신나는 음악)				

치료단계	활동순서 및 방법
Introduction (도입)	◐ Warm-up: 치료세션 초기에 브레인댄스로 내담자들의 몸의 긴장을 이완시킨다. ◐ 주제소개: 치료사는 내담자에게 오늘 활동의 주제와 방법을 간단히 소개한다.
Exploration (탐색) ⬇ Learning (학습·치료)	◐ 실제 활동순서와 방법 1. 활동에 참여한 사람들이 각자의 자리를 찾아 서도록 한다. 2. 치료사는 이들이 몸을 굽히거나 절도 있는 동작을 하도록 머리부터 발까지 관절이 있는 신체의 일부분을 큰 소리로 외친다. 이때 참여자들은 한 장소에서 움직이지 않고 치료사의 지시에 따라 움직여야 한다. 3. 예를 들어, 다음과 같이 지시할 수 있다. "고개를 돌려 왼쪽을 보세요. 그런 다음, 허리를 숙이면서 고개를 오른쪽으로 돌리세요!" 이와 같이, 신체 일부분 몇 가지를 연결해서 호명하되, 잘 기억할 수 있도록 "느리게"와 "절도 있게"라고 참여자들에게 알려 준다. 4. 다음으로 한 번 더 머리부터 아래로 시작한다. 치료사가 다리를 호명하면, 모든 참여자들은 방을 한 바퀴 돈다. 5. 이번에는 참여자 모두가 '로봇'이 되어 구체적인 지시에 따라 "느리게"와 "절도 있게" 움직이라고 지시한다. 6. 치료사는 참여자들로 하여금 자신의 동작에 어울리는 소리를 만들도록 한다.
Processing (정리)	◐ 의견나누기: 오늘 했던 활동이나 동작들 중에 의미 깊었던 점을 함께 나눈다. ◐ 반복: 주요 활동이 모두 끝나면, 오늘 했던 동작들을 다시 한번 반복하도록 한다. ◐ 정리: 세션을 끝맺기 위해 정리 스트레칭을 한다.

응용활동 및 치료적 의의 No.64

활동유의점	◗ 동작을 절도 있게 하는 것이 중요하다. 그러나 대부분의 참가자들이 부드럽게 몸을 움직이는 경우가 많다. 따라서 천천히 움직이도록 하는 것이 중요하다. ◗ 치료사가 참가자들에게 말로 지시할 때 흥미 있고 커다란 동작을 지시하는 것이 좋다. 치료사가 하는 동작을 그대로 따라 하도록 하는 것도 좋다.

응용활동 및 보조자료	◗ 응용활동으로서, 치료사가 로봇 동작을 시범으로 보이면 따라 하도록 하거나, 로봇동작이 담긴 사진을 보여주고 그대로 따라 하게 해도 좋다. ◗ 음악을 틀어 준 다음, 그 음악에 맞추어 로봇처럼 절도 있게 춤을 추도록 해 본다. 이때 사용할 수 있는 음악으로는 너무 빠르지 않은 디스코 음악이면 적당하다. ◗ 2명씩 짝을 지어 서도록 한다. 한 사람은 '로봇' 역할을 하고, 다른 한 사람은 '로봇 조정하는 사람'이 된다. 치료사는 일명 '로봇조정자들'에게 로봇댄스를 어떤 이야기에 맞추어 만들 것인지 정해 보도록 한다. 정해진 이야기에 따라 자신들의 로봇을 자유롭게 조정하면서 춤을 추도록 유도한다. 

치료적의의	◗ 로봇처럼 움직이는 활동은 참가자들에게 흥미를 갖고 참여하도록 도움을 준다. ◗ 절도 있게 동작을 꾸미는 활동은 신체에 긴장과 생동감을 줄 수 있다. ◗ 자신의 로봇동작에 이름을 붙이는 활동은 창의성과 자신감을 향상시키는 데 도움을 준다.

65. 울창한 나무 숲

활 동	이야기 내용에 따라 동작표현하기					시 간		40~50분		
치료목적	인지	정서	신체	사회	언어	장 소	작은	중간	큰	
		●			●			●		
치료목표	1. 이야기의 내용에 따라 다양한 동작으로 표현할 수 있다. 2. 이야기 속의 캐릭터 역할을 맡아서 동작으로 표현할 수 있다.									
대상연령	유아	아동	청소년	성인	집단규모	개별	2인 1조	3팀	4팀	무제한
	●	●	●							●
음 악	부드럽고 느린 명상음악(예: 뉴에이지음악 또는 피아노 재즈음악)									

치료단계	활동순서 및 방법
Introduction (도입)	◐ Warm-up: 치료세션 초기에 브레인댄스로 내담자들의 몸의 긴장을 이완시킨다. ◐ 주제소개: 치료사는 내담자에게 오늘 활동의 주제와 방법을 간단히 소개한다.
Exploration (탐색) ⇩ Learning (학습·치료)	◐ 실제 활동순서와 방법 1. 치료사는 느린 비트의 음악을 틀고 참여자들에게 나무의 가지가 되어 움직여 보라고 지시한다. 바람에 날리듯 이리저리 방 주변을 돌아다니다가 서로의 손을 잡고 하나의 둥근 원을 만들어 서도록 한다. 2. 참여자 모두가 서로 손을 잡고 모이게 되면, 치료사는 춤의 소재가 되는 이야기를 들려주기 시작한다. 　"갑자기, 나무의 가지들이 빠르게 성장을 합니다. 어떤 가지는 성장을 멈추었고, 다른 가지는 더 빠르게 많이 성장해 갑니다. 하늘로 뻗어나가기도 하고, 땅으로 뻗어가기도 합니다." 3. 치료사는 참여자들 중 몇 명을 정하여 정지동작을 취하라고 말해 준다. 다른 사람들에게는 빨리 커가는 나뭇가지 역할을 맡긴다. 또 다른 사람에게는 점점 두꺼워지는 역할을 맡긴다. 4. 이 외의 사람들에게는 천천히 다른 가지들과 매듭을 지어 가면서 엉기게 한다. 또 지지대 역할을 맡겨서 서로서로 지탱하도록 할 수도 있다.
Processing (정리)	◐ 의견나누기: 오늘 했던 활동이나 동작들 중에 의미 깊었던 점을 함께 나눈다. ◐ 반복: 주요 활동이 모두 끝나면, 오늘 했던 동작들을 다시 한번 반복하도록 한다. ◐ 정리: 세션을 끝맺기 위해 정리 스트레칭을 한다.

응용활동 및 치료적 의의 No.65

활동유의점	● 치료사의 진지하고 실감나는 이야기 구연이 무엇보다 중요하다. 치료사가 보다 구체적이고 실감나게 이야기를 들려주면 줄수록 더욱 효과적인 동작표현이 가능하게 된다. 따라서 치료사는 활동 전에 이야기 내용을 완전히 숙지한 상태에서 구연을 시작해야 할 것이다. ● 치료사가 동화책을 손에 들고 참가자들에게 읽어 주는 것도 좋다. 적당한 배경음악을 틀어 놓고 동화책을 읽으면 더욱 효과적이다.

응용활동 **및** **보조자료**	● 이야기의 소재를 '나무'뿐만 아니라 다른 소재로 다루는 것도 좋다. 　예) 지렁이, 올챙이, 메뚜기, 사자, 거북이, 토끼 등 ● 본 활동을 시작하기 전에 소개활동으로서 다음 내용을 실행한다. 　1. 이야기의 다양한 소재들을 표현해 줄 수 있는 음악을 선곡하는 것이 무엇보다 중요하다. 부드러운 명상음악(뉴에이지 음악 등)이나 피아노 음악 등이 도움이 된다. 　2. 그런 다음, '나무'와 관련된 노래 한 곡을 함께 부른다(적당한 노래를 찾지 못하면 익숙한 곡에 나무와 관련된 가사를 붙여서 함께 불러도 무방하다). 　3. 함께 노래를 부르면서 천천히 몸을 움직이면서 방 주변으로 흩어져 선다. 　　이때 치료사는 참여한 사람들이 '나무의 가지'라고 말해 주고, 점점 두꺼워지거나 점점 가늘어지는 가지를 표현해 보도록 지시한다. ● 응용활동으로서, 치료사의 신호에 따라 모든 사람이 하늘 높이 폴짝 뛰도록 하거나, 나무뿌리와 같이 땅을 향해서 바짝 엎드리도록 할 수도 있다. 이때 뿌리 역할을 맡은 참여자의 경우에는 팔에 힘을 쭉 빼고 힘이 없는 상태로 바닥에 쓰러지는 흉내를 내라고 지시한다.

치료적의의	● 이야기를 활용한 동작활동은 참가자들로 하여금 흥미를 유발시켜 활동에 적극적으로 참여하도록 독려한다. ● 이야기의 내용에 따라 즉흥적으로 동작을 취해 보는 활동은 참가자들로 하여금 정서를 자극하여 상상의 세계 속을 자유롭게 여행할 수 있도록 해 준다.

66. 요정들의 모자

활 동	요정들의 모습을 동작으로 표현하기					시 간		40~50분	
치료목적	인지	정서	신체	사회	언어	장 소	작은	중간	큰
		●			●			●	
치료목표	요정들의 다이내믹한 동작을 몸으로 표현할 수 있다.								

대상연령	유아	아동	청소년	성인	집단규모	개별	2인 1조	3팀	4팀	무제한
	●	●								●
자 료	큰북, 종이로 만든 모자									

치료단계	활동순서 및 방법
Introduction (도입)	◐ Warm-up: 치료세션 초기에 브레인댄스로 내담자들의 몸의 긴장을 이완시킨다. ◐ 주제소개: 치료사는 내담자에게 오늘 활동의 주제와 방법을 간단히 소개한다.
Exploration (탐색) ⇩ Learning (학습·치료)	◐ 실제 활동순서와 방법 1. 치료사는 이야기를 들려주고 그 내용에 따라 동작을 해 보라고 지시한다. 요정들은 종종 자신의 몸을 작게도 만들었다가, 몸을 접어 벽을 기어오르기도 하고, 풀숲을 미끄러지며 놀기도 했습니다. 그들은 점점 몸을 오그라들게 해서 좁은 통로를 지나갔습니다. 처음에는 한 손으로 시작하다가 나중에는 몸 전체를 모두 사용해서 통로를 지나갔습니다. 그들이 통로를 지나갈 때, 몸을 쭉 펴고 이상한 모양으로 비틀기도 했습니다. 아주 천천히 한 지점에서 다른 지점으로 엉금엉금 기어갔습니다. 2. 치료사는 '큰북'을 사용해서 요정들의 적이 주변에 있다는 것을 알려 준다. 3. 이때, 참여한 사람들이 동작을 멈추고, 잠시 기다리면서 함께 모이도록 지시한다. 치료사는 각자에게 '모자'를 하나씩 나눠 주고 쓰도록 한다. 4. 치료사는 큰북이나 목소리로 바람소리를 낸 다음, 이렇게 말한다. "바람이 몹시 심한 어느 날이었습니다. 바람이 너무 심해서 모자를 벗고 말았습니다." 5. 참여자들에게 모자가 날라 가지 않도록 꽉 잡으라고 말한다.
Processing (정리)	◐ 의견나누기: 오늘 했던 활동이나 동작들 중에 의미 깊었던 점을 함께 나눈다. ◐ 반복: 주요 활동이 모두 끝나면, 오늘 했던 동작들을 다시 한번 반복하도록 한다. ◐ 정리: 세션을 끝맺기 위해 정리 스트레칭을 한다.

응용활동 및 치료적 의의 No.66

활동유의점	◑ 실감나게 이야기 내용을 표현하는 것이 무엇보다 중요하다. 치료사는 이야기를 사전에 여러 번 읽어서 익숙하게 되어야 한다. ◑ 이야기내용을 잘 살펴보아 참여한 모든 사람들이 한 가지씩의 역할을 맡을 수 있도록 배려하는 것이 중요하다. 특히 요정이나 바람의 역할을 맡길 사람을 선정할 때는 신중하도록 한다. 바람 역할의 경우 몇 사람에게 맡길 수도 있다.

응용활동 및 보조자료	◑ 치료사는 본 활동을 진행한 다음, 다음 내용을 덧붙일 수도 있다. 바람이 불어서 참여한 사람들이 쓰고 있던 모자를 하늘 위로 높이 더 높이 날려 버립니다. 이때, 탬버린의 빠른 비트를 이용해서 좀 더 긴장감을 고조시킨다. 바람이 사람들 뒤쪽에서도 불어오고, 앞에서도 옆에서도 불어옵니다. 치료사는 참여한 사람들에게 바람에 날아가지 않기 위해서 서로서로 꽉 잡으라고 설명한다. 바람이 잠잠해지고, 저녁이 찾아왔어요. 참여한 사람들이 마치 바람이 된 것처럼 두 명씩, 세 명씩 땅으로 주저앉아 잠이 든 것처럼 눕는다. ◑ 동작으로 표현하는 것뿐만 아니라, 대사를 넣어 마치 연극을 하듯이 극을 연출해 보는 것도 의미가 있다. ◑ 현대음악을 배경으로 다양한 동작표현을 하는 것도 매우 흥미롭다. 현대음악은 다양한 효과 음들이 많이 사용되므로 동작으로 표현하기에 적합하다.

치료적의의	◑ 이야기의 내용에 따라 즉흥적으로 동작을 취해 보는 활동은 참가자들로 하여금 정서를 자극하여 상상의 세계 속을 자유롭게 여행할 수 있도록 해 준다. ◑ 이야기를 활용한 동작활동은 참가자들로 하여금 흥미를 유발시켜 활동에 적극적으로 참여하도록 독려한다.

67. 나비효과

활 동	Tumbling and Tossing Wasps					시 간		40~50분	
치료목적	인지	정서	신체	사회	언어	장 소	작은	중간	큰
		●			●			●	
치료목표	1. 이야기 내용에 적합한 동작을 만들어 표현할 수 있다. 2. 나비에 대해 관심을 가지고 나비의 움직임을 표현할 수 있다.								
대상연령	유아	아동	청소년	성인	집단규모	개별	2인 1조	3팀	4팀	무제한
	●	●					●			
자 료	말벌의 한살이 과정 사진들				음 악	클래식 음악 혹은 재미있는 음악			

치료단계	활동순서 및 방법
Introduction (도입)	◐ Warm-up: 치료세션 초기에 브레인댄스로 내담자들의 몸의 긴장을 이완시킨다. ◐ 주제소개: 치료사는 내담자에게 오늘 활동의 주제와 방법을 간단히 소개한다.
Exploration (탐색) ⬇ **Learning** (학습·치료)	◐ 실제 활동순서와 방법 1. 참여한 사람들에게 '나비' 그림을 여러 장 보여 준다. 나비의 몸체를 자세히 관찰해 보도록 기회를 준다. 함께 나비에 대해 의견을 나눈다. 2. 다음의 이야기를 들려주면, 참여자들로 하여금 이야기 내용에 적절한 동작을 해보라고 지시한다. 옛날 어느 날 몸집이 큰 '나비' 한 마리가 살았어요. 이 나비는 햇빛을 피하거나 자신의 천적을 피할 곳을 찾을 수가 없었지요. 그래서 그는 이리저리 방황하며, 날아오르기도 하고 다시 땅이나 풀잎에 내려앉기도 했어요. 잠을 자기 위해 덮을 만한 나뭇가지를 구하기도 했습니다. 그는 자신의 등이나 발, 머리를 이용해서 그 가지들을 앞뒤로 밀고 당겼습니다. 시간이 지나서, 그 나비는 몸집이 더욱 커져서 그만 나뭇가지에서 떨어지고 말았어요(이때 참여자들이 바닥에 주저앉거나 옆으로 눕게 할 수 있다. 어떤 나비 역할을 맡은 사람은 이쪽저쪽을 부딪치며 튕겨져 나가는 동작을 할 수도 있다). 여러 가지 형태로 나비들은 떨어져 나갔답니다.
Processing (정리)	◐ 의견나누기: 오늘 했던 활동이나 동작들 중에 의미 깊었던 점을 함께 나눈다. ◐ 반복: 주요 활동이 모두 끝나면, 오늘 했던 동작들을 다시 한번 반복하도록 한다. ◐ 정리: 세션을 끝맺기 위해 정리 스트레칭을 한다.

응용활동 및 치료적 의의 No.67

활동유의점	● 연령이 낮은 아이들에게는 동작이 바뀔 때마다 특정한 지시를 해 주는 것이 좋다. 본격적인 활동에 들어가기 전에 아래의 동작들을 연습해 보는 것도 좋다. ① 나비가 날개를 활짝 편 모습 ② 이리저리 방황하는 모습 ③ 날개를 움츠리고 앉아있는 모습 ④ 앉아 있다가 날아오르는 모습 ⑤ 나뭇가지에서 떨어지는 모습 ⑥ 이리저리 부딪치며 튕겨져 나가는 모습
응용활동 및 보조자료	● 본 활동을 마친 다음, 치료사는 '음악'을 틀고 이야기를 다시 들려준다. 다시 한번 치료사는 참여자들에게 그 이야기에 맞춰서 움직여 보도록 요청한다. ● 2명씩 짝을 지어 서도록 한다. 2명 중 한 사람에게는 자세를 높게 유지한 채 제자리에서 빙글빙글 돌거나 춤을 추도록 지시하고, 다른 사람에게는 땅에 주저앉거나 이리저리 뒹구는 나비의 역할을 해 보도록 요청한다. 이 두 사람은 각각 높은 자세와 낮은 자세로 동작을 취하면서 넘어지기도 하고, 서로를 지지대 삼아서 다양한 형태를 만들어 볼 수도 있다. 
치료적의의	● 나비의 여러 가지 날개동작을 표현하는 활동을 통해서 참가자들은 나비의 구조와 날개동작에 관심을 가지고 참여할 수 있다. ● 이야기의 내용을 즉흥적인 동작으로 표현하면서 창의력과 즉흥성을 키울 수 있다. ● 이야기를 활용한 동작활동은 참가자들로 하여금 흥미를 유발시켜 활동에 적극적으로 참여하도록 독려한다.

68. 베이글 빵 만들기

활 동	베이글 만드는 과정을 몸으로 표현				시 간		40~50분		

치료목적	인지	정서	신체	사회	언어	장 소	작은	중간	큰
	●				●			●	

치료목표	1. 베이글 빵을 만드는 과정을 함께 토론할 수 있다. 2. 베이글 빵을 만드는 과정을 몸으로 다양하게 표현할 수 있다.

대상연령	유아	아동	청소년	성인	집단규모	개별	2인 1조	3팀	4팀	무제한
	●	●					●			

자 료	도넛이 만들어지는 과정 정보	음 악	서로 다른 템포의 만화음악

치료단계	활동순서 및 방법
Introduction (도입)	◗ **Warm-up:** 치료세션 초기에 브레인댄스로 내담자들의 몸의 긴장을 이완시킨다. ◗ 주제소개: 치료사는 내담자에게 오늘 활동의 주제와 방법을 간단히 소개한다.
Exploration (탐색) ⬇ Learning (학습·치료)	◗ 실제 활동순서와 방법 1. 치료사가 '베이글 빵(도넛 모양)'이 만들어지는 과정을 말해 준다. 2. 참여한 사람들 모두가 '베이글 빵'이 되어 여러 가지 다양한 방법으로 구르기를 하도록 지시한다. 예컨대, 앞구르기, 뒤구르기, 머리와 어깨를 대고 대각선으로 구르기, 아주 딱딱하게 구르거나 축 늘어져서 구른다. 3. 본격적으로 참여자들이 도넛이 되기 전에, 여러 형태로 만들어지고 요리가 될 수 있도록 '밀가루 반죽'이 된다. 4. 각자는 밀가루 한 조각이 되어, 길고 뭉툭하게 빚어지기도 하고 둥근 공 모양이 되기도 한다. 이 과정을 움직임으로 표현한다. 5. 그런 다음, 밀가루 반죽들은 뜨거운 기름이 있는 팬 속으로 들어간다. 이때, 이들은 팬 속에서 천천히 요리가 되다가 속도가 바뀌면서 형태도 변화된다. 6. 밀가루 반죽들이 기름 속에서 튀겨질 때, 사방으로 톡톡 튀는 것처럼, 실제로 참여자들이 활동실 바닥에 천천히 몸을 굴리도록 지시한다.
Processing (정리)	◗ 의견나누기: 오늘 했던 활동이나 동작들 중에 의미 깊었던 점을 함께 나눈다. ◗ 반복: 주요 활동이 모두 끝나면, 오늘 했던 동작들을 다시 한번 반복하도록 한다. ◗ 정리: 세션을 끝맺기 위해 정리 스트레칭을 한다.

응용활동 및 치료적 의의 No.68

<table>
<tr>
<td>활동유의점</td>
<td>

◗ 베이글 빵을 만드는 과정을 사전에 충분히 논의하는 것이 원활한 활동전개에 매우 도움이 된다.
  예) 밀가루 반죽하기, 동그랗게 베이글 모양 만들기, 기름에 튀기기 등
◗ 베이글 빵은 때때로 딱딱한 것도 있고 부드러운 것도 있고, 여러 가지 이상한 형태가 있는 것처럼, '베이글 빵'을 나타내는 움직임도 딱딱하거나 힘을 쭉 뺀 상태에서 표현할 수 있다. 베이글 빵의 다양한 형태를 다양한 움직임으로 표현해 보도록 한다.

</td>
</tr>
<tr>
<td>응용활동 및 보조자료</td>
<td>

◗ 반죽하여 만들어진 베이글을 팬 속의 기름에 튀기는 과정을 몸으로 표현하도록 한다. 팬 속 뜨거운 기름에서 튀겨지면서 사방으로 기름이 튀는 것처럼, 잠깐 동안 정지 동작으로 있다가 갑자기 바닥 위를 높이 뛰어오르고 다시 착지하고, 바닥 구르기를 여러 번 반복해 본다.
◗ 두 사람씩 짝을 지어 '베이글 댄스'를 춰보도록 한다. 두 사람이 손을 잡고 함께 점프를 하고, 착지하고, 구르기를 반복한다.
◗ 소재를 다양하게 변화시켜 가 몸동작으로 표현하도록 하는 것도 좋다. 베이글 대신에 '불꽃'이나 '팝콘', '뜨거운 기름' 등을 춤의 소재로 제시하여 그 특징에 따라 여러 가지 움직임으로 표현하도록 하면 효과적이다.

</td>
</tr>
<tr>
<td>치료적의의</td>
<td>

◗ 각자의 역할을 배정받아 이야기를 꾸미는 활동은 자기역할인식과 타인인식능력을 향상시키는 데 도움을 준다.
◗ 여러 가지 감정을 동작으로 표현하는 활동은 내담자의 내면의 정서를 외부로 표출할 수 있는 기회를 제공해 준다.

</td>
</tr>
</table>

69. 빛 속에서 뛰어라!

활 동	조명에 따라 움직이는 활동					시 간		40~50분		
치료목적	인지	정서	신체	사회	언어	장 소	작은	중간		큰
	●		●		●			●		
치료목표	1. 조명이 비춰진 장소에서는 빠른 동작으로 춤을 출 수 있다. 2. 조명이 없는 장소에서는 아주 느린 동작으로 춤을 출 수 있다.									
대상연령	유아	아동	청소년	성인	집단규모	개별	2인 1조	3팀	4팀	무제한
		●	●							●
자 료	조명기구(손전등, 랜턴 등)				음 악	경쾌하고 복잡한 리듬의 락 음악				

치료단계	활동순서 및 방법
Introduction (도입)	◑ Warm-up: 치료세션 초기에 브레인댄스로 내담자들의 몸의 긴장을 이완시킨다. ◑ 주제소개: 치료사는 내담자에게 오늘 활동의 주제와 방법을 간단히 소개한다.
Exploration (탐색) ⬇ Learning (학습 · 치료)	◑ 실제 활동순서와 방법 1. <u>치료사는 가능한 한 활동실을 어둡게 하기 위해 조명을 낮춘다.</u> 그리고 조명기구를 이용해서 방의 마루 부분을 향해 작은 원 몇 개가 그려지도록 빛을 비춘다. 2. <u>치료사는 참여자들에게 바닥에 비춰진 원에서 다른 원으로 옮겨 가면서 춤을 추도록 지시한다.</u> 3. 빛(조명: 손전등이나 랜턴)이 비춰진 원 안에 있을 때는 최대한 바쁘게 몸을 움직여야 한다. 그런 다음, 빛이 없는 어두운 곳으로 갔을 때는 아주 천천히 움직이도록 한다. 이 활동을 충분한 시간을 두고 실시한다. 4. 이번에는 참여자들이 어두운 곳에서 춤을 추는 것이 익숙해지면, 빛이 있는 원으로 들어갔을 때에도 천천히 춤을 추도록 한다. 5. 그런 다음, 플래시를 이리저리 움직이면서 껐다 켜기를 반복한다. 그러면 사람들이 마치 플래시(flash)가 터지는 것처럼 움직이다 멈추고, 다시 움직이다 멈추기를 반복해 보도록 지시한다. 이때, 속도에 변화를 주는 것이 중요하다. 6. 다음, 특정 공간을 정해서 빙글빙글 돌면서 속도에 변화를 주라고 지시하고, 몸의 높낮이도 변화시키고, 빛이 비취는 원에서 춤을 추도록 한다.
Processing (정리)	◑ 의견나누기: 오늘 했던 활동이나 동작들 중에 의미 깊었던 점을 함께 나눈다. ◑ 반복: 주요 활동이 모두 끝나면, 오늘 했던 동작들을 다시 한번 반복하도록 한다. ◑ 정리: 세션을 끝맺기 위해 정리 스트레칭을 한다.

응용활동 및 치료적 의의 No.69

활동유의점	◐ 분위기 조성을 위해서 활동실을 어둡게 하는 것이 중요하다. 치료사는 미리 손전등이나 랜턴을 준비하여 적당한 크기의 조명이 만들어지는지를 확인해야 한다. 사전에 손전등으로 바닥과 춤추는 사람을 비춰 주는 역할을 하는 사람을 선정해야 한다. ◐ 손전등을 껐다 켜기를 반복하면 참여한 사람들은 손전등 빛에 따라 움직이다 멈추기를 여러 번 반복한다. 손전등을 비추는 역할을 담당한 사람은 손전등 전원을 껐다 켜는 것뿐만 아니라 활동실 이곳저곳을 산만하게 비춰 주는 것도 좋다(마치 노래방 조명처럼).
응용활동 및 보조자료	◐ 조명기구를 통해 빛이 비치는 원 안에서 한 사람이 춤을 추고 있을 때, 다른 한 사람이 그 원 안으로 들어온다면, 원래 있는 사람이 추는 춤동작을 방금 들어온 사람이 정반대로 따라 하도록 할 수 있다. ◐ 조명이 안 비추는 어둠 속에서 두 사람이 만나게 되면, 이른바 '그림자 댄스'를 추도록 할 수도 있다. '그림자 댄스'란 한 사람이 하는 동작을 그림자처럼 다른 사람이 따라 하는 것을 말한다. ◐ 소그룹으로 나눠서 각 그룹별로 어둠에서 빛으로 옮겨가면서 특정한 동작을 만들어 보도록 시간을 준다. 그룹 원 중 주인공 한 사람을 뽑아서 어둠에서 밝은 곳으로 나가면서 춤을 추게 한다. 이때 나머지 사람들은 그 사람의 그림자가 되어 어둠 속에서 약간은 애매모호한 동작을 취한다. 이렇게 밝은 곳에 있는 사람은 분명한 동작을, 어두운 곳에 있는 사람들은 애매한 동작을 대조적으로 취해 보인다. 

70. 반짝반짝 조명댄스

활 동	빛과 그림자가 되어 서로 모방하기활동					시 간		40~50분		
치료목적	인지	정서	신체	사회	언어	장 소	작은	중간	큰	
	●				●			●		
치료목표	1. 빛과 그림자의 역할을 맡아서 서로 동작을 모방할 수 있다. 2. 자신이 생각하는 가장 편안한 자세 3가지를 표현할 수 있다.									
대상연령	유아	아동	청소년	성인	집단규모	개별	2인 1조	3팀	4팀	무제한
		●	●				●			
자 료	여러 가지 조명기구들				음 악	여러 종류의 영화음악, 스타카토가 들어 있는 음악				

치료단계	활동순서 및 방법
Introduction (도입)	◗ **Warm-up:** 치료세션 초기에 브레인댄스로 내담자들의 몸의 긴장을 이완시킨다. ◗ 주제소개: 치료사는 내담자에게 오늘 활동의 주제와 방법을 간단히 소개한다.
Exploration (탐색) ⬇ Learning (학습 · 치료)	◗ 실제 활동순서와 방법 1. 사람들이 마치 번개처럼 활동실의 이쪽저쪽을 빙글빙글 돌게 한다. 높은 자세에서 낮은 자세로 회오리바람처럼 행동하도록 지시한다. 제자리에서 돌기도 하고, 비틀비틀거리기도 하고, 빙글 돌기도 한다. 2. 치료사는 참여자들이 가장 편안하게 느끼는 자세 3~4가지를 선택하도록 한다. 그런 다음, 이들이 바닥에서 시작하든지, 아니면 높은 자세에서 댄스를 시작하든지 시작과 끝을 갑작스럽게 전개하도록 요청한다. 3. 참여자들을 둘씩 짝지어 서게 한 다음, 조명을 어둡게 한다. 둘 중 한 사람은 '불빛' 역할을 맡고, 다른 한 사람은 '그림자' 역할을 맡는다. 4. '그림자' 역할의 사람들은 '불빛' 역할의 사람들 동작을 정확하게 모방한다. 1~2분이 지나면 파트너들은 자리를 바꾸도록 지시한다. 5. 각 조의 그림자 역할을 하는 사람에게 플래시를 하나씩 나눠 주고, 방을 더 어둡게 한다. '불빛'이 움직이면 '그림자'가 따라 움직이되, 그림자들이 들고 있던 플래시로 불빛 역할의 사람들을 비추도록 한다.
Processing (정리)	◗ 의견나누기: 오늘 했던 활동이나 동작들 중에 의미 깊었던 점을 함께 나눈다. ◗ 반복: 주요 활동이 모두 끝나면, 오늘 했던 동작들을 다시 한번 반복하도록 한다. ◗ 정리: 세션을 끝맺기 위해 정리 스트레칭을 한다.

응용활동 및 치료적 의의 No.70

활동유의점	● 첫 번째 시작활동에서 치료사가 참여자들에게 활동실을 이쪽저쪽 빙글빙글 돌게 할 때 약간 어색한 분위기가 흐르거나 춤동작을 하지 않으려고 할 수도 있다. 이때는 치료사가 좀 더 적극적으로 분위기를 이끌어가는 카리스마를 가질 필요가 있다. 활동을 약간은 진지하게 설명하고 아주 중요하고 의미 있는 활동을 진행하고 있다는 인상을 주는 것이 중요하다. ● 활동의 분위기를 유지하기 위해서 방 안의 조명을 어둡게 유지한다. 너무 어두워서 서로 부딪치지 않도록 유의한다. ● 마지막 활동에서 손전등을 그림자 역할을 맡은 사람들에게 나눠 준다. 그런 다음 손전등으로 불빛 역할을 맡은 사람들을 비추게 한다. 불빛 역할자들이 움직이면 그림자 역할자들이 똑같이 모방한다. 방 안을 약간 어둡게 유지하는 것이 중요하다.

응용활동 및 보조자료	● 그림자 역할을 맡은 사람들이 불빛 역할을 맡은 1명을 손전등으로 비칠 수도 있다. 이때, 첫 번째로 불빛역할을 맡은 한 사람을 다른 모든 그림자들이 집중적으로 손전등으로 비추는 것이다. 그런 다음, 두 명씩 한 조가 되어 한 사람은 손전등을 들고 다른 파트너를 비추면서 그의 동작을 따라 하도록 한다. ● 위의 활동 후, 역할을 바꿔서 그림자 역할은 방의 한쪽 구석에서 손전등을 들고 불빛 역할의 파트너의 움직임을 비치게 한다. 이때 불빛 역할의 사람들은 방 주변을 돌면서 여러 가지 형태로 자유롭게 춤을 춘다. ● 춤추는 사람들이 벽 주변으로 가서 서고, 그림자 역할의 사람들이 방 안쪽으로 모인다. 방의 조명을 어둡게 한다. 그런 다음, 그림자 역할의 사람들이 손전등을 들고 벽 앞에 있는 자신의 파트너를 비춰서 벽에 그림자가 비치게 한다. 몇 분 동안 계속 춤을 추는 사람을 손전등으로 비춘 다음, 서로 역할을 바꿔서 다시 한번 진행한다. ● 두 명씩 2조를 편성한다. 그중 첫 번째 조의 2명은 조명이 비치는 밝은 곳에서 춤을 추도록 하고, 나머지 두 번째 조에 있는 2명은 춤추는 사람들을 따라 모방하며 움직이도록 한다.

치료적의의	● 다른 사람의 행동을 모방하는 활동은 타인의 역할을 인식하는 기회를 제공해 주고, 타인을 모방하는 특별한 경험을 하도록 해 준다. ● 자신의 행동을 타인이 따라서 모방하는 활동은 자기 자신에게 자아존중감을 형성하도록 도움을 주며, 강력한 정서적 자신감을 심어 주게 된다.

71. 쌍안경, 망원경

활 동	최신가요를 동작으로 표현하기					시 간		40~50분	
치료목적	인지	정서	신체	사회	언어	장 소	작은	중간	큰
	●				●			●	
치료목표	1. 최신가요나 동요를 들으면서 그 가사 속에서 동작표현을 찾을 수 있다. 2. 노래의 가사 속에서 찾은 동작 3~4개를 연결해서 만들 수 있다.								
대상연령	유아	아동	청소년	성인	집단규모	개별	2인 1조	3팀	4팀	무제한
		●	●				●			
자 료	쌍안경(두루마리휴지의 종이봉 2개에서 셀로판지를 붙임, 실제 쌍안경을 사용해도 됨.), 유행음악, 망원경(두루마리휴지나 마분지로 만듦)								

치료단계	활동순서 및 방법
Introduction (도입)	◗ **Warm-up**: 치료세션 초기에 브레인댄스로 내담자들의 몸의 긴장을 이완시킨다. ◗ 주제소개: 치료사는 내담자에게 오늘 활동의 주제와 방법을 간단히 소개한다.
Exploration (탐색) ⇩ Learning (학습·치료)	◗ 실제 활동순서와 방법 1. 치료사는 최신 유행하는 음악을 틀어 주고, 그 음악 속에 나오는 동작을 3~4가지 찾아보 도록 한다. 예를 들면 다음과 같다. ① 너무 기쁘다, ② 너무 슬프다, ③ 너무 사랑한다, ④ 너무 싫어한다. 2. 참여한 사람들 중 몇 명을 선택하여 속도, 힘, 공간 등을 활용하여 유행가 속의 가사를 즉 흥적인 동작으로 만들어 다른 참여자들에게 보이도록 지시한다. 3. 이때까지는 위의 4가지 동작을 체계적으로 구성하기 이전이다. 다만, 즉흥적인 동작을 보 면서 어떤 식으로 동작들을 이어서 구성하면 좋을지 생각해 보게 한다. 4. 충분히 생각할 시간을 준 다음 다른 사람들 앞에서 발표해 보도록 한다. 5. 이제, 두 명씩 한 조가 되게 한다. 한 사람은 댄서가 되고, 다른 한 사람은 쌍안경을 들고 댄서를 주시하는 관찰자 역할을 한다. 6. 치료사는 쌍안경을 든 관찰자들에게 춤추는 댄서들을 구체적으로 관찰하라고 지시한다. 예컨대, 특히 춤을 추는 사람의 '손'이나 '코' 등을 쌍안경으로 집중적으로 관찰하도록 할 수 있다.
Processing (정리)	◗ 의견나누기: 오늘 했던 활동이나 동작들 중에 의미 깊었던 점을 함께 나눈다. ◗ 반복: 주요 활동이 모두 끝나면, 오늘 했던 동작들을 다시 한번 반복하도록 한다. ◗ 정리: 세션을 끝맺기 위해 정리 스트레칭을 한다.

응용활동 및 치료적 의의 No.71

활동유의점	◑ 유행가를 들려주고 그 속에 있는 동작표현을 3~4가지 찾아보도록 한다. 이때 사용 되는 유행가는 아동들이 모두 잘 아는 건전한 내용의 노래면 좋다. 연령을 고려하여 동요나 유행가 등을 여러 곡 선택해서 참여자들에게 제시하고 그들이 스스로 마음에 드는 곡을 선택하도록 하는 것도 도움이 된다. ◑ 치료사는 미리 쌍안경 모양의 도구를 만들어서 가져온다. 쌍안경의 경우는 두루마리휴지의 종이봉 2개에 셀로판지를 붙이면 좋다. 또한 망원경은 두루마리 휴지나 마분지로 길게 말아서 만들면 된다. 실제 쌍안경을 사용해도 무방하다.

응용활동 및 보조자료	◑ 망원경을 가지고 관찰하는 사람은 춤추는 사람을 망원경으로 잘 관찰하고, 조언을 주거나 춤동작이 끝난 후 치료사는 댄서에게 다음과 같은 질문을 할 수도 있다. –"방금 당신 손을 어떤 식으로 움직였나요?" –"당신의 머리를 춤출 때 어떻게 사용했지요?" –"춤을 추고 나니까 어떤 느낌이 드나요?" ◑ 본 활동을 마친 후, 서로 역할을 바꾼다. 관찰자는 댄서가 되어 춤을 추면, 다른 파트너는 그 모습을 관찰한 뒤에 피드백(feedback)을 준다. 한 조를 선택하여 다른 사람들 앞에서 춤을 보여 주도록 요청한다. 관찰자의 조언과 도움을 받은 다음, 댄서들의 춤은 더욱 즉흥적으로 되었는가? 

72. 만다라

활 동	시작과 끝을 안다.					시 간		40~50분		
치료목적	인지	정서	신체	사회	언어	장 소	작은	중간	큰	
	●				●			●		
치료목표	1. 만다라의 길이를 통해 인생의 흐름을 알아보자. 2. 시작과 끝을 미리 느껴 보자 3. 자신감을 갖고 발표할 수 있다.									
대상연령	유아	아동	청소년	성인	집단규모	개별	2인 1조	3팀	4팀	무제한
		●	●	●						●
자 료	없음.				음 악	없음.				

치료단계	활동순서 및 방법
Introduction (도입)	◐ Warm-up: 치료세션 초기에 브레인댄스로 내담자들의 몸의 긴장을 이완시킨다. ◐ 주제소개: 치료사는 내담자에게 오늘 활동의 주제와 방법을 간단히 소개한다.

Exploration
 (탐색)
 ⇩
 Learning
 (학습 · 치료)
	◐ 실제 활동순서와 방법
	 1. 치료사는 활동을 하기 위해 아래와 같이 참가자들의 신체와 마음을 준비시킨다.
	 2. 바닥에 만다라를 그리고 밖에 선에서 시작해 안쪽에서 마무리하는 과정에서 인생의 성장과 정을 표현해 보자.
	    －탄생－태아－유아－아동－청소년－성인－노인－죽음을 몸으로 표현해 보기
	    －예) 암환자는 시작점에서 암 선고를 내린다. 만다라를 통해 거르면서 선고시작부터 지금까지의 과정을 표현해 본다(말과 소리 , 의성어 등－천이나 옷, 인형 등을 사용해도 좋다).
	    －촛불을 만다라 시작점에서 들고 있다 점점 안으로 들어가면서 본인이 그동안 하고자 했던 일, 하지 못했던 일, 소망 등을 말해보는 시간을 가져 보자.
	    －손을 잡고 뛰거나, 걷거나, 앞 리더 따라 움직임을 따라 해 본다.
	 3. 참가자들은 아래 4단계 과정에 따라 다양한 동작을 개인 혹은 그룹으로 구성해 본다.
	    ① 팀별 주제 정한다.
	    ② 주제에 적합한 움직임 다양한 동작을 개인 혹은 그룹으로 구성해 본다.
	    ③ 연결한다.
	    ④ 준비한 내용을 다른 사람들 앞에서 발표한다.

Processing (정리)	◐ 의견나누기: 오늘 했던 활동이나 동작들 중에 의미 깊었던 점을 함께 나눈다. ◐ 반복: 주요 활동이 모두 끝나면, 오늘 했던 동작들을 다시 한번 반복하도록 한다. ◐ 정리: 세션을 끝맺기 위해 정리 스트레칭을 한다.

73. Eye contact

활 동	눈으로 의사소통하기					시 간		40~50분		
치료목적	인지	정서	신체	사회	언어	장 소	작은	중간		큰
		●		●	●			●		
치료목표	1. 눈으로 의사소통을 할 수 있다. 2. 타인에 시선을 피하지 않고 자신에게 자신감을 가지게 하자									
대상연령	유아	아동	청소년	성인	집단규모	개별	2인 1조	3팀	4팀	무제한
		●	●	●						●
자 료	없음.					음 악	없음.			

치료단계	활동순서 및 방법
Introduction (도입)	◐ Warm-up: 치료세션 초기에 브레인댄스로 내담자들의 몸의 긴장을 이완시킨다. ◐ 주제소개: 치료사는 내담자에게 오늘 활동의 주제와 방법을 간단히 소개한다.
Exploration (탐색) ⇩ Learning (학습 · 치료)	◐ 실제 활동순서와 방법 1. 신체 각 부분을 충분히 움직여서 활성화시킨다(음악에 맞추어 자유롭게). 2. 이번에는 신체 각 부분을 천천히 스트레칭해 준다. 3. 참가자들은 다 함께 춤을 추다가 멈추는 순간! 치료사의 지시 언어(기어가기, 달리기, 떨기, 뛰기, 돌기 등)에 따라 움직인다. 4. 원으로 서서 먼저 리더를 정한다. － 리더가 시선을 한사람에게 주는 동시에 그 사람자리로 이동한다. － 그 시선을 받은 사람은 다시 다른 사람에게 주면서 이동한다. － 계속 다른 친구들에게 Eye contact을 하면서 이동한다. － 처음에 시선과 함께 손을 뻗어 프로그램의 흐름을 경험한다. － 공을 사용해서 주고 싶은 사람에게 시선과 함께 전달한다(전달하면서 "사랑합니다", "좋아합니다", "아름답습니다", "건강하세요", 이름 되기, 동물이름 되기, 꽃 이름 되기, 나라 이름 되기 등). － 공의 전달을 여러 방법으로 한다(손, 겨드랑이, 무릎 사이, 발등 옆 사이 등). * 앉아서도 공을 사용해 시선과 함께 여러 방법으로 전달해 보자. 5. 발표 및 관찰 ① 팀을 반 혹은 세 팀으로 나누어 해 보기 ② 친구들의 움직임과 표현 다른 팀이 발표하는 것을 관찰한다.
Processing (정리)	◐ 의견나누기: 오늘 했던 활동이나 동작들 중에 의미 깊었던 점을 함께 나눈다. ◐ 반복: 주요 활동이 모두 끝나면, 오늘 했던 동작들을 다시 한번 반복하도록 한다. ◐ 정리: 세션을 끝맺기 위해 정리 스트레칭을 한다.

74. 타이타닉

활 동	바다 속을 신체표현하기					시 간		40~50분		
치료목적	인지	정서	신체	사회	언어	장 소	작은	중간		큰
	●	●		●	●			●		

치료목표	1. 타이타닉 영화나 책을 통해 생명의 소중함을 안다. 2. 바다 속 이야기를 전개해 보자. 3. 희생정신과 리더십을 키워 보자.

대상연령	유아	아동	청소년	성인	집단규모	개별	2인 1조	3팀	4팀	무제한
		●	●	●						●

자 료	없음.	음 악	없음.

치료단계	활동순서 및 방법
Introduction (도입)	◗ Warm-up: 치료세션 초기에 브레인댄스로 내담자들의 몸의 긴장을 이완시킨다. ◗ 주제소개: 치료사는 내담자에게 오늘 활동의 주제와 방법을 간단히 소개한다.
Exploration (탐색) ⬇ Learning (학습 · 치료)	◗ 실제 활동순서와 방법 1. 치료사는 참가자들에게 파동(예: 물결치기, 굽실거리기, 파도, 사이렌 소리)을 언제 느껴 보았는지 질문한다. 　예) 내용을 움직임으로 표현하기 2. 타이타닉영화에 대한 스토리를 간단하게 그룹으로 발표해 보자. 　─느낀 점을 그룹으로 오늘 활동주제에 맞는 특정한 동작개념을 탐구해 본다. 　─영화에 한 장면을 만들거나 그 당시 바다 속 상황들을 움직임으로 꾸며도 좋다. 3. 지식 나누기 활동: 그룹으로 움직임 꾸며 보기 　① 다양한 대형이나 스토리를 만들어 개인 혹은 그룹으로 구성해 본다. 　② 주제를 정하고 동작을 연결한다. 4. 발표 및 관찰 　① 그룹으로 준비한 내용을 다른 사람들 앞에서 발표한다. 　② 다른 팀이 발표하는 것을 관찰한다. 　─표현력이나 상상력이 풍부했는지
Processing (정리)	◗ 의견나누기: 오늘 했던 활동이나 동작들 중에 의미 깊었던 점을 함께 나눈다. ◗ 반복: 주요 활동이 모두 끝나면, 오늘 했던 동작들을 다시 한번 반복하도록 한다. ◗ 정리: 세션을 끝맺기 위해 정리 스트레칭을 한다.

75. 앉았다 일어나기

활 동	두 손 잡고 앉았다 일어나기					시 간		40~50분		
치료목적	인지	정서	신체	사회	언어	장 소	작은	중간	큰	
	●			●	●			●		
치료목표	1. 2인 1조가 되어 등을 대고 앉아서 신호에 따라 일어날 수 있다. 2. 짝끼리 등을 마주 대고 팔짱을 낀 상태에서 일어났다 다시 앉을 수 있다.									
대상연령	유아	아동	청소년	성인	집단규모	개별	2인 1조	3팀	4팀	무제한
		●	●				●			
자 료	없음.				음 악	없음.				

치료단계	활동순서 및 방법
Introduction (도입)	◑ Warm-up: 치료세션 초기에 브레인댄스로 내담자들의 몸의 긴장을 이완시킨다. ◑ 주제소개: 치료사는 내담자에게 오늘 활동의 주제와 방법을 간단히 소개한다.
Exploration (탐색) ⬇ Learning (학습·치료)	◑ 실제 활동순서와 방법 1. 치료사는 참여자들을 둘씩 짝을 지어 등을 대고 바닥에 앉도록 한다. 이때 서로 팔짱을 끼고 무릎은 굽힌다. 2. 이들이 숨을 내쉬고 서로의 등을 밀면서 일어나도록 지시한다. 3. 그런 다음, 다시 등을 댄 채로 이들을 앉아 보도록 한다. 4. 이번에는 서로 다리를 앞으로 쭉 편 상태에서 팔은 조금 느슨하게 잡으라고 지시한다. 5. 서로 팔을 이용하지는 말고 오로지 서로 등을 밀면서 일어나 보도록 과제를 준다. 이때도 역시 숨은 밖으로 내쉬어야 한다. 6. 이번에는 서로가 발가락을 댄 채로 마주 보고 앉도록 한다. 7. 서로 두 팔목을 마주 걸고 숨을 내쉬면서 천천히 잡아당기면서 일어나 보라고 지시한다. 그런 다음, 다시 몸을 굽히면서 천천히 앉도록 한다. 8. 활동을 진행하면서 치료사는 참여자들에게 이 동작을 천천히 호흡을 뱉으면서 수행해 보도록 한다. 최대한 편안한 자세로 굽혔다 폈다를 반복하도록 강조한다.
Processing (정리)	◑ 의견나누기: 오늘 했던 활동이나 동작들 중에 의미 깊었던 점을 함께 나눈다. ◑ 반복: 주요 활동이 모두 끝나면, 오늘 했던 동작들을 다시 한번 반복하도록 한다. ◑ 정리: 세션을 끝맺기 위해 정리 스트레칭을 한다.

76. 박물관이 살아 있다

활 동	정지동작과 이완동작을 반복하기					시 간		40~50분		
치료목적	인지	정서	신체	사회	언어	장 소	작은	중간		큰
			●	●	●			●		
치료목표	1. 손으로 자신의 온몸을 가볍게 마사지할 수 있다. 2. 치료사의 언어지시에 따라 행동할 수 있다.									
대상연령	유아	아동	청소년	성인	집단규모	개별	2인 1조	3팀	4팀	무제한
		●	●						●	
자 료	화석 그림 몇 장, 카세트녹음기				음 악	흥미진진한 영화음악				

치료단계	활동순서 및 방법
Introduction (도입)	◗ **Warm-up**: 치료세션 초기에 브레인댄스로 내담자들의 몸의 긴장을 이완시킨다. ◗ 주제소개: 치료사는 내담자에게 오늘 활동의 주제와 방법을 간단히 소개한다.
Exploration (탐색) ⬇ Learning (학습 · 치료)	◗ 실제 활동순서와 방법 1. 집단에게 화석 그림 몇 장을 보여 주고 그 화석의 모양을 자세히 설명해 준다. 2. 참여자들에게 방 이곳저곳에 흩어져 서도록 요청한다. 3. 그런 다음, 치료사가 '돌로 변해라'와 '축 늘어져라'라는 명령을 내리면 동작을 정지하거나 몸을 축 늘어뜨리도록 약속을 맺는다. 4. 활동 처음에는 모든 참여자들이 정지 상태에서 시작한다. 천천히 머리를 돌리고, 눈을 돌리고, 목을 돌려 보도록 지시한다. 얼굴을 찡그렸다 폈다 한 다음, 어깨, 팔, 팔목, 손가락을 돌린다. 5. 손으로 얼굴을 마사지하고, 주먹으로 그들 자신의 몸 이곳저곳을 가볍게 치도록 지시한다. 6. 가볍게 온몸을 흔들어주고, 몸 곳곳을 주먹으로 쳐 준 다음, 아주 천천히 잠자고 있던 몸을 깨어나도록 한다. 처음으로 몸을 활짝 펴 준 다음, 될 수 있는 한 가장 작게 몸을 움츠린다. 한 곳에서 폈다 움츠렸다 한 다음, 다른 장소로 이동하여 몸을 폈다 움츠렸다 한다. 잠시 동안 이 동작을 하도록 한다. 7. 바닥 위에서 몸을 폈다 움츠렸다 하는 동작을 '속도'와 '강도'를 달리하여 시도해 본다. 다음, 한 장소를 정하여 마치 화석처럼 동작을 정지하도록 지시한다. 8. 참여자들을 마치 돌이나 화석, 얼음에 달라붙은 것처럼 바닥에 눕게 한다. 9. 화석이 몸에 달라붙으면 그 부분부터 화석처럼 변하는 동작을 취한다. 머리, 다리, 등, 다른 부위가 점점 딱딱해져가는 것을 춤으로 표현한다. 10. 마지막으로 4명이 한 조가 되어 화석이 생명을 얻어 살아나는 과정을 다른 나머지 그룹에게 발표해 보도록 한다.

77. 상자 속 댄스

활 동	거대한 상자 속에서 댄스					시 간		40~50분		
치료목적	인지	정서	신체	사회	언어	장 소	작은	중간	큰	
	●			●	●			●		
치료목표	1. 상상 속의 상자 안에서 여러 가지 지시 따르기 활동을 할 수 있다. 2. 치료사의 언어적 지시에 따라 상상의 상자에서 다양한 동작을 취할 수 있다.									
대상연령	유아	아동	청소년	성인	집단규모	개별	2인 1조	3팀	4팀	무제한
	●	●	●							●
자 료	종이상자, 커다란 전등 한 쌍				음 악	다양한 템포의 신비로운 음악				

치료단계	활동순서 및 방법
Introduction (도입)	◑ **Warm-up:** 치료세션 초기에 브레인댄스로 내담자들의 몸의 긴장을 이완시킨다. ◑ **주제소개:** 치료사는 내담자에게 오늘 활동의 주제와 방법을 간단히 소개한다.
Exploration (탐색) ⬇ Learning (학습·치료)	◑ 실제 활동순서와 방법 1. 활동실 한 편에 사람이 들어갈 정도의 커다란 '종이상자들'을 놓는다. 치료사는 참여자들에게 큰 상자를 마음속에 상상하도록 하고 한 사람씩 상상 속의 상자 주변으로 무언극을 하듯이 천천히 다가가서 상자 1개를 들어 방의 이쪽저쪽에 놓는 시늉을 하도록 요청한다. 2. 참여자 몇 명을 상상 속의 상자 안으로 들어가게 한 후, 음악이 나올 때까지 잠시 기다리도록 지시한다. 3. 치료사는 음악을 틀고 큰 소리로 '신체 일부의 명칭'을 부른다. 그러면 상자 안에 있던 사람은 치료사가 지시한 그 신체의 일부분부터 천천히 내밀면서 크게 기지개를 켠 다음, 다시 상자 안으로 들어간다. 치료사는 다른 신체 일부를 호명하여 이 활동을 여러 번 진행한다. 4. 다음과 같은 질문을 한다. "상자 밖으로 나올 때 어떤 기분이 들었나요?", "당신은 행복한가요, 슬픈가요?", "당신은 걸을 수 있나요, 혹은 동물처럼 기어갈 수 있나요?" 5. 치료사는 참여자들이 실제 상자의 안과 밖으로 움직이면서 여러 가지 다양한 동작을 취해 보고, 각각 다른 감정(예: 기쁨, 슬픔, 화남, 괴로움)을 가지고 시도해 보도록 도와준다. 6. 사람들을 소그룹으로 나눈 다음, 상자를 이용한 춤 활동에서 각자의 독특한 역할을 맡긴다. 몇 분 후, 다른 사람들 앞에서 즉흥적인 공연을 시연해 보인다.

#4. 신체운동기술 향상(Motor development)

78. 동작카드활동

활 동	동작카드 보고 몸으로 표현하기					시 간	40~50분		
치료목적	인지	정서	신체	사회	언어	장 소	작은	중간	큰
			●						●
치료목표	1. 동작카드에 적힌 지시문에 따라 움직일 수 있다. 2. 동작카드 지시문의 동작을 2개 이상 연결하여 타인 앞에서 발표할 수 있다.								
대상연령	유아	아동	청소년	성인	집단규모	개별	2인 1조	3팀	4팀	무제한
	●	●	●							●
자 료	동작카드 5장				음 악	경쾌한 음악			

치료단계	활동순서 및 방법
Introduction (도입)	◑ Warm-up: 치료세션 초기에 브레인댄스로 내담자들의 몸의 긴장을 이완시킨다. ◑ 주제소개: 치료사는 내담자에게 오늘 활동의 주제와 방법을 간단히 소개한다.
Exploration (탐색) ⇩ Learning (학습·치료)	◑ 실제 활동순서와 방법 1. 치료사는 참가자들이 모두 뿔뿔이 흩어져 서도록 지시한다. 2. 치료사는 그룹 전체에게 '동작카드'를 보여 주며 큰 소리로 읽어 준다. 　예) 한 발로 뛰기, 빙글 돌기, 두발 모아 팔짝 뛰기, 전력질주 등 3. 참가자들은 동작카드에 적혀 있는 대로 움직인다. 다양하게 반복한다. 　동작카드는 다양하게 변형시킬 수 있다. 예를 들어, 마루 위에서, 발로, 무릎으로, 발가락으로 등 다양한 수준으로 동작을 제시할 수 있다. 4. 음악을 틀어 주고, 치료사가 보여 주는 카드에 따라 동작을 취하도록 한다. 5. 치료사는 다음으로 5개의 새로운 단어를 말해 준다(구르기, 걷기, 가볍게 뛰기, 기기, 발을 끌기 등). 단어에 맞게 충분히 동작을 연습해 본다. 6. 동작을 연습한 후, 각자 5개 단어 중 하나를 골라 계속 움직여 보도록 한다. 7. 치료사는 1분 후 이들의 동작을 멈추게 한 다음, 같은 동작끼리 모은다. 예를 들어, 바닥에 구르는 사람들끼리, 발을 질질 끌고 있는 사람들끼리 모은다. 이렇게 하면서 서로 모르는 사이거나 함께 활동을 해 보지 않은 사람들끼리 작은 그룹을 지어 활동할 수 있는 기회를 가지게 된다. 8. 치료사는 그룹별로 카드 낱말 중 단어 2개를 정하고, 그 동작을 각각 몇 번씩 할지 정하도록 한다(예: 3번 팔짝 뛴 다음 2번 구르기 등). 9. 각 그룹은 자신들이 정한 동작을 다른 사람들 앞에서 발표한다.

응용활동 및 치료적 의의 No.78

활동유의점	● 치료사는 동작카드를 여러 장 준비하되, 기능이 낮은 아동과 함께 하는 세션일 경우에는 그림동작카드를 준비할 수도 있다. ● 처음에는 동작을 취하는 것을 쑥스럽게 생각하는 아동이 있을 수도 있다. 치료사는 따뜻하고 강압적이지 않은 범위 내에서 먼저 시범을 보인다든지, 참가자와 함께 손을 잡고 동작을 취할 수 있다.
응용활동 및 보조자료	● 치료사가 동작카드에 적혀 있는 단어들을 말해 줄 때, 다양한 조합이나 순서, 반복의 횟수 등을 지정해 주면 좋다. 그런 다음, 그 지시에 따라 참가자들이 움직여 보도록 한다. ● 움직이는 속도를 빠르게 혹은 느리게 해 보는 것도 재미있다. 치료사는 각 그룹이 발표하는 동작들을 느리게도 해 보고, 빠르게도 해 보도록 지시한다. 성인들과 활동을 진행할 때는 좀 더 동작의 크기를 더 역동적으로 할 필요가 있다. 예를 들어, 더욱 강도를 높일 수도 있고, 축 처진 상태에서 움직여 보도록 할 수도 있을 것이다. ● 5개의 동작지시단어를 좀 더 강화하기 위해 음악을 사용하는 것도 효과적이다. 음악이 있으면, 참가자들은 서로 어색한 가운데 멀뚱멀뚱 얼굴을 마주 보지 않고 춤을 출 수가 있다. 예로서 사용될 수 있는 음악으로는 경쾌한 동요나 건전가요가 있다. 어린이들을 위해서는 어려운 클래식 관현악곡보다는 동요나 바이올린, 피아노 솔로곡이 듣기가 더 쉬워서 좋다. | 구르기	걷기	뛰기	기어가기
---	---	---	---
한발뛰기	위로뛰기	앉기	발 끌기	 동작카드 예시자료

79. 온몸을 흔들어!

활 동	전신동작표현활동					시 간		40~50분		
치료목적	인지	정서	신체	사회	언어	장 소	작은	중간	큰	
		●	●	●				●		
치료목표	1. 음악에 맞추어 자신의 신체를 움직일 수 있다. 2. 두 명씩 한 조가 되어 음악에 맞추어 즉흥댄스를 발표할 수 있다.									
대상연령	유아	아동	청소년	성인	집단규모	개별	2인 1조	3팀	4팀	무제한
		●					●			
자 료	카세트녹음기				음 악	잔잔하고 느린 클래식 음악				

치료단계	활동순서 및 방법
Introduction (도입)	◑ Warm-up: 치료세션 초기에 브레인댄스로 내담자들의 몸의 긴장을 이완시킨다. ◑ 주제소개: 치료사는 내담자에게 오늘 활동의 주제와 방법을 간단히 소개한다.
Exploration (탐색) ⇩ Learning (학습 · 치료)	◑ 실제 활동순서와 방법 1. 우선, 참가자들이 원형으로 앉도록 배치한다. 2. 치료사가 하는 동작을 참가자들이 흉내 내도록 한다. 3. 시범을 보일 때, 치료사는 두 팔을 앞으로 쭉 뺀 채로 '두 팔과 어깨'는 움직이지 않은 채, '손목'만 움직인다. 이때, 참가자들이 최대한 자신들의 팔을 움직이지 않도록 하라고 주의를 준다. 2분 이상 활동을 한다. 4. 그런 다음, 치료사가 천천히 자신의 '손과 팔'을 움직여 보인다. 자연스럽게 참여자들은 치료사의 동작을 따라한다. 2분 이상 활동을 한다. 5. 치료사는 '어깨'도 움직이고 '머리'도 움직이면서 동작을 만들어 낸다. '발'까지 점차 포함시키면서 동작을 더 어렵게 만든다. 6. 이때 주의할 점은 치료사가 최대한 동작을 끊지 말아야 한다는 점이다. 물 흐르듯이 상반신을 자연스럽게 움직이도록 노력해야 한다. 7. 치료사는 2명씩 짝을 짓도록 하고, 느린 동작 따라 하기 활동을 하게 한다. 8. 몇 분 지난 후, 그룹으로 즉흥댄스를 발표하도록 기회를 준다.
Processing (정리)	◑ 의견나누기: 오늘 했던 활동이나 동작들 중에 의미 깊었던 점을 함께 나눈다. ◑ 반복: 주요 활동이 모두 끝나면, 오늘 했던 동작들을 다시 한번 반복하도록 한다. ◑ 정리: 세션을 끝맺기 위해 정리 스트레칭을 한다.

응용활동 및 치료적 의의 No.79

활동유의점	◑ 손을 움직이는 것은 매우 어려운 일이다. 흥에 겨워서 춤을 출 경우에 팔 아래쪽부터 움직이는 것이 보통이다. ◑ 이 활동은 각 마디의 관절을 주로 이용하게 된다. 손을 움직이게 되면 팔도 따라서 자동으로 움직이게 마련이다. ◑ 춤을 추면서 손을 흔들게 되면, 자연스럽게 팔도 움직이게 되고, 어깨, 머리, 상체가 움직이게 된다.
응용활동 및 보조자료	◑ 본 활동을 참여자들이 잘 수행하면, 참여자들이 손목부터 시작하여 시범동작을 하도록 할 수도 있다. 이것은 참여자들이 자존감과 자기 표현력을 향상시키는 데 도움을 준다. ◑ 전신동작표현 순서: 손 → 팔 → 어깨 → 목 → 허리 → 발 → 댄스   
치료적의의	◑ 배경음악의 리듬은 근육에 활동성을 증가시켜 보다 의욕을 갖고 활동할 수 있도록 도움을 준다. ◑ 두 사람이 한 조가 되어 하는 활동은 대인간 신뢰회복에 도움을 준다. ◑ 즉흥댄스를 발표하는 활동은 자기를 표현할 수 있는 기회를 제공해 준다. ◑ 즉흥댄스는 참가자들의 즉흥성과 내면의 응어리를 외부로 표출해 주는 역할을 한다.

80. 백조의 호수

활 동	백조 스텝을 살려서 동작표현하기					시 간		30-40분		
치료목적	인지	정서	신체	사회	언어	장 소	작은	중간		큰
		●	●							●
치료목표	1. 백조의 특징을 살려 동작으로 표현할 수 있다. 2. 파트너와 함께 서로 어깨에 손을 올린 상태에서 협동동작을 취할 수 있다.									
대상연령	유아	아동	청소년	성인	집단규모	개별	2인 1조	3팀	4팀	무제한
	●									●
자 료	카세트녹음기					음 악	가벼운 느낌의 피아노 음악			

치료단계	활동순서 및 방법
Introduction (도입)	◗ Warm-up: 치료세션 초기에 브레인댄스로 내담자들의 몸의 긴장을 이완시킨다. ◗ 주제소개: 치료사는 내담자에게 오늘 활동의 주제와 방법을 간단히 소개한다.
Exploration (탐색) ⬇ Learning (학습·치료)	◗ 실제 활동순서와 방법 1. 치료사는 참여자들이 자신들이 원하는 위치에 서도록 한다. 2. 치료사가 우아한 '백조' 스텝을 보여 준 다음, 그 동작을 따라 하도록 지시한다. 3. 치료사는 참여자들에게 매우 큰 동작을 취해 보라고 격려한 뒤, 날아오르는 동작과 물 위로 미끄러지며 내려오는 동작을 시범으로 보여 준다. 4. 참여자 각자가 자기 자리에서만 백조 동작을 흉내 내 보았다면, 이번에는 방 이곳저곳을 돌아다니면서 동작을 만들어 보라고 지시한다. 　① 물 위에 떠 있는 동작: 두 손을 엉덩이에 붙인 채로 편안히 걷는 동작 　② 미끄러지는 동작: 달려가다가 옆으로 쭉 미끄러지는 듯한 동작 　③ 날아오르는 동작: 두 손을 양쪽으로 곧게 펴고 날갯짓을 하는 동작 　④ 물을 마시는 동작: 얼굴을 숙였다가 하늘을 보며 물을 마시는 동작 5. 이때 치료사는 동작 하나하나를 큰 소리로 외치면 참여자가 따라 한다. 6. 만약 이리저리 돌아다니며 춤을 추다가 어떤 사람을 만나면, 서로 손뼉을 치거나 서로 가볍게 인사를 한다.
Processing (정리)	◗ 의견나누기: 오늘 했던 활동이나 동작들 중에 의미 깊었던 점을 함께 나눈다. ◗ 반복: 주요 활동이 모두 끝나면, 오늘 했던 동작들을 다시 한번 반복하도록 한다. ◗ 정리: 세션을 끝맺기 위해 정리 스트레칭을 한다.

응용활동 및 치료적 의의 No.80

활동유의점	◐ 치료사는 참가자들의 이해를 돕기 위해 백조의 다양한 동작을 그림카드로 보여 줄 수도 있다. ◐ 치료사는 다양한 형태의 백조 동작을 생각해 보아야 한다. 빠른 걸음 걷기, 느린 걸음 걷기, 뛰어오르기, 낮은 자세하기 등
응용활동 및 보조자료	◐ 응용활동으로서 백조 이외의 동물의 동작을 만들어 보는 것도 효과적이다. 여러 동물을 동시에 각조에 개별적으로 제시한 다음 서로의 공연을 감상하는 것도 좋다. 　① 사자: 포효하며 소리 지르는 모습을 표현할 수 있다. 　② 거북이: 엉금엉금 기어가는 모습을 표현할 수 있다. 　③ 토끼: 깡충깡충 뛰는 모습을 표현할 수 있다. 　④ 곰: 앞발을 들고 소리 지르는 모습을 표현할 수 있다. ◐ 서로 어깨에 가볍게 손을 올려놓은 상태에서 협동동작을 만들어 본다. 
치료적의의	◐ 동물의 동작을 흉내 내는 활동은 다양한 동작을 생각해 내도록 하여 창의성 향상에 도움을 준다. ◐ 두 사람이 한 조가 되어 어깨에 손을 올리고 협동동작을 하는 활동은 허용된 분위기 속에서 서로의 신체에 접촉해 보는 기회를 제공함으로써 대인에 대한 경계심을 푸는 데 도움을 준다.

81. 긴장이완

활 동	자신의 몸을 마시지하기					시 간		30-40분	
치료목적	인지	정서	신체	사회	언어	장 소	작은	중간	큰
		●	●					●	
치료목표	주먹을 가볍게 쥐고 자신의 신체 각 부분을 마사지할 수 있다.								
대상연령	유아	아동	청소년	성인	집단규모	개별	2인 1조	3팀	4팀	무제한
	●	●	●	●		●				
자 료	없음.			음 악		없음.			

치료단계	활동순서 및 방법
Introduction (도입)	◑ Warm-up: 치료세션 초기에 브레인댄스로 내담자들의 몸의 긴장을 이완시킨다. ◑ 주제소개: 치료사는 내담자에게 오늘 활동의 주제와 방법을 간단히 소개한다.
Exploration (탐색) ⇩ Learning (학습·치료)	◑ 실제 활동순서와 방법 1. 참여한 각자가 자신이 원하는 장소에 서서 팔을 펴고 주먹을 가볍게 쥐도록 한다. 그런 다음 주먹으로 자신의 몸을 가볍게 두들겨 준다(마사지). 2. 이때 부드럽고 리드미컬한 동작으로 자신의 머리도 쳐 준다. 3. 또 머리를 뒤로 젖히고, 목을 숙이도록 지시한다. 한 손으로 자신의 반대편 어깨를 두드리고, 손을 바꾸어서 또 실시해 본다. 두 손으로 등을 위에서 아래로 두드린다. 등허리 부분에서 좀 더 긴 시간 동안 부드럽게 두들긴다. 4. 손을 가볍게 편 상태로 자신의 엉덩이를 가볍게 쳐 준다. 5. 치료사는 참여자들을 모두 앉도록 하고 발 한쪽을 다른 발 위에 올려놓으라고 지시한다. 올려놓은 발끝을 잡고 돌려준다. 발을 바꾸어 실시한다. 6. 발을 앞으로 쭉 펴고 바닥에 한 발로 동동 구른다. 발을 바꾸어 실시한다. 7. 모두 일어서도록 하고 이번에는 자신의 배를 가볍게 두들기도록 한다. 8. 마지막으로 가볍게 깡충깡충 뛰면서 두 팔을 부드럽게 흔들면서 온몸이 가볍게 움직이도록 한다. 이때 발이 서로 엉키지 않도록 주의한다. 응용) 337 박수로 바닥을 두드린다. - 몸 전체를(돌아가면서 신체 부위를 지목) 두드린다.
Processing (정리)	◑ 의견나누기: 오늘 했던 활동이나 동작들 중에 의미 깊었던 점을 함께 나눈다. ◑ 반복: 주요 활동이 모두 끝나면, 오늘 했던 동작들을 다시 한번 반복하도록 한다. ◑ 정리: 세션을 끝맺기 위해 정리 스트레칭을 한다.

응용활동 및 치료적 의의 No.81

활동유의점	◑ 가볍게 주먹 쥔 손으로 전신을 약하게 마사지하되, 너무 세게 치지 않도록 한다. ◑ 치료사는 신체의 끝 부분(손끝, 발끝 등)부터 점차적으로 신체의 중심부분으로 옮겨 가면서 마사지하도록 한다. ◑ 주먹으로 약하게 신체부위를 두들겨 주어도 좋고, 온몸을 주물러 주는 것도 좋다. 물론 서로의 신체를 두들기거나 주무를 때는 등이나 어깨에 국한하여 실시하도록 해 야 할 것이다.
응용활동 및 보조자료	◑ 참여자들은 다른 사람들과 짝을 이루어 서로 가볍게 손을 잡고 함께 걸으면서 서로를 이완시킬 수도 있다. ◑ 먼저 자신들의 파트너 손을 잡고 서로 이완훈련을 할 수도 있다. 그런 다음 발을 이용해서 굽혔다 폈다 하면서 이완훈련을 할 수도 있다. 팔과 다리를 부드럽게 돌려줌으로써 신체의 긴장을 이완시킬 수도 있을 것이다. ◑ 두 사람씩 짝을 지어서 서로의 등이나 어깨를 가볍게 두들겨 준다. 물론, 세게 때리지 않도록 하고, 장난스럽게 진행되지 않도록 주의한다. 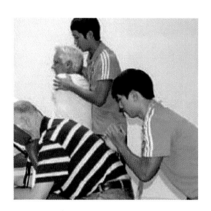
치료적의의	◑ 자신의 몸을 가볍게 마사지하는 활동은 신체에 자극을 주어 에너지와 활동성을 증가시키는 데 도움을 준다. ◑ 서로의 등이나 어깨를 두들겨 주는 활동은 서로의 유대감을 증진시키는 데 도움을 준다.

82. 소리를 동작으로…

활 동	악기소리와 몸동작 일치시키기					시 간	40~50분		
치료목적	인지	정서	신체	사회	언어	장 소	작은	중간	큰
	●		●					●	
치료목표	1. 두 사람이 한 조가 되어 악기소리와 몸동작을 일치시킬 수 있다. 2. 악기연주만 듣고 소리의 느낌에 따라 춤을 만들 수 있다.								
대상연령	유아	아동	청소년	성인	집단규모	개별	2인 1조	3팀	4팀	무제한
		●	●				●		●	
자 료	여러 가지 캐릭터나 강약을 표현할 수 있는 다양한 악기들								

치료단계	활동순서 및 방법
Introduction (도입)	◑ Warm-up: 치료세션 초기에 브레인댄스로 내담자들의 몸의 긴장을 이완시킨다. ◑ 주제소개: 치료사는 내담자에게 오늘 활동의 주제와 방법을 간단히 소개한다.
Exploration (탐색) ⬇ Learning (학습 · 치료)	◑ 실제 활동순서와 방법 1. 치료사는 참여한 사람들을 두 명씩 짝지어 서도록 한다. 2. 그런 다음 한 사람은 악기를 들고(악기연주), 다른 한 사람은 춤을 추는 역할(동작표현)을 맡는다. 두 사람에게 악기소리가 어떤지, 악기의 특징은 뭔지, 악기소리에 따라 어떻게 몸을 움직여야 할지 토의하고 탐색하는 시간을 준다. 팀 구성 = 악기연주자(1명) + 동작표현자(1명) 3. 몇 분 후, 한 팀씩 나와서 자신들이 탐색한 결과를 소리와 동작으로 보여 준다. 모든 팀들이 돌아가면서 발표를 한다. 4. 다른 활동으로서, 이번에는 악기연주를 맡은 사람은 활동실 바깥쪽에 앉고, 동작표현을 맡은 사람은 방 중앙에 서도록 한다. 5. 동작 표현하는 사람에게 미리 알려 주지 않은 채로, 악기연주만 듣고서 그 소리의 특징을 몸으로 정확히 표현해 보라고 지시한다. 6. 각 팀이 모두 발표해 보도록 한다.
Processing (정리)	◑ 의견나누기: 오늘 했던 활동이나 동작들 중에 의미 깊었던 점을 함께 나눈다. ◑ 반복: 주요 활동이 모두 끝나면, 오늘 했던 동작들을 다시 한번 반복하도록 한다. ◑ 정리: 세션을 끝맺기 위해 정리 스트레칭을 한다.

응용활동 및 치료적 의의 No.82

활동유의점	◗ 이 활동은 참여자들이 이미 악기를 갖고 여러 번 연주했거나 그 악기들이 어떻게 소리 나는지를 이미 알고 있다는 것을 가정한다. 예) 우드블럭(wood block)은 짧은 소리가 나고, 종소리는 딸랑딸랑 소리가 난다 등 ◗ 치료사는 악기연주의 특징에 따라 동작을 정확히 표현하는지를 살펴본다. 예컨대, 소리가 낮아지거나 높아질 때 파트너가 몸을 낮추거나 높이는가, 또한 소리의 속도에 따라 몸의 움직임을 달리하는가, 소리의 강도에 따라 동작표현의 강도도 달라지는가 등을 살펴본다.
응용활동 및 보조자료	◗ 4명이 한 팀이 되게 구성한다. 2명은 악기를 연주하고, 나머지 2명은 동작표현을 하는 사람으로 정한다. 어떤 종류의 연주와 표현이 될 것 같은가? 또 동작표현자들과 악기연주자들은 서로에 대해 어떤 생각을 갖게 될까? 각 그룹으로 다른 팀 앞에서 발표하도록 기회를 준다. 팀 구성 = 악기연주자(2명) + 동작표현자(2명) ◗ 다른 응용활동으로서, 모든 참가자들을 치료사(치료사) 앞에 서도록 한다. 그런 다음, 치료사가 악기를 들고 여러 가지 특징의 소리를 내면 그에 따라 모든 참가자들이 몸을 움직여 보도록 한다. 만약 우드블럭(Woodblock)을 가지고 하는 활동을 예를 들면 다음과 같다. 1. 우드블럭을 빠르게 연주하기: 참가자들은 활동실 안에서 빠르게 이리저리 걷는다. 2. 느리게 연주하기: 매우 느리고 천천히 걷는다. 3. 연주 멈추기: 걸어가다가 제자리에 멈추어 선다. 4. 우드블럭 양쪽을 번갈아 연주하기: 제자리에서 빙글빙글 돈다.
치료적의의	◗ 악기와 동작을 일치시키는 활동은 집중력을 향상시켜 주의력 범위를 확장시키는 역할을 한다. ◗ 두 사람이 한 조가 되어 하는 활동은 서로 간의 신뢰감을 형성시켜 준다. ◗ 여러 가지 감정을 동작으로 표현하는 활동은 내담자의 내면의 정서를 외부로 표출할 수 있는 기회를 제공해 준다.

83. 동작그림카드

활 동	그림카드에 맞추어 동작 만들기					시 간		40~50분		
치료목적	인지	정서	신체	사회	언어	장 소	작은	중간		큰
	●		●					●		
치료목표	1. 그림카드 속의 내용에 따라 몸동작을 만들 수 있다. 2. 그림내용을 가지고 여러 가지 다양한 춤을 창작하여 발표할 수 있다.									
대상연령	유아	아동	청소년	성인	집단규모	개별	2인 1조	3팀	4팀	무제한
	●	●	●						●	
자 료	종이로 만든 댄스카드(가로*세로 8cm)-계절의 특징이 잘 나타난 그림 여러 장									

치료단계	활동순서 및 방법
Introduction (도입)	◗ Warm-up: 치료세션 초기에 브레인댄스로 내담자들의 몸의 긴장을 이완시킨다. ◗ 주제소개: 치료사는 내담자에게 오늘 활동의 주제와 방법을 간단히 소개한다.
Exploration (탐색) ⬇ Learning (학습·치료)	◗ 실제 활동순서와 방법 1. 참여한 사람들은 활동이 있기 전에 '동작그림카드'를 만들거나, 활동 중에 참여자들이 댄스카드를 만들도록 할 수도 있다. 2. 그림카드에는 각 장마다 서로 다른 그림을 그려 넣거나, 사진이나 그림을 종이 위에 붙일 수 있다(다음 페이지 그림 참조). 3. 치료사는 참여자들을 둥글게 서도록 지시하고, 그림이 그려진 댄스카드를 옆으로 돌린다. 4. 치료사는 참여한 사람들에게 '계절'에 따라 적당한 주제를 제안해 준다. 　예) 비, 태양, 가을, 눈, 폭풍, 이른 봄 등 5. 치료사는 참여자들이 각자 들고 있는 댄스카드를 보여 준 다음, 그 주제에 따라 동작으로 표현하는 연습을 해 보도록 격려한다. 동작연습이 끝나면 활동실 주변에서 다른 사람들이 하는 동작을 관찰하도록 하고, 자신의 동작의 속도나 강도, 범위를 바꿔서 다시 연습해 보라고 지시한다.
Processing (정리)	◗ 의견나누기: 오늘 했던 활동이나 동작들 중에 의미 깊었던 점을 함께 나눈다. ◗ 반복: 주요 활동이 모두 끝나면, 오늘 했던 동작들을 다시 한번 반복하도록 한다. ◗ 정리: 세션을 끝맺기 위해 정리 스트레칭을 한다.

응용활동 및 치료적 의의 No.83

활동유의점	◑ 참여자들이 카드 속의 동작을 표현할 때는 지체 없이 즉시 하는 것이 좋다. ◑ 필요하다면 치료사가 직접 카드에 적혀 있는 주제에 따라 동작시범을 보여 줘도 좋다. ◑ 4명씩 한 팀으로 짝을 지어 서도록 한다. 팀원들이 갖고 있던 카드 중 2개 이상을 사용해서 새로운 동작을 만들어 보라고 지시한다. 다른 팀들 앞에서 발표하기 전에 충분히 연습할 수 있도록 시간을 제공한다.

응용활동 및 보조자료	 ◑ 댄스카드에 그려진 그림의 의미 1. 점점 크게 혹은 점점 작아지는 동작 2. 한 장소에서 이동하지 않고 만들어 내는 짧고 빠른 동작 3. 침묵을 향한 강한 움직임 4. 빙글빙글 도는 움직임 5. 리듬감 있는 동작 6. 점점 작아지는 에코동작 7. 무겁고 짧지만 비슷한 움직임

84. 신나는 의자게임

활 동	의자에 먼저 앉기 게임					시 간		40~50분		
치료목적	인지	정서	신체	사회	언어	장 소	작은	중간	큰	
	●		●		●			●		
치료목표	음악에 맞춰 춤을 추다가 음악이 멈출 때 의자에 앉을 수 있다.									
대상연령	유아	아동	청소년	성인	집단규모	개별	2인 1조	3팀	4팀	무제한
	●	●	●				●			
자 료	의자, 상자, 테이프, 바이올린, 리본				음 악	재미있는 댄스음악				

치료단계	활동순서 및 방법
Introduction (도입)	◑ Warm-up: 치료세션 초기에 브레인댄스로 내담자들의 몸의 긴장을 이완시킨다. ◑ 주제소개: 치료사는 내담자에게 오늘 활동의 주제와 방법을 간단히 소개한다.
Exploration (탐색) ⬇ Learning (학습·치료)	◑ 실제 활동순서와 방법 1. 치료사는 의자 몇 개를 벽 쪽에 일렬로 배치한다. 2. 이 활동에서 주의할 점은 참여한 인원보다 1개 더 적은 수의 의자를 배치하도록 한다는 것이다. 3. 참여한 사람들을 2명씩 짝을 지어 서도록 한다. 만약, 1명이 남게 되면 2명이 있는 조에 포함해서 3명이 한 조가 되게 할 수 있다. 짝을 지우는 이유는 서로 한 조가 되어 음악에 맞춰 춤을 추도록 하기 위해서다. 4. 치료사가 재미있는 댄스음악을 틀면 짝끼리 음악에 맞춰 춤을 춘다. 5. 이렇게 춤을 추다가 치료사가 음악을 멈추면 참여자들은 재빨리 의자로 달려가 앉는다. 6. 의자에 앉지 못하고 남아 있는 사람은 옆에 열외로 서 있게 한다(탈락). 7. 그런 다음, 치료사는 의자 한 개를 뺀다. 8. 다시 음악을 틀어 주고, 음악이 멈추면 다시 의자에 앉도록 하고 미처 앉지 못한 사람은 탈락된다. 위의 과정을 반복한다.
Processing (정리)	◑ 의견나누기: 오늘 했던 활동이나 동작들 중에 의미 깊었던 점을 함께 나눈다. ◑ 반복: 주요 활동이 모두 끝나면, 오늘 했던 동작들을 다시 한번 반복하도록 한다. ◑ 정리: 세션을 끝맺기 위해 정리 스트레칭을 한다.

응용활동 및 치료적 의의 No.84

응용활동 및 보조자료

◑ 음악에 따라 춤을 추다가 음악이 멈추자마자 의자를 향해서 뛰어가는 대신, 의자를 향해서 춤을 추면서 다가가도록 지시할 수도 있다.

◑ 이 활동을 더욱 독특하게 구성해 보려면, 파트너 중 한 사람은 오른발을, 다른 사람은 왼발을 서로 걸어서, 두 사람이 함께 발을 건 상태로 의자로 가서 앉도록 한다. 만약 두 사람이 동시에 의자에 앉지 못하고 남게 되면, 두 사람 모두 탈락된다.

◑ 의자 대신 튼튼한 상자 몇 개를 배치해서 활동을 해도 좋다. 의자로 했던 활동과 마찬가지로 음악이 멈출 때 먼저 앉는 사람이 승리한다. 주의할 점은 상자가 깨지지 않도록 조심해야 한다는 점이다.

치료적의의

◑ 음악에 따라 동작을 하는 활동은 청각의 변별력과 민감성을 향상시키는 역할을 한다.

◑ 소품 이용 댄스 활동은 참가자들에게 흥미를 유발시켜 활동에 적극적으로 참여하도록 한다.

◑ 의자에 먼저 앉는 활동은 신체적 민첩성을 높이는 데 도움을 준다.

85. 엉금엉금 거북이

활 동	거북이 동작표현하기					시 간		40~50분	
치료목적	인지	정서	신체	사회	언어	장 소	작은	중간	큰
	●		●					●	
치료목표	1. 거북이 이야기를 듣고 움직이는 동작을 표현하는 단어를 찾을 수 있다. 2. 거북이의 동작을 몸으로 표현할 수 있다.								
대상연령	유아	아동	청소년	성인	집단규모	개별	2인 1조	3팀	4팀	무제한
	●	●								●
자 료	달팽이 사진				음 악		피아노 음악		

치료단계	활동순서 및 방법
Introduction (도입)	◐ Warm-up: 치료세션 초기에 브레인댄스로 내담자들의 몸의 긴장을 이완시킨다. ◐ 주제소개: 치료사는 내담자에게 오늘 활동의 주제와 방법을 간단히 소개한다.
Exploration (탐색) ⬇ Learning (학습·치료)	◐ 실제 활동순서와 방법 1. 치료사는 참여자들에게 '거북이' 사진을 보여 준다. 2. 우선은 거북이 이야기를 들려준다. 그런 다음, 이 이야기 속에서 움직이는 모습이 표현된 단어를 함께 찾아본다. 3. 다시 이야기를 들려줄 때는 아래에 제시되는 이야기 속에 나오는 '동작언어'에 따라 참여한 사람들이 춤을 추도록 격려한다. 어느 날 느림보 거북이가 길을 잘못 들어서 모래 위에서 잠을 자게 되었습니다. 거북이는 모래사장이 거대한 사막 같았어요. 이 거북이는 잠에서 깨어나 커다란 기지개를 폈지요. 그리고는 앞을 향해 전진해 갔어요. 자신의 등 뒤에 달린 큰 집(껍질)을 끌고 가면서, 그 속으로 들어갔다 나왔다 하는가 하면 몸을 뚱뚱하게 부풀리기도 하고 가느다랗게 만들기도 했습니다. 앞으로 미끄러지기도 하고, 땅을 엉금엉금 기어 다니기도 했어요. 또 지그재그로 걷거나 몸을 둘둘 말기도 하고 빙글 돌다가 그만 질퍽한 모래 속에 빠져서 움직일 수가 없었답니다. 누가 이 불쌍한 거북이를 도와줄 수 있을까요?
Processing (정리)	◐ 의견나누기: 오늘 했던 활동이나 동작들 중에 의미 깊었던 점을 함께 나눈다. ◐ 반복: 주요 활동이 모두 끝나면, 오늘 했던 동작들을 다시 한번 반복하도록 한다. ◐ 정리: 세션을 끝맺기 위해 정리 스트레칭을 한다.

응용활동 및 치료적 의의 No.85

활동유의점	◖ 사전 준비활동으로서, 거북이 사진을 보면서 서로 의견을 나누는 것이 성공적인 활동전개에 도움이 된다. 의견을 나누면서 거북이 자체와 활동에 대한 관심이 더욱 커지기 때문이다. ◖ 거북이 이야기를 들으면서 '동작언어'를 찾아보는 것이 좋다. 이것은 움직이는 동작을 표현한 단어를 함께 찾아봄으로써 이후에 있을 동작표현활동을 미리 준비할 수 있게 되기 때문이다.

응용활동 및 보조자료	◖ 치료사는 참여자들에게 달팽이 외에 다른 동물들은 어떤 방식으로 움직이는지 보여 달라고 요청한다(예: 사자, 코끼리, 원숭이, 물고기 등). 한 사람이 동물의 움직임을 흉내 낼 때 다른 사람들은 조용히 발표를 지켜보도록 한다. ◖ 치료사는 여러 동물 가운데 어떤 동물이 모래 속에 빠져 있는 달팽이를 구조해 줄 수 있는지 결정해 보도록 지시한다. ◖ 치료사는 전체 이야기 내용을 처음부터 끝까지 다시 움직임을 통해 표현해 보도록 지시한다. 처음에는 어떠한 소리도 없이 움직임만 표현하도록 하고, 두 번째 발표할 때는 피아노 음악을 틀고 움직여 보도록 한다. 

86. 지붕 위 춤추기

활 동	상상 속 지붕 위에서 춤추기					시 간		40~50분	
치료목적	인지	정서	신체	사회	언어	장 소	작은	중간	큰
		●	●					●	
치료목표	상상 속에서의 지붕 위에서 신나게 춤을 출 수 있다.								
대상연령	유아	아동	청소년	성인	집단규모	개별	2인 1조	3팀	4팀	무제한
	●	●								●
자 료	상자나 원뿔형태 물체(고깔)				음 악	실제로 연주되는 클래식 음악, 크리스마스 생음악			

(주: 대상연령 행에는 '집단규모'·'개별'·'2인 1조'·'3팀'·'4팀'·'무제한' 칸이 포함됨)

치료단계	활동순서 및 방법
Introduction (도입)	◗ Warm-up: 치료세션 초기에 브레인댄스로 내담자들의 몸의 긴장을 이완시킨다. ◗ 주제소개: 치료사는 내담자에게 오늘 활동의 주제와 방법을 간단히 소개한다.
Exploration (탐색) ⇩ Learning (학습·치료)	◗ 실제 활동순서와 방법 1. 참여자들은 '징글벨(Jingle Bells)' 같은 크리스마스 노래를 부르면서 '사슴' 역할을 하면서 춤을 추도록 한다. 이때 트로트 스텝 또는 발을 높이 들면서 춤추도록 한다. 2. 치료사는 바닥에 '굴뚝'을 나타내는 상자 또는 고깔을 배치한 후, 크리스마스 음악을 들려준다. 3. 치료사는 그룹 중 일부를 '산타 도우미'역할을 맡기고 그 참여자들이 지붕 위에 있다는 상상을 갖도록 한다. 지붕 위에 있는 장애물들 사이에서 춤을 추도록 하고, 지붕에서 떨어지지 않게 조심시킨다. 4. 그리고 발을 꼬며 비틀거리면서 마치 어릿광대 같은 몸짓을 해 보라고 한다. 5. 산타 역할을 맡은 참여자가 다음과 같이 말한다. "오! 산타 도우미들아, 지붕 끝을 지나면서 떨어지지 않게 조심하렴!" 6. 치료사가 지시하면, 춤을 추던 두 그룹(사슴, 산타도우미)이 서로 역할을 바꾸어 춤을 추도록 한다.
Processing (정리)	◗ 의견나누기: 오늘 했던 활동이나 동작들 중에 의미 깊었던 점을 함께 나눈다. ◗ 반복: 주요 활동이 모두 끝나면, 오늘 했던 동작들을 다시 한번 반복하도록 한다. ◗ 정리: 세션을 끝맺기 위해 정리 스트레칭을 한다.

활동유의점	● 치료사는 참여자들이 좀 더 실감나게 상상 속에서 지붕을 연상시키는 것이 중요하다. 이를 위해서 참여자 모두 잠시 눈을 감게 한 다음, 음악을 틀어 주고 상상을 불러일으키는 멘트를 하는 것도 매우 도움이 된다. 자신이 지붕 위에 있다고 상상하면서 여러 개의 지붕 위의 장애물들에 부딪치지 않으면서 음악에 맞춰 춤을 추도록 과제를 준다. ● 역할을 정하고 맡길 때는 항상 신중해야 한다. 가장 중요한 것은 골고루 역할이 분배되느냐 하는 것이다. 만약 한 사람이라도 역할을 배정 못 받는다든지, 한 사람에게만 주요 역할(주인공)이 주어지지 않도록 해야 한다.

응용활동 및 보조자료	● 활동 중간 중간에 다음 세 가지 사항을 변형시킬 수 있다. ① 방향(direction): 치료사는 앞으로, 뒤로, 일어서, 앉아 등의 지시를 할 수 있다. ② 속도(speed): 빠르게, 느리게, 천천히, 점점 빠르게, 점점 느리게 ③ 강약(power): 세게, 여리게, 점점 세게, 점점 여리게 ● 사슴이나 산타도우미 역할을 맡은 참여자들에게 각자 한 명씩 가운데로 나오게 하여 솔로로 춤을 추도록 한다. 그리고는 자신이 가진 다양한 장기를 보여 주도록 격려한다. 

치료적의의	● 각자의 역할을 배정받아 이야기를 꾸미는 활동은 자기역할인식과 타인인식 능력을 향상시키는 데 도움을 준다. ● 상상이지만 지붕 위에서 하는 활동은 참여자들에게 긴장감과 흥미를 유발시키는 역할을 한다. ● 크리스마스를 배경으로 한 활동은 행복한 추억을 연상시키는 데 도움을 준다.

87. 촛불 따라 움직이기

활　동	촛불 따라 움직이기					시　간		40~50분		
치료목적	인지	정서	신체	사회	언어	장　소	작은	중간		큰
	●		●					●		
치료목표	촛불을 켜고 촛불의 움직임에 따라 몸을 움직일 수 있다.									
대상연령	유아	아동	청소년	성인	집단규모	개별	2인 1조	3팀	4팀	무제한
	●	●	●							●
자　료	촛불, 성냥, 별 사진					음　악	경쾌한 기악음악			

치료단계	활동순서 및 방법
Introduction (도입)	◗ Warm-up: 치료세션 초기에 브레인댄스로 내담자들의 몸의 긴장을 이완시킨다. ◗ 주제소개: 치료사는 내담자에게 오늘 활동의 주제와 방법을 간단히 소개한다.
Exploration (탐색) ⇩ Learning (학습・치료)	◗ 실제 활동순서와 방법 1. <u>치료사는 촛불을 켜고 조명을 끈다.</u> 2. 치료사는 촛불 위로 손을 움직여서 불빛이 흔들리도록 하고 그 불빛의 움직임을 사람들에게 보여 준다(예: 공기를 가로지르며 앞으로 손을 쭉 뻗거나, 대각선으로 움직이거나, 이쪽에서 저쪽으로 움직임 등). 3. <u>단조로운 템포에 맞추어 이러한 손 움직임을 하면서 춤을 추도록 지시한다.</u> 4. 다음으로, 템포를 변화시켜서 다시 한번 춤을 추도록 하고, 속도를 점점 빠르게 변화시킨다. 5. <u>참여자들이 '촛불'이 움직이는 것과 똑같이 몸을 굽히면서 높거나 낮게 움직이도록 요청한다.</u> 6. 마치 촛불이 때때로 심하게 흔들릴 때 불꽃이 겨우 초에 붙어 있는 것처럼, 갑자기 동작을 멈췄다 움직였다를 반복하거나, 잠깐 동안 정지동작을 취하거나, 계속해서 움직일 수 있다.
Processing (정리)	◗ 의견나누기: 오늘 했던 활동이나 동작들 중에 의미 깊었던 점을 함께 나눈다. ◗ 반복: 주요 활동이 모두 끝나면, 오늘 했던 동작들을 다시 한번 반복하도록 한다. ◗ 정리: 세션을 끝맺기 위해 정리 스트레칭을 한다.

응용활동 및 치료적 의의 No.87

활동유의점	◐ 치료사는 촛불이 그려져 있는 사진을 방 주변에 붙인 다음, 크리스마스 음악을 틀어 준다. 춤추는 사람들이 그 사진을 지나쳐갈 때, 불이 밝게 빛나듯이 움직임을 더욱 크고 밝게 표현하도록 한다. ◐ 실제로 촛불을 켜는 것이기 때문에 화재에 노출되지 않도록 각별히 주의해야 한다.
응용활동 및 보조자료	◐ 촛불의 정교한 떨림을 다음과 같은 몸동작으로 표현할 수 있다. ① 촛불이 움직이지 않고 안정적임: 몸동작도 평화롭고 안정적으로 움직인다. ② 촛불이 곧고 높게 뻗어 있음: 손을 하늘 높이 올리고 다리를 모은 채 선다. ③ 촛불이 심하게 흔들림: 동작을 멈췄다 움직이기를 반복한다. ④ 촛불이 꺼질 것처럼 작아짐: 몸을 작게 움츠리고 앉는다. ⑤ 촛불이 심지 겨우 붙어 있음: 발꿈치를 높게 들고 이리 저리 옮겨 다닌다. ⑥ 촛불이 격렬하고 다양하게 움직임: 격렬하게 방을 이리 저리 옮겨 다닌다. 
치료적의의	◐ 실제 사물(촛불)의 움직임을 그대로 따라서 움직이는 활동은 예측할 수 없는 상황이기 때문에 흥미와 긴장감을 갖고 활동에 참여하도록 해 준다. ◐ 촛불의 떨림을 그대로 몸으로 표현해야 하기 때문에 지속적으로 촛불의 움직임을 관찰해야 한다. 따라서 관찰력과 주의집중력 향상에 도움이 되는 활동이다.

88. 고양이 댄스

활 동	Dance of Names					시 간	40~50분		
치료목적	인지	정서	신체	사회	언어	장 소	작은	중간	큰
	●		●		●			●	
치료목표	1. 고양이의 행동을 동작으로 표현할 수 있다. 2. 고양이의 행동특성에 대해서 자신의 의견을 발표할 수 있다.								
대상연령	유아	아동	청소년	성인	집단규모	개별	2인 1조	3팀	4팀	무제 한
	●	●								●
자 료	고양이 사진				음 악	오케스트라음악 또는 영화음악			

치료단계	활동순서 및 방법
Introduction (도입)	◐ Warm-up: 치료세션 초기에 브레인댄스로 내담자들의 몸의 긴장을 이완시킨다. ◐ 주제소개: 치료사는 내담자에게 오늘 활동의 주제와 방법을 간단히 소개한다.
Exploration (탐색) ⇩ Learning (학습 · 치료)	◐ 실제 활동순서와 방법 1. 치료사는 고양이 사진 한 장을 참여자들에게 보여 준다. 잠자는 고양이처럼 모두 바닥에 누워 보도록 요청한다. 2. 최대한 고양이처럼 행동하도록 분위기를 만드는 것이 중요하다. 예를 들어, '고양이가 천천히 잠에서 깨어납니다' 또는 '고양이가 기지개를 켭니다'라고 말할 수 있다. 너무 졸려서 움직이지도 못할 정도로 조용하고 차분하게 행동하도록 한다. 3. 참여자들에게 고양이가 어떻게 움직이는지 생각해 보도록 시간을 준 다음, 치료사가 다음의 문장들을 읽으면 그 내용대로 몸을 움직인다. 고양이는 발로 자신의 얼굴을 문지릅니다. 고양이는 자신의 발을 핥습니다. 고양이는 몸을 활짝 펴서 기지개를 켭니다. 고양이는 서서 활모양으로 등을 굽히고, 바닥에 바짝 몸을 굽힙니다. 고양이는 앉았다 일어서서 춤을 추듯 사뿐사뿐 거리를 걸어 다닙니다. 고양이는 앞발을 앞으로 움직이면서 뒷발을 쭉 폅니다.
Processing (정리)	◐ 의견나누기: 오늘 했던 활동이나 동작들 중에 의미 깊었던 점을 함께 나눈다. ◐ 반복: 주요 활동이 모두 끝나면, 오늘 했던 동작들을 다시 한번 반복하도록 한다. ◐ 정리: 세션을 끝맺기 위해 정리 스트레칭을 한다.

응용활동 및 치료적 의의 No.88

활동유의점	● 참여한 사람들이 고양이가 되어 바닥에 누워서 활동해야 하므로, 바닥은 청결하게 유지해야 한다. 또한 최대한 참여자들이 고양이처럼 행동하고 느끼도록 하는 것이 중요하다. ● 활동 전에 참여자들과 충분히 고양이의 행동특성에 대해 자세히 의견을 나누는 것이 중요하다. ① 고양이 걸음걸이, ② 기지개 펴기, ③ 발로 얼굴 문지르기 등

응용활동 및 보조자료	● 몇 개의 소그룹으로 참여자들을 나눈다. 음악을 틀고 고양이처럼 춤을 추도록 지시한다. 치료사는 이들과 함께 고양이는 무엇을 이용해서 움직이는지 토론해 본다. 소품의 수는 한 사람당 4개 정도면 충분하다. 유의할 점은 방 전체를 활용하여 움직이도록 하고 동작의 속도를 여러 가지로 변형시키면서 움직여 보라고 설명한다. 

치료적의의	● 동물을 소재로 한 동작표현활동은 특정 동물의 다양한 행동특성을 관찰하고 연상하는 기회를 제공해 준다. ● 여러 가지 감정을 동작으로 표현하는 활동은 내담자의 내면의 정서를 외부로 표출할 수 있는 기회를 제공해 준다.

89. 나는 화가!

활 동	그림보고 느낀 점 몸으로 표현하기					시 간		40~50분		
치료목적	인지	정서	신체	사회	언어	장 소	작은	중간	큰	
	●	●	●					●		
치료목표	1. 그림 속에 내포하고 있는 선과 색이 전해 주는 느낌을 말해 본다. 2. 내가 해석한 느낌을 말해 보고 동작으로 표현해 본다.									
대상연령	유아	아동	청소년	성인	집단규모	개별	2인 1조	3팀	4팀	무제한
		●	●	●						●
자 료	다양한 그림, 다양한 천, 이젤				음 악	다양한 장르의 음악				

치료단계	활동순서 및 방법
Introduction (도입)	◗ **Warm-up:** 치료세션 초기에 브레인댄스로 내담자들의 몸의 긴장을 이완시킨다. ◗ 주제소개: 치료사는 내담자에게 오늘 활동의 주제와 방법을 간단히 소개한다.
Exploration (탐색) ⇩ Learning (학습 · 치료)	◗ 실제 활동순서와 방법 1. 그림에 작품 제목을 맞히고 개인이 느낀 점을 말해 본다. 2. 각자 작품 한 점씩 골라 본인이 직접 화가가 되어 몸을 사용해 이젤에 그림을 그려 본다. －다양 선과 색을 천을 활용해 이젤에 표현해 본다. －신체에 부분을 사용해서 표현해 본다(손가락, 머리, 두 손, 발 등). 3. 작품에 선과 색의 느낌을 말해 본다. －둘이상이나 그룹으로 각각 느낀 감정을 발표해 본다. 4. 작품에 산이나 물이 있다면 직접 몸이 산과 물이 되어서 작품 속에서의 느낌을 표현해 본다. 5. 치료사는 참가자들에게 다양한 동작을 개인 혹은 그룹으로 구성해 보도록 지시한다. ① 그룹으로 주제를 정한다. ② 주제에 적합한 움직임 다양한 동작을 개인 혹은 그룹으로 구성해 본다. ③ 반복 연습해 그룹으로 발표한다.

응용활동 및 치료적 의의 No.89

치료단계	활동순서 및 방법
Exploration (탐색) ⇩ Learning (학습·치료)	6. 발표 및 관찰 ─그룹으로 발표하는 것을 관찰한다. ─어떤 작품을 표현했는지 맞혀 본다. ─관찰한 동작의 표현이 적절했는지 알아본다. 7. 마무리활동 및 응용활동 ─스트레칭한다. ─눈을 감고 호흡과 명상을 한다. 
Processing (정리)	◑ 의견나누기: 오늘 했던 활동이나 동작들 중에 의미 깊었던 점을 함께 나눈다. ◑ 반복: 주요 활동이 모두 끝나면, 오늘 했던 동작들을 다시 한번 반복하도록 한다. ◑ 정리: 세션을 끝맺기 위해 정리 스트레칭을 한다.

90. 누가 누가 높이 뛰나!

활 동	뛰기 즉흥표현					시 간		40~50분		
치료목적	인지	정서	신체	사회	언어	장 소	작은	중간		큰
	●		●					●		
치료목표	1. 뛰기 다양한 음직임을 인식할 수 있다. 2. 몸의 이동성을 자유롭게 움직여 보자.									
대상연령	유아	아동	청소년	성인	집단규모	개별	2인 1조	3팀	4팀	무제한
		●	●							●
자 료	없음.					음 악	없음.			

치료단계	활동순서 및 방법
Introduction (도입)	◗ Warm-up: 치료세션 초기에 브레인댄스로 내담자들의 몸의 긴장을 이완시킨다. ◗ 주제소개: 치료사는 내담자에게 오늘 활동의 주제와 방법을 간단히 소개한다.
Exploration (탐색) ⬇ Learning (학습 · 치료)	◗ 실제 활동순서와 방법 1. 치료사는 활동을 하기 위해 참가자들의 신체와 마음을 준비시킨다. 2. 치료사의 지시에 따라 천천히 움직인다. 　－스치는 사람과 인사를 한다(눈, 어깨로, 악수로, 엉덩이로, 무릎으로, 발로, ……). 　－소리 내면서 인사(이름, 만나서 반갑습니다, 행복하세요, 건강하세요, ……) 3. 참가자들은 아래와 같은 다양한 방법으로 뛰어 본다. 　－작게, 크게(제자리에서, 전체공간에서, 돌면서) 　－물건이나, 천을 펴서 뛰어 넘게 한다(점점 간격을 넓혀 보자). 4. 다음 방법으로 뛰어 본다. 　－한 발로(립, 홉, 합 등) 　－두 발로(점프－제자리에서, 돌면서, 멀리뛰기, 앉아서 등) 5. 치료사는 오늘 아래 활동주제 뛰기에 맞는 특정한 동작을 만들어 보도록 지시한다. 　－뛰기: 토끼, 스카이 콩콩, 캥거루 등 　－위 동물들의 특징을 동작으로 표현해 보자. 　－팀을 반으로 나누어서 친구들의 움직임을 본다.

응용활동 및 치료적 의의 No.90

치료단계	활동순서 및 방법
Exploration (탐색) ⬇ Learning (학습 · 치료)	6. 치료사는 참가자들에게 다양한 동작을 개인 혹은 그룹으로 구성해 보도록 지시한다. ① 그룹으로 주제를 정한다. ② 주제에 적합한 움직임 다양한 동작을 개인 혹은 그룹으로 구성해 본다. ③ 반복 연습해 그룹으로 발표한다. −그룹으로 발표하는 것을 관찰한다. −어떤 작품을 표현했는지 맞혀 본다. −관찰한 동자의 표현이 적절했는지 알아본다. 7. 마무리활동 및 응용활동 −스트레칭한다. −눈을 감고 호흡과 명상을 한다. 
Processing (정리)	◑ 의견나누기: 오늘 했던 활동이나 동작들 중에 의미 깊었던 점을 함께 나눈다. ◑ 반복: 주요 활동이 모두 끝나면, 오늘 했던 동작들을 다시 한번 반복하도록 한다. ◑ 정리: 세션을 끝맺기 위해 정리 스트레칭을 한다.

91. 돌리고 돌리고

활 동	돌기의 즉흥 움직임					시 간		40~50분	
치료목적	인지	정서	신체	사회	언어	장 소	작은	중간	큰
	●		●					●	
치료목표	1. 돌기의 연상주제를 통해 움직임을 표현해 보자. 2. 몸의 중심을 이동해 보자.								
대상연령	유아	아동	청소년	성인	집단규모	개별	2인 1조	3팀	4팀	무제한
		●	●							●
자 료	없음.				음 악	없음.			

치료단계	활동순서 및 방법
Introduction (도입)	◐ Warm-up: 치료세션 초기에 브레인댄스로 내담자들의 몸의 긴장을 이완시킨다. ◐ 주제소개: 치료사는 내담자에게 오늘 활동의 주제와 방법을 간단히 소개한다.
Exploration (탐색) ⇩ Learning (학습·치료)	◐ 실제 활동순서와 방법 1. 치료사는 활동을 하기 위해 아래와 같이 참가자들의 신체와 마음을 준비시킨다. 　－원 대형에서 돌아가면서 머리부터 발까지 신체를 돌려서 몸을 풀어 보자. 　－리더가 시작해 2가지 동작을 움직이면 다른 사람들은 따라 한다. 　－제자리에서, 움직이면서, 앉아서, 누워서 2. 돌아가는 물건을 알아본다. 　－풍차, 선풍기, 자동차 타이어, 세탁기, 회오리바람, 물레방아, 시계, 지구 등 3. 치료사는 참가자들에게 다양한 동작을 개인 혹은 그룹으로 구성해 보도록 지시한다. 　① 그룹으로 주제를 정한다. 　② 주제에 적합한 움직임 다양한 동작을 개인 혹은 그룹으로 구성해 본다. 　③ 반복 연습해 그룹으로 발표한다. 4. 치료사는 참가자들에게 다양한 동작을 개인 혹은 그룹으로 구성해 보도록 지시하고, 발표 및 관찰한다. 　－그룹으로 발표하는 것을 관찰한다. 　－어떤 주제를 표현했는지 맞혀 본다. 　－관찰한 동작의 표현이 적절했는지 알아본다.
Processing (정리)	◐ 의견나누기: 오늘 했던 활동이나 동작들 중에 의미 깊었던 점을 함께 나눈다. ◐ 반복: 주요 활동이 모두 끝나면, 오늘 했던 동작들을 다시 한번 반복하도록 한다. ◐ 정리: 세션을 끝맺기 위해 정리 스트레칭을 한다.

92. 나비가 되어 봅시다

활 동	비틀고 꿈틀거리기에 의한 즉흥표현					시 간		40~50분		
치료목적	인지	정서	신체	사회	언어	장 소	작은	중간	큰	
	●	●	●					●		
치료목표	1. 생태계의 변화를 알 수 있다. 2. 생명의 소중함과 삶의 의지를 느낄 수 있다.									
대상연령	유아	아동	청소년	성인	집단규모	개별	2인 1조	3팀	4팀	무제한
	●	●	●							●
자 료	없음.				음 악		없음.			

치료단계	활동순서 및 방법
Introduction (도입)	◗ **Warm-up:** 치료세션 초기에 브레인댄스로 내담자들의 몸의 긴장을 이완시킨다. ◗ 주제소개: 치료사는 내담자에게 오늘 활동의 주제와 방법을 간단히 소개한다.
Exploration (탐색) ⇩ Learning (학습 · 치료)	◗ 실제 활동순서와 방법 1. 치료사는 활동을 하기 위해 아래와 같이 참가자들의 신체와 마음을 준비시킨다. 　　-손가락, 발가락, 손, 다리, 팔, 전체를 비틀거나 꿈틀거려 보자. 2. 나비의 성장과정을 알아보자. 　　-알-애벌레-번데기-나비 3. 나비의 성장과정을 몸으로 표현해 보자. 　　-알-애벌레-번데기-나비 4. 치료사는 참가자들에게 다양한 동작을 개인 혹은 그룹으로 구성해 보도록 지시한다. 　　-비틀기, 꽈배기, 지렁이, 꿈틀꿈틀, 빨래 짜기 등 　① 그룹으로 주제를 정한다. 　② 주제에 적합한 움직임 다양한 동작을 개인 혹은 그룹으로 구성해 본다. 　③ 반복 연습해 그룹으로 발표한다. 5. 치료사는 참가자들에게 다양한 동작을 개인 혹은 그룹으로 구성해 보도록 지시하고, 발표 및 관찰한다. 　　-그룹으로 발표하는 것을 관찰한다. 　　-어떤 주제를 표현했는지 맞혀 본다. 　　-관찰한 동작의 표현이 적절했는지 알아본다.
Processing (정리)	◗ 의견나누기: 오늘 했던 활동이나 동작들 중에 의미 깊었던 점을 함께 나눈다. ◗ 반복: 주요 활동이 모두 끝나면, 오늘 했던 동작들을 다시 한번 반복하도록 한다. ◗ 정리: 세션을 끝맺기 위해 정리 스트레칭을 한다.

93. 스톱! 시작!

활 동	자신감 갖기					시 간	40~50분		
치료목적	인지	정서	신체	사회	언어	장 소	작은	중간	큰
	●		●		●			●	
치료목표	1. 자신감을 가진다. 2. 자신에 감정을 표현하자.								
대상연령	유아	아동	청소년	성인	집단규모	개별	2인 1조	3팀	4팀	무제한
		●	●							●
자 료	없음.				음 악	없음.			

치료단계	활동순서 및 방법
Introduction (도입)	◗ Warm-up: 치료세션 초기에 브레인댄스로 내담자들의 몸의 긴장을 이완시킨다. ◗ 주제소개: 치료사는 내담자에게 오늘 활동의 주제와 방법을 간단히 소개한다.
Exploration (탐색) ⬇ Learning (학습·치료)	◗ 실제 활동순서와 방법 1. 치료사는 참가자들에게 아래와 같이 다양하게 '소리' 내 보도록 독려한다. 　－소리 내면서 인사(이름, 만나서 반갑습니다, 행복하세요, 건강하세요, ……) 　－숫자: 1, 2, 3, 4, 5, 6, 7, 8, 9 2. 참가자들은 오늘 활동주제에 맞는 특정한 동작개념을 탐구해 본다. 　① 스톱! 하면 연상되는 느낌은?－자신감, 끝, 강한 힘 등 　② 시작! 하면 연상되는 느낌은?－자신감, 희망, 새로움 등 3. 치료사는 다음 동작을 만들어 보도록 지시한다(주제: 말하면서 움직이기). 　① 스톱!……, 스~~~~톱! 스스스 톱! / 시작!…… 시시~~~작!…… 　② 손, 발, 전체를 사용해 표현해 보자 　－작게, 크게(제자리에서, 전체 공간에서, 움직이면서 등) 4. 발표 및 관찰한다. 　① 팀 전체를 반으로 나누어서 한다. 　② 파트너와 짝을 이루어 상대방이 다가오는 느낌에 소리를 한다, 스톱, 시작 　－뒤돌아서서 누구인지 모르게 한다.
Processing (정리)	◗ 의견나누기: 오늘 했던 활동이나 동작들 중에 의미 깊었던 점을 함께 나눈다. ◗ 반복: 주요 활동이 모두 끝나면, 오늘 했던 동작들을 다시 한번 반복하도록 한다. ◗ 정리: 세션을 끝맺기 위해 정리 스트레칭을 한다.

94. 짝짝짝

활 동	박수로 에너지를 만들자					시 간	40~50분		
치료목적	인지	정서	신체	사회	언어	장 소	작은	중간	큰
	●		●	●	●			●	

치료목표	1. 박수동작을 통해 자신감을 가져 보자. 2. 여러 가지 박수 동작을 알아보자.									

대상연령	유아	아동	청소년	성인	집단규모	개별	2인 1조	3팀	4팀	무제한
		●	●	●						●

자 료	PT병, 신문지	음 악	없음.

치료단계	활동순서 및 방법
Introduction (도입)	◐ **Warm-up**: 치료세션 초기에 브레인댄스로 내담자들의 몸의 긴장을 이완시킨다. ◐ 주제소개: 치료사는 내담자에게 오늘 활동의 주제와 방법을 간단히 소개한다.
Exploration (탐색) ⇩ Learning (학습·치료)	◐ 실제 활동순서와 방법 1. 치료사는 활동을 하기 위해 참가자들의 신체와 마음을 준비시킨다. 2. 치료사의 지시에 따라 움직인다. 　－337 박수를 통해 전체가 한마음이 되어 보자(바닥, 다리, 허벅지, 어깨, 손등, 머리 등 몸 　　전체를 이용해서 337 박수를 쳐 보자). 　－리더를 시작으로 돌아가면서 337박수를 쳐 보자(신체부위를 이용해서). 3. 참가자들은 아래와 같은 다양한 방법으로 박수를 쳐 보자. 　－손가락박수, 손목박수, 손등박수, 합장박수, 바디박수, 주변 도구를 사용 　－작게, 크게(제자리에서, 전체 공간에서, 돌면서, 거어 다니면서) 　－기구(PT병, 바닥, 벽, 스틱, 신문지)를 사용해서 난타를 해 보자 　－노래를 부르면서 파트너와 함께 박수를 쳐 보자. 4. 치료사는 참가자들에게 다양한 동작을 개인 혹은 그룹으로 구성해 보도록 지시한다. 　① 그룹으로 주제를 정한다. 　② 주제에 적합한 움직임 다양한 동작을 개인 혹은 그룹으로 구성해 본다. 　③ 반복 연습해 그룹으로 퍼포먼스를 표현해 보자. 5. 마무리활동 및 응용활동 　－스트레칭한다. 　－눈을 감고 호흡과 명상을 한다.
Processing (정리)	◐ 의견나누기: 오늘 했던 활동이나 동작들 중에 의미 깊었던 점을 함께 나눈다. ◐ 반복: 주요 활동이 모두 끝나면, 오늘 했던 동작들을 다시 한번 반복하도록 한다. ◐ 정리: 세션을 끝맺기 위해 정리 스트레칭을 한다.

95. 핸드 마사지

활 동	서로의 손을 마사지해 주기 활동					시 간		40~50분		
치료목적	인지	정서	신체	사회	언어	장 소	작은	중간	큰	
			●					●		
치료목표	1. 치료사의 시범에 따라 자신의 손을 마사지할 수 있다. 2. 가벼운 음악에 맞추어 자신의 신체를 가볍게 마사지할 수 있다.									
대상연령	유아	아동	청소년	성인	집단규모	개별	2인 1조	3팀	4팀	무제한
	●	●								●
자 료	없음.				음 악	가사가 없는 클래식 배경음악				

치료단계	활동순서 및 방법
Introduction (도입)	◐ **Warm-up:** 치료세션 초기에 브레인댄스로 내담자들의 몸의 긴장을 이완시킨다. ◐ **주제소개:** 치료사는 내담자에게 오늘 활동의 주제와 방법을 간단히 소개한다.
Exploration (탐색) ⇩ Learning (학습 · 치료)	◐ 실제 활동순서와 방법 1. 치료사는 참가자들을 원형으로 앉도록 지시한다. 2. 치료사는 두 손을 서로 비비면서, 한 손으로 다른 손을 마사지하는 시범을 보여 준다. 가볍게 두들기거나 주무르는 것이 좋다. 3. 이번에는 참가자들이 치료사의 다음 행동을 따라 모방해 보도록 격려한다. 4. 우선, <u>두 손을 서로 비벼 주도록 한다. 이때 주의할 점은 손의 모든 부분을 골고루 비벼 주도록 한다. 손목부터 손끝까지 고르게 해 준다.</u> 5. 이 동작을 하는 동안, 치료사는 손의 각 부분 명칭을 참여자들에게 말해 준다. ※ 이렇게 하는 이유는 모든 사람들이 동시에 같은 동작을 하도록 만드는 것도 있고, 좀 더 효과적으로 특정부위를 자극하기 위해서도 있다. 6. 치료사는 참가자들이 그들 손의 앞 · 뒷면 모두 골고루 자극할 수 있도록 잘 설명한다. 이번에는 서로의 <u>손가락 마디마디를 주무르도록 지시한다.</u> 7. <u>두 손을 들고 가볍게 털어 준다.</u> 위아래, 왼쪽 오른쪽 방향으로 흔들어 준다. 8. 마지막으로 파도치듯 손을 유연하게 흔들어 준다.
Processing (정리)	◐ 의견나누기: 오늘 했던 활동이나 동작들 중에 의미 깊었던 점을 함께 나눈다. ◐ 반복: 주요 활동이 모두 끝나면, 오늘 했던 동작들을 다시 한번 반복하도록 한다. ◐ 정리: 세션을 끝맺기 위해 정리 스트레칭을 한다.

96. 손가락 동작표현

활 동	손가락을 이용한 다양한 동작표현활동					시 간		40~50분		
치료목적	인지	정서	신체	사회	언어	장 소	작은	중간		큰
			●	●				●		
치료목표	1. 다른 사람의 다양한 손동작을 거울처럼 똑같이 따라서 움직일 수 있다. 2. 다양한 손가락 표현을 다른 사람들에게 시범 보일 수 있다.									
대상연령	유아	아동	청소년	성인	집단규모	개별	2인 1조	3팀	4팀	무제한
	●	●								●
자 료	카세트녹음기				음 악	1. 느린 템포음악 2. 피아노 솔로 및 다른 악기				

치료단계	활동순서 및 방법
Introduction (도입)	◗ Warm-up: 치료세션 초기에 브레인댄스로 내담자들의 몸의 긴장을 이완시킨다. ◗ 주제소개: 치료사는 내담자에게 오늘 활동의 주제와 방법을 간단히 소개한다.
Exploration (탐색) ⬇ Learning (학습·치료)	◗ 실제 활동순서와 방법 1. 치료사는 참가자들이 둥근 원형으로 앉도록 지시한다. 2. <u>치료사는 '오른손 손가락'을 이용해 몇 가지 동작을 보여 준다.</u> 　예) 손가락 튕기기, 빙글 돌리기, 손가락 흔들기, 지시하기, 특정 모양 만들기 등 3. 그런 다음, 참가자들은 치료사의 손가락 동작을 그대로 따라서 흉내 낸다. 4. 치료사는 손으로 몇 가지 다른 동작을 취하면 참여자들은 그 동작을 따라 움직인다. 이것을 여러 번 반복한다. 여기서 참가자들은 치료사의 손동작과 할 수 있는 한 거울처럼 똑같이 따라 해야 한다. 5. <u>이번에는 치료사가 '왼손 손가락'으로 같은 동작을 보여 준다.</u> 6. 참가자들은 치료사의 손동작을 자신의 왼손으로 똑같이 따라 한다. 7. 이런 활동을 여러 번 반복한다. 　※ 오른손으로 할 때와 왼손으로 따라 할 때가 매우 다르다는 것을 발견할 수 있다. 8. <u>익숙해지면, 참가자들 중 한 명을 원 안으로 초대하여 손가락 동작시범을 해 보이고, 다른 사람들은 따라 하는 활동을 해 본다(자존감 향상).</u>
Processing (정리)	◗ 의견나누기: 오늘 했던 활동이나 동작들 중에 의미 깊었던 점을 함께 나눈다. ◗ 반복: 주요 활동이 모두 끝나면, 오늘 했던 동작들을 다시 한번 반복하도록 한다. ◗ 정리: 세션을 끝맺기 위해 정리 스트레칭을 한다.

97. 급류타기

활 동	빠른 동작들을 춤으로 표현하기					시 간		40~50분	
치료목적	인지	정서	신체	사회	언어	장 소	작은	중간	큰
			●	●				●	

치료목표	1. 치료사의 다양한 동작시범을 보고 모방할 수 있다. 2. 치료사의 동작에서 한 가지를 정하여 파트너와 함께 움직일 수 있다.

대상연령	유아	아동	청소년	성인	집단규모	개별	2인 1조	3팀	4팀	무제한
		●	●							●

자 료	카세트녹음기	음 악	경쾌한 느낌의 클래식 음악

치료단계	활동순서 및 방법
Introduction (도입)	◐ Warm-up: 치료세션 초기에 브레인댄스로 내담자들의 몸의 긴장을 이완시킨다. ◐ 주제소개: 치료사는 내담자에게 오늘 활동의 주제와 방법을 간단히 소개한다.
Exploration (탐색) ⇩ Learning (학습·치료)	◐ 실제 활동순서와 방법 1. 치료사는 각각의 참여자들이 활동실에 흩어져 서도록 요청한다. 2. 이 활동은 '빠른 동작 표현하기활동'으로서, 매우 빠르게 몸을 움직이는 활동이므로 서로 적당한 간격을 유지하고 서도록 지시한다. 3. 치료사가 동작 시범을 보이면, 참여자 전체가 치료사의 동작을 따라 모방한다. 예컨대, ① 급류를 타고 올라오는 물고기를 연상하면서 춤을 춘다거나, ② 빠르게 방을 청소하는 시늉을 한다거나, ③ 씨앗이 바람에 날리는 장면, ④ 잔잔한 물결에 조약돌을 던지는 듯한 동작을 표현할 수 있다. 4. 치료사는 참여자 각자가 자신이 따라할 동작을 1가지 정하도록 요청한다. 5. 음악을 틀고 참여자들로 하여금 마음속에서 급류가 흘러가고, 바람이 불고, 물결이 치는 상상을 하도록 한다. 6. 둘씩 짝을 짓게 한 후, 한 사람이 파트너에게 무엇을 연기하고 있는지 알려 주지 않은 채 동작을 보이면 파트너가 어떤 동작인지 맞혀 보게 한다. 이 동작을 여러 번 반복하고, 상대 방도 따라 하도록 요청한다.
Processing (정리)	◐ 의견나누기: 오늘 했던 활동이나 동작들 중에 의미 깊었던 점을 함께 나눈다. ◐ 반복: 주요 활동이 모두 끝나면, 오늘 했던 동작들을 다시 한번 반복하도록 한다. ◐ 정리: 세션을 끝맺기 위해 정리 스트레칭을 한다.

98. 군사작전

활 동	인간장애물들을 넘어 군사훈련하기					시 간	40~50분		
치료목적	인지	정서	신체	사회	언어	장 소	작은	중간	큰
			●	●				●	
치료목표	30cm 간격으로 움츠려 앉아 있는 인간 장애물들을 넘어서 지나갈 수 있다.								
대상연령	유아	아동	청소년	성인	집단규모	개별	2인 1조	3팀	4팀	무제한
		●	●	●						●
자 료	없음.				음 악	없음.			

치료단계	활동순서 및 방법
Introduction (도입)	◑ Warm-up: 치료세션 초기에 브레인댄스로 내담자들의 몸의 긴장을 이완시킨다. ◑ 주제소개: 치료사는 내담자에게 오늘 활동의 주제와 방법을 간단히 소개한다.
Exploration (탐색) ⬇ Learning (학습·치료)	◑ 실제 활동순서와 방법 1. 치료사는 모든 사람들이 원을 만들게 하고, 무릎을 꿇고 팔을 바닥에 놓은 채 엎드려서 자신의 몸 가운데 공간을 만들도록 지시한다. 2. 이때 각 참여자들이 30cm 간격으로 서도록 한다. 3. 제일 앞에 있는 사람이 자신의 팔과 무릎만을 이용해서 옆에 있는 사람들을 한 사람씩 넘어서 지나간다. 이때 위로 넘어가든, 아래 팔과 무릎 사이에 공간으로 지나가든, 앞으로 돌아가든, 뒤로 돌아가든 상관이 없다. 4. 계속 한 사람, 한 사람 장애물을 넘고 넘어서 자신이 원래 있던 자리로 돌아오게 되면, 멈추어 선다. 5. 일단 첫 번째 사람이 인간 장애물들을 한 바퀴 돌아오면, 그다음 사람이 출발한다. 마찬가지로 모든 참여자들이 차례대로 인간 장애물들을 넘어가면 활동이 끝이 난다. 6. 치료사는 모든 참여자들이 이와 같은 장애물을 통과하는 군사작전훈련을 완수하도록 격려한다.
Processing (정리)	◑ 의견나누기: 오늘 했던 활동이나 동작들 중에 의미 깊었던 점을 함께 나눈다. ◑ 반복: 주요 활동이 모두 끝나면, 오늘 했던 동작들을 다시 한번 반복하도록 한다. ◑ 정리: 세션을 끝맺기 위해 정리 스트레칭을 한다.

99. 인력과 척력

활 동	자석의 인력과 척력처럼 밀고 당기기					시 간	40~50분		
치료목적	인지	정서	신체	사회	언어	장 소	작은	중간	큰
			●	●					●

치료목표	1. 원 안에 있는 주인공을 밀어서 다른 곳으로 이동시킬 수 있다. 2. 자신이 주인공이 되어서 다른 사람들이 자신을 밀 때 이리저리 밀려갈 수 있다.

대상연령	유아	아동	청소년	성인	집단규모	개별	2인 1조	3팀	4팀	무제한
		●	●							●

자 료	눈가리개	음 악	경쾌한 리듬의 음악

치료단계	활동순서 및 방법
Introduction (도입)	◗ Warm-up: 치료세션 초기에 브레인댄스로 내담자들의 몸의 긴장을 이완시킨다. ◗ 주제소개: 치료사는 내담자에게 오늘 활동의 주제와 방법을 간단히 소개한다.
Exploration (탐색) ⇩ Learning (학습 · 치료)	◗ 실제 활동순서와 방법 1. 치료사는 참여자들을 몇 그룹으로 나눈다. 각 그룹은 서로 손을 잡고 원을 만든 다음, 그 원 중앙에 한 사람(주인공)을 정하여 눈을 가리고 서도록 한다. 2. 본 활동은 매우 천천히 과격하지 않게 해야 한다. '원에 서 있는 사람들'이 중앙으로 한 사람씩 들어오면서 '원 안의 주인공'을 이리저리 밀어 보도록 지시한다. 그런 다음, 주인공을 한 번 밀고 나서 다시 자신의 위치로 돌아온다. 3. 주인공은 다른 사람이 자신을 밀면 저항하지 말고 떠밀려 간다. 눈을 가리고 있기 때문에 넘어지지 않고 다른 사람과 부딪히지 않도록 손을 앞으로 쭉 뻗어도 좋다. 4. 원 대열에 있는 사람들은 원 안의 주인공을 잡거나 밀 수 있을 만큼 다리를 약간 벌리고 무릎을 굽힌 상태로 선다. 밀고 당기는 것을 점점 더 빨리 해 본다. 5. 다른 활동으로서, 치료사는 원을 좀 더 넓히도록 요청한다. 음악을 튼다. 6. 주인공이 원 중앙에 서고 다른 사람들은 주인공을 둘러싸고 선다. 7. 주인공이 다른 사람들에게 자유롭게 다가가면 주인공 근처에 있는 사람들은 마치 자석 같은 극(+, +)끼리 떠밀듯이 밀려난다. 충분한 시간 동안 이 활동을 진행한다. 6. 치료사는 참여자들이 자기 자리에서 가능한 한 모든 방향으로 몸을 움직여 보도록 격려한다. 7. 몇 분 지난 다음, 다른 사람을 주인공으로 정하고 다시 시작해 본다.

100. 폭죽을 터뜨려요!

활 동	불꽃놀이하는 상황을 동작으로 표현하기					시 간		40~50분	
치료목적	인지	정서	신체	사회	언어	장 소	작은	중간	큰
	●		●					●	
치료목표	1. 불꽃놀이의 폭죽이 되어 이리저리 움직이며 동작을 취할 수 있다. 2. 짝과 함께 폭죽이 되어 공연을 할 수 있다.								
대상연령	유아	아동	청소년	성인	집단규모	개별	2인 1조	3팀	4팀	무제한
	●	●					●			
자 료	없음.				음 악	없음.			

치료단계	활동순서 및 방법
Introduction (도입)	◑ Warm-up: 치료세션 초기에 브레인댄스로 내담자들의 몸의 긴장을 이완시킨다. ◑ 주제소개: 치료사는 내담자에게 오늘 활동의 주제와 방법을 간단히 소개한다.
Exploration (탐색) ⇩ Learning (학습·치료)	◑ 실제 활동순서와 방법 1. 참여한 사람들은 둥글게 원을 만들어 서도록 한다. 2. 치료사가 참여자들에게 '이제 여러분 모두가 불꽃놀이의 폭죽이 됩니다!'라고 말한다. 3. 그런 다음, 원 안에 있는 한 사람을 손으로 지시하면 그 때부터 폭죽놀이가 시작된다. 예를 들어, 손으로 지시하면서 동시에 '폭죽', '터진다', '펑', '쾅' 등과 같이 말할 수 있다. 4. 손으로 지시를 받은 참여자는 치료사의 모든 지시에 따라 동작을 취해야 한다. 특히, 지시할 때는 '하늘 높이 뛰어라'든지 '땅에 엎드려'라고 분명히 지시한다. 또 한 곳에서만 폭죽이 터지듯 흉내 내는지 아니면 방을 이리저리 움직이면서 돌아다니는지 정확하게 말해 준다. 5. 이렇게 첫 번째 참여자가 지시대로 폭죽처럼 움직인 다음, 다른 참가자를 선택하여 다시 폭죽동작놀이를 시작한다. 6. 응용으로서, 2명씩 짝을 지어 서도록 한다. 한 조가 약 30초 정도의 폭죽공연을 준비하도록 시간을 준다. 그런 다음, 다른 그룹에게 발표할 수 있도록 기회를 준다.
Processing (정리)	◑ 의견나누기: 오늘 했던 활동이나 동작들 중에 의미 깊었던 점을 함께 나눈다. ◑ 반복: 주요 활동이 모두 끝나면, 오늘 했던 동작들을 다시 한번 반복하도록 한다. ◑ 정리: 세션을 끝맺기 위해 정리 스트레칭을 한다.

101. 2인 3각 댄스

활 동	두 명이 짝이 되어 발을 묶고 춤추기					시 간	40~50분		
치료목적	인지	정서	신체	사회	언어	장 소	작은	중간	큰
			●	●				●	
치료목표	1. 간단한 댄스음악에 맞추어 스텝에 맞게 춤을 출 수 있다. 2. 두 사람이 짝이 되어 서로 한 쪽 발을 묶은 채로 춤을 출 수 있다.								
대상연령	유아	아동	청소년	성인	집단규모	개별	2인 1조	3팀	4팀	무제한
		●	●				●			
자 료	테이프, 줄, 리본					음 악	포크댄스음악		

치료단계	활동순서 및 방법
Introduction (도입)	◑ Warm-up: 치료세션 초기에 브레인댄스로 내담자들의 몸의 긴장을 이완시킨다. ◑ 주제소개: 치료사는 내담자에게 오늘 활동의 주제와 방법을 간단히 소개한다.
Exploration (탐색) ⬇ Learning (학습 · 치료)	◑ 실제 활동순서와 방법 1. 우선, 참여한 사람들에게 간단한 춤동작(예: 포크댄스)을 훈련시킨다. 2. 그렇다고 해서 이들이 실제 포크댄스 스텝을 완전히 습득해야 할 필요는 없다. 중요한 것은 음악에 따라 완벽하게 몸을 움직일 수만 있으면 된다. 3. 이때 참여자들과 함께 연습할 동작은 다음과 같다. 고개는 하늘을 보고 눈은 위로 치켜뜬 채로 아주 부드럽게 움직이면서 가끔씩 한 바퀴 돌면 된다. 4. 그런 다음, 치료사는 참여자들끼리 둘씩 짝을 지어 서라고 지시한다. 5. 준비한 끈으로 둘씩 다리를 묶는다. 한 사람은 오른쪽 다리를, 다른 한 사람은 왼쪽 다리를 서로 함께 묶으면 된다. 6. 치료사가 포크댄스음악을 틀어 준다. 7. 그 음악에 맞추어 두 사람이 한 조가 되어 발이 묶인 채로 조금 전에 연습했던 댄스를 추면 된다. 즉, 하늘을 보면서 천천히 움직이면서 자기 자리에서 빙글 도는 동작을 취해 본다. 이 활동에서의 음악은 서커스에서 사용하는 음악으로 바꿔도 무방하다. 8. 각 조의 춤을 평가하는 심사위원을 둘 수도 있다. 심사기준은 두 사람이 춤을 추는 데에 얼마나 진지하게 임하는지와 균형 잡힌 자세이다.
Processing (정리)	◑ 의견나누기: 오늘 했던 활동이나 동작들 중에 의미 깊었던 점을 함께 나눈다. ◑ 반복: 주요 활동이 모두 끝나면, 오늘 했던 동작들을 다시 한번 반복하도록 한다. ◑ 정리: 세션을 끝맺기 위해 정리 스트레칭을 한다.

102. 페트병 댄스

활 동	Bottle Dance					시 간		40~50분	
치료목적	인지	정서	신체	사회	언어	장 소	작은	중간	큰
			●	●				●	

치료목표
1. 왈츠음악을 들으면서 즉흥적으로 몸을 움직일 수 있다.
2. 길게 늘어선 페트병을 따라 춤을 추며 지나갈 수 있다.

대상연령	유아	아동	청소년	성인	집단규모	개별	2인 1조	3팀	4팀	무제한
		●					●			

자 료	공기돌이나 물이 찬 페트병	음 악	왈츠음악, 포크댄스음악

치료단계	활동순서 및 방법
Introduction (도입)	◗ **Warm-up:** 치료세션 초기에 브레인댄스로 내담자들의 몸의 긴장을 이완시킨다. ◗ 주제소개: 치료사는 내담자에게 오늘 활동의 주제와 방법을 간단히 소개한다.
Exploration (탐색) ⬇ **Learning** (학습·치료)	◗ 실제 활동순서와 방법 1. 플라스틱 페트병을 길게 늘어놓아 활동실을 가로지르는 길을 하나 만든다. 2. 참여자 각자가 2명씩 짝을 지어서 방 한쪽에 서도록 지시한다. 3. 우선, 치료사는 비엔나 왈츠음악을 틀어주고 짝끼리 그 음악에 맞추어 즉흥적으로 몸을 움직여 보라고 요청한다. 4. 둘째로, 페트병을 넘어뜨리지 않는 채로 춤을 추면서 길을 지나가라고 지시한다. 활동 전반에 걸쳐 좋은 아이디어가 생기면 다양한 움직임을 덧붙인다. 5. 셋째로, 모든 사람들이 자신의 파트너와 함께 춤을 춘 다음, 치료사는 플라스틱 페트병으로 만든 길을 좀 더 좁게 한 다음, 지나가기 힘들도록 지그재그로 병들을 배치한다. 6. 어떤 조가 가장 적게 병을 쓰러뜨리며 길을 지나갔는지에 따라 승리자가 결정된다. 7. 이번에는 치료사가 조명을 약간 어둡게 한다. 8. 참가자들이 어둠 속에서 자신들의 움직임과 소리를 체험하도록 해 준다.
Processing (정리)	◗ 의견나누기: 오늘 했던 활동이나 동작들 중에 의미 깊었던 점을 함께 나눈다. ◗ 반복: 주요 활동이 모두 끝나면, 오늘 했던 동작들을 다시 한번 반복하도록 한다. ◗ 정리: 세션을 끝맺기 위해 정리 스트레칭을 한다.

103. 하나, 둘, 셋(바)

활 동	바를 이용한 율동 표현하기					시 간		40~50분		
치료목적	인지	정서	신체	사회	언어	장 소	작은	중간		큰
	●		●	●				●		
치료목표	1. 바를 이용해 움직임을 해 보자. 2. 바를 이용해 신체의 균형을 만들어 보자.									
대상연령	유아	아동	청소년	성인	집단규모	개별	2인 1조	3팀	4팀	무제한
	●	●	●	●						●
자 료	바, 피아노 반주 음악									

치료단계	활동순서 및 방법
Introduction (도입)	◗ **Warm-up:** 치료세션 초기에 브레인댄스로 내담자들의 몸의 긴장을 이완시킨다. ◗ 주제소개: 치료사는 내담자에게 오늘 활동의 주제와 방법을 간단히 소개한다.

Exploration (탐색)
 ⬇
 Learning (학습 · 치료)
	◗ 실제 활동순서와 방법
	   * **재활치료가 필요한 내담자에게 유용하게 활용**
	     신체 각 부분을 충분히 움직여서 동작을 활성화시킨다(음악: 4/4박자).
	     −바를 이용해 움직임을 해 보자
	     −두 손이 바를 잡고 무릎은 구부려 천천히 내려갔다 올라오기 8박자로 4번씩(업해서, 발레 발동작기본을 응용해 동작을 해 보자)
	     −오른발, 왼발을 바닥에서 들어(차) 보자 8박자 4번씩(45°로, 90°로, 더 높이: 펴서, 구부려서)

Processing (정리)	◗ 의견나누기: 오늘 했던 활동이나 동작들 중에 의미 깊었던 점을 함께 나눈다. ◗ 반복: 주요 활동이 모두 끝나면, 오늘 했던 동작들을 다시 한번 반복하도록 한다. ◗ 정리: 세션을 끝맺기 위해 정리 스트레칭을 한다.

104. 강강술래

활 동	강강술래를 통해 움직임을 알아보자					시 간		40~50분	
치료목적	인지	정서	신체	사회	언어	장 소	작은	중간	큰
	●		●	●				●	
치료목표	1. 강강술래의 유래와 특징적 움직임을 알아보자 2. 다양하게 손잡고 놀이하는 방법을 만들어 보자.								
대상연령	유아	아동	청소년	성인	집단규모	개별	2인 1조	3팀	4팀	무제한
	●	●	●	●						●
자 료	없음.								

치료단계	활동순서 및 방법
Introduction (도입)	◐ Warm-up: 치료세션 초기에 브레인댄스로 내담자들의 몸의 긴장을 이완시킨다. ◐ 주제소개: 치료사는 내담자에게 오늘 활동의 주제와 방법을 간단히 소개한다.
Exploration (탐색) ⇩ Learning (학습 · 치료)	◐ 실제 활동순서와 방법 1. 강강술래의 유래와 놀이방법을 그룹별로 알아보자. 　예) 대보름이나 한가위 달 밝은 밤에 넓은 마당에서 둥근 원을 만들어 손을 잡고 노래하며 　　　추는 춤 2. 치료사는 참여자들을 몇 그룹으로 나눈다. 　－자진모리장단을 익혀 보자(덩－－덩－－쿵－덕쿵－－). 강강술래 노래 부르기 　－장단을 이용해 구음으로, 손, 신체, 도구 등 다양한 방법으로 익혀 보자. 　－각 그룹은 서로 손을 잡고 원을 만든 다음, 　① 장단에 맞추어 걷거나 뛰기 　② 앞 사람 따라 여러 가지 모양으로 걷거나 뛰어 보기 　－아래 동작을 익혀 보자 　① 청어엮기, 청어풀기(리더가 한 사람씩 어깨로 손을 엮었다 풀었다 하는 동작) 　② 고사리꺽기(앉아서 그룹들이 손잡고 매듭을 리더가 시작으로 뛰면서 끊기) 　③ 덕석몰기,덕석풀기(리더를 따라 점점 안으로 꽈배기처럼 말다 풀어지기) 　－그룹별로 움직임을 만들어 발표해 보자.
Processing (정리)	◐ 의견나누기: 오늘 했던 활동이나 동작들 중에 의미 깊었던 점을 함께 나눈다. ◐ 반복: 주요 활동이 모두 끝나면, 오늘 했던 동작들을 다시 한번 반복하도록 한다. ◐ 정리: 세션을 끝맺기 위해 정리 스트레칭을 한다.

#5. 정서발달(Emotion development)

105. 안녕하세요!

활 동	몸으로 인사하기!					시 간	40~50분		
치료목적	인지	정서	신체	사회	언어	장 소	작은	중간	큰
	●	●	●	●	●			●	
치료목표	1. 여러 나라 인사법을 알 수 있다. 2. 신체를 이용해 인사를 할 수 있다.								
대상연령	유아	아동	청소년	성인	집단규모	개별	2인 1조	3팀	4팀	무제한
	●	●	●	●			●			
자 료	공, 모자				음 악	없음.			

치료단계	활동순서 및 방법
Introduction (도입)	◑ **Warm-up**: 치료세션 초기에 브레인댄스로 내담자들의 몸의 긴장을 이완시킨다. ◑ 주제소개: 치료사는 내담자에게 오늘 활동의 주제와 방법을 간단히 소개한다.
Exploration (탐색) ⇩ Learning (학습·치료 및 변형)	◑ 실제 활동순서와 방법 1. 음악에 맞추어 활동실을 이리저리 돌아다니면서 서로 마주치는 사람들끼리 서로 손뼉을 치거나 어깨를 스치면서 지나가도록 지시한다. 때때로 서로 눈이 마치는 경우 '안녕하세요'라고 인사하도록 하는 것도 좋다. 　－1회 세션에 사용하면 좋다. 　－마주칠 때 손으로 인사하기, 눈으로 인사하기, 엉덩이로 인사하기, 발로 인사하기, 악수하기, 손등으로 이사하기, 흔들기, 예술가 인사, 안아 주기, 등 두드려 주기, 윙크하면서 등 　－발 스텝을 빠르게, 느리게 치료사가 지시하는 움직임으로 이동한다(돌기, 점프). 2. 짝을 이루어 함께 인사를 해 본다(높이, 방향, 박자에 변화를 주면서 움직임을 한다). 　3. 각 나라의 인사방법을 알아본다. 　　－미국, 한국, 프랑스, 아프리카, 에스키모 등 4. 인사말에 변형을 준다. 　　－감사합니다, 사랑합니다, 좋아합니다. 다음에 또 만나요. 건강하세요. 아름답습니다(원으로 앉아 공이나 모자를 사용해 던져 주고 받으면서 인사를 해 본다).
Processing (정리)	◑ 의견나누기: 오늘 했던 활동이나 동작들 중에 의미 깊었던 점을 함께 나눈다. ◑ 반복: 주요 활동이 모두 끝나면, 오늘 했던 동작들을 다시 한번 반복하도록 한다. ◑ 정리: 세션을 끝맺기 위해 정리 스트레칭을 한다.

106. 만화주인공 놀이

활 동	만화주인공을 동작이나 춤으로 표현하기					시 간	40~50분		
치료목적	인지	정서	신체	사회	언어	장 소	작은	중간	큰
		●						●	
치료목표	1. 두 사람씩 한 조가 되어 여러 가지 동작에 대해 의견을 나눌 수 있다. 2. 두 사람씩 짝을 지어 만화주인공의 특징을 동작으로 표현할 수 있다.								
대상연령	유아	아동	청소년	성인	집단규모	개별	2인 1조	3팀	4팀	무제한
		●	●				●			
자 료	만화주인공 사진이나 그림					음 악	만화주제곡		

치료단계	활동순서 및 방법
Introduction (도입)	◗ Warm-up: 치료세션 초기에 브레인댄스로 내담자들의 몸의 긴장을 이완시킨다. ◗ 주제소개: 치료사는 내담자에게 오늘 활동의 주제와 방법을 간단히 소개한다.
Exploration (탐색) ⇩ Learning (학습·치료)	◗ 실제 활동순서와 방법 1. 치료사는 참가자들이 서로 두 사람씩 짝을 만들도록 한 다음, 만화주인공 사진이나 그림을 몇 장 보여 준다. 잠깐 동안 만화주인공들에 대해 서로 이야기를 나눈다. 2. 그룹으로 재미있는 '만화주인공' 한 쌍을 정하도록 한다. 　예) 미녀와 야수, 콩쥐와 팥쥐, 미키 마우스와 미니 마우스, 알라딘과 지니 등 3. 그런 다음, 치료사는 각 조에 약 10분 정도를 주고, 자신들이 정한 만화주인공들을 어떻게 동작이나 춤으로 표현할지 생각해 보도록 한다. 　예) 미녀와 야수에서 미녀역할은 아름다운 발레동작으로 표현할 수 있고, 야수의 역할을 맡은 사람은 괴물처럼 폭력적이고 큰 동작을 취해 보일 수 있다. 4. 각 그룹으로 나와서 자신들이 정한 만화주인공의 이름을 소개한다. 5. 그런 다음, 만화주인공 한 쌍을 몸동작으로 표현해 보인다. 6. 치료사는 그룹의 다른 사람들이 앞에서 보이는 동작을 그대로 따라 하도록 격려한다.
Processing (정리)	◗ 의견나누기: 오늘 했던 활동이나 동작들 중에 의미 깊었던 점을 함께 나눈다. ◗ 반복: 주요 활동이 모두 끝나면, 오늘 했던 동작들을 다시 한번 반복하도록 한다. ◗ 정리: 세션을 끝맺기 위해 정리 스트레칭을 한다.

응용활동 및 치료적 의의 No.106

활동유의점	◑ 활동 초기 단계에서 참가자들은 어떤 만화주인공을 선택해야 할지 고민하는 경우가 있을 수 있다. 이때 치료사는 특정한 만화주인공을 임의로 대신 선택해 줄 수 있다. ◑ 두 사람이 한 조가 되어 활동하기 때문에 서로 간의 의견이 맞지 않을 수 있다. 치료사는 이 때 의견을 조율하는 중간자 역할을 한다.
응용활동 및 보조자료	◑ 치료사는 참가자들이 만화주인공 정하는 것을 더 잘 도와주기 위해, 연재되는 만화책이나 칼라그림이나 동화책을 가져와도 좋다. 이런 책들은 만화주인공을 선택하는 데 영감을 준다. 치료사는 활동 참가자들이 동화책 속에 있는 주인공 중에서 한 쌍을 결정하도록 할 수도 있다. ◑ 실제 만화주인공 이름을 꼭 사용할 필요는 없다. 그 대신에 별명이나 가칭 등을 사용할 수도 있다고 참가자들에게 설명해 준다. 단, 그 별명이 긍정적이고 해가 되지만 않는 것이 좋다. ◑ 각 그룹으로 자신들의 만화주인공을 소개하고 동작으로 표현할 때, 목소리를 다양한 음색과 크기로 표현하도록 요청한다. 예를 들어, 어떤 조가 선정한 만화주인공이 '해적'이라면 큰 목소리가 적당하고, '나비'라면 작고 부드러운 목소리로, '거인'이라면 웅장한 목소리가 좋을 것이다. 

107. 짝꿍 따라 삼만리

활 동	짝이 이끄는 대로 움직이기					시 간		40~50분		
치료목적	인지	정서	신체	사회	언어	장 소	작은	중간	큰	
		●		●				●		
치료목표	1. 두 사람이 한 조가 되어 자유롭게 짝을 리드하거나 따라 움직일 수 있다. 2. 두 사람이 손을 잡고 여러 가지 행동을 창작할 수 있다.									
대상연령	유아	아동	청소년	성인	집단규모	개별	2인 1조	3팀	4팀	무제한
		●	●				●			
자 료	카세트녹음기				음 악	동요음악, 신비로운 뉴에이지음악				

치료단계	활동순서 및 방법
Introduction (도입)	◗ Warm-up: 치료세션 초기에 브레인댄스로 내담자들의 몸의 긴장을 이완시킨다. ◗ 주제소개: 치료사는 내담자에게 오늘 활동의 주제와 방법을 간단히 소개한다.
Exploration (탐색) ⬇ Learning (학습·치료)	◗ 실제 활동순서와 방법 1. 두 명씩 한 조가 되게 나눈다. 2. 그룹으로 활동실 중 한 곳을 출발선으로 정하도록 한다. 3. 둘 중 한 사람은 '리더'가 되고, 다른 사람은 '따라 하는 사람'이 된다. 4. 음악을 틀면, 리더인 사람이 짝의 손을 잡고 춤을 추며 방을 돌아다닌다. 이때 리더가 움직이는 동작을 '따라 하는 사람'이 똑같이 따라서 모방한다. 예를 들면 다음과 같다. ① 높게 날아오르고, ② 낮게 엎드려지고, ③ 가상의 장애물도 피하면서, ④ 산과 언덕을 지나가는 등의 동작을 취해 본다. 5. 치료사는 위의 활동에 있어서 약간의 상상력을 발휘하도록 격려한다. 6. 동작을 따라 하는 사람은 리더가 자유롭게 움직이도록 허용하되, 리더의 시범 속도와 강도와 비슷하게 움직이도록 노력한다. 7. 그런 다음, 각자의 역할을 바꾸어 활동해 본다.
Processing (정리)	◗ 의견나누기: 오늘 했던 활동이나 동작들 중에 의미 깊었던 점을 함께 나눈다. ◗ 반복: 주요 활동이 모두 끝나면, 오늘 했던 동작들을 다시 한번 반복하도록 한다. ◗ 정리: 세션을 끝맺기 위해 정리 스트레칭을 한다.

응용활동 및 치료적 의의 No.107

활동유의점	◗ 두 사람이 손을 잡고 방 안을 춤을 추면서 돌아다니는 활동은 처음에는 조금 어색하게 여길 수도 있다. 따라서 본격적인 활동을 진행하기 전에 치료사는 몇 가지 움직임을 예시로 보여 주는 것이 좋다. 예컨대, 참가자 중의 한 사람과 짝이 되어 손을 높이 올리기도 하고, 낮게 내리기도 하고, 천천히 걷기도 하고, 빠르게 뛰기도 하는 시범을 보여 준다. ◗ 그룹으로 다양한 동작이 나올 수 있도록 허용적인 분위기를 만드는 것이 중요하다. 특히 특정한 주제를 주어서 그 주제에 맞게 동작을 취해 보도록 하는 것도 좋다.
응용활동 및 보조자료	◗ 그룹으로 서로 손을 잡지는 말고 아주 가깝게 유지한 상태에서, 위의 활동을 해 볼 수도 있다. 모든 내용이나 순서는 동일하고 그룹으로 손을 접촉하지 않고 춤을 춘다는 것이 특징이다. ◗ 치료사는 두 사람이 서로 팔짱을 끼든, 손을 서로의 머리에 대든지 간에 서로서로 몸을 연결시킨다(접착). 이렇게 몸이 서로 붙어 있는 상태에서 리더가 움직이면 짝이 따라 하도록 지시한다. 이때 서로가 완전히 일치된 동작을 하지 않아도 무방하다. ◗ 밀기게임: 손으로 짝의 신체 일부를 밀면, 그 사람은 저항하지 말고 떠밀리면서 방의 다른 곳으로 밀려나는 활동이다. 예컨대, 한 사람이 짝의 한쪽 어깨를 손으로 밀면, 짝은 뱅글 돌면서 방의 한구석으로 밀려난다. 또는 한 사람이 손으로 짝의 배 부분을 밀면 그 사람은 뒤로 밀려난다. 이때 미는 동작은 살짝 건드리는 정도이다. 치료사는 리더가 짝의 신체 일부 중 다른 부분을 밀어 보도록 요청한다. ◗ 밀기게임이 매우 익숙해지게 되면, 그룹으로 좀 더 격렬한 모방동작활동을 할 수도 있다. 한 사람이 손으로 짝을 밀치면 그 사람은 방 한쪽으로 나르는 듯 떨어진다.
치료적의의	◗ 두 사람이 한 조가 되어 다양한 동작을 창작하는 활동은 참가자들로 하여금 즉흥성과 창작능력을 향상시킨다. ◗ 그룹으로 진행되는 활동은 대인간의 단합과 신뢰회복에 도움을 준다. ◗ 다른 사람의 행동을 따라 하는 활동은 타인인식능력을 향상시켜 다른 사람을 존중하는 마음을 증진시킨다.

108. 영화 속 ET처럼

활 동	손가락 맞대고 댄스하기					시 간			40~50분	
치료목적	인지	정서	신체	사회	언어	장 소	작은	중간		큰
		●		●						●
치료목표	1. 두 사람이 짝이 되어 서로의 손가락 끝을 붙이고 동작을 취할 수 있다. 2. 눈을 감은 채로 치료사의 언어적 지시를 따를 수 있다.									
대상연령	유아	아동	청소년	성인	집단규모	개별	2인 1조	3팀	4팀	무제 한
		●	●				●			
자 료	카세트녹음기					음 악	부드러운 클래식 음악			

치료단계	활동순서 및 방법
Introduction (도입)	◑ Warm-up: 치료세션 초기에 브레인댄스로 내담자들의 몸의 긴장을 이완시킨다. ◑ 주제소개: 치료사는 내담자에게 오늘 활동의 주제와 방법을 간단히 소개한다.
Exploration (탐색) ⬇ Learning (학습·치료)	◑ 실제 활동순서와 방법 1. 치료사는 참여자들을 둘씩 짝을 짓게 한다. 2. 눈을 감은 채 서로를 향해 마주 서도록 지시한다. 3. 이때 유의할 점은 서로 눈을 감은 채 움직이다가 부딪히지 않도록 충분한 거리를 두는 것이 좋다. 4. 치료사는 서로 마주 보고 있는 두 사람이 눈을 감은 채로 서로 손가락 끝을 붙이도록 한다. 5. 음악이 시작되면 마치 대화를 나누듯이 손가락 끝을 붙인 채로 손이나 손가락을 서로 천천히 움직이도록 지시한다. 이때 한 사람은 '리더'가 되어, 다른 사람은 '따라 하는 사람'이 되어 이끌고 따라 하는 활동을 해 본다. 6. 치료사는 각 조가 잠시 동안 같은 자리에서 활동하도록 하되, 주의할 점은 눈을 감고 있기 때문에 서로가 균형을 잃지 않도록 요청한다. 7. 활동이 끝나면, 치료사는 각 참여자들에게 자신의 손이나 손가락으로 상대방에게 어떤 것을 표현하고 싶었는지 질문한다.
Processing (정리)	◑ 의견나누기: 오늘 했던 활동이나 동작들 중에 의미 깊었던 점을 함께 나눈다. ◑ 반복: 주요 활동이 모두 끝나면, 오늘 했던 동작들을 다시 한번 반복하도록 한다. ◑ 정리: 세션을 끝맺기 위해 정리 스트레칭을 한다.

응용활동 및 치료적 의의 No.108

활동유의점	◑ 눈을 감고 진행하는 만큼 서로 부딪히지 않도록 조심한다. 또한 균형을 잃지 않도록 조심시킨다. ◑ 신체를 접촉하는 활동이기 때문에 접촉에 대한 부담감을 느끼는 참가자에 대해 유의할 필요가 있다.
응용활동 및 보조자료	◑ 활동의 초기단계에서 참여자들을 눈을 감게 하고 각자 서로 마주 서도록 지시한다. 둘 중 한 사람을 선택하여 눈을 뜨게 한 다음, 동작을 이끄는 사람 역할을 맡긴다. 파트너는 눈을 감은 채로 리더는 손을 잡고 방 주변을 이리저리 인도한다. 이때 파트너와 함께 춤을 출 수도 있다. 하지만 서로 부딪히지 않게 주의해야 한다. 느린 템포의 음악을 사용하도록 하라. 활동에 참가한 사람들에게 다음과 같은 질문을 한다. "당신의 파트너와 어떤 이야기를 동작으로 나누고자 했나요?" ◑ 치료사는 참여자들을 둘씩 짝을 짓게 한 다음, 눈을 감은 채 서로 등을 대고 서도록 지시한다. 우리는 이 활동을 '등 대화(Back Talk)'라고 명명하고자 한다. 그런 다음, 다음과 같은 질문을 한다. "여러분들은 등을 댄 채 상대방에게 어떤 대화를 나누었나요?" ◑ 응용활동으로서, 서로의 손이나 손끝이 아닌 '머리'나 '발'을 댄 채로 1~2분 정도 유지하는 것도 좋다. 이때 잔잔한 배경음악을 들려주면 더욱 좋다. 물론 이 활동은 서로 간의 신뢰감이 견고히 구축되었을 때 시행하는 것이 좋다.
치료적의의	◑ 손이나 손끝을 서로 마주 대는 활동은 서로의 물리적 거리는 물론이고, 심리적 거리를 좁히는 데 도움을 준다. ◑ 평화로운 느낌을 주는 음악은 참가자들의 어색함을 없애고 활동에 깊이 몰입할 수 있도록 하는 기능을 한다.

109. 낙하산 놀이

활 동	비닐봉지를 가지고 동작표현활동					시 간		40~50분		
치료목적	인지	정서	신체	사회	언어	장 소	작은	중간	큰	
		●		●					●	

치료목표	1. 거대한 비닐봉지(천)를 들고 다양한 동작과 모양을 만들 수 있다. 2. 비닐봉지(천)를 가지고 몸을 말았다가 다시 펴기를 반복할 수 있다.									

대상연령	유아	아동	청소년	성인	집단규모	개별	2인 1조	3팀	4팀	무제한
	●	●								●

자 료	불투명한 비닐봉지(천)(최대 4×8m)	음 악	느리고 웅장한 전자음악

치료단계	활동순서 및 방법
Introduction (도입)	◗ Warm-up: 치료세션 초기에 브레인댄스로 내담자들의 몸의 긴장을 이완시킨다. ◗ 주제소개: 치료사는 내담자에게 오늘 활동의 주제와 방법을 간단히 소개한다.
Exploration (탐색) ⬇ Learning (학습·치료)	◗ 실제 활동순서와 방법 1. 모든 참여자들이 넓게 늘어서서, 거대한 비닐봉지(또는 거대한 천)의 네 귀퉁이를 한 손으로 잡도록 지시한다. 2. 비닐봉지(천)는 사방으로 당겨져서 약간 팽팽할 정도가 좋다. 3. 비닐봉지(천)를 올리고 내리고 함으로써 멋진 물결을 만들어 보게 한다. 4. 치료사는 참여자들이 비닐봉지로 물결을 만들면서 천천히 춤을 추도록 지시한다. 5. 그런 다음, 비닐봉지(천)의 중앙을 향해서 모든 사람들이 춤을 주며 모여든다. 비닐봉지를 접어 올리면서 서로가 중앙부에서 만날 때까지 앞으로 간다. 6. 서로서로 엉키면서 춤을 추다가 더 이상 움직일 수 없을 때, 천천히 감겼던 봉지매듭을 풀어서 다시 원래 상태로 돌아가 선 다음 자유롭게 다시 춤을 춘다. 7. 다음으로 비닐봉지를 팽팽하게 당겨서 '트램플린'처럼 만든다. 8. 비닐봉지(천)를 위아래로 들어 올렸다 내렸다를 여러 번 연습해 본다. 9. 비닐봉지(천)를 들어 올렸을 때 그 밑으로 한 사람씩 달려서 지나가도록 한다.
Processing (정리)	◗ 의견나누기: 오늘 했던 활동이나 동작들 중에 의미 깊었던 점을 함께 나눈다. ◗ 반복: 주요 활동이 모두 끝나면, 오늘 했던 동작들을 다시 한번 반복하도록 한다. ◗ 정리: 세션을 끝맺기 위해 정리 스트레칭을 한다.

응용활동 및 치료적 의의 No.109

활동유의점	◖ 주의할 점은 비닐봉지(천)를 너무 꽉 잡지 않도록 하고, 봉지가 찢어지지 않도록 주의를 준다. ◖ 비닐봉지(천)를 대신해서 거대한 천을 잡고 활동을 할 수도 있다. ◖ 비닐봉지(천)를 팽팽하게 서로 잡아당기면서 위아래로 올렸다 내렸다 할 때, 당겨진 비닐(천) 위에 공이나 가벼운 인형 등을 놓고 통기는 활동을 할 수도 있다.
응용활동 및 보조자료	◖ 공중으로 비닐봉지(천)를 던져 보게 할 수도 있다. 그룹의 반이 봉지를 당기게 하면 그 봉지(천) 밑에서 춤을 추도록 할 수도 있다. ◖ 몇 사람이 함께 공중으로 비닐봉지(천)를 던져 올리면, 그 밑에서 봉지(천)를 건드리지 않고 춤을 추도록 한다. 
치료적의의	◖ 비닐봉지(천)를 가지고 움직이는 활동은 참가자들에게 흥미를 가지고 활동에 참여할 수 있도록 도움을 준다. ◖ 비닐(천)을 가지고 팽팽하게 당겼다 오므렸다 하는 활동은 참가자들 간의 협동심을 향상시키고, 경계심을 해제시키는 역할을 한다.

110. 내 몸은 풍선!

활 동	자신의 몸을 풍선처럼 부풀리고 빼기					시 간		40~50분		
치료목적	인지	정서	신체	사회	언어	**장 소**	작은	중간		큰
		●		●						●

치료목표
1. 풍선에 바람을 불어 넣었다가 빼기를 여러 번 반복할 수 있다.
2. 풍선의 여러 가지 모양을 똑같이 몸으로 흉내 낼 수 있다.

대상연령	유아	아동	청소년	성인	집단규모	개별	2인 1조	3팀	4팀	무제한
	●	●	●						●	

자 료	풍선 10개	음 악	뉴에이지 피아노음악

치료단계	활동순서 및 방법
Introduction (도입)	◑ Warm-up: 치료세션 초기에 브레인댄스로 내담자들의 몸의 긴장을 이완시킨다. ◑ 주제소개: 치료사는 내담자에게 오늘 활동의 주제와 방법을 간단히 소개한다.
Exploration (탐색) ⬇ Learning (학습 · 치료)	◑ 실제 활동순서와 방법 1. 치료사는 풍선 하나를 불었다가 다시 바람을 빼 보는 시범을 보인다. 이때, 풍선을 잡고 있어도 되고 방 주변으로 날려 보아도 좋다. 2. 치료사는 각 참여자들에게 풍선 한 개씩을 나눠 준 다음, 불어도 보고 바람을 빼 보기도 하라고 지시한다. 이 활동을 여러 번 반복해 본다. 3. 한 번 더 풍선을 불어서 끝을 묶게 한 다음, 잠시 옆에다 둔다. 4. 이번에는 동작으로 풍선을 불거나 바람이 빠지는 상황을 표현해 보도록 한다. 5. 참여자들이 한 장소를 정해 서도록 하고, 치료사의 신호에 따라서 몸을 크게 부풀려서 풍선을 부는 시늉을 한 다음 공기가 밖으로 빠져나가는 동작을 해 보도록 한다. 6. 두 그룹으로 나누어 한 그룹이 다른 그룹의 동작을 지켜보도록 한다. 이때 치료사는 참여자들이 동작을 아주 높게 혹은 낮게 엎드려 보라고 말해도 좋다. 7. 둘씩 짝을 짓게 하고 한 사람이 파트너를 상대로 펌프질하는 시늉을 하면 그 사람은 점점 부풀어 오르는 동작을 하고, 바람을 빼는 동작도 마찬가지로 한다. 다음, 한 사람은 부풀어 오르는 동작, 다른 사람은 바람 빠지는 동작을 취한다. 순서를 바꾸어 다시 실시해 본다. 8. 모든 사람들이 자신이 만들어 놓은 풍선을 가지고 한 장소를 정해 서서 춤을 추고 공중으로 날려 보게 한다. 풍선이 나는 동안 온갖 우스꽝스런 동작을 한다. 방 주변에서 춤을 추되, 타인의 풍선을 보게 한다. 9. 4명씩 한 팀을 만들어 역할을 나누고 풍선댄스를 만들어 보고 다른 팀들 앞에서 발표하게 한다.

응용활동 및 치료적 의의 No.110

활동유의점	◑ 바람이 빠지는 동작을 할 때, 치료사는 활동참여자들이 활동실 바닥을 가로질러 기어가도록 할 수도 있다. ◑ 참가자들 중 풍선이 일부러 터뜨리려는 경우가 있는데, 주의를 준다. ◑ 치료사가 풍선을 부풀리거나 바람이 빠지는 동작을 지시할 때 다음과 같은 언어적 신호를 사용하면 좋다. '몸이 점점 부풀어 오릅니다' 또는 '몸에서 점점 바람이 빠져나갑니다' 또는 '몸이 부풀어 올라요' 등
응용활동 및 보조자료	◑ 풍선을 던지면서 우스꽝스러운 동작을 취할 때, 가지고 있는 풍선을 팔 아래로 내리기도 하고, 다리 사이에 끼기도 하고, 풍선을 가슴에 꽉 껴안도록 해도 좋다. 풍선을 손에 꽉 잡은 채로 춤을 추되, 때때로 잡는 방법을 변경해도 좋다. 예컨대, 풍선을 안은 채 활동실 바닥을 기어가는 것도 생각해 볼 수 있다. 
치료적의의	◑ 풍선을 불고 바람을 빼는 활동은 심폐기능을 향상하는 데 도움을 준다. ◑ 풍선을 가지고 하는 활동은 참가자들에게 관심과 흥미를 불러일으키는 데 도움을 준다. ◑ 풍선의 모양을 몸으로 흉내 내는 활동은 참가자들의 자기표현력 향상을 돕는다.

111. 스파이더맨

활 동	화장지를 들고 다양한 동작표현					시 간		40~50분		
치료목적	인지	정서	신체	사회	언어	장 소		작은	중간	큰
		●		●					●	
치료목표	1. 화장지를 가지고 다양한 동작표현을 할 수 있다. 2. 화장지를 늘어뜨리고 그 사이를 옮겨 다니면서 춤을 출 수 있다.									
대상연령	유아	아동	청소년	성인		집단규모	개별	2인 1조	3팀	4팀	무제한
	●	●	●						●		
자 료	두루마리 화장지 여러 개					음 악		흥미진진한 영화음악		

치료단계	활동순서 및 방법
Introduction (도입)	◐ Warm-up: 치료세션 초기에 브레인댄스로 내담자들의 몸의 긴장을 이완시킨다. ◐ 주제소개: 치료사는 내담자에게 오늘 활동의 주제와 방법을 간단히 소개한다.
Exploration (탐색) ⇩ Learning (학습·치료)	◐ 실제 활동순서와 방법 1. 참여자들을 세 그룹으로 나누고 각 그룹에 약 5m 정도의 화장지를 준다. 2. 각 그룹에서 2명을 선택하여 그 화장지 양쪽을 팽팽하게 잡아서 당기도록 부탁한다. 하지만 각 그룹이 똑같은 거리나 높이로 하지 않도록 주의를 준다. 3. 그룹의 3번째 사람에게 화장지의 위와 아래로 옮겨 다니면서 춤을 추도록 지시한다. 이때 다른 나머지 사람들은 화장지 주변에서 동작을 취하면서 춤을 추면 된다. 4. 화장지를 잡고 있던 두 사람도 사람들과 마찬가지로 역시 춤을 출 수 있다. 하지만 자신의 자리에서 이탈해서는 안 된다. 왜냐하면 그룹 내의 다른 사람들이 서로 엉켜 버리기 때문이다. 또한 참여자들이 화장지를 만져서 끊어지지 않도록 주의를 준다. 5. 치료사는 춤을 추는 사람들에게 속도를 여러 가지로 변형시켜 보도록 한다. 그런 다음 2명이 들고 있는 화장지 선의 형태도 바꿔 보도록 한다. 6. 순서를 자주 바꾸어서 모든 사람이 여러 형태의 춤을 출 기회를 준다.
Processing (정리)	◐ 의견나누기: 오늘 했던 활동이나 동작들 중에 의미 깊었던 점을 함께 나눈다. ◐ 반복: 주요 활동이 모두 끝나면, 오늘 했던 동작들을 다시 한번 반복하도록 한다. ◐ 정리: 세션을 끝맺기 위해 정리 스트레칭을 한다.

응용활동 및 치료적 의의 No.111

활동유의점	◑ 화장지를 가지고 여러 가지 동작을 취할 때, 화장지 종이가 끊어지지 않도록 주의를 기울여야 한다. ◑ 화장지를 여러 사람이 늘어뜨려서 거미줄처럼 복잡하게 만들게 되면 화장지가 서로 엉키거나 끊어질 가능성이 있으므로 주의를 요한다.
응용활동 및 보조자료	◑ 참여자들을 활동실의 각 구석에 이쪽저쪽 서 있도록 한다. 그리고 화장지를 서로서로 엇갈려 잡아서 거대한 거미줄처럼 만들어 보도록 지시한다. 두 명씩 짝을 짓도록 하여 화장지로 된 거미줄을 가로지르면서 한 사람이 다른 한 사람을 인도하게 한다. 이때 인도하는 사람이 손을 잡고 길을 인도할 때 따라 가는 사람은 눈을 감는다. 치료사는 사람들에게 눈을 감고 보지 못하면 화장지로 된 거미줄이 더욱 길게 느껴질 것이라고 상기시켜 준다. ◑ 전체를 4그룹으로 나누고 두루마리 화장지를 이용하여 춤을 만들어 보라고 한다.

112. 감정연결

활 동	서로 다른 감정들 연결하기					시 간		40~50분	
치료목적	인지	정서	신체	사회	언어	장 소	작은	중간	큰
		●						●	
치료목표	1. 여러 가지 감정들을 순서대로 연이어서 동작표현을 할 수 있다. 2. 두 사람씩 짝을 지어 각자 맡은 감정을 순서대로 표현할 수 있다.								

대상연령	유아	아동	청소년	성인	집단규모	개별	2인 1조	3팀	4팀	무제한
	●	●	●							●

자 료	카세트녹음기	음 악	경쾌한 유행가 또는 동요, 만화영화주제곡

치료단계	활동순서 및 방법
Introduction (도입)	◗ **Warm-up:** 치료세션 초기에 브레인댄스로 내담자들의 몸의 긴장을 이완시킨다. ◗ 주제소개: 치료사는 내담자에게 오늘 활동의 주제와 방법을 간단히 소개한다.
Exploration (탐색) ⬇ Learning (학습·치료)	◗ 실제 활동순서와 방법 1. 각 참여자들에게 다른 사람 앞에서 연기하기 위한 '가장 좋은 감정' 하나를 선택하도록 한다. 2. 그런 다음, 사람들로 하여금 자신들이 발표한 '감정'들을 서로 연결해 보도록 요청한다. 치료사는 다음과 같이 질문할 수 있다. "자신이 선택한 감정 바로 다음에는 어떤 감정이 올까요?", "어떤 감정이 다른 감정과 연결될까요?" 행복한 감정 다음에는 슬픈 감정이 오고, 복잡한 감정 다음에는 해결되는 감정이 오게 됩니다. 3. 치료사는 참여자들이 정한 감정들을 몸으로 표현하도록 기회를 준다. 이때 말을 하지 않도록 주의를 준다. 각자가 움직일 때 동작의 높이나, 넓이, 속도, 힘의 강도 등을 자유롭게 변형해도 좋다고 말한다. 4. 이번에는 두 사람씩 짝을 지어 각자가 맡은 '감정'을 순서대로 연기하도록 한다. 예컨대, '슬픔과 기쁨'이라면 슬픈 감정을 맡은 사람이 연기한 다음, 기쁜 감정을 맡은 사람이 자연스럽게 이어서 연기한다.
Processing (정리)	◗ 의견나누기: 오늘 했던 활동이나 동작들 중에 의미 깊었던 점을 함께 나눈다. ◗ 반복: 주요 활동이 모두 끝나면, 오늘 했던 동작들을 다시 한번 반복하도록 한다. ◗ 정리: 세션을 끝맺기 위해 정리 스트레칭을 한다.

응용활동 및 치료적 의의 No.112

응용활동 및 보조자료

◑ 작은 소그룹을 만들어, 서로 '감정로봇'이 된다. 감정로봇이 되면 모든 종류의 감정을 서로가 서로에게 연기해 보인다.

◑ 한 사람(주인공)이 다른 그룹 원들 앞에 서서 치료사가 지정하는 감정을 연기해 보일 수도 있다. 예컨대, 앞에 있는 주인공에게 치료사가 '너무 화가 났어요'라고 외치면, 주인공은 무척 화가 난 표정과 몸짓으로 그 역할을 연기한다.

◑ 짝으로 진행되는 감정표현활동이 원활하게 이루어지도록 하기 위해서는 치료사가 두 개의 연결되는 감정을 예를 들어주는 것이 좋다. 예를 들어, '행복한 모습을 표현하다가 갑자기 슬픈 감정을 표현해 보세요' 또는 '무뚝뚝한 표정과 동작을 취하다가 갑자기 깔깔대면서 웃어 보세요.'

◑ 응용활동으로서, 치료사가 '바꿔'라고 지시할 때마다 감정을 바꾸도록 할 수도 있다. 예를 들어, 참가자들에게 즐거운 모습을 동작으로 표현하도록 한 다음, 치료사가 '바꿔'라고 외치면 사람들은 매우 슬픈 모습으로 동작으로 바꾸어 표현하는 것이다. 이러한 치료사의 지시를 '음악'의 빠르기나 곡명을 바꿈으로써 지시할 수도 있을 것이다.

◑ 두 가지 이상의 감정을 제시하고 그 감정들을 몸으로 표현하도록 할 수도 있다.

치료적의의

◑ 두 가지 감정을 연결해서 동작으로 표현하는 활동은 참가자들로 하여금 감정을 동작으로 의식화하여 정확하게 인식하도록 하는 데 도움을 준다.

◑ 다양한 감정을 동작으로 표현함으로써 자신의 감정을 있는 그대로 받아들일 수 있도록 도움을 준다.

113. 공포와 분노

활 동	공포와 분노를 동작으로 표현하기					시 간		30분	
치료목적	인지	정서	신체	사회	언어	장 소	작은	중간	큰
		●						●	

치료목표	1. 공포와 긴장을 표현하는 단어를 동작으로 표현할 수 있다.
	2. 공포와 긴장을 조장하는 음악을 들으면서 그 느낌을 동작으로 표현할 수 있다.

대상연령	유아	아동	청소년	성인	집단규모	개별	2인 1조	3팀	4팀	무제한
		●	●	●					●	

자 료	카세트녹음기	음 악	공포와 긴장을 일으키는 음악

치료단계	활동순서 및 방법
Introduction (도입)	◑ Warm-up: 치료세션 초기에 브레인댄스로 내담자들의 몸의 긴장을 이완시킨다. ◑ 주제소개: 치료사는 내담자에게 오늘 활동의 주제와 방법을 간단히 소개한다.
Exploration (탐색) ⇩ **Learning** (학습 · 치료)	◑ 실제 활동순서와 방법 1. 치료사는 Warm-up단계로서, 공포와 긴장을 조성하는 음악으로 활동을 시작할 수 있다. 2. 다음 열거하는 몇 가지 긴장된 동작을 표현한 단어들을 연습한다. · 공포: 공포에 질려 그 자리에 꼼짝도 못하고 서 있는 동작 · 분노: 너무 화가 나서 부들부들 떨고 있는 동작 · 두려움: 무서워서 몸을 웅크리고 떨고 있는 동작 · 무서움: 무서워서 숨어서 천천히 땅을 기어가는 동작 · 당당함: 캄캄한 어둠속으로 걸어가면서 당당한 모습 · 충격: 너무 충격을 받아서 깡충깡충 뛰는 모습 · 조심스러움: 호랑이처럼 뒤꿈치를 들고 조용하고 천천히 걷는 동작 3. 치료사는 4개의 그룹으로 나눈다. 30초 분량의 '공포영화' 음악 4가지를 각 그룹에게 들려준다. 들려준 각각의 음악의 느낌을 동작으로 표현하도록 격려한다.
Processing (정리)	◑ 의견나누기: 오늘 했던 활동이나 동작들 중에 의미 깊었던 점을 함께 나눈다. ◑ 반복: 주요 활동이 모두 끝나면, 오늘 했던 동작들을 다시 한번 반복하도록 한다. ◑ 정리: 세션을 끝맺기 위해 정리 스트레칭을 한다.

응용활동 및 치료적 의의 No.113

활동유의점	◗ 공포와 관련된 단어를 제시하면 어떻게 동작으로 표현할지 잘 모르는 경우가 종종 있다. 따라서 이럴 때는 구체적인 문장의 형태로 제시하는 것도 효과적이다. 예를 들어, '분노'라고 제시하는 것 대신 '너무 화가 나서 부들부들 떨고 있어요'라고 제시한다. ◗ 치료사는 각각의 그룹들이 공포스러운 음악의 느낌을 잘 표현하도록 돕는다. 예를 들어, 미리 계획된 동작을 보여 줄 수도 있다.
응용활동 및 보조자료	◗ 공포와 반대되는 '행복'이나 '즐거움'과 연관된 단어들을 제시하여 동작으로 표현하도록 할 수도 있다. 예컨대, '용돈을 받았을 때의 기분', '맛있는 케이크를 먹고 있을 때의 기분' 등을 동작으로 표현하도록 제시해도 좋다. ◗ 각 그룹이 공포음악에 맞추어 충분히 동작을 연습했다면, 치료사는 한 그룹씩 앞으로 나와 공연을 할 수 있도록 음악을 틀어 준다. 한 그룹이 공연하는 동안 다른 그룹원들은 동작을 관람한다. 
치료적의의	◗ 공포감정을 포함한 단어를 동작으로 표현하는 활동은 허용된 분위기 안에서 자기감정을 적절하게 표현하는 기회를 제공해 준다. ◗ 음악에 맞추어 동작을 취하는 활동은 청각과 동작을 협력시키는 데 도움을 준다. ◗ 공포음악은 참가자들로 하여금 긴장감을 갖고 동작을 취하도록 도움을 준다.

114. 바람과 나뭇잎

활 동	바람에 흔들리는 나뭇잎 동작표현					시 간		40~50분		
치료목적	인지	정서	신체	사회	언어	장 소	작은	중간	큰	
		●	●						●	
치료목표	1. 치료사의 언어적 지시에 따라 다양한 동작을 만들 수 있다. 2. 바람에 이리저리 떠돌아다니는 나뭇잎 역할을 취할 수 있다.									
대상연령	유아	아동	청소년	성인	집단규모	개별	2인 1조	3팀	4팀	무제한
	●	●	●							●
자 료	없음.				음 악	편안한 분위기의 피아노 음악				

치료단계	활동순서 및 방법
Introduction (도입)	◐ Warm-up: 치료세션 초기에 브레인댄스로 내담자들의 몸의 긴장을 이완시킨다. ◐ 주제소개: 치료사는 내담자에게 오늘 활동의 주제와 방법을 간단히 소개한다.
Exploration (탐색) ⇩ Learning (학습·치료)	◐ 실제 활동순서와 방법 1. 참여한 사람들이 방 안의 적당한 곳에서 서도록 한다. 그런 다음, 치료사는 다음과 같은 지시사항을 준다. 　"한 장소에 서 있는 채로 여러분의 팔을 잠시 동안 앞으로 쭉 뻗어 보세요. 산들바람이 불어와 여러분의 팔을 들어 올렸다고 생각해 보세요. 바람이 여러분의 팔뿐만 아니라, 얼굴, 어깨, 팔, 다리, 등까지 들어 올린다고 상상하세요." 2. 치료사가 입으로 바람소리를 내면, 참여자들은 방 이쪽저쪽으로 옮겨 다닌다. 그런 다음, 바람소리가 멈추면 참여자들도 움직이는 것을 멈춘다. 바람이 불 때는 참여자들이 하늘 높이 둥둥 떠오르듯 행동할 수도 있고, 이리저리 떠돌아다니든지, 땅에 바짝 엎드려도 좋다. 3. 이번에는 참여자들이 움직이는 동시에 소리도 내보라고 요청한다. 치료사는 이들에게 가벼운 나뭇잎이 되어 창공을 날아 이리저리 떠다니다가 땅에 떨어지는 것을 상상해 보라고 지시한다. 4. 치료사는 나뭇잎이 되어 움직이는 자신들을 서로 관찰해 보도록 한다.
Processing (정리)	◐ 의견나누기: 오늘 했던 활동이나 동작들 중에 의미 깊었던 점을 함께 나눈다. ◐ 반복: 주요 활동이 모두 끝나면, 오늘 했던 동작들을 다시 한번 반복하도록 한다. ◐ 정리: 세션을 끝맺기 위해 정리 스트레칭을 한다.

응용활동 및 치료적 의의 No.114

활동유의점	◑ 치료사가 입으로 내는 바람소리에 따라 참가자들이 움직일 때, 치료사가 내는 바람 소리가 잘 들리지 않을 수도 있다. 따라서 치료사는 큰 소리로 활동에 참가한 모든 사람이 들릴 수 있도록 크게 소리 내야 한다.
응용활동 및 보조자료	◑ 응용활동으로서, 치료사는 참여자들에게 바람이 더욱 세차게 불어온다고 말할 수 있다. 폭풍이 부는 것이다. 그러면 이들의 손이나 발을 사용해서 세찬 폭풍을 표현해 보도록 격려한다. 폭풍을 몸으로 표현하면서 동시에 소리를 내는 것도 좋다. 즉, 바람소리 외에도 '철썩', '쨍그랑', '휘익' 등의 소리를 낼 수도 있다. ◑ 더 나아가서, 이번에는 치료사가 참가자들에게 '허리케인'이 왔다고 외친다. 다음 상황을 표현해 본다. – '바람이 빙글빙글 돌면서 사람들을 위아래, 이쪽저쪽, 사방으로 휘몰아치면서 달려든다.' 여러 가지 소리도 이전보다 더욱 거칠어지고 더 빨라지도록 유도한다. 폭풍이 몇 분 동안 활동실을 휩쓸고 지나가도록 한다. 

115. 화가 난 마을

활 동	지역의 특성에 따라 동작 만들기					시 간		40~50분	
치료목적	인지	정서	신체	사회	언어	장 소	작은	중간	큰
		●	●					●	

치료목표	1. 여러 가지 지역의 특성에 맞게 춤을 출 수 있다. 2. 각 지역의 특성을 살려 포크댄스를 만들 수 있다.								
대상연령	유아	아동	청소년	성인	집단규모	개별	2인 1조	3팀	4팀	무제한
	●	●	●							●
자 료	소리 나는 물건(악기), 마분지나 두꺼운 종이로 만든 발자국 모양(2개)								

치료단계	활동순서 및 방법
Introduction (도입)	◗ Warm-up: 치료세션 초기에 브레인댄스로 내담자들의 몸의 긴장을 이완시킨다. ◗ 주제소개: 치료사는 내담자에게 오늘 활동의 주제와 방법을 간단히 소개한다.
Exploration (탐색) ⬇ **Learning** (학습·치료)	◗ 실제 활동순서와 방법 1. 치료사는 활동실을 4부분으로 나눈 다음, 각 지역의 특징을 설명해 준다. ·제1구역(중앙) ·제2구역(행복한 마을) ·제3구역(우울한 마을) ·제4구역(고통스러운 마을) ·제5구역(몹시 화가 난 마을) 2. 치료사는 한 사람씩 원하는 악기를 고르도록 한다. 악기를 고른 다음 한 사람씩 자신의 악기를 연주하면서 희망하는 지역으로 천천히 걸어가라고 지시한다. 이때 모든 지역을 다 거쳐서 춤을 추면서 살펴본 다음 자신이 살 곳을 선택하게 한다. 3. 모든 참여한 사람들이 자신이 살 곳을 찾아서 간 후, 적절한 음악에 맞추어 포크댄스를 만들어 보라고 시간을 준다. 치료사는 각 지역별 특징을 살려서 포크댄스를 만들어 보도록 격려해야 한다(예: 행복한 마을은 밝게 웃으면서 깡충깡충 뛰면서 추는 포크댄스를 만들어 본다). 4. 치료사는 각 그룹이 포크댄스를 만들 시간을 충분히 준 다음, 다른 팀들 앞에서 자신들이 만든 독특한 포트댄스를 공연하도록 기회를 준다.
Processing (정리)	◗ 의견나누기: 오늘 했던 활동이나 동작들 중에 의미 깊었던 점을 함께 나눈다. ◗ 반복: 주요 활동이 모두 끝나면, 오늘 했던 동작들을 다시 한번 반복하도록 한다. ◗ 정리: 세션을 끝맺기 위해 정리 스트레칭을 한다.

응용활동 및 치료적 의의 No.115

활동유의점	❶ 치료사는 참가자들에게 각 지역의 특성을 자세하게 설명해 주고, 어떻게 동작으로 표현할 수 있을지 함께 의견을 나누는 것이 좋다. 이렇게 하면 활동을 위한 마음의 준비와 자료를 제공해 주기 때문에 훨씬 쉽게 활동에 참여할 수 있다. ❷ 각자가 자신이 원하는 악기를 골라서 원하는 위치로 찾아갈 때, 발을 구르면서 악기를 연주하면서 소리를 만들어 낼 수 있다. 악기의 종류는 지역의 특성을 살릴 수 있는 것이면 어떤 것이든 상관이 없다. 반드시 악기가 아니더라도 소리 나는 물건이면 모두 가능하다. 예) 양동이, 냄비, 빨래판, 프라이팬 등

응용활동 및 보조자료	❶ 응용활동으로서, 각 지역의 특성을 바꾸어 볼 수 있다. 예를 들어, 다음과 같다. ・제1구역(중앙): 정중앙이며 2개의 발자국이 있다. ・제2구역(구석): 쑥스러움이 많은 민족이 사는 마을이다. 말도 조용히 하고, 평화롭고 친근한 멜로디를 만들며, 동작도 조심스러운 특징이 있다. ・제3구역(구석): 항상 부정적인 성향이 있는 민족이 사는 곳이다. 딱딱한 소리를 내며, 어색하고 이상한 동작을 많이 하는 경향이 있다. ・제4구역(구석): 오직 2사람만 사는 소인국이다. 수화로만 하고 말은 하지 않는다. 뭐든 말할 것이 생기면 온갖 악기로 소리를 내서 의사소통한다. ・제5구역(구석): 목이 쉰 민족이 사는 곳이다. 이들은 목이 쉬어 말을 못 하고 땅을 엉금엉금 기어 다닌다. ❷ 또 다른 응용활동으로서, 치료사가 세션 초기에 이미 5구역으로 참가자들을 나누어 세운다. 그런 다음, 각자 지역의 특성에 맞게 춤을 추도록 한다. 이때 치료사가 '그만'이라고 외친 다음 '바꿔'라고 말하면 모든 사람들이 자기 옆 지역으로 옮겨 선다. 옆에 있는 지역으로 가자마자 그 지역 특성에 맞게 춤을 추도록 지시한다. 이것을 반복한다.

치료적의의	❶ 여러 가지 감정을 동작으로 표현하는 활동은 내담자의 내면의 정서를 외부로 표출할 수 있는 기회를 제공해 준다. ❷ 자신이 서 있는 지역의 특성에 맞게 동작을 꾸미는 활동은 참가자들로 하여금 창의력과 자기표현력 향상에 도움을 준다. ❸ 자신이 희망하는 지역을 스스로 선택하는 것은 참가자에게 자기선택권을 허용함으로써 자아존중감을 향상시켜 주는 역할을 한다.

116. 모자 즉흥댄스

활 동	모자 즉흥댄스					시 간		40~50분		
치료목적	인지	정서	신체	사회	언어	장 소	작은	중간	큰	
		●	●					●		
치료목표	1. 모자를 쓰고 1분 동안 즉흥적으로 몸동작을 창작할 수 있다. 2. 자신이 쓰고 있던 모자를 다른 사람에게 전달할 수 있다.									
대상연령	유아	아동	청소년	성인	집단규모	개별	2인 1조	3팀	4팀	무제한
	●	●	●	●						●
자 료	모자, 화장품, 리본 몇 개				음 악	셔플리듬의 스윙음악(가요, 동요)				

치료단계	활동순서 및 방법
Introduction (도입)	◑ Warm-up: 치료세션 초기에 브레인댄스로 내담자들의 몸의 긴장을 이완시킨다. ◑ 주제소개: 치료사는 내담자에게 오늘 활동의 주제와 방법을 간단히 소개한다.
Exploration (탐색) ⇩ Learning (학습·치료)	◑ 실제 활동순서와 방법 1. 각 사람들이 자신의 자리를 찾아 서도록 한다. 그중 한 사람에게 부탁하여 음악을 틀거나 꺼 주는 역할을 담당시킨다. 2. 치료사가 먼저 모자를 쓰고 음악이 나오면 1분 동안 방 주변을 돌면서 춤을 춘다. 3. 1분이 되면, 커다란 제스처를 해 보이면서 다른 사람의 머리에 자신이 썼던 모자를 씌워 준다. 이때 다른 사람은 모자를 쓰지 않기 위해서 피하지 않도록 격려한다. 4. 치료사는 참여자들로 하여금 1분 간격으로 자신의 머리에 있던 모자를 다른 사람에게 전달하기를 반복하도록 지시한다. 5. 이때, 음악이 멈추면 사람들은 모든 동작을 멈추고 마네킹처럼 제자리에 서 있는다. 6. 치료사는 모자를 썼던 사람에게는 그 사람들의 볼(뺨)에 줄무늬를 그려 주거나 리본을 목에 묶어 준다.
Processing (정리)	◑ 의견나누기: 오늘 했던 활동이나 동작들 중에 의미 깊었던 점을 함께 나눈다. ◑ 반복: 주요 활동이 모두 끝나면, 오늘 했던 동작들을 다시 한번 반복하도록 한다. ◑ 정리: 세션을 끝맺기 위해 정리 스트레칭을 한다.

응용활동 및 치료적 의의 No.116

활동유의점	◗ 치료사가 먼저 모자를 쓰고 즉흥동작을 만드는 시범을 보이는 것이 좋다. 이때 유의할 점은 치료사가 먼저 쑥스러워 한다든지, 동작의 범위가 너무 작거나 틀에 박힌 형태의 동작을 한다면 다른 참가자들의 동작도 덜 창의적이고 판에 박힌 동작이 나올 가능성이 크다. 따라서 치료사부터 자유로운 동작을 할 수 있도록 해야 한다. ◗ 모자를 쓴 사람이 모자를 씌울 사람을 찾을 때 주의할 점은 모든 사람들이 뛰어서는 안 된다는 것이다. 그렇게 되면 모자를 씌우는 것이 어렵기 때문이다.

응용활동 및 보조자료	◗ 댄스음악이 아니라 아주 느린 박자의 음악을 들려주고 그 음악에 따라 움직이도록 지시할 수도 있다. 그러고서 치료사는 참여자들이 다른 사람들의 움직임이 어떻게 달라지는지 관찰해 보라고 지시한다.  

치료적의의	◗ 모자를 가지고 하는 소품이용 댄스 활동은 참가자들에게 흥미를 유발시켜 활동에 적극적으로 참여하도록 한다. ◗ 음악에 따라 동작을 하는 활동은 청각의 변별력과 민감성을 향상시키는 역할을 한다. ◗ 다른 사람에게 자신이 쓰고 있는 모자를 건네주는 활동은 두 사람 간의 신뢰를 강화하는 데 도움이 된다.

117. 양동이 댄스

활 동	양동이에 자기 물건 넣고 즉흥 춤추기					시 간		40~50분	

치료목적	인지	정서	신체	사회	언어	장 소	작은	중간	큰
		●		●	●			●	

치료목표	1. 양동이 주변에서 즉흥적으로 춤동작을 취할 수 있다. 2. 춤을 추면서 양동이에 자신의 물건을 집어넣고 꺼내기를 할 수 있다.

대상연령	유아	아동	청소년	성인	집단규모	개별	2인 1조	3팀	4팀	무제한
	●	●	●							●

자 료	참여자들의 옷과 액세서리, 커다란 양동이, 담요	음 악	댄스가요나 경쾌한 동요

치료단계	활동순서 및 방법
Introduction (도입)	◐ Warm-up: 치료세션 초기에 브레인댄스로 내담자들의 몸의 긴장을 이완시킨다. ◐ 주제소개: 치료사는 내담자에게 오늘 활동의 주제와 방법을 간단히 소개한다.

Exploration
(탐색)
⬇
Learning
(학습·치료)
	◐ 실제 활동순서와 방법
	1. 활동실 중앙에 '양동이'를 하나 놓고, 경쾌한 음악을 틀어 준다.
	2. 치료사는 참여자들이 가지고 온 코트나 모자 등 겉옷들을 입으라고 지시한다.
	3. 간단한 warm-up이 끝나면, 방 주변을 돌면서 춤을 추도록 요청한다.
	4. 참여자들이 양동이 주변을 지나갈 때, 자신이 걸치고 있던 겉옷 한 가지를 그 속에 넣는다
	   (예: 잠바, 손수건, 넥타이, 스카프, 장갑 외 겉옷).
	5. 양동이가 꽉 차게 되면, 담요로 양동이 윗면을 덮는다.
	6. 치료사는 참여한 사람들에게 다시 한 번 양동이 주변을 돌면서 춤을 추도록 유도한다. 그런
	   다음 양동이 속으로 손을 넣어 물건 한 가지를 꺼내도록 지시한다. 이때 기억해야 할 것은
	   옷을 꺼낼 때도 춤동작은 계속되어야 한다는 점이다.
	7. 그 물건을 꺼낸 사람과 물건의 원래 주인이 한 파트너가 되어 춤을 춘다.
	8. 몇 분 동안 두 사람이 짝이 되어 춤을 추고 나서, 계속 짝이 되어 춤을 출 것인지 아니면
	   양동이 안에서 다른 옷을 꺼내어 새로운 파트너를 만날 것인지를 결정한다.

Processing (정리)	◐ 의견나누기: 오늘 했던 활동이나 동작들 중에 의미 깊었던 점을 함께 나눈다. ◐ 반복: 주요 활동이 모두 끝나면, 오늘 했던 동작들을 다시 한번 반복하도록 한다. ◐ 정리: 세션을 끝맺기 위해 정리 스트레칭을 한다.

응용활동 및 치료적 의의 No.117

활동유의점	◑ 음악의 리듬이나 멜로디, 비트에 따라 동작을 취할 수 있도록 활동 초기에 음악과 동작을 일치시키는 연습을 충분히 한 다음 본격적인 활동으로 들어가는 것도 좋다. ◑ 이 활동은 참여자들끼리 처음 만나서 서로를 소개하는 활동으로 사회성 향상에도 매우 효과적이다. ◑ 양동이에 자신의 소지품이나 옷을 넣다보면 분실 위험이 있기 때문에 유의한다. 양동이 속에 옷을 넣는 것도 좋고, 다른 작은 소지품을 넣는 것도 괜찮다. 예컨대, 핸드폰이나 손수건, 필통 등이다.

응용활동 및 보조자료	◑ 양동이를 대신해서 종이박스를 준비해도 무방하다. 종이박스는 양동이에 비해 쉽게 구할 수 있기 때문이다. 또한 위에 덮는 담요도 다른 어두운 색 계통의 천으로 덮으면 좋다. 

치료적의의	◑ 자신의 소지품을 넣고 빼는 활동은 이 활동에 대한 강한 친밀감과 소속감을 가지고 참여하도록 해 준다. ◑ 여러 가지 감정을 동작으로 표현하는 활동은 내담자의 내면의 정서를 외부로 표출할 수 있는 기회를 제공해 준다. ◑ 소품 이용 댄스 활동은 참가자들에게 흥미를 유발시켜 활동에 적극적으로 참여하도록 한다.

118. 백화점

활 동	시장에서 쇼핑하면서 춤추기					시 간		40~50분	
치료목적	인지	정서	신체	사회	언어	장 소	작은	중간	큰
		●		●				●	

| 치료목표 | 1. 쇼핑하는 거리에서 즉흥적으로 물건을 고르고 사는 동작을 취할 수 있다.
2. 치료사의 언어적 지시에 따라 방을 가로지르며 빠르게 걸을 수 있다. |

대상연령	유아	아동	청소년	성인	집단규모	개별	2인 1조	3팀	4팀	무제한
		●	●				●			

| 자 료 | 쇼핑백 여러 개 | 음 악 | 느린 음악부터 빠른 음악 여러 곡 |

치료단계	활동순서 및 방법
Introduction (도입)	◗ Warm-up: 치료세션 초기에 브레인댄스로 내담자들의 몸의 긴장을 이완시킨다. ◗ 주제소개: 치료사는 내담자에게 오늘 활동의 주제와 방법을 간단히 소개한다.
Exploration (탐색) ⇩ Learning (학습 · 치료)	◗ 실제 활동순서와 방법 1. 치료사는 활동실 안에서 참여자들이 각자 적당한 장소를 찾아 넓게 서도록 지시한다. 2. 치료사는 이들에게 '혼잡한 시장' 속에 있다고 상상하도록 한다. 3. 치료사가 신호를 주면, 모든 사람들이 한쪽에서 다른 쪽으로 움직이라고 한다. 지나갈 때 옆에 사람이 있으면 더욱 빠르게 지나쳐 가도록 지시한다. 4. 이번에는 서로서로 교차하면서 지나가되, 서로 높거나 낮은 자세로 지나간다. 이때, 신발 속에 돌멩이가 들어 있는 것처럼 천천히 힘겹게 걸어간다. 5. 참여한 사람들 각자에게 쇼핑백을 나눠 주고, 모든 것을 살 수 있는 쇼핑거리를 지나다니듯이 춤을 추게 한다. 이때, 빠르고 분주하게 움직이도록 지시한다. 6. 마치 물건을 사듯 가게를 들어갔다 나오기를 반복한다. 7. 이곳저곳에서 물건을 많이 사게 되면 쇼핑백이 무거워지기 때문에 점점 더 느리게 춤을 추며 움직인다. 심지어 쇼핑백을 바닥에 질질 끌면서 다닐 정도까지 지속한다.
Processing (정리)	◗ 의견나누기: 오늘 했던 활동이나 동작들 중에 의미 깊었던 점을 함께 나눈다. ◗ 반복: 주요 활동이 모두 끝나면, 오늘 했던 동작들을 다시 한번 반복하도록 한다. ◗ 정리: 세션을 끝맺기 위해 정리 스트레칭을 한다.

응용활동 및 치료적 의의 No.118

활동유의점

● 실감 나게 혼잡한 시장을 표현하는 것이 치료 초기단계에서 중요하다. 참가자로 하여금 활동에 보다 심취해서 참여할 수 있도록 시장의 분위기를 최대한 살린다. 이를 위해 시장소리를 미리 녹음하여 들려줄 수 있다. 또는 참가자들과 함께 시장의 풍경에 대해 여러 가지 의견을 나누는 것도 관심을 불러일으키는 데 도움이 된다.

● 치료사가 동화책을 손에 들고 참가자들에게 읽어 주는 것도 좋다. 적당한 배경음악을 틀어 놓고 동화책을 읽으면 더욱 효과적이다.

응용활동 및 보조자료

● 장소와 소재를 바꿔서 활동하는 것도 좋다. 예를 들어, 혼잡한 시장의 풍경을 동작으로 표현하는 것 이외에도 저녁식사장면, 무도회장면, 버스를 타고 내리는 장면 등 다양한 일상생활 장면들을 소재로 삼을 수 있을 것이다. 때때로 참가자들과 함께 적당한 동작의 소재가 되는 장면들을 정하는 것도 좋다.

● 본 활동을 모두 끝낸 다음, 다시 바쁜 거리를 연출하도록 지시한다. 그러나 이번에는 2명씩 짝을 지어서 한 개의 쇼핑백에 쇼핑을 하는 장면을 만들어 보라고 요청한다. 때때로 두 사람은 원하는 물건이 같을 수도 있을 것이다. 그들은 자세를 높게 혹은 낮게 유지하면서 허리를 앞으로 굽히기도 하고, 팔과 발을 쭉 펴도 닿을 수 없는 물건을 묘사하는 행동을 할 수도 있다. 그렇게 서로 떨어져 있다가 주변의 다른 친구를 만나 다시 둘이서 쇼핑을 하는 장면을 연출하게 할 수 있다.

● 치료사는 미리 복잡한 시장에서 물건 사고파는 소리를 녹음하면 좋다. 준비한 혼잡한 거리의 소리를 담은 녹음자료를 틀어 준다. 참여자들을 2명씩 짝을 지워 거리에서 서로 우연히 만나서 쇼핑을 함께하는 장면을 춤으로 표현하도록 한다. 이때 이들이 어떻게 만나서 인사하고, 쇼핑백을 어떻게 채워 가는지의 과정을 동작으로 표현하도록 한다.

치료적의의

● 일상생활에서 쉽게 접하는 상황을 소재로 하는 동작표현활동은 참가자들에게 흥미와 친밀감을 준다.

● 시장거리를 즉흥적인 동작으로 표현하는 활동은 창의력과 자기 표현력을 향상시키는 데 도움을 준다.

119. 바다 속 용궁

활 동	용궁 속 물고기의 동작표현					시 간		40~50분		
치료목적	인지	정서	신체	사회	언어	장 소	작은	중간	큰	
	●	●						●		
치료목표	1. '바다 속 용궁' 이야기를 동작으로 표현할 수 있다. 2. 바다 속 다양한 물고기의 특성을 동작으로 표현할 수 있다.									
대상연령	유아	아동	청소년	성인	집단규모	개별	2인 1조	3팀	4팀	무제한
	●	●						●		
자 료	동화책					음 악	리듬감 있는 전자음악			

치료단계	활동순서 및 방법
Introduction (도입)	◑ Warm-up: 치료세션 초기에 브레인댄스로 내담자들의 몸의 긴장을 이완시킨다. ◑ 주제소개: 치료사는 내담자에게 오늘 활동의 주제와 방법을 간단히 소개한다.
Exploration (탐색) ⇩ Learning (학습·치료)	◑ 실제 활동순서와 방법 1. 치료사는 활동에 참여한 사람들에게 '바다 속 용궁'에 관한 이야기를 하나 읽어 준다. 2. 이 이야기 속에 나오는 캐릭터를 한 사람씩 역할을 정해 준다. 3. 참여자들에게 다음 장면을 동작으로 표현해 보도록 제안한다. 이른 아침에 바다 속 용궁의 물고기들이 잠에서 깨어났습니다. 서로를 보면서 반갑게 인사합니다. 그들은 길게 줄을 지어 마주 서서 마룻바닥을 닦고, 코와 손, 발, 등을 닦았습니다. 아침을 먹고 나서 그들은 용궁 집을 청소했습니다. 그러나 오늘은 빗자루나 다른 청소도구들을 찾을 수가 없었습니다. 물고기들은 자신들의 지느러미를 이용해서 청소를 하기로 결정했습니다. 먼저 그들은 마룻바닥을 이리저리 가로지르며 큰 동작으로 닦았고, 팔로는 벽을 닦고, 발로는 스케이트를 타기도 했습니다. 또 그들은 등과 배를 바닥에 문지르며 구르기도 했습니다. 이제, 집이 너무 깨끗해서 물고기들이 앞, 뒤, 옆으로 미끄러지면서 움직입니다.
Processing (정리)	◑ 의견나누기: 오늘 했던 활동이나 동작들 중에 의미 깊었던 점을 함께 나눈다. ◑ 반복: 주요 활동이 모두 끝나면, 오늘 했던 동작들을 다시 한번 반복하도록 한다. ◑ 정리: 세션을 끝맺기 위해 정리 스트레칭을 한다.

응용활동 및 치료적 의의 No.119

응용활동 및 보조자료

◐ 본 활동과 함께 다음 이야기를 더 첨가할 수도 있다.

> 바다 속 물고기들이 자신들의 집으로 돌아와서, 나무 위를 오르내리면서 이쪽저쪽으로 돌아
> 다녔습니다.

이때, 참여자들의 **50%**는 물고기 역할을 맡고, 나머지는 나무와 가지 역할을 맡게 한다. 누워있는 나뭇가지도 있고, 서 있는 나뭇가지도 있다. 또 매달려 있는 나뭇가지도 만든다. 물고기 역할을 맡은 사람들은 나뭇가지를 건드리지 말고 이리저리 춤을 추면서 다닌다. 그런 다음, 서로 역할을 바꿔서 다시 춤 활동을 실시한다. 용왕님이나 시녀들도 역할을 만들어 동작으로 표현하게 하면 좋다.

◐ 4명씩 한 조를 만든다. 활동실 주변에 서서 참여자들이 움직이도록 지시한다. 조원 중 3명은 나뭇가지 역할을 맡고, 나머지 1명은 춤추는 역할을 맡게 한다.

◐ 마지막으로 한 조가 준비한 동작을 다른 조들 앞에서 공연하도록 기회를 준다.

치료적의의

◐ 여러 가지 역할을 맡아 행동하는 활동은 자기를 간접적으로 표현하는 기회를 제공해 준다.

◐ 바닷속 풍경을 동작으로 표현하는 활동은 바닷속에 대한 흥미와 관심을 유발시키는 데 도움을 준다.

◐ 이야기를 활용한 동작활동은 참가자들로 하여금 흥미를 유발시켜 활동에 적극적으로 참여하도록 독려한다.

120. 신문댄스

활 동	신문지를 찢으면서 동작표현하기					시 간		40~50분	
치료목적	인지	정서	신체	사회	언어	**장 소**	작은	중간	큰
	●	●						●	
치료목표	1. 신문지를 찢으면서 활동실을 이리저리 돌아다닐 수 있다. 2. 음악의 다양한 특징(리듬, 멜로디 등)에 따라 몸을 움직일 수 있다.								
대상연령	유아	아동	청소년	성인	**집단 규모**	개별	2인 1조	3팀	4팀	무제한
	●	●					●			
자 료	신문, 타악기 대용물			**음 악**	글래식 교향악				

치료단계	활동순서 및 방법
Introduction (도입)	◐ **Warm-up**: 치료세션 초기에 브레인댄스로 내담자들의 몸의 긴장을 이완시킨다. ◐ 주제소개: 치료사는 내담자에게 오늘 활동의 주제와 방법을 간단히 소개한다.
Exploration (탐색) ⬇ **Learning** (학습·치료)	◐ 실제 활동순서와 방법 1. 치료사는 신문지 한 장을 들고 다음의 짧은 이야기를 들려준다. 학교 가는 첫날이었어요. 영진이는 마음이 무척 설레었습니다. 준비물로 공책을 가져가야 했는데, 다른 아이들은 모두 가지고 왔는데 영진이만 공책을 집에 놔두고 왔어요. 그는 선생님께 허락을 받고 공책을 가지러 갔습니다. 그러나 그가 공책을 가지고 오다가 그만 찢어지고 말았어요. 2. 치료사는 참여자들에게 신문지와 소리 나는 소품들을 나누어 준다. 3. 참여자들은 신문 여러 장을 찢으면서 방 주변을 이리저리 돌아다닌다. 이때, 참여자들을 두 집단으로 나누어서, 한 집단은 빠르게 움직이며 방을 돌아다니고, 다른 집단은 느리게 돌아다닌다. 4. 그런 다음 이야기 속에 나오는 '동작'을 나타내는 단어에 집중해 보라고 설명한다(예: 설레다, 가져가다, 허락을 받다, 종이를 찢다 등). 단어의 내용을 표현하면서 동작을 취하거나 악기를 연주해 보라고 지시한다. 5. 치료사가 '멈춤'라고 크게 외치면, 한 장소에서 움직이지 않고 마네킹처럼 멈추고 서 있는다.
Processing (정리)	◐ 의견나누기: 오늘 했던 활동이나 동작들 중에 의미 깊었던 점을 함께 나눈다. ◐ 반복: 주요 활동이 모두 끝나면, 오늘 했던 동작들을 다시 한번 반복하도록 한다. ◐ 정리: 세션을 끝맺기 위해 정리 스트레칭을 한다.

응용활동 및 치료적 의의 No.120

활동유의점	◐ 활동을 시작하기 전에 미리 신문지를 길게 여러 장을 찢어 놓으면 좋다. 찢어 놓은 신문지 조각을 양면테이프로 여러 장 붙인다. 또한 활동 초반부에 쓸 수 있도록 찢지 않은 신문지 한 장은 남겨 놓는다. ◐ 음악을 배경으로 해서 음악을 틀면 동작을 시작하고, 음악이 멈추면 동작도 멈추기를 여러 번 반복해도 좋다. ◐ 다이내믹한 음악을 준비해서 음악의 멜로디나 속도, 리듬에 따라 몸을 움직이도록 하고, 음악의 특정부분에서 준비된 신문지나 악기를 연주하도록 한다.
응용활동 및 보조자료	◐ 다음 이야기를 계속 이어 갈 수도 있다. 케이샤는 우연히 책을 찢게 되었지만 계속해서 그 책을 찢게 되었습니다. 어떤 종이조각은 똑바로 찢어지기도 했지만, 다른 조각들은 울퉁불퉁하게 찢어졌습니다. → 이때, 치료사는 신문지 찢은 조각들 중에서 긴 조각 몇 장을 바닥 위에다 내려놓는다. 그런 다음 음악을 틀면, 참여한 사람들은 바닥에 있는 종이조각들을 피하거나 뛰어 넘으면서 방 주변을 이리저리 춤을 추며 돌아다닌다. 마지막으로 참여한 모든 사람들은 널려져 있는 종이 위에 몸을 굴린다. ◐ 치료사는 참여자들에게 나일론 접착천(찍찍이)을 보여 주고, 두 장의 천이 어떻게 달라붙어 있는지 설명한다. 2명씩 짝을 지어 서도록 한 후, 서로 몸을 기대거나 붙인 상태(손잡기, 기대기 등)에서 방 안을 구르고, 자유롭게 춤을 추고, 다른 조의 사람들과 찰싹 달라붙도록 지시한다. ◐ 참여한 사람들에게 다음과 같은 질문을 한다. "어떤 방법으로 다른 사람들과 서로 몸을 접착할 수 있을까요?" 이때 참여자들이 자신들의 몸을 사용해서 아름답거나 혹은 이상한 형태를 자유롭게 만들어 보도록 격려한다. 또한 모든 사람들이 짝끼리 서로 엉겨 붙어서 만들어 내는 여러 인간조형물들을 서로서로 감상할 수 있도록 격려한다. ◐ 신문지를 사람들 몸에 감아서 춤을 추다가 저절로 찢어지고 떨어져 나가도록 할 수도 있다.

121. 내 인생 최고의 경험

활 동	인생 최고의 경험을 동작으로 표현					시 간		40~50분		
치료목적	인지	정서	신체	사회	언어	장 소	작은	중간	큰	
		●		●				●		

치료목표	1. 다른 사람이 표현한 동작을 보고서 주제를 예측할 수 있다. 2. '내 인생 최고의 경험'을 말없이 동작으로 표현할 수 있다.

대상연령	유아	아동	청소년	성인	집단규모	개별	2인 1조	3팀	4팀	무제한
		●	●							●

음 악	팬터마임에 사용되는 우스꽝스러운 음악(또는 경쾌한 느낌의 클래식 기악음악)

치료단계	활동순서 및 방법
Introduction (도입)	◐ Warm-up: 치료세션 초기에 브레인댄스로 내담자들의 몸의 긴장을 이완시킨다. ◐ 주제소개 : 치료사는 내담자에게 오늘 활동의 주제와 방법을 간단히 소개한다.
Exploration (탐색) ⇩ Learning (학습·치료)	◐ 실제 활동순서와 방법 1. 본 활동은 참여자들이 다른 댄스 활동에 어느 정도 익숙해진 후에 실시하는 것이 좋다. 이 활동을 하기 위해서는 참여자들이 독립적으로 활동할 수 있을 정도의 연령이어야만 하고, 춤을 출 때는 속도나 강약, 활동범위를 다양하게 변화시킬 필요가 있다(대상: 초등학교 고학년 이상 연령). 2. 치료사는 참여한 사람들과 함께 숫자를 10부터 거꾸로 세어 본다(이것은 흥미를 유발시키고 활동에 역동적으로 참여하도록 한다). 그런 다음 음악을 틀어 준다. 3. 첫 번째 참여자에게 '내 인생 최고의 경험'이라는 주제(예: 시험에서 백점 맞았을 때, 결혼식, 대학합격 등)를 가지고 춤을 춰 보도록 요청한다. 4. 두 번째 참여자는 첫 참여자의 춤을 30초 동안 지켜보도록 한 다음, 그 춤의 주제를 알아차리게 되면 '정지'라고 외친다. 5. 만약 첫 참여자의 춤을 보고 그 주제(제목)를 맞히면 동작을 멈추고, 이번에는 두 번째 참여자가 특정 주제를 생각한 뒤 동작으로 표현한다. 6. 세 번째 참여자가 그 춤을 보고 동작의 주제를 맞춘다. 이와 같은 방법으로 모든 참여자들이 춤을 출 기회를 준다.
Processing (정리)	◐ 의견나누기: 오늘 했던 활동이나 동작들 중에 의미 깊었던 점을 함께 나눈다. ◐ 반복: 주요 활동이 모두 끝나면, 오늘 했던 동작들을 다시 한번 반복하도록 한다. ◐ 정리: 세션을 끝맺기 위해 정리 스트레칭을 한다.

응용활동 및 치료적 의의 No.121

활동유의점	◑ 활동 초기에는 치료사가 한 가지 주제를 주는 것이 좋다. 모든 참가자들에게 한 가지의 특정 주제를 줌으로써 함께 그 주제에 대해 의논해 보는 것도 활동을 더욱 재미있게 하는 데 도움이 된다. 그런 다음 돌아가면서 개별적으로 동작 표현하도록 한다. ◑ 한 사람이 특정한 주제를 가지고 춤을 추면 옆 사람이 동작만 보고서 그 주제를 맞히는 게임 같은 활동이다. 춤의 주제는 예컨대, 시험을 못 봐서 혼나는 장면, 학교에 가는 장면, 바닷가에 놀러간 장면 등이 있을 수 있다.
응용활동 및 보조자료	◑ 첫 번째 참여자가 춤을 출 때, 두 번째 참여자가 그 춤에 동참해서 들어가도록 할 수도 있다. 두 사람은 짝이 되어 즉흥적으로 합동춤을 춘다. 이런 방법으로 한 사람씩 그 춤에 끼어들도록 하여 전체 그룹의 반이 모두 함께 춤을 출 때까지 계속한다. 이때 나머지 절반의 참여자들은 관람자 역할을 한다. ◑ 응용활동으로서, 독특한 주제를 제시하는 것이 좋다. 동작으로 표현하는 주제를 정반대로 제시해도 재미있다. 예컨대, 내 인생 최악의 경험, 가장 난처했던 경험, 가장 슬펐던 날 등이다. ◑ 여러 사람이 한 조가 되어 특정한 주제를 협동하여 표현하는 것도 도움이 된다. 참여자들은 일반적으로 함께 활동하는 것을 재미있게 생각한다. <div style="text-align:center">**10 9 8 7 6 5 4 3 2 1**</div>
치료적의의	◑ 자신의 인생에서 최고의 경험을 소재로 한 활동은 참여자로 하여금 자아존중감을 향상시키고 성공적인 경험을 회상하는 기회를 제공한다. ◑ 타인의 몸동작을 보고 주제를 맞히는 활동은 상상력과 인지능력을 향상시켜 준다. ◑ 마음속으로 주제를 정하고 행동으로 옮기는 작업은 창의력 향상과 깊은 관련이 있다.

122. 그림동작표현

활 동	그림을 동작으로 표현하는 활동					시 간	40~50분		
치료목적	인지	정서	신체	사회	언어	장 소	작은	중간	큰
	●	●						●	
치료목표	1. 배경음악에 맞춰 치료사가 제시한 그림을 창의적인 동작으로 표현할 수 있다. 2. 순서가 있는 동작들을 거꾸로 마지막부터 처음까지 되돌려 춤출 수 있다.								
대상연령	유아	아동	청소년	성인	집단규모	개별	2인 1조	3팀	4팀	무제한
	●	●								●
자 료	카세트레코더				음 악	영화음악			

치료단계	활동순서 및 방법
Introduction (도입)	◑ Warm-up: 치료세션 초기에 브레인댄스로 내담자들의 몸의 긴장을 이완시킨다. ◑ 주제소개: 치료사는 내담자에게 오늘 활동의 주제와 방법을 간단히 소개한다.

Exploration
(탐색)
⇩
Learning
(학습·치료)
	◑ 실제 활동순서와 방법
	1. 참여자들을 4~5명씩 소그룹으로 나누고, 치료사는 오늘 짧은 이야기가 담겨 있는 동작들을 몇 가지 만들어 볼 것이라고 설명한다.
	2. 치료사는 '도입, 전개, 결말'이 있는 그림들을 참여자들에게 보여 준다.
	   ① 도입: 3~5개 그림, ② 전개: 6~8개의 이미지, ③ 결말: 3~5개 그림
	   이러한 이미지들을 춤으로 표현해 보도록 한다.
	3. 이미지들을 동작으로 어떻게 바꿀지 생각할 수 있도록 음악을 틀고 그에 맞추어 움직임을 구상할 수 있는 충분한 시간을 준다.
	4. 이번에는, 음악을 거꾸로 재생 시키고 사람들이 지금까지 구성했던 춤을 마지막 부분에서 처음부분까지 거꾸로 되돌려서 움직여 보도록 한다.
	5. 한 그룹이 다른 그룹 앞에서 이와 같은 춤 공연을 보여 준다.
	6. 만약, 만들었던 춤동작 전체를 거꾸로 움직이는 것이 너무 어렵다면, 한 그룹을 다시 몇 조로 나누어서 각 그룹으로 전체 동작의 일부분을 분담을 시킬 수도 있다. 어떤 동화나 이야기의 특정 이미지들을 움직임으로 만들고 그것을 다시 거꾸로 되돌려보는 이 활동이다. 주의할 점은 전체동작을 도입, 전개, 결말이라는 체계적 과정 속에서 진행될 때 참여자들이 좀 더 쉽게 거꾸로 동작을 되짚어 갈 수 있을 것이다.

Processing (정리)	◑ 의견나누기: 오늘 했던 활동이나 동작들 중에 의미 깊었던 점을 함께 나눈다. ◑ 반복: 주요 활동이 모두 끝나면, 오늘 했던 동작들을 다시 한번 반복하도록 한다. ◑ 정리: 세션을 끝맺기 위해 정리 스트레칭을 한다.

123. 펄펄 눈이 옵니다

활 동	눈 오는 날 상상하여 동작표현					시 간		40~50분		
치료목적	인지	정서	신체	사회	언어	장 소	작은	중간		큰
	●	●						●		
치료목표	1. 눈이 오는 날을 상상해서 움직임으로 표현한다. 2. 눈이 와서 있었던 일들을 말해 본다.									
대상연령	유아	아동	청소년	성인	집단규모	개별	2인 1조	3팀	4팀	무제한
		●	●							●
자 료	신문지, 상자(꾸밀 재료 등)				음 악	크리스마스 음악				

치료단계	활동순서 및 방법
Introduction (도입)	◑ Warm-up: 치료세션 초기에 브레인댄스로 내담자들의 몸의 긴장을 이완시킨다. ◑ 주제소개: 치료사는 내담자에게 오늘 활동의 주제와 방법을 간단히 소개한다.
Exploration (탐색) ⇩ Learning (학습·치료 및 응용)	◑ 실제 활동순서와 방법 1. 치료사는 2명이 짝을 짓도록 하고 한 사람은 눈사람이 되고 다른 사람은 만드는 사람이 되 어 서로가 눈사람이 되어 본다. 2. 눈이 오는 상상을 해보면서 그때에 있었던 일들을 말해 본다. 3. 참가자들은 오늘 활동주제에 맞는 특정한 동작개념을 탐구해 본다. - 눈 오는 날 기분이 어떠한 기억이 있는지(나쁜 기억, 좋은 기억 등) 4. 치료사는 참가자들에게 다음의 움직임(동작)을 경험하도록 기회를 준다. - 신문지를 활용해 눈싸움을 해 보자. - 던지기, 받기, 도망가기, 달리기, 걷기 5. 아래 4단계에 맞추어 다양한 동작을 개인 혹은 그룹으로 구성해 보도록 한다. ① 주제를 정한다. ② 팀별 이야기 다양한 동작을 개인 혹은 그룹으로 구성해 본다. ③ 움직임 다양한 동작을 개인 혹은 그룹으로 구성해 본다. ④ 준비한 내용을 다른 사람들 앞에서 발표한다.
Processing (정리)	◑ 의견나누기: 오늘 했던 활동이나 동작들 중에 의미 깊었던 점을 함께 나눈다. ◑ 반복: 주요 활동이 모두 끝나면, 오늘 했던 동작들을 다시 한번 반복하도록 한다. ◑ 정리: 세션을 끝맺기 위해 정리 스트레칭을 한다.

124. 벽면 그림그리기

활 동	벽면에 붙어 있는 종이 위에 그림그리기					시 간		40~50분	
치료목적	인지	정서	신체	사회	언어	장 소	작은	중간	큰
		●		●				●	
치료목표	1. 배경음악에 맞추어 손가락으로 허공에 그림을 그릴 수 있다. 2. 그림붓을 가지고 벽에 있는 종이 위에 그림을 그릴 수 있다.								
대상연령	유아	아동	청소년	성인	집단규모	개별	2인 1조	3팀	4팀	무제한
		●	●							●
자 료	물감, 전지 여러 장, 붓					음 악	빠르고 리드미컬한 음악		

치료단계	활동순서 및 방법
Introduction (도입)	◑ Warm-up: 치료세션 초기에 브레인댄스로 내담자들의 몸의 긴장을 이완시킨다. ◑ 주제소개: 치료사는 내담자에게 오늘 활동의 주제와 방법을 간단히 소개한다.
Exploration (탐색) ⇩ **Learning** (학습·치료)	◑ 실제 활동순서와 방법 1. 치료사는 참여자들에게 적당한 공간을 두고 서도록 한다. 2. 치료사는 마치 그림붓을 들고 있는 시늉을 해 보인다. 음악이 나오면 치료사가 허공에 그림을 그리는 동작을 취해 보인다. 3. 이번에는 치료사의 신호에 따라 참가자들이 허공에 그림을 그려 본다. 4. <u>치료사가 '하나, 둘, 셋' 신호를 주면, 참여자 전원은 허공에다 손으로 그림을 그려 본다.</u> 5. 치료사는 아무렇게나 그려도, 공간을 이탈해도 상관없다고 설명해 준다. 6. 치료사는 경쾌한 음악을 들려준다. 7. 이번에는 음악에 맞추어 허공에 그림을 그리도록 하되, 이전보다는 훨씬 크게 그림을 그려 보라고 지시한다. 훨씬 거대한 그림을 손으로 그려 본다. 8. <u>치료사는 참여자들이 상상한 것을 실제로 넓은 붓을 가지고 벽면 전체에 그림을 그려 보도록 한다</u>(실제 붓과 물감 준비). 9. 벽에 그린 그림들을 보면서 동작으로 표현해 본다. 10. 치료사는 참가자들을 둘씩 짝지어서 서로 협동해서 그림을 완성해 보도록 할 수도 있다.
Processing (정리)	◑ 의견나누기: 오늘 했던 활동이나 동작들 중에 의미 깊었던 점을 함께 나눈다. ◑ 반복: 주요 활동이 모두 끝나면, 오늘 했던 동작들을 다시 한번 반복하도록 한다. ◑ 정리: 세션을 끝맺기 위해 정리 스트레칭을 한다.

125. 임금님과 신하

활 동	다양한 성격의 왕을 동작으로 묘사하기					시 간		40~50분		
치료목적	인지	정서	신체	사회	언어	장 소	작은	중간		큰
		●		●						●
치료목표	1. 왕과 신하의 특징을 살려 움직임을 취할 수 있다. 2. 친절한 왕, 무서운 왕 등 다양한 왕의 성격을 동작으로 묘사할 수 있다.									
대상연령	유아	아동	청소년	성인	집단규모	개별	2인 1조	3팀	4팀	무제한
	●	●					●			
자 료	카세트녹음기				음 악	없음.				

치료단계	활동순서 및 방법
Introduction (도입)	◖ **Warm-up:** 치료세션 초기에 브레인댄스로 내담자들의 몸의 긴장을 이완시킨다. ◖ **주제소개:** 치료사는 내담자에게 오늘 활동의 주제와 방법을 간단히 소개한다.
Exploration (탐색) ⇩ Learning (학습·치료)	◖ **실제 활동순서와 방법** 1. 치료사는 참여자들을 각자가 원하는 장소에 서서 천천히 스트레칭을 한다. 　－몸을 펴기도 하고 굽이기도 하되, 앞, 뒤, 옆, 바닥 등등 　－모든 방향으로 스트레칭을 한다. 2. 이번에는 할 수 있는 한 최대로 손을 위로 쭉 뻗어 몸을 크게 늘려 본다. 3. 숨을 다시 들이마실 때까지 최대한 길게 숨을 내쉬도록 요청한다. 　－그런 다음 숨을 마시고 다음 동작을 만들어 본다. 4. 몇 분이 지난 후, 방 주변을 몸을 굽혔다 폈다 하면서 움직이도록 지시한다. 5. 이때 몸을 펼 때는 '왕'처럼 위엄 있게 하고, 몸을 굽힐 때는 '신하'처럼 겸손하게 한다. 　－음악에 맞추어 움직이도록 한다. 6. 이제, 모든 참여자들에게 '임금님'이 될 기회를 준다. 　－한 사람이 왕 역할을 하면, 다른 사람들은 자동적으로 신하가 되어 그의 주변에서 춤을 춘다.
Processing (정리)	◖ **의견나누기:** 오늘 했던 활동이나 동작들 중에 의미 깊었던 점을 함께 나눈다. ◖ **반복:** 주요 활동이 모두 끝나면, 오늘 했던 동작들을 다시 한번 반복하도록 한다. ◖ **정리:** 세션을 끝맺기 위해 정리 스트레칭을 한다.

응용활동 및 치료적 의의 No.125

활동유의점	◐ 치료사는 참여자들이 좀 더 자유롭게 움직임을 할 수 있도록 공간을 배려해 준다. ◐ 역할을 정하고 맡길 때는 항상 신중해야 한다. 가장 중요한 것은 골고루 역할이 분배되느냐 하는 것이다. 만약 한 사람이라도 역할을 배정 못 받는다든지, 한 사람에게만 주요 역할(주인공)이 주어지지 않도록 해야 한다.

응용활동 및 보조자료	◐ 치료사는 다음과 같은 왕의 성향을 예로 들어 준다. 명랑한 왕, 무서운 왕, 슬픔에 잠긴 왕, 영리한 왕, 미련한 왕, 친절한 왕 등 ◐ 기억할 점은 모든 사람들이 왕의 역할을 할 수 있도록 골고루 기회를 주어져야 한다는 점이다. ◐ 치료사는 참가자들에게 다양한 동작을 개인 혹은 그룹으로 구성해 보도록 지시한다. ─ 왕관을 만들어 보자(이야기 책: 예─왕자와 거지 등 이야기 꾸미기). ① 그룹으로 주제를 정한다. ② 주제에 적합한 움직임 다양한 동작을 개인 혹은 그룹으로 구성해 본다. ③ 반복 연습해 그룹으로 발표한다. ─ 그룹으로 발표하는 것을 관찰한다. ─ 어떤 주제를 표현했는지 맞혀 본다. ─ 관찰한 동작의 표현이 적절했는지 알아본다. 

치료적의의	◐ 각자의 역할을 배정받아 이야기를 꾸미는 활동은 자기역할인식과 타인인식능력을 향상시키는 데 도움을 준다. ◐ 연극으로 한 활동은 행복한 추억을 연상시키는 데 도움을 준다.

126. 업어 주기

활 동	다른 파트너를 등에 업어 주기					시 간		40~50분		
치료목적	인지	정서	신체	사회	언어	장 소	작은	중간		큰
		●		●				●		
치료목표	두 사람이 한 조가 되어 다른 파트너를 등에 업을 수 있다.									
대상연령	유아	아동	청소년	성인	집단규모		개별	2인 1조	3팀	4팀	무제한
		●	●					●			
자 료	없음.					음 악	없음.			

치료단계	활동순서 및 방법
Introduction (도입)	◐ Warm-up: 치료세션 초기에 브레인댄스로 내담자들의 몸의 긴장을 이완시킨다. ◐ 주제소개: 치료사는 내담자에게 오늘 활동의 주제와 방법을 간단히 소개한다.
Exploration (탐색) ⬇ Learning (학습 · 치료)	◐ 실제 활동순서와 방법 1. 참여자들을 둘씩 짝을 짓도록 하고 활동실의 한 공간을 정해 서도록 한다. 2. 그중 한 사람이 무릎을 굽히고 업는 자세를 한다. 다른 파트너가 그 사람의 등에 살짝 올라 탄다. 3. 업힌 사람은 움직이거나 업고 있는 자신의 파트너를 억지로 움직이게 해서는 안 된다. 4. 마치 밀가루 포대를 짊어진 것처럼, 파트너를 업은 채로 방을 한 바퀴 돈다(혹시 척추가 좋지 않거나 무릎 관절이 약한 사람일 경우에는 이 활동을 하지 않는 것이 좋다). 그런 다음, 역할을 바꾸어 위의 활동을 반복한다. 5. 이번에는 세 그룹으로 나누어 보도록 한다. 그중 두 사람이 나머지 파트너를 등에 업도록 한다. 6. 아래에서 업고 있는 두 사람은 간격이 너무 넓지 않도록 해야 한다. 7. 업힌 사람은 먼저 정면으로 앞을 보면서 등에 업힌다. 그런 다음 등과 등을 대고서 업힌다. 위험할 수 있기 때문에 업는 사람들은 동시에 움직이고 정지해야 한다. 그리고 매우 천천히 조심스럽게 움직이도록 주의하라!
Processing (정리)	◐ 의견나누기: 오늘 했던 활동이나 동작들 중에 의미 깊었던 점을 함께 나눈다. ◐ 반복: 주요 활동이 모두 끝나면, 오늘 했던 동작들을 다시 한번 반복하도록 한다. ◐ 정리: 세션을 끝맺기 위해 정리 스트레칭을 한다.

127. 인생역전

활 동	만나는 장애물을 동작으로 표현하기					시 간		40~50분	
치료목적	인지	정서	신체	사회	언어	장 소	작은	중간	큰
		●			●			●	
치료목표	다양하게 배치된 가구들 사이를 춤을 추면서 지나갈 수 있다.								
대상연령	유아	아동	청소년	성인	집단규모	개별	2인 1조	3팀	4팀	무제한
	●	●								●
자 료	의자, 크고 작은 탁자				음 악	속도 변화가 있는 음악			

치료단계	활동순서 및 방법
Introduction (도입)	◗ Warm-up: 치료세션 초기에 브레인댄스로 내담자들의 몸의 긴장을 이완시킨다. ◗ 주제소개: 치료사는 내담자에게 오늘 활동의 주제와 방법을 간단히 소개한다.
Exploration (탐색) ⇩ Learning (학습·치료)	◗ 실제 활동순서와 방법 1. 이 활동의 제목은 "인생역전"이다. 2. <u>가구 여러 개를 방 주변에 이리저리 배치해 둔다. 예를 들면, 의자를 거꾸로 놓을 수도 있고, 탁자 여러 개를 모아서 쌓아 놓을 수도 있다. 또는 여러 가구들을 마치 지진이 난 것처럼 만들어 놓을 수 있다.</u> 3. <u>치료사는 음악을 틀어 주고 참여자들이 가구 주변에서 춤을 추도록 요청한다.</u> 4. 춤을 추면<u>서 의자나 탁자 위로 올라가거나 쿠션이나 베개를 찾아보거나, 방 주변에 있는 것들을 탐색해서 찾아보는 동작을 취하도록 할 수 있다.</u> 5. 치료사가 '동작 그만'이라고 외치면, 모든 참여자들이 자기 자리에서 멈추어 선다. 6. 이때 치료사는 참여자들 자신 바로 앞에 있는 물건을 동작으로 묘사하는 춤을 추도록 한다. 예를 들어, 의자를 발견했다면 의자의 형상대로 앉아 있는 자세를 취할 수도 있고, 탁자를 보았으면 탁자에서 밥을 먹는 시늉을 할 수도 있을 것이다.
Processing (정리)	◗ 의견나누기: 오늘 했던 활동이나 동작들 중에 의미 깊었던 점을 함께 나눈다. ◗ 반복: 주요 활동이 모두 끝나면, 오늘 했던 동작들을 다시 한번 반복하도록 한다. ◗ 정리: 세션을 끝맺기 위해 정리 스트레칭을 한다.

128. 연기댄스

활 동	인물의 성격을 동작으로 표현하기					시 간		40~50분		
치료목적	인지	정서	신체	사회	언어	장 소	작은	중간	큰	
		●						●		
치료목표	여러 가지 인물의 성격을 동작으로 표현할 수 있다.									
대상연령	유아	아동	청소년	성인	집단규모	개별	2인1조	3팀	4팀	무제한
		●	●				●			
자 료	없음.			음 악		없음.				

치료단계	활동순서 및 방법
Introduction (도입)	◗ **Warm-up:** 치료세션 초기에 브레인댄스로 내담자들의 몸의 긴장을 이완시킨다. ◗ 주제소개: 치료사는 내담자에게 오늘 활동의 주제와 방법을 간단히 소개한다.
Exploration (탐색) ⬇ Learning (학습·치료)	◗ 실제 활동순서와 방법 1. 치료사는 각자에게 자신이 춤으로 표현할 '특정한 인물' 하나를 선택하도록 한다. 　예) 심술쟁이, 낙천주의자, 게으름뱅이, 험상궂은 사람, 냉정한 사람 등 2. 치료사는 참여자들에게 각자가 선택한 역할을 어떻게 춤으로 표현할지 생각하도록 요청한다. 걷는 모습, 앉아 있는 모습, 무언가를 줍고, 뭔가를 떨어뜨리고, 사람을 만나고, 다양한 몸짓 등을 생각해 보도록 한다. 3. 치료사는 그 역할마다의 전형적인 움직임을 반복하도록 하거나 좀 더 과장시켜서 더 빨리 역할에 익숙해지도록 한다. 예컨대, 슬픈 사람을 연기한다면 더 슬픈 감정을 가질 수 있도록 흐느껴 우는 소리를 내도록 할 수 있을 것이다. 4. 각자 짝을 정하게 해서, 한 사람이 30초 동안 자신의 역할을 연기해 보인다. 여러 개의 동작을 자연스럽게 이어서 표현하되, 파트너가 조언해 주도록 한다. 5. 마지막으로 3명을 한 팀으로 해서 서로서로 자신의 역할을 표현하도록 한다. 정반대 성격의 인물을 표현해도 좋다. 이렇게 세 명의 인물을 동작으로 표현하되, 그들의 성격을 구체적으로 표현하도록 독려한다.
Processing (정리)	◗ 의견나누기: 오늘 했던 활동이나 동작들 중에 의미 깊었던 점을 함께 나눈다. ◗ 반복: 주요 활동이 모두 끝나면, 오늘 했던 동작들을 다시 한번 반복하도록 한다. ◗ 정리: 세션을 끝맺기 위해 정리 스트레칭을 한다.

129. 동화 속 주인공

활 동	이야기 속 주인공 표현하기					시 간		40~50분	
치료목적	인지	정서	신체	사회	언어	장 소	작은	중간	큰
	●	●		●				●	
치료목표	1. 이야기 속의 내용에 따라 동작을 만들어 발표할 수 있다. 2. 4명씩 조를 만들어 이야기 내용에 따라 동작을 꾸밀 수 있다.								
대상연령	유아	아동	청소년	성인	집단규모	개별	2인 1조	3팀	4팀	무제한
	●	●					●			
자 료	수많은 소리가 들어 있는 동화나 이야기, 가능하다면 치료사 자신의 이야기								

치료단계	활동순서 및 방법
Introduction (도입)	◐ Warm-up: 치료세션 초기에 브레인댄스로 내담자들의 몸의 긴장을 이완시킨다. ◐ 주제소개: 치료사는 내담자에게 오늘 활동의 주제와 방법을 간단히 소개한다.
Exploration (탐색) ⇩ Learning (학습·치료)	◐ 실제 활동순서와 방법 1. 치료사는 '이야기' 속에 소리와 동작이 들어 있는 문장을 한 문장씩 천천히 읽어 주면, 그에 맞추어 참여자들이 춤을 춘다. 2. 이 활동을 이해하기 위해 다음 이야기 내용을 예로 들 수 있다. 　· 거리에는 쥐 죽은 듯이 조용 했어요!(참여자 모두가 조용히 바닥에 눕는다) 　· 시계가 12시 종을 쳤어요!(참여자들이 시계 흉내를 낸다) 　· 갑자기 문이 열렸어요!(참여자들이 시끄러운 문을 활짝 여는 동작을 한다) 　· 힘이 쭉 빠진 아이들이 학교에서 나옵니다(참여한 몇몇 사람은 축 쳐진 모습으로 걸으면서 노래를 한다). 　· 경찰차 사이렌이 울렸어요(사이렌 소리를 흉내 내면서 이리저리 뛰어다닌다). 3. 4명을 한 그룹으로 구성한 다음, 몇 분 동안 한 이야기를 동작으로 꾸며 보도록 시간을 준 다음, 다른 그룹 앞에서 공연발표를 하는 기회를 가진다. 4. 본 활동에서 유의할 점을 요약하면 다음과 같다. 　① 낮은 연령의 어린이들과 함께 활동을 할 때는, 치료사가 직접 이야기를 만들어서 아이들에게 제시하는 것이 좋다. 　② 고학년 어린이들과 활동을 할 때는 그들이 직접 흥미로운 이야기를 꾸밀 수 있도록 도와준다(예: 8시 정각에 거리에서 생긴 일). 　③ 일반적으로 약 1~2분 정도 되는 이야기를 동작이나 춤으로 표현하게 된다. 치료사는 참여자들이 동작과 함께 자신의 목소리를 내도록 지시한다.

130. 탈춤놀이(덩따쿵따)

활 동	탈춤을 춰 보자.					시 간		40~50분	
치료목적	인지	정서	신체	사회	언어	장 소	작은	중간	큰
	●	●	●	●	●			●	

치료목표	1. 집단 춤을 통해 신뢰감을 형성한다. 2. 팀을 만들어 이야기 내용에 따라 동작을 꾸밀 수 있다. 3. 한국에 민속춤을 통해 한국의 정서를 알 수 있다.

대상연령	유아	아동	청소년	성인	집단규모	개별	2인 1조	3팀	4팀	무제한
	●	●					●			

자 료	신문지, 비닐, 색연필, 한삼, 색 천

치료단계	활동순서 및 방법
Introduction (도입)	◑ Warm-up: 치료세션 초기에 브레인댄스로 내담자들의 몸의 긴장을 이완시킨다. ◑ 주제소개: 치료사는 내담자에게 오늘 활동의 주제와 방법을 간단히 소개한다.
Exploration (탐색) ⬇ Learning (학습·치료)	◑ 실제 활동순서와 방법 1. 준비한 각종 탈을 학생들이 직접 만지고 써보도록 자유로운 시간을 제공함으로써 탈 또는 가면에 의한 변신에 친근감을 갖도록 한다. 　① 내담자들의 활동 반경을 제한하지 않고 열어 둔다. 　② 언어, 소리, 몸짓 등을 자연스럽게 유도한다(덩－－따－－쿵－따). 　－장단을 이용해 신체(목, 어깨, 머리, 손목, 엉덩이, 발, 다리), 바닥, 벽 책상 등 움직임을 한다. 　－팀을 만들어 장단을 소리 내면서 탈춤의 기본동작을 알아본다. 　③ 치료사 스스로가 가면을 쓰고 말을 한다거나 몸짓을 해 봄으로써 자연스러운 분위기로 유도한다. 신체 각 부분을 충분히 움직여서 활성화시킨다. 　－구음과 발장단으로 따라 해 본다(덩따쿵따－장단에 변화를 주어서 / 예: 덩따따쿵쿵,따~ 　　~~~). 　－바닥, 신체(머리~발까지), 도구(소고, 북. 스틱, 한삼: 천)를 사용해서 해 본다. 2. 준비한 각종 탈을 직접 만져 보도록 하고 탈의 유래와 개념을 알아보자. 　－탈을 써 보고 탈에 특징(모습, 성격, 이름)을 그룹으로 발표해 보자. 　－탈춤의 특정동작을 몇 가지 정해서 움직임을 만들어 보자. 　－불림, 고기잡이, 다리 들기, 황소거름, 외사위, 겹사위, 양사위
Processing (정리)	◑ 의견나누기: 오늘 했던 활동이나 동작들 중에 의미 깊었던 점을 함께 나눈다. ◑ 반복: 주요 활동이 모두 끝나면, 오늘 했던 동작들을 다시 한번 반복하도록 한다. ◑ 정리: 세션을 끝맺기 위해 정리 스트레칭을 한다.

응용활동 및 치료적 의의 No.130

활동유의점	◑ 치료사는 참여자들이 좀 더 자유롭게 움직임을 할 수 있도록 공간을 배려해 준다. ◑ 역할을 정하고 맡길 때는 항상 신중해야 한다. 가장 중요한 것은 골고루 역할이 분배되느냐 하는 것이다. 만약 한 사람이라도 역할을 배정 못 받는다든지, 한 사람에게만 주요 역할(주인공)이 주어지지 않도록 해야 한다.
응용활동 및 보조자료	◑ 치료사는 참가자들에게 다양한 동작을 개인 혹은 그룹으로 구성해 보도록 지시한다. 탈을 만들어 보자(마당극을 꾸며 보자). ① 그룹으로 주제를 정한다. ② 주제에 적합한 움직임 다양한 동작을 개인 혹은 그룹으로 구성해 본다. ③ 반복 연습해 그룹으로 발표한다. 그룹으로 발표하는 것을 관찰한다. 어떤 주제를 표현했는지 맞혀 본다. 관찰한 동작의 표현이 적절했는지 알아본다. ◑ 그룹으로 역할을 맡은 참여자들에게 각자 한 명씩 가운데로 나오게 하여 솔로로 춤을 추도록 한다. 그러고는 자신이 가진 다양한 탈춤사위를 보여 주도록 격려한다.
치료적의의	◑ 각자의 역할을 배정받아 이야기를 꾸미는 활동은 자기역할인식과 타인인식능력을 향상시키는 데 도움을 준다. ◑ 마당극으로 한 활동은 행복한 추억을 연상시키는 데 도움을 준다.

131. 소고춤

활 동	소고의 장단을 알아보자.					시 간	40~50분		
치료목적	인지	정서	신체	사회	언어	장 소	작은	중간	큰
	●	●	●	●				●	
치료목표	1. 작은 북(소고)을 이용해 장단에 맞추어 율동을 해 보자. 2. 팀을 만들어 리더를 따라 동작을 꾸밀 수 있다.								
대상연령	유아	아동	청소년	성인	집단규모	개별	2인 1조	3팀	4팀	무제한
	●	●					●			
자 료	소고, 자진머리장단								

치료단계	활동순서 및 방법
Introduction (도입)	◐ Warm-up: 치료세션 초기에 브레인댄스로 내담자들의 몸의 긴장을 이완시킨다. ◐ 주제소개: 치료사는 내담자에게 오늘 활동의 주제와 방법을 간단히 소개한다.
Exploration (탐색) ⇩ **Learning** (학습·치료)	◐ 실제 활동순서와 방법 1. 내담자들의 활동반경을 제한하지 않고 열어 둔다. 　① 구음과 발장단으로 따라 해 본다, 　－소리, 몸짓 등을 자연스럽게 유도한다(자진머리장단: 덩－－덩－－덩－따쿵따). 　－장단을 이용해 신체(목, 어깨, 머리, 손목, 엉덩이, 발, 다리), 바닥, 벽 책상 등 움직임을 　　한다. 　－팀을 만들어 장단을 소리 내면서 소고 기본동작을 알아본다. 　② 치료사 스스로가 소고를 들고 몸짓을 해 봄으로써 자연스러운 분위기로 유도한다. 신체 각 　　부분을 충분히 움직여서 활성화시킨다. 　－덩－－덩－－덩－따쿵따: 자진머리장단 　－장단에 변화를 주어서(예: 덩따따쿵쿵타~~~~) 해 본다. 　－소고 치는 법을 배우자. 발 디딤을 함께 배워 보자(바닥, 신체: 머리~발까지, 도구: 소고, 　　북. 스틱, 한삼 색 천 등을 사용해서).
Processing (정리)	◐ 의견나누기: 오늘 했던 활동이나 동작들 중에 의미 깊었던 점을 함께 나눈다. ◐ 반복: 주요 활동이 모두 끝나면, 오늘 했던 동작들을 다시 한번 반복하도록 한다. ◐ 정리: 세션을 끝맺기 위해 정리 스트레칭을 한다.

응용활동 및 치료적 의의 No.131

활동유의점	● 치료사는 참여자들이 좀 더 자유롭게 움직임을 할 수 있도록 공간을 배려해 준다. ● 장단의 흐름을 확실하게 인식하도록 해야 한다. 　－장단을 경쾌하게 움직이도록 분위기를 조성해 주자. 　－소고로 인해 상해를 입지 않도록 도구에 대한 사용을 정확하게 인지시키자.
응용활동 및 보조자료	● 1. 치료사는 참가자들에게 다양한 동작을 개인 혹은 그룹으로 구성해 보도록 지시한다. 　2. 준비한 소고를 직접 만져 보도록 하고 소고의 유래와 개념을 알아보자. 　　－소고의 특징을 그룹으로 발표해 보자. 　　－소고의 특정동작을 몇 가지 정해서 움직임을 만들어 보자. 　　－땅치기, 어깨치기, 위로 치기, 밑에서 치기, 움직이면서, 제자리에서, 원 안으로, 원 밖으로, 　　　앞사람 따라가면서, 소고춤 즉흥 놀이 등 　① 그룹으로 주제를 정한다. 　② 주제에 적합한 움직임 다양한 동작을 개인 혹은 그룹으로 구성해 본다. 　③ 반복 연습해 그룹으로 발표한다. 　　－그룹으로 발표하는 것을 관찰한다. 　　－어떤 주제를 표현했는지 맞혀 본다. 　　－관찰한 동작의 표현이 적절했는지 알아본다. ● 그룹으로 역할을 맡은 참여자들에게 각자 한 명씩 가운데로 나오게 하여 솔로로 춤을 추도록 　한다. 그리고는 자신이 가진 다양한 소고 춤 즉흥 놀이를 보여 주도록 격려한다.
치료적의의	● 각자의 역할을 배정받아 이야기를 꾸미는 활동은 자기역할인식과 타인인식능력을 향상시키는 　데 도움을 준다. ● 함께 동작을 하면서 협동심과 배려심을 가지게 되며 자신감을 형성하는 데 도움을 준다.

무용·동작 심리치료 프로그램 및 활동자료

#1. 브레인댄스(Brain Dance)

1. 브레인댄스(Brain Dance)의 시작

가. Anne Green Gilbert 소개

Anne Green Gilbert는 1981년 워싱턴 주 시애틀에 설립한 창조댄스센터(Creative Dance Center; CDC)의 센터장과 칼레이도스콥 댄스회사의 디렉터이다. 창조댄스센터는 비영리 기관이며 창조적 댄스, 모던, 그리고 발레수업 등을 신생아부터 어른까지 제공한다. 칼레이도스콥 회사는 어린이 나이 7~16세까지 워싱턴 주와 세계투어를 공연하는 모던 댄스회사이다. Gilbert는 미국을 비롯한 외국에서 선두적인 댄스교육자로 알려져 있다. 창조댄스센터에서 수업을 가르치지 않거나 칼레이도스콥에서 안무를 하지 않을 때, 앤은 치료사들과 시애틀퍼시픽대학교의 부교수로 그녀의 여름댄스교실을 통해 치료사들을 훈련시킨다. 앤은 미국 전역과 일본, 호주, 뉴질랜드, 캐나다, 핀란드, 러시아, 덴마크, 프랑스, 독일, 홀랜드, 브라질, 포르투갈 등의 어린이와 어른을 위한 수백 건의 워크숍을 인도했다. 앤은 수많은 사설뿐만이 아니라 움직임을 통한 세 가지 R의 가르침(Teaching the Three Rs Through Movement), 모든 연령대의 창조적 댄스(Creative Dance for All ages), 뇌와 화합할 수 있는 댄스 교육(Brain-Compatible Dance Education), Teaching Creative Dance(DVD) 그리고 BrainDance(DVD) 등의 저자이다. 앤은 또한 전국댄스협회, 전국댄스교육가구, 그리고 댄스와 국제아이들에서 활발한 활동을 하고 있다. Gilbert는 또한 워싱턴 댄스교육가협회의 설립자이면서 회장이다. 그 공로를 인정받아 Gilbert는 수많은 상을 수여하기도 했는데, 그것은 WAHPERD 아널상, NDA outstanding dance educator award, 1999 AAHPERD 아널상, 2005 NDA 어워드, 전국 댄스교육협회에서 받은 공로상 등이다(Sissom, 2008).

나. 브레인댄스 개발과정

Anne Green Gilbert의 Brain Dance(Creative Dance)의 연구 시작은 1970년부터 시작되었으며, 1980년에 Bartenieff Fundamentals와의 협약을 통해 특히 Fundamentals patterns 부분을 집중 연구하여 현재의 Foundation patterns 4가지와 Fundamentals patterns 4가지를 포함 8가지 기본 브레인댄스를 완성하였다. 1970년부터 시작한 브레인댄스연구 결과는 1990년대 과학기술 발전 덕분에, 두뇌촬영기술이 쉬워지면서 두뇌에서 일어나는 현상을 보다 쉽게 연구 및 결과를 확인할 수 있게 되었고 이에 따라, 브레인댄스의 효과를 손쉽게 입증하게 되었다. 1990년대 이후부터 현재까지 교육계 및 교육 비즈니스업계에서 브레인댄스를 기초로 하는 다양한 프로그램을 계발하고 있으며 이에 따른 기조를 제공하고 있다. 특히 1990년대 초에는 세계 1위 영유아 음악교육 업체인 Kindermusik(미국 나스닥 상장업체)에 movement부분 무용·동작을 제공하였으며 현재까지도 길버트의 기본동작을 활용하고 있다.

지금은 많은 분야로 영역이 넓혀져 BrainDance Ballet, BrainDance Modern, BrainDance Folk, 노인, 장애, 일반, Creative Arts, Drama, Music 등 다양한 형태의 BrainDance가 계발되고 있다.

2. 브레인댄스의 의미

브레인댄스는 근본적인 인간의 움직임이 프로그램화되어 0~12개월까지 중추신경시스템과 얽히어 8개의 패턴으로 이루어져 있다. 갓난아기들한테 우리는 이런 움직임을 바닥에 눕혀 배에 실험했다. 이 댄스는 수업시간의 학생들, 댄스 스튜디오, 그리고 어린이와 어른들에게 그들의 뇌를 재조직하기에 전신과 뇌의 워밍업에 탁월하다. 또한 배우는 걸 준비하게 하고 적절한 활동과 사회스킬을 돕는다. 8가지 모든 패턴은 매번 시행되어야 하고 숨쉬기, 촉감, 중심부터 말초, 머리부터 꼬리, 상반에서 하반, 몸통에서 사이드, 코로스에서 측면, 전정 이 순서에 따른다. 브레인댄스는 초급반에서 뇌 재구성, 회복, 산소첨가, 뇌 워밍업, 일어나기, 안정차기 등을 위한 워밍업, 시험 테스트 전, 안무, 프레젠테이션, 컴퓨터작업 그리고 텔레비전 시청으로 시행될 수 있다.

3. 브레인댄스의 원리

브레인댄스 프로그램은 지난 30여 년 동안 미국 Creative Dance Center에서 개발한 브레인댄스(Creative dance)를 바탕으로 하고 있으며, 아이부터 성인, 노인들에게 이르기까지 단순한 무용(춤) 동작 그 이상의 것, 즉 두뇌의 자극과 사회성 및 감성을 자극하는 것 역시 유연한 신체활동만큼 중요하기 때문에 dance와 창의적 movement를 통한 통합교육을 중시한다. 브레인댄스는 1983년 하버드대학 교수인 Howard Gardner가 발표한 지능계발과 교육의 새로운 방법론인 다중지능이론(theory of multiple intelligences)을 접목하고 있다. 따라서 브레인댄스에서는 수업을 하는 동안 여덟 가지 인지능력 부분을 고루 발달시켜 주는 환경을 제공하게 된다.

다중지능이론은 전통적인 IQ 개념보다 훨씬 폭넓게 지능을 정의하고 인간은 태어날 때부터 하나씩은 뛰어난 지능을 타고난다는 기초에서 출발한다. 브레인댄스의 수업플랜은 논리수학지능, 언어지능, 공간지능, 음악지능, 신체운동지능, 대인관계지능, 자기이해지능, 자연탐구지능 등 총 8개의 지능영역에 고루 관여하게 된다.

① 대인관계지능: 친구들과 동작 창작해보기, 친구들과 같이 형태 만들기
② 신체운동지능: 동작패턴 연습을 통한 기억력 향상, 틀린 부분 찾기, 동작 및 감각 움직임
③ 음악지능: 음악개념 탐구와 음악 듣고 춤 표현
④ 언어지능: 동작단어들과 몸동작 연결해 보기
⑤ 공간지능: 자기공간과 전체 공간, 동작 따라 하기, 사물과 타인의 공간 활용
⑥ 논리수학지능: 패턴과 연속성을 활용한 동작, 동작을 통한 문제해결, 동작 창작해 보기, 음악속도에 따른 표현, 숫자 세기
⑦ 자기이해지능: 느낌을 동작으로 표현해 보기, 서로 다른 형태의 댄스 개념으로 감정 표현해 보기
⑧ 자연친화지능 : 동식물의 형태와 느낌과 동작패턴을 통해 신체로 감정표현하기

4. 브레인댄스의 효과와 의의

브레인댄스의 다양한 효과 중 하나는 신경계의 재편성이다. 즉, 발전적인 움직임 패턴

은 감각 운동 발달과 평생학습을 위한 기초가 되는 중추신경계를 연결한다. 패턴들이 놓쳐지거나 방해될 때, 사람들의 신경발달에 놓쳐 버린 틈을 주기도 한다. 이러한 공백들은 나중에 학습장애, 행동장애, 기억력문제, 불면증, 언어, 균형 및 여과문제 그리고 다른 정상적 발달 흐름을 막는 문제들 등의 신경기능장애를 야기할 수도 있다. 일상생활에 기본을 둔 브레인댄스 패턴을 통한 사이클링은 인간의 지각처리와 중추신경계를 더욱 발전시키는 자기수용의 재구성, 균형, 집중, 기억, 눈으로 추적, 행동, 감각통합, 그리고 운동기능의 흐름을 바르게 할 수도 있다. 신경계의 정형화는 감정적, 사회적 그리고 인식균형을 위한 모든 뇌조직과 신체를 조정한다.

5. 인간의 브레인댄스 발달단계

① 아기들은 배 위에 부드러운 카펫이 깔려 있지 않은 표면에 놓아두면 생후 12개월까지는 자연스럽게 브레인댄스를 스스로 한다.

② 아기의 첫 호흡은 뇌세포로부터 성장하도록 연결을 시작한다.

③ 촉감자극은 피부에서 피부로 첫 접촉으로 시작되며 적절한 행동, 감정, 사회지능을 증진시키는 데 필요하다.

④ 생후 2개월 아기의 삶은 환경과 접촉하고 자궁에서의 상태로 몸을 감으며, 중심(핵심) 패턴 입증을 위하여 공간에 이른다.

⑤ 생후 2개월 아기는 고개 컨트롤이 가능하며, 생후 시작된 머리부터 꼬리까지 패턴 양쪽 방향으로 고개를 들고 돌린다.

⑥ 상체와 하체의 인식은 아기가 팔과 손 그리고 발과 무릎을 인식하는 단계 다음에 온다.

⑦ 생후 5~7개월 사이에는 아기들이 한 유닛으로 왼쪽 반신을 움직인 뒤 오른쪽 반을 움직이면서 반신에 접근한다. 아기들이 배 위를 기어갈 때 수평선 시야를 발달시킨다.

⑧ 생후 7~9개월 사이에는 아기들이 손과 무릎을 누르며 상반신의 십자와 측면에 도달하기 시작한다. 수직수표추적(vertical eye tracking)은 손과 무릎으로 기어가는 계기가 되는 성장의 일부이다. 수평 혹은 수직 수표추적 수렴은 글 읽는 데 필수적인 요소이다. 일 년이 지나면서 십자 및 측면 패턴이 걷기, 달리기 그리고 깡충깡충 뛰기(줄넘기)로 나타난다.

6. 대표적인 교육프로그램

움직임과 균형을 위한 브레인댄스(파킨슨병 외 기타 움직임 장애를 가진 환자들) 프로그램을 소개하고자 한다. 이 프로그램은 신체장애, 상해, 노화와 연관하여 파킨슨병이나 그 외 움직임과 균형 장애를 가진 사람들에게 추천한다. 신경계질환 조사는 움직임 강사들이, 긴 시간 동안 알려져 온 정신 시뮬레이션과 신체적인 운동이 뇌의 기능을 향상시키고 인지나 신체적인 쇠퇴에 대항하여 보호할 수 있다는 것을 뒷받침해 준다. 이 수업은 움직임의 확실함과 정신과 몸의 균형의 향상을 만들어 준다. 브레인댄스 운동은 신경시스템의 재구성을 촉진시킨다. 즉흥적인 움직임은 자기표현을 즐겁게 이끌어 줄 바이올리니스트 Eric Chappelle와 함께한다. 움직임을 공유한 이야기의 상호 작용은 공동체를 만들고 개인과 단체의 이야기를 듣는 것을 허락한다.

7. 연령별 브레인댄스의 적용

가. 출생~5세

학습을 위한 중요한 연결고리는 태어나서 다섯 살까지의 어린아이들과 유아들의 뇌를 발달시키는 움직임, 터치, 유대감에 있다. 배움과 학교의 준비를 위한 기초는 이 이른 나이 동안 발생한다. 왜 초년 아기들을 엎어 놓는 것이 중요한지, 왜 유아들과 걸음마를 시작한 아이들, 그리고 미취학아동들에게 엎어 놓기가 다감각의 세계의 풍부함을 제공하는지 발견하라. 태어나고 5년 동안 발생하는 신체적, 정신적, 감정적 그리고 인지적 발달과 관련하여 활동적으로 돌보는 사람, 선생님 그리고 부모들에게 즐거운 경험과 권한을 줘야 한다. 브레인댄스는 유아들의 처음 몇 년간의 움직임과 어린 시절의 움직임이 계속적으로 정제함을 거친 근본적인 움직임 패턴에 기초한다. 유아와 어린아이들은 이 패턴을 통하여 용이하게 움직여 새로운 환경을 창조하는 법을 배운다. 또한 삶을 위한 탐험가로서, 독립하여 움직일 수 있는 기초를 닦고 완전해질 것이다. 이 기법들은 집, 탁아소, 교실, 댄스스튜디오에서 할 수 있는 브레인댄스를 커버할 수 있다. 아동에게 초점을 맞춘 브레인댄스는 어린아이들에게 풍부한 잠재력을 발전시키기 위한 기회를 준다. 탁아소 제공자들, 초기의 아이들 전문가, 부모, 돌보는 사람 그리고 댄스 선생님에게 유용하다.

나. 아동기~청소년기

과학기술과 미디어의 용이한 접근은 아동과 청소년이 활동을 하는 것이 아니라 컴퓨터, TV, 비디오, 핸드폰화면 앞에 앉아 많은 시간을 소비하는 것을 의미한다. 휴식시간과 체육 교육 시간이 줄어든 것은 우리 아이들과 청소년들의 운동을 하는 것-육체적 활동의 부족에 일조하였다. 운동의 부족은 건강, 신장, 집중력 또한 지각능력에 영향을 미칠 수 있다. 활동과 운동은 뇌의 기능, 기조, 집중도를 향상시킨다.

브레인댄스는 특별한 운동시작으로서 운동 그 이상을 의미하며 아이들과 십대들의 나이와 능력에 맞춰 행해질 수 있다. 특히 중추신경계를 잇는 생후 첫해에서부터 이어진 인간의 움직임의 8가지 발달활동패턴을 보여 준다. 기초적 운동패턴을 바탕으로 브레인댄스는 대인관계와 자기 내부 지능을 강화시킬 수 있으며 사회-감정적 관계를 증진시킨다. 브레인댄스는 향상된 정렬, 연결, 조정 및 표현뿐만 아니라 명쾌하고 집중하기 위한 뇌의 산소공급, 신체와 정신 통합 및 신경 시스템의 개편과 같은 장점을 포함하고 있다.

댄스 교육자들은 그들의 교육에 Brain Dance를 통합하는 방법과 그것이 댄스 기술의 깊은 이해로 이어질 수 있는 방법을 배우게 될 것이다. 교실 내 교육자들은 모든 학교 환경에서 학생들에게 Brain Dance를 가지고 쉽게 발견할 것이다. 참가자들은 다채롭고 신선하고 기발하며 매력적인 브레인댄스 방법을 배우게 될 것이다.

다. 모든 연령대를 위한 브레인댄스의 다양성

브레인댄스에 친숙한 참가자들은 브레인댄스 레퍼토리를 더 즐겁고 흥겹게 할 수 있는 기회이다. 새롭고 재미있는 브레인댄스가 펼쳐질 것이다. 포크댄스만큼이나 빠르고 쉬운 브레인댄스를 배워 보자. 소품들을 의미 있게 사용하는 방법을 찾아보자. 브레인댄스로 댄스 개념들을 배열하고 끝없는 가능성과 다양성의 세계를 여는 용기를 갖자. 비판적 사고와 문제해결 능력, 그리고 사회-감정적 작용은 브레인댄스 'stations'가 얼마나 재미있을 수 있는지를 발견했을 때 최고조에 다다를 것이다. 이처럼 2000년부터 브레인댄스를 발전시켜 오면서 Anne Green Gilbert가 확장해 특별한 운동도구의 다양성과 가능성을 확

장해 왔다

라. 한국 브레인댄스의 동향

한국 브레인댄스는 "Creative Dance For All Ages"를 번역한 『다함께 즐기는 창작무용』
이라는 번역서를 통해 변변한 창작무용의 지침서조차 없었던 한국무용계에 학교무용으로
서의 창작무용 교과서 역할을 하며 창작무용의 구체적인 개념을 정립시켜왔다. 2004년에
는 미국 창조댄스센터(Creative Dance Center; CDC)와 문화예술 TY(주)회사가 협약을 맺고
한국 브레인댄스에 대한 모든 전문교육프로그램을 TY(주)회사가 교육하게 되었다.

2011년 문화예술 TY(주)는 초기 회장 김인숙(대전대학교 교수)외 3명의 연구교수들과
함께 대한 브레인댄스협회를 발족하였으며 두 기관은 협약 기관으로서 대한브레인댄스협
회를 통해 무용·동작치료의 교육적 바탕을 제시해 주고 창의적 활동을 통한 두뇌활성화
움직임을 양성할 수 있는 밑거름을 만들게 되었으며 다양한 한국적 프로그램 노인, 장애,
일반, Creative Arts, Drama, Music 등 다양한 형태의 BrainDance가 계발될 수 있도록 노력
하고 있다.

(사진 아래 좌부터 정명희, 김인숙, 안태영 / 사진 위 좌부터 주선화, 민묘숙)

▲ 대한브레인댄스협회 연구교수진

브레인댄스의 개념요소(concepts)

공간(Space) 콘셉트
1. 장소: 개인 공간/일반 공간
2. 크기: 큼/작음, 멈/가까움
3. 레벨: 높음/낮음(중간)
4. 방향: 앞/뒤/, 오른쪽/왼쪽, 위/아래
5. 경로: 굴곡짐/수직/지그재그
6. 중점: 한 개 중점/여러 가지 중점

시간(Time) 콘셉트
1. 속도: 빠름/느림
2. 리듬: 맥박(박자)/패턴/호흡/억양

힘(Force)에 대한 콘셉트
1. 에너지: 날카롭게/부드럽게
2. 무게: 무겁게/가볍게, 적극적/수동적
3. 흐름: 자유롭게/얽매인 듯

신체(Body) 콘셉트
1. 부분: 머리, 목, 팔, 가슴, 팔꿈치, 손, 손가락, 골반, 척추, 몸통, 다리, 무릎, 발, 발가락, 발목, 발꿈치, 어깨, 등
2. 형태: 굴곡/수직, 각진/꼬인, 대칭적/비대칭적
3. 관계: 신체부분에서 신체부분, 개인에서 그룹, 신체부분에서 물질, 개인과 그룹에서 물질(① 가까움/ 멈, ② 합치기/나누기, ③ 단독/연결, ④ 반영/따라하기(Shadowing)
4. 물질: 가까움/멈, 합치기/나누기, 단독/연결, 반영(Mirroring)/따라 하기(Shadowing)
5. 밸런스: 규칙과 /불규칙

움직임(Movement) 콘셉트
1. 이동 움직임: 기본－걷기, 달리기, 점프, 깡충 뛰기, 뛰어오르기, 질주하기, 미끄러지기, 가볍게 뛰기, 기어가기, 구르기, 스케이팅, 행군하기, 뒤뚱 걷기, 날기, 살금 걷기 등 결합 움직임: 발돋움하고 깡충 뛰기, 왈츠 춤추기, 쇼티셰(schottishche) 춤추기, 투스텝, 그레이프바인(피겨스케이팅 중에 덩굴모양 으로 은반을 지치는 방법), 가볍게 뛰기, 깡충거리기, 미끄러지기, 폴카 춤, 살금살금 등
2. 비운동 움직임: 숙이기, 꼬기, 뻗기, 휘젓기, 밀기, 당기기, 떨어지기, 녹기, 흔들기, 돌기, 제자리에서 돌기, 날쌔게 피하기, 걷어차기, 찌르기, 들어 올리기, 파기, 말기, 찌르기(펜싱처럼), 찰싹 때리기, 가 볍게 두드리기, 주먹치기

브레인댄스 패턴예시
-Bartenieff 패턴6을 기반으로-

 1. 숨쉬기(Breath): 심호흡은 두뇌와 몸의 완전한 제 기능을 하는 데 있어서 필수적이다. 뇌는 몸이 쓰는 산소 중에 15분의 1을 사용한다.

 2. 촉각(Tactile): 다른 타입의 접촉형식인 촉각자극은 감각통합, 고유 수용성 감각(사지의 위치를 감지하는 것), 그리고 적절한 행동을 묶게끔 한다.

 3. Core-Distal(안쪽에서 바깥으로): 몸 바깥쪽(손가락, 발가락, 머리 그리고 꼬리) 끝 부분을 통하여 환경을 향해 (몸을) 뻗는 것은 우리 자신을(대인 지능) 넘어서 우리를 세계로 연결시켜 주는 것을 도우며 전신 확장을 창조해 낸다.

 4. Head-Tail(머리부터 꼬리): 머리와 꼬리 간의 상호 관계에 대해서 알고 있는 것은 공간을 통하여 우리가 쉽게 앞으로 나아갈 수 있도록 규칙적이거나 불규칙적인 두 척추 끝 부분을 사용할 수 있도록 이끈다. 머리와 척추뼈를 개방하는 것은 우리 신경체제가 완전히 기능하기 위한 열린 길을 창조한다. 이 패턴은 또한 등, 목, 앉거나 쓰거나 책을 읽거나 칠판을 볼 때와 같은 경우에 쓰는 어깨 근육을 강화시킨다.

 5. Upper-Lower: 몸의 하반신을 땅으로 향하게 하는 것(지구로 무게를 싣는 것)은 몸의 상반신이 공간에 닿게 만들고 다른 부분들과의 관계를 창조해 낸다. 상반신을 땅으로 향하게 하는 것은 하반신에 무게를 바꾸게 하고 위험에서 벗어난 곳이나 어떤 누군가를 향한 곳을 통해서 여행할 수 있도록 한다.

 6. Body-Side: 오른쪽으로 몸을 구부리는 것은 왼쪽 면이 완전히 드러나게 하고, 반대로 해도 마찬가지다. 오른쪽이나 왼쪽 상위가 결정되며 왼쪽과 오른쪽 뇌의 반구는 강해진다. 좌우 운동은 감정적인 안정과 함께 독서할 때 필요한 수평으로 보는 시야를 발전시켜 준다.

 7. Cross-Lateral(측면 교차): 반대편에 위치한 몸의 사분면끼리 연결시키는 나선형 같은 3차원적인 운동은 쾌감을 창조한다. 신체의 정중선을 엇갈리게 하는 것은 뇌량(腦梁)을 통하여 뇌 양쪽 측면을 연결시키며, 이는 독서나 글쓰기에 필요하다. 측면 교차 운동은 수직시표추적의 발달을 돕고, 눈 집중도의 발달에 공헌하며 우리가 독서를 쉽게 하도록 허용한다.

 8. Vestibular: 균형으로부터 멀어지는 것은 우리의 균형(전정)체계를 발달시킨다. 전정 체계(전정기관)를 자극하는 것은 시표추적과 청각감각, 자기수용감각, 균형 그리고 조화를 강화시킨다.

#2. 대상별 무용·동작 심리치료 프로그램

저자가 제시한 대상별 KIS D/MT 구성표에 진행과정은 131가지 실제 적용 프로그램을 바탕으로 구성되었으며, 대상별로 신체적, 정서적, 심리적 활동 능력에 따라 프로그램의 난이도를 조절하여 사용한다면 다양한 프로그램을 적용할 수 있을 것이다.

다음 내용은 본서의 저자인 김인숙이 개발한 대상별 무용·동작치료 프로그램의 일부 내용이다. 편마비 노인의 재활과 아동, 성인 등 가 대상영역에서 활용할 수 있도록 개발하였으며, 각 대상별 프로그램의 구성과 절차는 본서의 제2장의 131가지의 실제응용 프로그램과 다음의 프로그램 구성표에 근거하여 작성되었다.

김인숙(KIS) 무용·동작치료(D/MT)의 단계별 프로그램 구성표

		프로그램 내용	
초기	· 자아인식 Ⅰ · 타인인식 Ⅰ · 사회성 증진 Ⅰ · 즉흥무 Ⅰ	마리안 체이스 (Marian Chace, 1896~1970)	대상관계 무용
중기	· 자아인식 Ⅱ · 타인인식 Ⅱ · 사회성 증진 Ⅱ · 즉흥무 Ⅱ	마리 화이트하우스 (Mary Whitehouse, 1911~1975)	분석 심리 무용
말기	· 자아인식 Ⅲ · 타인인식 Ⅲ · 사회성 증진 Ⅲ · 즉흥무 Ⅲ	브랑쉐 에반 (Blanche Evan, 1909~1982)	자아심리 분석적 무용
	* 프로그램에 따라 통합(그림, 음악, 악기)으로 진행 * 프로그램의 회기는 최소 12회기로 한다.		

* KIS D/MT 단계별 프로그램 구성표의 이론적 배경
1. 초기 내담자들과의 관계형성을 위해 마리안 체이스의 기법 활용
   - 비추기(Mirroring), 반영하기(Reflecting): 상징적 접근법
2. 중기의 타인과의 관계형성을 돕기 위해 마리 화이트하우스의 기법 활용
   - 적극적 상상(Active Imagination), 양극성(Polarity): 직관적 접근법
3. 말기에서 집단과의 관계형성과 그 중계를 위해 브랑쉐 에반의 기법 활용
   - 투사요법(Projective Technique), 즉흥표현 및 연기(Improvisation & Enactment)
   - 감정적 접근법

1. 노인(편마비 환자)을 위한 KIS D/MT 프로그램 구성표

노인(편마비 환자)에게 순차적으로 무용·동작의 다양한 움직임의 경험을 통해 신체적, 정신적 감각을 자극함으로써 창의력을 발달시키고 우울, 불안, 분노 등의 심리적 재활을 경험하게 하여 심리, 정서적 안정을 회복하도록 하여 건강한 삶을 살 수 있도록 도와주며 또한 발표회를 통해 성취감을 느낄 수 있도록 기회를 제공한다.

1-1. 무용·동작치료가 노인(편마비 환자)의 재활적 치료 및 삶의 질에 미치는 영향

가. 내용

주제	무용·동작치료가 노인 (편마비 환자)의 재활적 치료 및 삶의 질에 미치는 영향
대상	60세 이상 ~ 80세 이하의 노인(편마비 환자)
내용	**가. 목표** • 브레인댄스와 바 동작을 무용·동작치료활동을 통해 신체 감각(대·소근육 자극 및 근력, 촉각, 시각, 청각)을 자극, 잠재된 창의력을 향상시키도록 한다. • 비언어적, 비지시적 무용·동작치료활동을 통한 심리적 분출(우울, 불안, 분노)을 경험하도록 하여 심리·정서적 안정감을 유도한다. • 집단 무용·동작치료활동을 통해 상호관계 및 대인관계를 향상시킨다. **나. 프로그램 기간:** 주 2회 80회기 **다. 회기 내용(총 80회기)** • 사전사후검사(4회기) • 무용·동작치료활동(76회기) • 매 회기마다 바 동작으로 몸을 이완, 스트레칭을 하며, 그 회기 주제 프로그램을 실시한다 (131가지 프로그램 참고). **라. 대상인원:** 노인 약 20명[편마비환자 10명, 보호자(간병인) 10명] **마. 기대효과** • 다양한 매체의 활용을 경험하도록 하여 신체적 자극과 창의력 향상 • 감정의 분출, 본인·가족애의 표현을 통한 심지, 정서적 안정유도 • 집단치료활동을 통한 상호작용 및 사회성 향상 • 성취감을 고취하여 자발성과 자립성 향상

나. 프로그램 세부 계획서

편마비 노인 재활용 KIS D/MT 프로그램 구성표

단계	회기	프로그램 목표	진행과정(주제)
1단계 (자아인식 단계)	1~2회기	참석자들과 라포 형성 및 사전검사	
	3~10회기	자신의 몸과의 만남 Ⅰ	-브레인댄스(호흡과 신체의 지각) -몸으로 인사하기(안녕하세요!) -나처럼 해 봐요!, 인간나무
	11~20회기	자신감 회복	-소리야 춤을 춰라(자신감, 표현능력 기르기 / 언어교정 및 재활동작) -재미있는 별명, 손가락동작표현 -내 인생 최고의 경험
2단계 (타인인식 단계)	21~29회기	타인과의 관계 Ⅰ (타인 인식)	-Eye contact -너는 나의 거울 (거울 비친 내 모습, mirroring) -내 몸은 풍선, 낙하산 놀이
	30~39회기	타인과의 관계 Ⅱ (타인에 대한 지각) -다른 사람과 나 인식하기	-너는 나의 그림자(그림자 되기 shadow) -먹물여행, 고무줄처럼 움직여요! -감정연결, 감정동작 꾸미기

	40~49회기	타인과의 관계 Ⅲ
		(타인과 상호 에너지 교류)
			-인간 로봇(기계와 삶의 동일시 작업)
			-천이 커졌어요.
			-동상 만들기
			-짝짝짝: 건강 손뼉 치기
			  (직접 노래 부르면서 / 상대방과 함께,
			  타인 신체 인식)

3단계 (사회성 증진)	50~59회기	집단과의 관계성 Ⅰ (탈춤을 통한)	-탈춤(집단 신뢰감, 일체감, 근육이완과 성취감 기르기) -장단소리, 불림
	60~69회기	집단과의 관계성 Ⅱ (탈춤을 통한)	-기본동작 익히기 -7개 동작으로 작품 구성하기 -발표회 하기
4단계 (미래의 나)	70~78회기	내면의 세계 탐색, 고백	-만다라를 통한 개인의 과거, 현재, 미래의 나 -촛불을 통한 이미지
	79~80회기	마무리, 사후검사(설문지 검사)	

* 바(하나. 둘. 셋) 운동을 20분 정도 한 후 주제 프로그램을 실시한다.

1-2. 5가지 운동도구를 이용한 재활치료프로그램이 노인의 재활적 치료와 삶의 질에 미치는 영향

가. 내용

주제	5가지 운동도구를 이용한 재활치료프로그램이 노인의 재활적 치료와 삶의 질에 미치는 영향
대상	· 60세 이상~80세 이하의 노인
내용	**가. 목표** · 5가지 운동도구를 통해 신체 감각(대·소근육 자극 및 근력, 촉각, 시각, 청각)을 자극 잠재된 창의력과 기초체력을 향상시키도록 한다. · 비언어적, 비지시적 도구를 통한 심리적 분출(우울, 불안, 분노)을 경험하도록 하여 심리·정서적 안정감을 유도한다. · 집단 운동을 통해 상호관계 및 대인관계를 향상시키도록 한다. · 발표회를 통해 성취감을 고취시키도록 한다. **나. 프로그램 기간: 주 3회 36회기** **다. 회기 내용(총 36회기)** · 사전사후검사(2회기) · 도구운동활동(34회기): 도구(후프, 소고, 리본, 스트레치 스판 천, 공) **라. 대상인원: 약 20명** **마. 기대효과** · 다양한 도구의 활용을 경험하도록 하여 신체적 자극을 통해 소근육과 대근육의 근력을 강화하여 기초 체력과 창의력, 자아 존중감 등을 향상 · 감정의 분출: 본인·가족애를 움직임으로 표현함으로써 심리적, 정서적으로 안정감 유도 · 집단운동을 통한 상호 작용 및 사회성 향상 · 성취감을 고취하여 자발성과 자립성 향상

나. 프로그램 세부 계획서

노인재활용 KIS D/MT 구성표

단 계	회 기	프로그램 목표	진행과정(주제)
1단계 (자아인식 단계)	1회기	참석자들과 라포 형성 및 사전검사	
	2~3회기	자신의 몸과의 만남 Ⅰ	−브레인댄스 −몸으로 이름 쓰기(공 사용) (호흡과 신체의 지각) −몸으로 인사하기
	4~9회기	자신감 회복	−Open과 Close(후프 사용) (소・대근육 강화, 자기표현능력 기르기) −호흡으로 신체 느끼기
2단계 (타인인식 단계)	10~12회기	타인과의 관계 Ⅰ (타인 인식)	−Eye contact(공 사용) (근근력 강화, 자존감 향상) −풍선 배구, 내 몸은 풍선: 신체이용 (스트레칭, 근육이완, 창의력 향상)
	13~15회기	타인과의 관계 Ⅱ (타인에 대한 지각) −다른 사람과 나 인식하기	−그림자야 놀자(리본 사용) (그림자 되기 shadow) −인간매듭만들기, 인간나무 (기억력, 다리근력 강화, 자존감 향상)
	16~20회기	타인과의 관계 Ⅲ (타인과 상호 에너지 교류)	−천이 춤을 춰요!, 고무줄처럼 움직여요 (천 사용)(창의성과 협동심, 리더십 향상) −인간 로봇, 인생그래프 (기계와 삶의 동일시 작업)
3단계 (사회성 증진)	21~25회기	집단과의 관계성 Ⅰ (소고를 통한)	−소고(소고 사용)(집단 신뢰감, 일체감, 근 육이완과 성취감 기르기) −장단소리, 불림
	26~30회기	집단과의 관계성 Ⅱ (소고를 통한)	−기본동작 익히기(소고 사용) −7개 동작으로 작품 구성하기 −발표회 하기
4단계 (미래의 나)	31~35회기	내면의 세계 탐색, 고백	−만다라를 통한 통찰(리본 사용) (개인의 과거, 현재, 미래의 나) −촛불을 통한 이미지
	36회기	마무리, 사후검사(설문지 검사)	

2. 아동(장애아동)을 위한 KIS D/MT 프로그램 구성표

아동에게 무용·동작치료의 다양한 표현활동의 경험을 통해 신체적, 정신적 감각을 자극함으로써 자존감을 향상시키고 우울, 불안, 분노 등의 심리적 재활을 경험하게 하여 심리, 정서적 안정을 회복하도록 도울 수 있는 교육의 장을 만들고자 한다.

2-1. 무용·동작치료가 아동(장애아동)의 심리·정서적 및 삶의 질에 미치는 영향

가. 내용

주제	무용·동작치료가 아동(장애아동)의 심리·정서적 및 삶의 질에 미치는 영향
대상	아동
내용	**가. 목표** ・브레인댄스를 바탕으로 다양한 표현활동을 통해 신체 감각(대·소근육 자극 및 근력, 촉각, 시각, 청각)을 자극, 잠재된 창의력을 향상시키도록 한다. ・비언어적, 비지시적 표현활동을 통한 심리적 분출(우울, 불안, 분노)을 경험하도록 하여 심리·정서적 안정감을 유도한다. ・집단 무용·동작 활동을 통해 상호 관계 및 대인관계를 향상시키도록 한다. ・발표회를 통해 성취감을 고취시키도록 한다. **나. 프로그램 기간: 주 2회 24회기** **다. 회기 내용(총 24회기)** ・사전사후검사(2회기) ・무용·동작치료활동(22회기) **라. 대상인원: 약 25명** **마. 기대효과** ・다양한 매체의 활용을 경험토록 하여 신체적 자극과 창의력 향상 ・아동에게 실시했을 때의 그에 대한 교육의 효과를 알아본다. ・감정의 분출, 본인·가족애의 표현을 통한 심지, 정서적 안정유도 ・심리적인 불안 초조 긍정적인 반응에 대하여 체험해보고 알아보는 눈을 기른다. ・집단치료활동을 통한 상호작용 및 사회성 향상

나. 프로그램 세부 계획서

아동(장애아동)용 KIS D/MT 프로그램 구성표

회기	단계	프로그램 목표	진행과정
1회기~ 9회기	1단계 (자아인식 단계)		참석자들과 라포 형성 및 사전검사
		나 알기 Ⅰ, Ⅱ	-브레인댄스, 나는 ○○○, 안녕하세요! (직접 노래 부르면서 / 신체 인식 지각) -공을 이용한 Eye contact -재미있는 별명, 나처럼 해 봐요 (자기 표현능력 기르기).
		자신감 회복 Ⅰ, Ⅱ	-새야 새야, 리본공 던지기 (신체 감각기관 깨우기) -카드보고 동작표현(관계형성, 자신감) - 인간나무, 요술쟁이 발바닥!(사물의 개념탐구) -상대방 리드하기(mirroring) (호흡 소리 내며 움직이기) -동작언어 활동 -소리야 춤을 춰라.
10회기~ 18회기	2단계 (타인인식 단계)	타인과의 관계 형성 Ⅰ,Ⅱ	-마네킹 체험, 춤추는 컴퓨터 (기계와의 동일시 작업) -악기와 한 몸 -동물은 무슨 생각을 할까? (생명체의 개념 및 특징탐구) -나는 화가!, 나처럼 해 봐요! (내면 탐구, 모방과 즉흥) - 천이 춤을 춰요, 박물관이 살아 있다. -신문과 잡지댄스, 거꾸로 문장 (언어에 대한 지각 및 언어교정확장)
19회기 23회기	3단계 (사회성 증진)	집단과의 나 Ⅰ, Ⅱ	-강강술래(장단소리, 불림: 언어교정 / 집단 신뢰감, 일체감) -3개 이상 동작연결하기(팀별로 작품 만들기) - 발표회 하기
24회기			마무리, 사후검사

2-2. 무용・동작치료 프로그램이 다문화 가정 아동의 학교생활 적응에 미치는 영향

가. 내용

주 제	무용・동작치료 프로그램이 다문화 가정 아동의 학교생활 적응에 미치는 영향
대 상	다문화 아동
내 용	**가. 목표** ・브레인댄스를 바탕으로 다양한 표현활동을 통해 신체 감각(대・소근육 자극 및 근력, 촉각, 시각, 청각)을 자극, 잠재된 창의력을 향상시키도록 한다. ・무용・동작치료 프로그램을 통해 다문화 가정 아동들의 사회적 위축과 불안・우울을 경험하도록 하여 심리・정서적 안정감을 극복하도록 유도한다. ・다문화 가정 아동들의 학교생활 적응에 무용・동작 프로그램을 통해서 상호 관계 및 대인관계를 향상시키도록 한다. **나. 프로그램 기간:** 주 2회 24회기 **다. 회기 내용(총 24회기)** ・사전사후검사(2회기) ・무용・동작치료활동(22회기) **라. 대상인원:** 약 24명 **마. 기대효과** ・부모의 나라에 대한 언어와 민속춤을 경험하고 탐색해 본다. ・다양한 매체의 활용을 경험하도록 하여 신체적 자극과 창의력 향상 ・아동에게 실시했을 때의 그에 대한 교육의 효과를 알아본다. ・감정의 분출, 본인・가족애의 표현을 통한 심지, 정서적 안정유도 ・심리적인 불안 초조 긍정적인 반응에 대하여 체험해 보고 알아보는 눈을 기른다. ・집단치료활동을 통한 상호작용 및 사회성 향상

나. 프로그램 세부 계획서

다문화 아동용 KIS D/MT 프로그램 구성표

회 기	단 계	프로그램 목표	진행과정
1회기~ 8회기	1단계 (자아인식 단계)		참석자들과 라포 형성 및 사전검사
		나 알기 Ⅰ, Ⅱ	−브레인댄스, 재미있는 별명(자기 표현능력 기르기) −신체 인식하기(긴장완화) −나는 ○○○ 　・이름으로 자신감 회복하기 　・도구(공, 천)로 전달하면서
		자신감 회복 Ⅰ, Ⅱ	−Eye contact(자신감 회복) 　・시선 고정하기 　・도구(천, 테이프)를 이용하기 −카드보고 동작활용(단어에 대한 인식, 발음에 대한 자신감) −빙글빙글, 윙! 우주탐험
9회기~ 18회기	2단계 (타인인식 단계)	타인과의 관계 형성 Ⅰ,Ⅱ	−숫자를 이용한 동작표현(신체에 대한 이해) −자음단어 5개 단어로 동작 구성 −모음단어 5개 단어로 동작 구성 　(두 그룹으로 함께 동작 표현) −각 나라 국기 그림으로 엄마나라 알기 　(엄마 이해하기. 엄마에 대한 감정 순환, 신뢰감 형성−도구: 천, 공, 주변 도구 등) −각 나라 인사기법 하기 −거울기법: 타인신체 인식하기(나와 타인 정서안정) 　・mirroring하기, 박자 따라 하기 −동작언어 활동 −소리야 춤을 춰라. −춤추는 컴퓨터
19회기 23회기	3단계 (사회성 증진)	집단과의 나 Ⅰ, Ⅱ	−강강술래(한국적 박자를 이해하기) −동작에 흥 넣기(얼쑤 코리아!, 얼쑤 일본!, 얼쑤 필리핀! 등−집단 신뢰감, 일체감, 근육이완과 성취감 기르기) 　・장단소리, 불림 −신체로 구음하기 −3개 이상 동작 연결하기(팀별로 작품 만들기) −발표회 하기
24회기			마무리, 사후검사

3. 성인을 위한 KIS D/MT 프로그램 구성표

성인에게 무용·동작치료의 다양한 표현활동의 경험을 통해 신체적, 정신적 감각을 자극함으로써 자존감을 향상시키고 우울, 불안, 분노 등의 심리적 재활을 경험하게 하여 심리, 정서적 안정을 회복하도록 도울 수 있는 장을 만들고자 한다.

3-1. 무용·동작치료가 유방암 환자의 스트레스와 심박변이도에 미치는 영향

가. 내용

주제	무용·동작치료가 유방암 환자의 스트레스와 심박변이도에 미치는 영향
대상	유방암 환자
내용	**가. 목표** · 신체적-정신적 상호 작용을 중요하게 여기는 무용·동작치료가 유방암 환자의 스트레스와 HRV에 미치는 영향을 알아보기 · DMT가 유방암 환자의 내외적 환경 변화에 적응하는 능력을 나타내는 HRV를 개선시킬 수 있는지 알아보기 · 집단 무용·동작 활동을 통해 상호 관계 및 대인관계를 향상시키도록 한다. **나. 프로그램 기간:** 주 1회 14회기(매시간 3시간: 휴식시간 포함) **다. 회기 내용(총 14회기)** · 사전사후검사(2회기) · 스트레스 도구는 Frank와 Zyznaki(1988)가 개발한 BEPSI(Brief Encounter PsychoSocial Instrument)를 배종면 등(1996)이 한국어로 번안 수정한 한국어판 BEPSI 설문지를 사용 · 심박변이도(Heart Rate Variability: 이하 HRV) 측정 · 무용·동작치료활동(12회기) **라. 대상인원:** 약 20명 **마. 기대효과** · 유방암 환자와 정상 대조군의 심박변이도 비교에서 전반적으로 유방암 환자의 HRV가 낮은 것은 끊임없이 변화하는 환경에 대해 체내 적응능력의 감소될 것으로 판단 · DMT를 통한 HRV 개선은 체내 적응능력을 향상시킴으로써 변화하는 환경 적응능력을 향상시켜 스트레스 지각에서 유의한 호전이 있을 것으로 판단 · 집단치료활동을 통한 상호작용 및 사회성 향상

나. 프로그램 세부 계획서

유방암 환자 KIS D/MT 프로그램 구성표

단 계	회 기	프로그램 목표	진행과정(주제)
1단계 (자아인식 단계)	1회기	참석자들과 라포 형성 및 사전검사(설문지, 심박변이도 검사)	
	2회기	자신의 몸과의 만남 I	−브레인댄스 −몸으로 이름 쓰기(호흡과 신체의 지각)
	3회기	자신의 몸과의 만남 II	−Open과 Close(자기 표현능력 기르기)
2단계 (타인인식 단계)	4회기	자신감 회복	−Eye contact −거울에 비친 내 모습(거울 비추기 mirroring) −그림자야 놀자(그림자 되기 shadow)
	5회기	타인과의 관계 I (타인 인식)	−빛 속에서 뛰어라!(실외 프로그램 전용)
	6회기	타인과의 관계 II (타인에 대한 지각)	−내 인생 최고의 경험(감정을 몸으로 표현하기) −동상 조각하기
	7회기	타인과의 관계 III (타인과 상호 에너지 교류)	−인간 로봇(기계와 삶의 동일시 작업)
3단계 (사회성 증진)	8회기	암의 이미지 I	−베개 친구와 함께(암세포 알기, 면역세포 깨우기)
	9회기	암의 이미지 II	−면역체 드라마(사회성과 집단의 이해 기르기)
	10회기	집단과의 관계성 I (강강술래를 통한)	−강강술래(집단 신뢰감, 일체감, 상호 작용)
	11회기	집단과의 관계성 II (강강술래를 통한)	−다 함께 강강술래(덕석몰자, 청어 엮기, 고사리 꺾기)
4단계 (미래의 나)	12회기	내면의 세계 탐색, 고백 I	−만다라를 통한 통찰(개인의 과거, 현재, 미래의 나).
	13회기	내면의 세계 탐색, 고백 II	−만다라를 통한 통찰(그룹 속에서의 과거, 현재, 미래의 나)
	14회기	마무리, 사후검사(설문지, 심박변이도 검사)	

3-2. 무용·동작치료가 장애아동 부모의 심리·정서적 삶의 질에 미치는 영향

가. 내용

주 제	무용·동작치료가 장애아동 부모의 심리·정서적 삶의 질에 미치는 영향
대 상	장애아동 부모
내 용	**가. 목표** ·부모의 다양한 표현활동을 통해 신체 감각(대·소근육 자극 및 근력, 촉각, 시각, 청각)을 자극 잠재된 창의력을 향상시키도록 한다. ·부모의 비언어적, 비지시적 표현활동을 통한 심리적 분출(우울, 불안, 분노)을 경험하도록 하여 심리·정서적 안정감을 유도한다. ·부모의 집단 무용·동작 활동을 통해 상호관계 및 대인관계를 향상시키도록 한다. **나. 프로그램 기간:** 주 1회 12회기 **다. 회기 내용(총 12회기)** ·사전사후검사(2회기) ·무용·동작치료활동(10회기) **라. 대상인원:** 약 25명 **마. 기대효과** ·부모에게 다양한 매체의 활용을 경험토록 하여 신체적 자극과 창의력 향상 경험 ·아동에게 실시했을 때의 그에 대한 교육의 효과를 알아본다. ·부모의 감정의 분출, 본인·가족애의 표현을 통한 심지, 정서적 안정유도 ·아동의 심리적인 불안 초조 긍정적인 반응에 대하여 체험해 보고 알아보는 눈을 기른다. ·부모의 집단치료활동을 통한 상호 작용 및 사회성 향상 느끼기 ·부모의 성취감을 고취하여 자발성과 자립성 향상 체험하기

나. 프로그램 세부 계획서

장애아동 부모용 KIS D/MT 프로그램 구성표

회기	단계	프로그램 목표	진행과정
1회기~ 5회기	1단계 (자아인식 단계)		참석자들과 라포 형성 및 사전검사
		나 알기 Ⅰ, Ⅱ	−브레인댄스(신체 감각기관 열기) −나는 ○○○, 보글짝 지글짝 (직접 노래 부르면서 / 신체 인식 지각) −공을 이용한 Eye contact(자기 표현능력 기르기)
		자신감 회복 Ⅰ, Ⅱ	−상대방 리드하기(mirroring) −내 몸은 풍선!(호흡 소리 내며 움직이기) −인간나무, 인생 그래프/ 자아에 대한 인식
6회기~ 8회기	2단계 (타인인식 단계)	타인과의 관계 형성 Ⅰ,Ⅱ	−페트병 댄스(유행노래 직접 노래 부르면서 / 언어교정 및 재활동작) −천이 춤을 춰요, 소리야 춤을 춰라 / 도구를 이용한 즉흥무 −337 박수, 건강 손뼉 치기(직접 노래 부르면서 / 상대방과 함께, 타인신체 인식)
9회기 11회기	3단계 (사회성 증진)	집단과의 나 Ⅰ, Ⅱ	−탈춤(장단소리, 불림: 언어교정 / 집단 신뢰감, 일체감) −신체로 구음하기 −3개 이상 동작 연결하기(팀별로 작품 만들기) −발표회 하기
12회기			마무리, 사후검사

#3. 무용·동작치료 논문 모음

〈2002년 무용·동작치료 관련 논문〉

「무용동작 치료가 가정해체 청소년의 자아정체감에 미치는 영향」 / 윤효정 / 중앙대 교육대학원 / 석사
「무용·동작치료가 정신분열증 환자의 재사회화에 관한 연구: 낮 병원 환자를 중심으로」 / 온현연 /
　　고려대 교육대학원 / 석사

〈2003년 무용·동작치료 관련 논문〉

「무용치료에 대한 신경정신과 전문인의 인식 조사 연구」 / 이길주 / 성균관대 교육대학원 / 석사
『한국무용·동작심리치료학회 10주년 학술심포지엄 자료집』 / 한국무용·동작심리치료학회 주최 /
　　한국무용 동작심리치료학회
「자폐아의 표현력 향상을 위한 무용치료 효과에 관한 연구」 / 이승아 / 숙명여대 대학원 / 석사
「Marian Chace와 Mary Whitehouse 무용·동작치료의 방법론에 관한 비교 분석 연구」 / 김유선 / 서울
　　여대 특수치료전문대학원 / 석사
「최근 국내외 무용치료 현황 및 제도적 발전에 관한 연구」 / 이유리 / 경성대 교육대학원 / 석사
「한국무용·동작치료의 역사 및 현황」 / 김재은 / 중앙대 교육대학원 / 석사
「무용·동작치료가 정신지체인의 정서표현 및 사회성에 미치는 효과」 / 고동완 / 서울여대 특수치료
　　전문대학원 / 석사
「무용치료가 정신분열환자의 행동에 미치는 변화」 / 김미선 / 세종대 교육대학원 / 석사
「부부의 공감 및 친밀감 증진을 위한 무용·동작 심리치료 프로그램 효과 연구: 목회자 부부를 중심
　　으로」 / 박선영 / 서울여대 특수치료전문대학원 / 석사
「무용·동작치료가 정신질환자의 불안, 자아의식 및 우울에 미치는 영향」 / 이예승 / 고려대 교육대
　　학원 / 석사
「무용치료 프로그램 활용을 통한 비행청소년의 자아개념 향상에 미치는 영향」 / 염동연 / 동국대 교
　　육대학원 / 석사
「무용·동작치료가 식사장애 여성의 신체상에 미치는 영향」 / 고경순 / 중앙대 교육대학원 / 석사
「창작표현을 매체로 한 무용·동작치료의 연구」 / 김경빈/ 세종대 교육대학원 / 석사
「청소년을 위한 무용치료 프로그램」 / 김영욱 / 경성대 교육대학원 / 석사

〈2004년 무용·동작치료 관련 논문〉

「통합예술치료와 무용·동작치료가 일반인의 자기개념에 미치는 효과」 / 신차선 / 원광대 보건환경
　　대학원 / 석사

「중년여성의 한국무용참여에 따른 우울증 치료효과에 관한 연구」 / 조애라 / 조선대 교육대학원 / 석사

「무용치료가 중년여성의 자아실현 및 신체움직임 변화에 미치는 효과」 / 조현숙 / 원광대 보건환경대학원 / 석사

「한국에서의 무용·동작치료 적용확대방안 연구」 / 이양미 / 원광대 보건환경대학원 / 석사

「샤머니즘적 수행에서 춤의 치료적 요소에 관한 연구」 / 김미란 / 경성대 교육대학원 / 석사

「무용치료가 비행청소년의 자아정체성에 미치는 영향」 / 이미경 / 계명대 교육대학원 / 석사

「노인의 자아통합감 증진을 위한 무용·동작치료의 효과: 여성 노인 자원 봉사자를 중심으로」 / 윤혜선 / 서울여대 특수치료전문대학원 / 석사

「정신지체청소년을 위한 집단 무용치료 효과 연구」 / 정선아 / 원광대 교육환경대학원 / 석사

「자폐아 재활을 위한 무용치료 프로그램 연구」 / 송수영 / 조선대 교육대학원 / 석사

「무용치료가 청소년의 자아개념에 미치는 영향: 재수생을 중심으로」 / 정명희 / 원광대 보건환경대학원 / 석사

〈2005년 무용·동작치료 관련 논문〉

「선무-동작명상 요실금 정서 지지 프로그램을 적용한 사례연구」 / 이지혜 / 포천중문의과대 보건복지대학원 / 석사

「공연예술치료에 관한 연구: 음악, 무용, 연극을 중심으로」 / 홍서연 / 중앙대 예술대학원 / 석사

「초등학교 여아의 공격행동 감소를 위한 무용·동작치료 프로그램의 효과검증」 / 여윤정 / 서울여대 특수치료전문대학원 / 석사

「한국 공연예술치료의 실태조사 및 문제점 연구: 연극치료, 미술치료, 음악치료, 무용치료를 중심으로」 / 박정선 / 동덕여대 공연예술대학원 / 석사

「무용·동작 치료 프로그램이 직장인의 직무스트레스에 미치는 영향: 대인관계 스트레스 및 자아존중감을 중심으로」 / 이정현 / 서울여대 특수치료전문대학원 / 석사

「무용·동작치료가 정신분열병 환자의 부정적 관념화 및 에포트 요소에 미치는 효과」 / 최미란 / 원광대 동서보완의학대학원 / 석사

「무용치료가 아동의 자아존중감과 사회성에 미치는 효과」 / 홍연성 / 대구교육대 교육대학원 / 석사

「정신지체아동의 공간 활용 능력과 동작 표현 능력 향상을 위한 한국무용프로그램 개발에 관한 연구」 / 김주영 / 명지대 대학원 /석사

「무용·동작치료가 여성의 신체화 증상과 정서인식 및 표현성에 미치는 효과」 / 진보겸 / 서울여대 특수치료전문대학원 / 석사

「기독교 관점에서 무용치료의 전망」 / 김은정 / 숙명여대 대학원 / 석사

「Rhythmic Group Activity 원리를 적용한 무용·동작치료가 ADHD 아동에게 미치는 효과」 / 김경은 / 서울여대 특수치료전문대학원 / 석사

〈2006년 무용·동작치료 관련 논문〉

「무용·동작치료가 만성 정신분열병 환자의 자아존중감, 대인관계 및 정신건강상태에 미치는 효과」 / 고규희 / 가톨릭대 대학원 / 석사

「무용·동작치료가 여자 가출 청소년의 공격성과 자기표현에 미치는 영향」 / 이선화 / 원광대 동서보

완의학대학원 / 석사

「무용·동작치료 프로그램이 장애아동 어머니의 스트레스 감소에 미치는 영향」 / 김정향 / 서울여대
　　특수치료전문대학원 / 석사

무용치료가 자폐아동에게 미치는 치료적 효과 / 임애성 / 경성대 교육대학원/ 석사

중증 뇌성마비인의 신체상과 자아존중감 변화를 위한 무용·동작치료 사례연구 / 김정아 / 원광대 동
　　서보완의학대학원 / 석사

「무용·동작 치료가 정서장애 아동의 자아존중감표현과 사회성발달에 미치는 효과」 / 김서영 / 예원
　　예술대 문화예술대학원/ 석사

「무용·동작치료 집단 프로그램 효과 연구: 한 부모 가정 아동을 중심으로」 / 김밀아리 / 경희대 대학
　　원 / 석사

「카타르시스 현상에 의한 무용의 치료적 기능 연구」 / 강선명 / 공주대 교육대학원 / 석사

무용·동작치료가 정신분열병환자들의 불안, 우울 및 삶의 만족도에 미치는 효과」 / 황현환 / 원광대
　　동서보완의학대학원 / 석사

「무용치료가 초등학생의 신체적 자기효능감 및 정서지능에 미치는 영향」 / 변인숙 / 영남대 대학원 /
　　석사

「무용·동작치료에서 Laban 움직임 분석 이론 적용의 가능성 탐색」 / 하정임 / 서울여대 특수치료전
　　문대학원 / 석사

「무용·동작치료가 여고생들의 시험불안에 미치는 영향: Blanche Evan의 중재 기법을 중심으로」 / 김
　　현진 / 서울여대 특수치료전문대학원 / 석사

「무용·동작 치료프로그램이 신경증환자의 신체화, 우울, 불안과 감정표현 불능증에 미치는 효과」 /
　　김옥희 / 경북대 대학원 / 석사

「무용·동작치료 프로그램이 ADHD 아동의 문제 행동 변화에 미치는 효과」 / 이지은 / 한양대 교육
　　대학원 / 석사

「무용·동작치료 프로그램이 유아의 정서지능에 미치는 영향」 / 박혜주 / 서울여대 특수치료전문대
　　학원 / 석사

「무용·동작치료가 자폐성 아동과 어머니와의 애착행동에 미치는 효과: Marian Chace의 Mirroring 기
　　법을 중심으로」 / 정은성 / 서울여대 특수치료전문대학원 / 석사

무용·동작치료가 신체만족도가 낮은 초등학생의 우울증상에 미치는 효과 / 김선영 / 서울여대 특수
　　치료전문대학원 / 석사

「무용·동작치료가 시설청소년의 자아존중감과 대인관계에 미치는 영향」 / 박선아 / 계명대 대학원 /
　　석사

「무용·동작치료가 정신지체 아동의 자기 통제력과 사회성 기술에 미치는 효과: Marian Chace의 원
　　형구조 기법을 중심으로」 / 정연진 / 서울여대 특수치료전문대학원 / 석사

「무용·동작치료가 방임아동의 자기표현 및 자아존중감에 미치는 효과」 / 박성주 / 서울여대 특수치
　　료전문대학원 / 석사

〈2007년 무용·동작치료 관련 논문〉

「무용·동작치료가 유방암 환자의 삶의 질과 우울, 스트레스 호르몬, 면역기능 및 심박변이도에 미치
　　는 영향」 / 김인숙 / 원광대 대학원 / 박사

「무용·동작치료가 정신분열병 환자의 삶의 질, 질병침습 및 지속적 주의력에 미치는 영향」 / 정명희 /

원광대 대학원 / 박사

「무용·동작치료와 청소년의 대인관계」 / 이영주 / 단국대 대학원 / 석사

「무용치료 프로그램이 취학 전 유아의 창의성 및 자아개념 향상에 미치는 효과」 / 신정숙 / 영남대
　　대학원 / 석사

「무용·동작치료가 여성노숙자의 신체상, 자아존중감 및 우울에 미치는 효과」 / 김월녀 / 원광대 동
　　서보완의학대학원 / 석사

「바티니에프 기본원리(Bartenieff Fundamentals)가 무용치료사의 신체지각에 미치는 효과」 / 이경희 /
　　한양대 대학원 / 박사

「정신분열증 환자를 위한 무용·동작치료의 warm-up방법에 관한 연구」 / 설주이 / 서울여대 특수치
　　료전문대학원 / 석사

「무용치료 프로그램이 시설아동의 대인불안 및 우울 감소에 미치는 효과」 / 진주연 / 대구가톨릭대
　　대학원 / 석사

「무용·동작치료의 'warm-up'방법이 낮 병원 정신분열증환자의 대인관계기술과 집단 응집력에 미치
　　는 영향」 / 조아영 / 서울여대 특수치료전문대학원 / 석사

「무용·동작치료가 정신지체 아동의 관계인식에 미치는 영향 연구: Kestenberg Movement
　　Profile(KMP)평가도구를 중심으로」 / 이혜송 / 명지대 사회교육대학원 / 석사

「발테니에프 무용치료 프로그램을 통한 발달장애아동의 감정 표현 변화 과정에 대한 사례 연구」 /
　　민경은 / 인하대 교육대학원 / 석사

「초등학생의 분노표현 및 자아존중감을 위한 무용·동작치료 프로그램 연구」 / 신명주 / 대전대 보건
　　스포츠대학원 / 석사

「무용·동작치료가 한국의 일 중소도시지역 고등학생의 스트레스, 우울 및 심박변이도에 미치는 영
　　향」 / 강희자 / 원광대 대학원 / 박사

「무용·동작치료가 우울 청소년에게 미치는 효과: LMA 동작분석을 중심으로」 / 홍정의 / 명지대 사
　　회교육대학원 / 석사

〈2008년 무용·동작치료 관련 논문〉

「무용 치료의 이론과 실제: 한국무용을 중심으로」 / 박국자 / 명지대 사회교육대학원 / 석사

「무용·동작 치료 프로그램을 적용한 정신분열증 환자의 움직임 특성 연구」 / 강시은 / 명지대 대학
　　원 / 석사

「노인여성의 우울과 생활만족도를 위한 한국무용·동작치료 프로그램 개발 연구」 / 박혜정 / 공주대
　　교육대학원 / 석사

「무용·동작치료가 뇌졸중 편마비 환자의 불안에 미치는 효과: 신체이완 기법 중심으로」 / 문숙정 /
　　서울여대 특수치료전문대학원 / 석사

「무용치료 참여가 중년여성의 정신건강과 생활만족도에 관한 연구: 한국무용을 중심으로」 / 공미숙 /
　　대전대 보건스포츠대학원 / 석사

「한국인의 정서에 적합한 무용치료 연구」 / 이현화 / 공주대 교육대학원 / 석사

「무용·동작치료가 청각장애 아동의 자기표현과 학교생활적응에 미치는 효과」 / 노영주 / 서울여대
　　특수치료전문대학원 / 석사

무용·동작치료가 정신지체아의 기초체력과 적응행동에 미치는 영향 / 강원심 / 공주대 특수교육대
　　학원 / 석사

「기독교 무용의 움직임 프로그램을 활용한 청소년 우울 감소 적용사례 연구」 / 구수연 / 세종대 대학원 / 석사
「무용・동작치료가 노인의 자아통합감, 삶의 만족도 및 우울에 미치는 효과」 / 김정희 / 원광대 동서보완의학대학원 / 석사
「무용치료가 자폐아동의 정신건강 및 신체적 자기효능감에 미치는 영향」 / 김명란 / 대구가톨릭대 대학원 / 석사
「무용・동작치료가 아내학대 피해여성의 학습된 무기력과 내외통제성에 미치는 효과」 / 한지영 / 서울여대 특수치료전문대학원 / 석사

〈2009년 무용・동작치료 관련 논문〉

「무용・동작치료가 허혈성 뇌졸증[실은 뇌졸중] 환자의 인지기능, 일상생활능력, 불안과 우울 및 삶의 질에 미치는 영향」 / 나안숙 / 원광대 대학원 / 박사
「무용・동작치료가 유방 절제술을 한 유방암 환자의 신체상과 우울에 미치는 효과」 / 신수린 / 서울여대 특수치료전문대학원 / 석사
「무용・동작치료 프로그램을 통한 후기고령노인의 자존감 및 사회성 연구」 / 이예승 / 고려대 대학원 / 박사
「무용동작 심리치료가 성폭력 피해 청소년의 외상 후 스트레스, 뇌파 및 자아 정체감에 미치는 효과」 / 류분순 / 홍익대 대학원 / 박사
「무용・동작치료가 알코올의존 환자부인의 자아존중감 및 불안, 우울, 혈청 Cortisol 농도에 미치는 효과」 / 김월녀 / 원광대 대학원 / 박사
「무용・동작치료 프로그램을 통한 자활사업 참여자 임파워먼트 향상의 효과에 미치는 영향: 사회적응프로그램 대상자를 중심으로」 / 류인화 / 대전대 보건스포츠대학원 / 석사
「시설노인의 일상적 건강유지를 위한 한국무용동작 치료프로그램 개발 연구」 / 박선정 / 공주대 교육대학원 / 석사
「예술치료의 사회복지 적용 가능성 연구」 / 손혜정 / 가야대 행정대학원 / 석사
「무용・동작치료 프로그램이 자아존중감 향상에 미치는 효과: 학교부적응 청소년 중심으로」 / 김정희 / 경희대 대학원 / 석사
「특수교육의 무용교수 행동 사례분석」 / 조경은 / 중앙대 교육대학원 / 석사
「무용・동작치료가 여성노인의 대인관계 불안 감소에 미치는 영향」 / 김진혜 / 명지대 사회교육대학원 / 석사

〈2010년 무용・동작치료 관련 논문〉

「무용・동작치료가 특수팀아동의 사회성 및 정서발달에 미치는 영향」 / 전소연 / 순천향대 건강과학대학원 / 석사
「무용・동작치료가 학교부적응 청소년의 학교생활적응과 공감능력에 미치는 효과」 / 김춘우 / 서울여대 특수치료전문대학원 / 석사
「무용・동작치료(DMT)와 심리적 안녕감 연구: 질적 연구방법의 적용」 / 온채은 / 고려대 대학원 / 박사
「비행청소년 무용의 선도 효능에 관한 연구」 / 이주원 / 경성대 교육대학원 / 석사

「무용치료가 지적장애아의 자기표현과 학교생활적응에 미치는 효과」/ 박지연 / 순대천 교육대학원 / 석사

「무용·동작치료가 정신지체 아동의 사회적 기술 및 문제행동 감소에 미치는 효과」/ 이민지 / 순천향대 건강과학대학원 / 석사

「국내 무용·동작치료 효과에 관한 메타분석」/ 이지희 / 순천향대 건강과학대학원 / 석사

「무용·동작치료가 입원 중인 정신분열병 환자의 분노 및 분노 표현, 우울, 불안, 양성과 음성 증상에 미치는 영향」/ 김홍자 / 원광대 대학원 / 박사

「무용·동작치료가 다문화가정 아동의 교우관계에 미치는 효과」/ 방정남 / 한양대 대학원 / 석사

「마음과 몸의 통일을 위한 무용치료 적용에 관한 연구」/ 김예경 / 청심신학대학원대 / 석사

「무용·동작치료가 저소득층 아동의 자아탄력성과 자기효능감에 미치는 효과」/ 김호정 / 서울여대 특수치료전문대학원 / 석사

「신체정렬 중심 무용·동작치료와 Chacian 기법 무용·동작치료가 만성정신분열병 환자의 신체상, 자기효능감 및 낙인지각에 미치는 효과 비교」/ 이정민 / 서울여대 특수치료전문대학원 / 석사

「무용·동작치료가 한부모 가정 아동의 자아개념, 정서지능 및 정서조절에 미치는 효과」/ 신보경 / 원광대 동서보완의학대학원 / 석사

「심리학적 접근으로 본 Marian Chace와 Blanche Evan의 무용치료 기법 비교 분석 연구」/ 유선영 / 숙명여대 전통문화예술대학원 / 석사

「무용·동작치료가 정신지체 청소년의 사회적 기술에 미치는 효과」/ 임희선 / 고려대 교육대학원 / 석사

「무용·동작치료가 북한이탈 청소년의 자아개념과 문화적응 스트레스에 미치는 효과」/ 민정은 / 서울여대 특수치료전문대학원 / 석사

「리듬운동을 통한 무용치료가 여성 치매노인의 인지기능과 기억수행 및 우울에 미치는 효과」/ 최윤정 / 강원대 대학원 / 박사

「무용·동작치료프로그램을 통한 중년기여성의 자존감 및 신체효능감 연구」/ 최미란 / 상명대 복지상담대학원 / 석사

「무용·동작치료가 우울성향 청소년의 우울, 자아존중감 및 대인관계에 미치는 효과」/ 정수인 / 경성대 교육대학원 / 석사

「작품 '보라색 광대(The Purple Clown)'의 분석을 통한 불안치료의 연구」/ 정해경 / 동덕여대 공연예술대학원 / 석사

「무용치료의 원리와 방법론을 통한 표현 연구」/ 오세진 / 경희대 대학원 / 석사

「무용치료가 산후우울을 경험한 산모의 신체상, 우울 및 자아존중감에 미치는 효과」/ 김연선 / 한양대 대학원 / 석사

「초등학생의 즉흥표현활동을 통한 무용치료 프로그램이 자아개념 발달에 미치는 영향」/ 송은정 / 대구가톨릭대 교육대학원 / 석사

무용·동작치료가 지적 장애아의 사회성 발달과 부적응 행동 완화에 미치는 영향」/ 박수진 / 경성대 교육대학원 / 석사

「Laban의 Effort 요소중심의 무용·동작치료프로그램이 정신분열증 환자들의 정서표현에 미치는 효과」/ 최원예 / 명지대 사회교육대학원 / 석사

「한국과 미국 대학원의 무용치료 교육과정 비교 연구」/ 이선미 / 이화여대 대학원 / 석사

「무용동작 치료가 폐경기 여성의 불안, 우울 및 삶의 질에 미치는 효과」/ 소순희 / 원광대 대학원 / 박사

「무용·동작치료가 학습부진 여중학생들의 자아존중감과 대인관계에 미치는 효과」/ 문귀임 / 경성

대 교육대학원 / 석사

「무용・동작치료가 지적장애 여자고등학생의 자기표현능력과 자아존중감에 미치는 효과」 / 주성용 /
원광대 대학원 / 박사

「무용치료의 대중화 가능성 모색」 / 이정숙 / 전북대 대학원 / 석사

〈2011년 무용・동작치료 관련 논문〉

「舞踊動作 治療가 폐경기 女性의 不安, 憂鬱 및 삶의 質에 미치는 效果」 / 소순희 / 원광대학교 일반대학
원 / 박사

「무용동작치료가 지적장애 여자고등학생의 자기표현능력과 자아존중감에 미치는 효과」 / 주성용 /
원광대학교 일반대학원 / 박사

「Laban의 Effort 요소중심의 무용・동작치료프로그램이 정신분열증 환자들의 정서표현에 미치는 효과」 /
최원예 / 명지대학교 사회교육대학원 / 석사

「무용동작치료가 학습부진 여중학생들의 자아존중감과 대인관계에 미치는 효과」 / 문귀임 / 경성대
학교 교육대학원 / 석사

「한국과 미국 대학원의 무용치료 교육과정 비교 연구」 / 이선미 / 이화여자대학교 대학원 / 석사

「DMT프로그램을 응용한 시설노인의 정신건강증진을 위한 연구 : DMT:Dance Movement Therapy」 /
문보람 / 공주대학교 교육대학원 / 석사

「무용동작치료가 우울성향 청소년의 우울, 자아존중감 및 대인관계에 미치는 효과」 / 정수인 / 경성
대학교 교육대학원 / 석사

「공간개념을 활용한 무용/동작치료 프로그램이 시설장애아동의 '공간인식능력'에 미치는 효과 :
LMA Space 중심으로」 / 이하윤 / 명지대학교 사회교육대학원 / 석사

「무용/동작치료가 지적 장애아의 사회성 발달과 부적응 행동 완화에 미치는 영향」 / 박수진 / 경성대
학교 교육대학원 /

〈2012년 무용・동작치료 관련 논문〉

「산재환자의 우울 및 만성통증에 대한 Jumping Rhythm과 마음챙김 명상을 활용한 무용/동작치료 효
과」 / 박유미/ 서울여자대학교 특수치료전문대학원 / 석사

「여성 치매노인의 문제행동 개선을 위한 무용/동작치료 프로그램의 효과」 / 배혜영 / 부산대학교 / 박사

#4. 무용·동작치료 관련 사이트 모음

가. 학회·협회·연구소 홈페이지

- 대한브레인댄스협회 − www.braindance.kr
- 대한무용·동작심리치료학회 − www.ksdmp.org
- 미국무용치료협회 − www.adta.org
- 한국무용·동작치료교육학회 − www.dmtedu.com
- 한국예술심리치료학회 − www.k-apai.or.kr
- 한국댄스테라피협회 − www.kdmta.com
- 공연예술심리협회 − www.pata.or.kr
- 한국예술치료학회 − www.artstherapy.or.kr
- 춤테라피학회 − www.dancetherapy.or.kr
- 한국임상치유예술학회 − www.lovearttherapy.com
- 한국표현예술심리치료협회 − www.keapa.or.kr
- 한국예술치료협회 − www.kaat.or.kr
- 한국통합예술심리치료협회 − www.kita21.com
- 한국통합예술치료상담학회 − www.kiatia.co.kr
- 세계예술치료협회 − www.wata.or.kr
- 광주 예술심리치료 상담연구소 − www.go-leaders.com
- 한국심리치료학회 − www.kap03.kr
- 한국아동심리치료학회 − www.kacpt.or.kr
- 김인숙아트테라피연구소 − www.kimarts.co.kr
- 무빙온마인드 표현예술치료연구소 − www.movingonmind.com
- 한국예술심리치료원 − www.ata.or.kr
- 남희경심리치료연구소 − www.dancetherapy.kr

- 마음세상 심리치료 연구소－www.mindworld.kr
- 예술심리치료연구소 공감－www.gong-gam.kr
- 가나심리치료연구소－www.gana6.com
- 마음울타리 심리치료연구소－www.mindboundary.net
- 안젤라 예술치료 연구소－www.angelatherapy.co.kr
- ::ReDance::무용동작심리치료그룹－www.redance.org
- 마음공간－www.mindspacekorea.com
- 울산댄스테라피－www. dtaa.org
- Association for Dance Movement Therapy. UK－www.admt.org.uk
- International Institute for Dance Therapy IIDT－www.dancetherapy.com
- German Dance Therapy Association－www.dancetherapy.de
- Japan Dance Therapy Association－www.jadta.net
- Spanish Dance Therapy Association－www.danzamovimientoterapia.com
- Swedish Dance Therapy Association－www.dansterapi.info

나. 카페 · 블로그

- 마음의 정원 심리센터&부설 김인숙 아트테라피연구소－blog.daum.net/jazz0970
- 마인드바디무용동작심리치료소－cafe.daum.net/mindbodyDMT
- 한국무용 · 동작심리치료협의회－cafe.daum.net/kdmpa
- 대전예술치료연구회－cafe.daum.net/ArtTherapyAcademia
- 대전대학교 무용 · 동작치료 연구회－cafe.daum.net/artdta
- 한국무용 · 동작심리치료협의회－cafe.daum.net/kdmpa
- 한국무용 · 동작심리치료학회－cafe.daum.net/kdmta
- 서울여대 무용 · 동작치료－cafe.daum.net/dancetherapy
- The Bady-Dance Therapy－cafe.daum.net/dancetherapylove
- 무용치료스터디－cafe.daum.net/DTstudy
- 한지영의 힐링모션 Healing Motion－cafe.daum.net/idamotion

- 예담 예술치료연구소 － cafe.daum.net/yeadam9
- 한국춤테라피명상연구소 － cafe.daum.net/whitedance
- 마음숲심리상담센터 － cafe.daum.net/maumsup
- 한 예술치료교육연구소 － cafe.daum.net/artstherapy79
- 마음소리 가족심리연구소 － cafe.naver.com/maumsory
- 다온심리치료 － blog.daum.net/daonmind
- 정유경 심리치료 연구소 － blog.daum.net/psychotherapy

다. 센터 홈페이지

- 한국상담심리치료센터 － www.kclatc.com
- 마음뜰예술심리치료센터 － www.심리상담치료.한국
- 강남심리치료센터 － www.mindcare.kr
- 마인드케어 심리치료센터 － www.mindcarecenter.co.kr
- 목동 행복한 심리치료센터 － www.wehappy.or.kr
- 한국EFT코칭센터 － www.koreaeft.com
- 김정희 심리상담센터 － www.mindcode.co.kr
- 한겨레 심리상담센터 － www.hancoun.com
- 마인드허브 심리상담센터 － www.mindhub.co.kr
- 예술치료센터 뜰 － www.innerartsspace.com
- 드림트리 예술치료 연구센터 － www.dreamtree.cc

#5. 무용·동작 심리치료 관련 도구 모음

다음에 소개하는 도구와 악기들은 무용·동작치료에서 자주 활용되는 것들이다. 그러나 무용·동작치료를 위한 특정한 악기나 음악이 따로 존재하는 것은 아님을 밝혀 둔다.

가죽마라카스	귀로스틱	동물 쉐이커
롤리팝 탬버린 드럼	벨류	쉐이프 드럼
스트레칭밴드 - 라이크라	처컴	카바사
콘	플러어 드럼류	헤미스피어

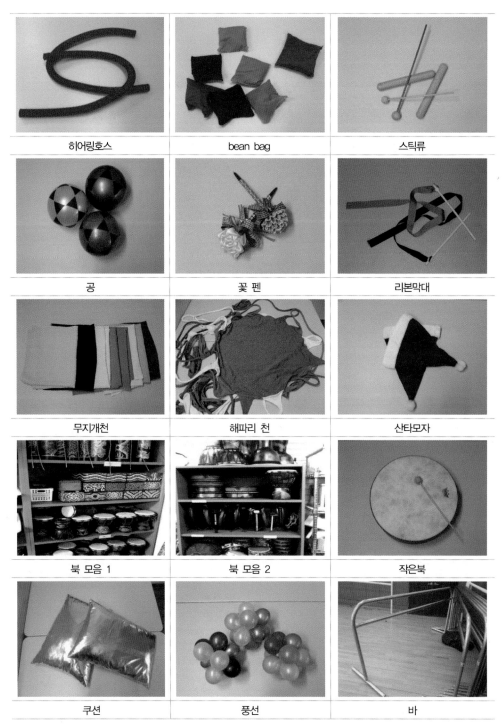

히어링호스	bean bag	스틱류
공	꽃 펜	리본막대
무지개천	해파리 천	산타모자
북 모음 1	북 모음 2	작은북
쿠션	풍선	바

※ 도구는 세션의 구성과 대상에 따라 주변의 환경에서 다양하게 응용하여 사용하면 더 효과적이며 세션 시작 전 도구에 안정성에 대하여 설명하여야 한다. 위 도구들은 저자가 무용·동작치료 프로그램에 사용했던 도구들을 바탕으로 모은 일부 자료이다.

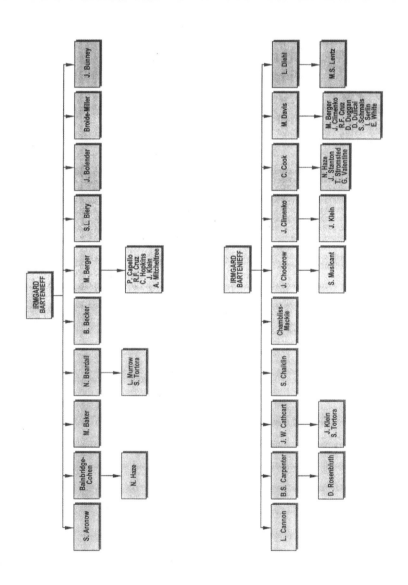

다음 내용은 현대 무용·동작치료이론을 정립하고 발전시킨 선구자들의 계보를 밝힌 것이다. Fran J. Levy(1988)의 저서 『Dance Movement Therapy A Healing ART』를 인용하고 요약한 내용이다.

#6. 무용·동작치료 선구자 계보도

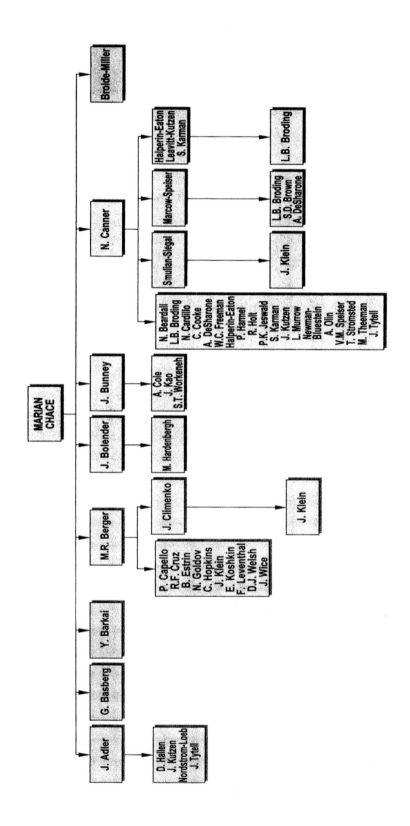

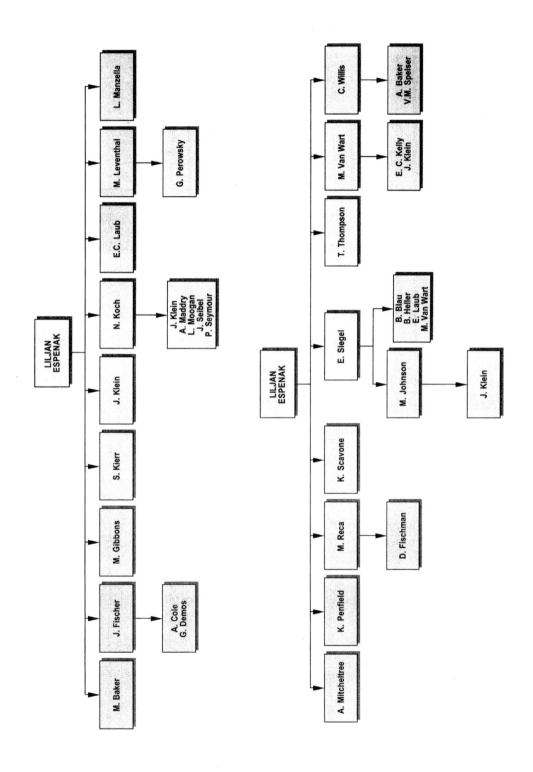

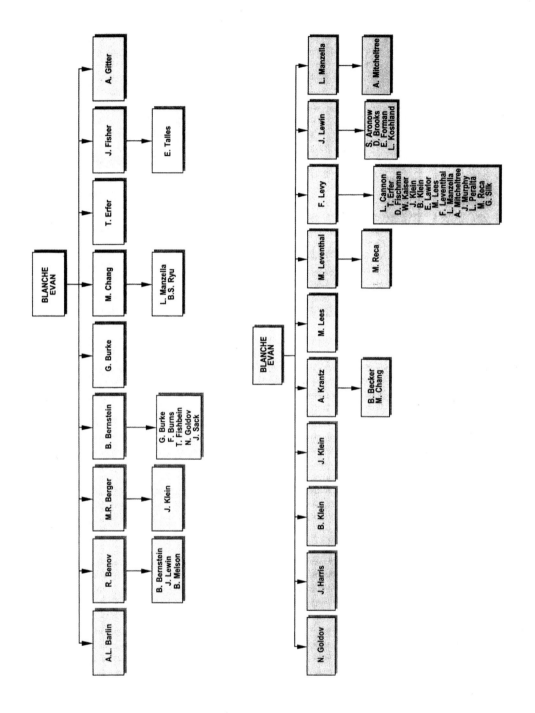

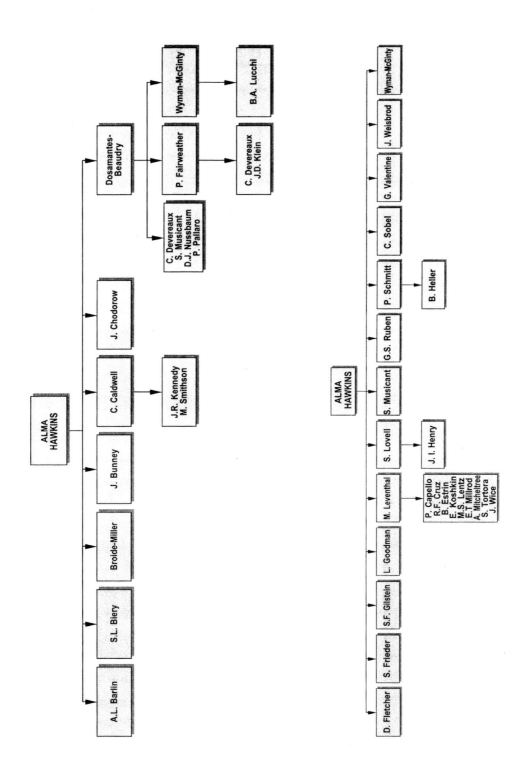

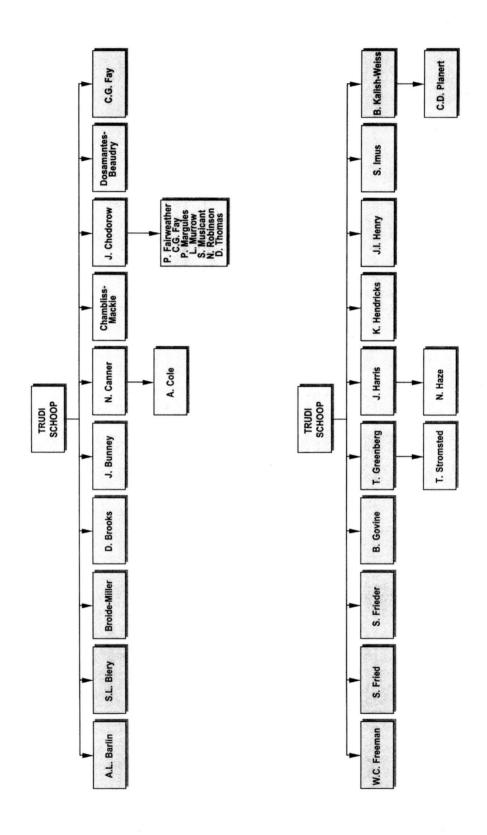

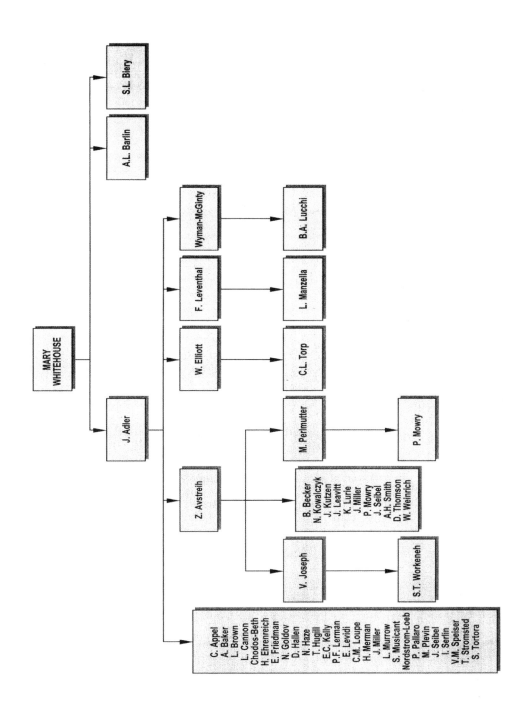

참고문헌

교과부, 『초등 3, 4, 5, 6학년 체육교과서』, 서울, 2010.

김명희, 『라반 동작분석법』, 서울, 눈빛, 2005.

_____, 『바티니에프 기본원리』, 서울, 눈빛, 2006.

김옥희, 「무용・동작치료(Dance Movement Therapy: DMT」, 『2006 생명의 전화 전국대회 워크숍 강의』, 2006.

김유선, 「Marian Chace와 Mary White house무용・동작치료방법론에관한 비교분석연구」, 서울여자대학교 특수치료전문 대학원, 2003.

김인숙, 「무용・동작치료가 유방암 환자의 삶의 질과 우울, 스트레스 호르몬, 면역기능 및 심박변이도에 미치는 영향」, 원광대 대학원, 박사, 2007.

김현진, 『융』, 한길사, 1999.

다리아 할프린, 『동작중심표현예술치료』, 시그마프레스, 2006.

류분순, 『무용치료의 입문』, 학지사, 1993.

류분순・김유선, 「Marian Chace와 Mary White house무용・동작치료의 방법론에 관한 비교분석연구」, 『한국무용교육학회기 제14집』, 2003. 140~141 pp.

_____, 『무용・동작치료학』, 학지사, 2000, p.21.

_____, 「'무용요법에 대한 소고'」, 『한국 임상예술 학회』, 7, 1992.

민경은, 「발테니에프 무용치료 프로그램을 통한 발달장애아동의 감정 표현 변화 과정에 대한 사례연구」, 인하대 교육대학원, 석사, 2007.

송인섭, 『연구방법론』, 상조사, 1997.

송종용, 『학습장애』, 학지사, 2000.

신명주, 「초등학생의 분노표현 및 자아존중감을 위한 무용・동작치료 프로그램 연구」, 대전대 보건스포츠대학원, 석사, 2007.

신현균・김진숙, 『주의력 결핍 및 과잉행동 장애』, 학지사, 2000.

신현기, 「행동수정의 원리」, 『통합보육지도자과정교재(제2기 행동치료사 자격과정)』, 한국정서・행동장애아교육학회, 2000.

유선영, 「심리학적 접근으로 본 MarianChace와 BlancheEvan의 무용치료 기법 비교 분석 연구」, 숙대 전통문화예술대학원, 2010.

윤승호・임인선, 「자폐아의 상동 행동에 영향 미치는 무용 프로그램의 이론적 고찰」, 『대한무용학회 논문 제31호』, 2001. 169 p.

이경희, 「발티니에프 기본원리(Bartenieff Fundamentals)가 무용치료사의 신체지각에 미치는 효과」, 한양대 대학원, 박사, 2007.

이부영, 『분석심리학』, 일조각, 1999.

이선문, 「DANCE THERAPY의 방법론에 관한 이론적 고찰(Marian Chace, Mary Whitehouse, Trudi Schoop, Rudolf Von Laban을 중심으로)」, 1998, 9 p.

이숙자,「노인의 건강 증진을 위한 율동적 운동프로그램의 적용 효과」,『대한 간호학회지』, 제30권, 3~10 pp., 2000.

이시은,「무용치료의 방법론에 관한 이론적 고찰」, 이화여자대학교 대학원, 2003.

이유리,「최근 국내외 무용치료 현황 및 제도적 발전에 관한 연구」, 경성대학교 교육대학원, 2003.

이혜송,「무용·동작치료가 정신지체 아동의 관계인식에 미치는 영향 연구: Kestenberg Movement Profile(KMP)평가도구를 중심으로」, 명지대 사회교육대학원, 석사, 2007.

임용자,「표현예술치료의 이론과 실제-동작, 미술 및 언어표현의 통합적 접근」,『문음사』, 2004.

임인선·윤승호,「자폐아의 상동 행동에 영향 미치는 무용 프로그램의 이론적 고찰」,『대한무용학회 논문집 제31호』, 2001.

정명희,「무용·동작치료가 정신분열병 환자의 삶의 질, 질병침습 및 지속적 주의력에 미치는 영향」, 원광대 대학원, 박사, 2007.

정연진,「무용·동작치료가 정신지체 아동의 자기 통제력과 사회성 기술에 미치는 효과: Marian Chace의 원형구조 기법을 중심으로」, 서울여대 특수치료전문대학원, 석사, 2006.

정은성,「무용·동작치료가 자폐성 아동과 어머니와의 애착행동에 미치는 효과: Marian Chace의 Mirroring 기법을 중심으로」, 서울여대 특수치료전문대학원, 석사, 2006.

하정임,「무용·동작치료에서 Laban 움직임 분석 이론 적용의 가능성 탐색」, 서울여대 특수치료전문 대학원, 석사, 2006.

홍서연,「공연예술 치료에 관한 연구」, 중앙대학교예술대학원 석사학위논문, 2004.

황규자,「무용요법이 청각장애자의 사회지도에 미치는 영향」, 명지대학교박사학위논문, 1994, 1~2 pp.

Applebaum, E. A., Koegel, E. R. & Imhoff, B.,「Measuring musical abilities of autistic children」, Journal of Autism and Developmental Disorders, Vol.9, 1979.

Atterbury, B. W.,「Mainstreaming exceptional learners in music」, Englewood Cliffs, NJ: Prentice Hall, 1990.

Ayres, J., Sensory integration and the child. Western Psychological Services, 1973.

Bartenieff, I., & Lewis, D.「Body Movement; Coping with the Environment. New York: Gordon and Breach」, 1980, especially 229~262 pp.

Bryant, D. R.,「A cognitive approach to therapy through music」,『Journal of Music Therapy』, vol.24, 1987.

Byrnes, S.,「The effect of audio, video, and paired audio-video stimuli on experience of stress」,『Journal of Music Therapy』, Vol.33, 1996.

Chace, M.「Dance as an adjunctive therapy with hospitalized mental patients」. Bull Menninger Clin, Vol.17, 219~225 pp., 1953.

Chaiklin, H.「Marian Chace: Her papers. Columbia」,『MD: American Dance Therapy Association』, 1975.

Davis, W. B. & Thaut, M. H.,「The influence of preferred relaxing music on measure of state anxiety, relaxation, and physiological responses」,『Journal of Music Therapy』, Vol.26, No.4, 1989.

DeMaria, C. R.,『Dimension of Physical Education』, St. Louis: The C. V. Mosby Company, 1974.

Denenholz, B.,「Music as a tool in physical medicine. Music Therapy 1958」, Eight book of the proceedings of the National Association for Music Therapy: Papers from the ninth annual conference, Vol.8, 1959.

Droh & Spintge,「Anxiety, Pain and Music in Anesthesia.」, Basel: Roche Editions, 1983.

Evan, B.「The child's world: Its relation to dance pedagogy, (a collection of out-of-print articles)」New York.(Available from the author at 9491/2 Marine, Boulder, Colorado 80302), 1964.

Fran, J. Levy.「Dance Movement Therapy A Healing ART」,『Alliance for Health physical Education.

Recreation and Dance America』, 1988 재인용.

Gilbert. A. G., 「Brain-Compatible Dance Education」『The National Dance Association』, 360 p., 2006

_____., 「Creative Dance for All Ages」, 『The National Dance Association』, 1992, 386 p.

_____., 「Teaching The Three Rs Through Movement」, 『The National Dance Education Organization』, 296 pp., 1992.

Goodill, S. W. 「An Introduction to Medical Dance/Movement Therapy」. London; Jessica Kingsley Publishers, 2005.

Groninger, V. 「Dance therapist changes lives.」, 『Daily Camera』17, 1980.

Hackney, P. 「Making Connections-Total Body Integration through Bartenieff Fundamentals」. Amsterdam: Gordon and Breach, 1998.

Hawkins, A. 「Dance therapy today-points of view and ways of working」, Proceedings of the Seventh Annual Conference of the American Dance Threpy Association, 61~68 pp.

Halprin, A. 「Dance as a Healing Art: Returning to health with movement and imagery」. Mendocino, CA: Life Rhythm, 2000.

Halprin, D., 「The expressive body in life, art and therapy-working with movement, metaphore and meaning.」 Philadephia: Jessica Kingsley Publishers, 2003.

Hamburg, J. 「Movement efficiency coaching. Movement and Dance Magazine of the Laban Guild」, 79 (May), 51~53, 1990.

Hanser, S. B., 「The new music therapist's handbook」, Boston: Berklee press, 1999.

Heber, L. "Dance movement: a therapeutic program for psychiatric clients", Perspect Psychiatr Care. Vol.29, 22~29 pp., 1993.

Hibben, J. K., 「Movement as Musical Expression in a Music Therapy setting」, 『Music Therapy』, Vol.4, No.1, 1984.

Hinshaw, S. P., 「Attention deficits and hyperactivity in children」, Thousand Oaks, CA: Sage, 1994.

Hudson, W. C., 「Music: A Physiologic Language」, 『Journal of Music Therapy』, Vol.10, 1973.

Ilene Serlin, 「무용치료의 근본적인 치유 이미지」, 『서울여자대학교 특수치료전문대학원 제2회 국제 표현예술치료 워크숍』, 1956, 25 p., 2002.

Judge, J., Sandel, S., Faria, L., Landry, N. 「We got the grant: Story of a research collaborative.」, Paper presented at the American Dance Therapy Association 37th Annual Conference, October, Burlington, VT.

Knill, P. J., 「Soul nourishment, or the intermodal language of imagination」 in S. K. Levine & E. G. Levine(Eds.), 『Foundations of expressive arts therapy-theoretical and clinical perspectives』. Philadelphia: Jessica Kingsley Publishers 1999.

Krumhansl, C. L., 「The psychological representation of musical pitch in a tonal context」, 『Cognitive Psychology』, Vol.11, 1979.

Kuhmerker, L., 「Music in the beginning reading program」, 『Young Children』, 24, 157~163 p, 1969.

Mutri, N., 「Healthy body, healthy mind」, 『Psychologist』, Vol.15, 412~413 pp., 2002.

L. Heber, 「Dance movement: a therapeutic program for psychiatric clients」. 『Perspect Psychiatr Care』. Vol.29, 22~29 pp., 1993.

Levinson, S., 「Pragmatics」, Cambridge University Press, Cambridge, 1983.

Lathom, W., 「Role of music therapy in the education of handicapped children and youth」, Lawrence, KS: The National Association for Music Therapy, 1980.

L. Espanak, 「Body-Dynamics and dance in individual psychotherapy monograp NO.2」, 『Columbia MD: the

American Dance Therapy Association」, 1972, 113 p.

Leventhal, M. B. 「An interview with Alma Hawkins」, 『American Journal of Dnace Therapy』7, 1984, 5~14 pp.

M. Chace. 「Dance as an adjunctive therapy with hospitalized mental patients」, 『Bull Menninger Clin』, Vol.17, 219~225 pp., 1953.

Merdith, R. and Katheryn, L., 「Effects of dance/movement therapy: a Meta-analysis」, The arts in Psychotherapy, Vol.23, 249~260 pp., 1976.

Miriam Roskin Berger, 「무용치료에서 사용되는 기본동작과 신체요소들/몸의 경험과 정서의 표현」, 『서울여자대학교 특수치료전문대학원 제2회 국제표현예술치료 워크숍』, 1956, 2002, 11~12 p. 재인용.

N. Mutri, 「Healthy body, healthy mind」 『Psychologist』, Vol.15, 412~413 pp., 2002.

R. Merdith and L. Katheryn, 「Effects of dance/movement therapy: a Meta-analysis」, 『The arts in Psychotherapy』, Vol.23, 249~260 pp., 1976.

S. L. Sandel, 「Integrating dance therapy into treatment」, 『Hosp Community Psychiatry』, Vol.26, 439~441 pp., 1975.

Salend, S. R. & Salend, S. J., 「Writing and evaluating educational assessment reports」, 『Acadcmic Therapy』, Vol.20, No.3, 1985.

Sally, M., 「Discovering Music in Early Childhood」, Boston, London, Sydney, Toronto: Allyndn and Bacon, Inc., 1984.

Sandel, S. L., 「Integrating dance therapy into treatment」, 『Hosp Community Psychiatry』, Vol.26, 439~441 pp., 1975.

Scott-Kassner, C., 「Musical characteristics」, Palmer, M. & Crook, B.(Eds.), Music in prekindergarten: Planning and teaching, Reston, Virginia: The Music Educators National Conference, 1993.

Seybold, C. D., 「The value and use of music activities in the treatment of speech delayed children」, 『Journal of Music Therapy』, Vol.8, No.2, 1971.

Schoop, T., 「Motion and emotion」, 『American Journal of Dance Therapy』22(2), 1978, 91~101 pp.

Schoop, T. & Mitchell, P., 「Won't you join the dance?」, 『A dancer's essay into the treatment of psychosis』. Palo Alto, CA: National Press Books, 1974.

Wallock, S., 「Dance-movement therapy: A survey of philosophy and practivce」, 『Doctoral dissertation, United States International University』, 1977.

Whitehouse, M., 「Physical movement and dpersonality」, Paper presented at the meeting of the Analytic Psychology Club, Los Angeles, 1963.

_____., 「C. J. Jung and dance therapy: Two major principles., In P. L. Bernstein (Ed)」 『Eight theretical approachews to dance therapy』(751~70 pp.). Dubuque, IA: Kendall Hunt, 1979, 751~770 pp.

Wigram, T. & Backer, D. J., 「Clinical applications of music therapy in psychiatry」, London: Jessica Kingsley Publisher, 1999.

Zimmerman, E. & Zimmerman, J., 「The alteration of behavior in a special classroom situation」, 『Journal of the Experimental Analysis of Behavior』, Vol.5, 1962.

김인숙

2000년 원광대학교 일반대학원 무용학과 석사 졸업
2007년 원광대학교 일반대학원 보건학과 예술치료전공 박사 졸업
2008년 원광디지털대학교 사회복지학과 및 명상요가학과 복수전공 졸업
2011년 충남대학교 일반대학원 사회복지학과 석사 수료

1997년 Canada Toronto Dance Theatre · Makers Company 연수
2005년 Atlanta American Art Therapy Association(AATA) 컨퍼런스 참가
2007년 American Dance Therapy Association(ADTA) 컨퍼런스 참가
2010년~현재 American Creative Dance Center(CDC) 전문교육 수료

현) 대전대학교 보건스포츠 대학원 예술치료학과 대우조교수
　　마음의정원심리센터 센터장, 김인숙아트테라피연구소 소장, 대한브레인댄스협회 회장
　　대한무용 · 동작심리치료학회 협회이사, 한국예술심리치료학회 이사, 2012년 NGO축제 추진위원
　　한국임상치유예술학회 이사, 대전광역시자원봉사발전위원, 대전광역시자원봉사연합회 이사, 무용 · 동작치료 전문가,
　　예술심리치료 전문가, 사회복지사, 가정폭력 · 성폭력 상담사
　　2011년 대전광역시 행복나누미공모사업 Arts Therapy Camp 우수프로그램 장려상 수상

「舞踊動作治療가 乳房癌 患者의 憂鬱과 삶의 質, 스트레스호르몬, 免疫機能 및 心薄變異度에 미치는 影響」(박사학위, 2007)
「무용 · 동작치료가 허혈성 뇌졸중 환자의 인지기능 일상생활능력, 불안, 우울 및 삶의 질에 미치는 영향」(원광의과학, 2009)
「무용 · 동작치료가 유방암환자의 스트레스호르몬과 정신사회적요인에 미치는 효과 및 요인과의 상관관계」(한국사회체육학회지, 2010)
「DMT가 뇌졸중 환자들의 정신사회적 요인 및 삶의 질에 미치는 영향」(한국사회체육학회지, 2010)
「무용 · 동작치료가 유방암환자의 스트레스와 심박변이도에 미치는 영향」(한국예술심리치료학회, 2010)
「무용 · 동작치료가 입원 중 정신분열증 환자의 정신건강 변화에 미치는 영향」(한국콘텐츠학회, 2011)
「무용 · 동작치료 프로그램이 다문화가정 아동의 심리사회적 적응에 미치는 영향」(한국예술심리치료학회, 2012)
「브레인댄스 프로그램이 학교폭력피해 청소년의 스트레스호르몬 및 자율신경계에 미치는 영향」
(한국예술심리치료학회, 2012)

그 외 현대무용가로서 30여 편의 크고 작은 공연을 안무하고 출연하였으며, 작품으로는 <그 기억 프리다칼로>, <접시꽃 당신>, <죽음의 그림자>, <삶 · 죽음 그리고 인생> 등이 있다.
지금은 무용 · 동작전문치료사로서 대상에 따른 프로그램을 개발하고 사회기관에 자문위원으로 활동하면서 교수로서 제자 양성에 힘쓰고 있다.

무용·동작
심리치료의
이론과 실제

초 판 인 쇄 | 2012년 8월 20일
초 판 발 행 | 2012년 8월 20일

지 은 이 | 김인숙
펴 낸 이 | 채종준
펴 낸 곳 | 한국학술정보㈜
주   소 | 경기도 파주시 문발동 파주출판문화정보산업단지 513-5
전   화 | 031) 908-3181(대표)
팩   스 | 031) 908-3189
홈 페 이 지 | http://ebook.kstudy.com
E-mail | 출판사업부 publish@kstudy.com
등   록 | 제일산-115호(2000. 6. 19)

ISBN   978-89-268-3603-3 93180 (Paper Book)
           978-89-268-3604-0 95180 (e-Book)

이담
Books 는 한국학술정보(주)의 지식실용서 브랜드입니다.